신자유주의 노동체제와
민주 노조 운동

신자유주의 노동체제와 민주 노조 운동

1판1쇄 | 2022년 4월 4일

지은이 | 노중기

펴낸이 | 정민용
편집장 | 안중철
책임편집 | 윤상훈
편집 | 강소영, 심정용, 이진실, 최미정

펴낸곳 | 후마니타스(주)
등록 | 2002년 2월 19일 제2002-000481호
주소 | 서울 마포구 신촌로14안길 17, 2층 (04057)
전화 | 편집_02.739.9929/9930 영업_02.722.9960 팩스_0505.333.9960

블로그 | blog.naver.com/humabook
트위터, 페이스북, 인스타그램 | @humanitasbook
이메일 | humanitasbooks@gmail.com

인쇄 | 천일문화사_031.955.8083 제본 | 일진제책사_031.908.1407

값 23,000원

ISBN 978-89-6437-401-6 94300
      978-89-90106-64-3 (세트)

신자유주의 노동체제와
민주 노조 운동

노중기 지음

후마니타스

차례

서문

이 책은 한국 사회의 노동체제와 그 변동에 관해 분석한 논문들을 모은 것이다. 약 25년 전에 '1987년 노동(정치)체제'라는 개념을 제시한 이후 필자는 줄곧 '노동체제'의 관점에서 한국 사회와 노동문제를 바라보고자 했다. '1987년 노동체제', '종속 신자유주의 노동체제', '억압적 배제 체제'(또는 '전제주의 노동체제') 등의 개념을 만들고 이를 과거와 현재 우리 노동문제를 이해하는 도구로 사용했다. 짧지 않은 시간, 많은 노동자의 삶의 고투를, 그 흔적과 의미를 나름대로 기록하며 이해하려는 노력이었다. 그 작은 결과 중 하나가 이 책이다.

필자의 노동체제 이론은 여전히 빈약하다. 그것에 대해서는 드러난 비판 외에도 여러 암묵적 비판이 있는 것도 잘 알고 있다. 그런데 주목받지 못하고 여러모로 부족한 개념과 이론을 장기간 천착했던 이유는 무엇일까? 그럴 만한 이유나 가치가 있었을까? 잘 정리되지 않는 생각들을 모아 약간의 변론 또는 토론 거리를 만들어 보고 싶다.

먼저 노동체제 이론은 우리 사회를 설명하는 우리 이론을 지향하고자 했다. 주지하듯이 한국 사회과학의 가장 큰 문제는 우리 이론이 없다는 점이다. 서구 이론을 수입해 적용하는 일을 반세기 이상 지속해 오는 동안 더러 자기비판도 있었고 새로운 시도도 있었다. 그러나 크게 보았을 때 학문적 종속성·식민성이 더 심화했다고 해도 지나치지 않을 것이다.

물론 노동체제 이론도 서구 학계로부터 많은 이론적 빚을 지고 있다. 카를 마르크스의 노동 이론은 물론 조절 이론, 니코스 풀란차스의 국가론과 마이클 부라보이의 '생산의 정치' 이론 등이 중요한 재료로 사용되었다. 특히 밥 제솝의 국가론과 '전략관계 사회 이론', 특히 '구조와 전략의 변증법'에 크게 빚지고 있다. 이렇게 보면 노동체제론의 의의가 제한적일지도 모른다. 다만 우리 현실을 우리에게 적합한 개념으로 부르고 설명하려 한 점은 일정하게 유효하리라 본다.

해방과 분단 그리고 전쟁, 장기간의 냉전 대립과 군사독재, 그리고 급속한 국가 주도 자본주의 성장 모두는 한국의 노동문제를 매우 독특한 것으로 만들었다. 전투적인 민주 노조 운동과 민주노총(전국민주노동조합총연맹)은 한때 서구 학자들로부터 특별히 주목받기도 했다. 그것은 이해하기 쉽지 않았으나 한국 고유의 노동체제가 낳은 산물이자 그 일부였다. 그러므로 역사적으로 특수하게 구조화된 한국의 노동 현실을 드러내는 개념을 도입하는 일은 긴요했다.

둘째, 미국 노동 연구의 영향, 이데올로기적·정치적 제약, 노동 관련 학계의 역사성과 내부 정치 등 복잡한 이유로 우리 노동 연구는 매우 미시적이고 실증주의적이라는 한계가 있다. 또 외환 위기 이후에는 이런 흐름이 더 강해졌으며 정치적으로 더욱 보수화하는 경향도 뚜렷하게 나타났다. 결과적으로 현재는 마르크스 이론에 기초해 진행되는 비판적 노동 연구를 찾아보기가 쉽지 않다.

특히 연구 업적과 연구자의 수 증가와 비교하면 거시적 연구의 비중이 크게 줄어든 현상도 주목할 만하다.

이런 현실에서 노동체제론은 거시적·비판적 연구의 한 사례를 만들려는 나름의 시도였다. 무엇보다 마르크스와 네오마르크스주의 사회 이론에 기초해 자본주의사회의 내적 모순이 노동문제로 발현되고 변화하는 양상을 거시적으로 추적하고자 했다. 즉, 축적 체제로부터 발생하는 노동시장, 노사관계의 구조 변화와 모순을 노동 정치의 전략적 기획과 연결해 설명하고 나아가 노동운동의 전략적 대응과 그 한계를 제시하고자 했다. 요컨대 노동 연구가 체제에 기능적인 것에 머물러선 안 된다는 거시적·비판적 문제의식이 노동체제론에는 담겨 있었다.

셋째, 종속 신자유주의 노동체제를 넘어서야 한다는 실천적 문제의식도 중요한 배경이었다. 2016년 촛불 투쟁으로 대표되는 한국 사회의 사회적 모순은 대개 종속 신자유주의 노동체제와 깊이 연관되어 있다는 것이 필자의 생각이다. 예컨대 청년 고용과 비정규 노동 문제, 재벌 개혁과 불평등, 낡은 양당 체제와 위임 민주주의, 미투 운동과 페미니즘 논란, '헬 조선'과 저출생 문제 등이 모두 그러하다. 전태일 이래 과거 한국 사회의 역동적 변동에 노동문제가 근저에서 구조적 동인이 되었던 것은 잘 알려져 있다. 마찬가지로 현재의 사회적 모순을 해결할 장기적 동인도 더 성장한 노동운동일 개연성이 크다. 노동체제론이 주목하는 것은 바로 이 지점이었다.

이 책의 후반부는 촛불 투쟁과 민주 노조 운동의 관계 및 노동운동의 전략 전환을 주로 다루었다. 문재인 정부의 노동 개혁이 노동체제 전환의 계기가 될지도 모른다는 필자의 가정은 현재 시점에서 일단 소망사고所望思考로 끝난 것처럼 보인다. 그러나 체제 전환의 문제의식, 곧 그 변화 양상 및 가능성에 대한 정밀한 검토가 모두 무의미한 것은 아니라고 여전히 주장하고 싶다.

예컨대 문재인 정부 5년의 실험은 전환을 둘러싼 여러 구조적 모순과 특성, 그리고 이를 가능하게 하는 주체의 개입 전략과 실천 모두를 재검토할 만한 많은 이론적·실천적 물음을 던지고 있다. 나아가 귀족 노조론이나 사회적 대화 사례에서 나타났듯이 노동체제의 구조적 압력은 뚜렷하다. 노동운동 활동가는 물론 노동 연구나 연구자에게도 그 영향은 강하게 미치고 있다. 이런 물음들에 답하기 위해서는 여전히 노동체제론의 문제의식이 긴요하지 않을까 한다.

이 책은 필자에게 자극을 주고 영감을 준 여러 연구자 동료와의 공동 작업이라 할 수도 있다. 비판사회학회와 한국산업노동학회 동료 연구자들께 깊은 감사의 말씀을 드린다. 더불어 힘든 시기에 어려운 출판을 결정하고 노고를 마다하지 않은 후마니타스와 편집자 윤상훈 씨에게도 감사의 마음을 전한다.

2022년 4월

노중기

1부

노동체제의 변동과 역사

1장

노동체제론의 재구성

종속 신자유주의 노동체제를 중심으로

1. 머리말

2017년 상반기 촛불 정부를 자임한 문재인 정부가 출범하자 노동계의 기대가 한껏 솟아났다. 노동운동에 오랜 질곡이었던 낡은 노동체제, 곧 종속 신자유주의 노동체제가 변화할 가능성이 열렸다고 봤기 때문이다. 외환 위기 이후 20년 만에 또 하나의 체제 전환이 이루어지지 않을까 하는 기대감이었다. 또 '이것이 나라냐?'라는 촛불 시민의 질문에 '노동 존중!', '사람 사는 나라'라는 답을 제시한 새 정부에 대한 신뢰이기도 했다. 실제로 문재인 정부의 노동 관련 선거 공약은 이전에 볼 수 없던 수준의 개혁적 내용을 담고 있었다(노중기 2018b).

연구자들의 판단도 크게 다르지는 않았다. 2016년 촛불 이후 일부 연구자들이 노동체제 변동의 가능성을 이미 전망하기 시작했다. '포용적 노동체제'나 '노동 존중 노동체제', 또는 '포스트 신자유주의 체제' 등 명칭은 달랐지만 기존 체제를 넘어선다는 점에서 내용은 대동소이했다(노중기 2017c; 장홍근·박명준·정흥준 외 2017).

그러나 촛불 정부 집권 초반을 지나면서 상황은 크게 바뀌었다.

새로운 노동체제에 대한 기대는 채 1년도 안 되어 줄어들기 시작해 빠르게 소멸했다. 정부는 원래 약속했던 개혁 사안들을 이행하지 않았을 뿐만 아니라 몇 가지 개혁 조치들도 곧 후퇴시켰다. 문제는 이를 단순히 경기후퇴 또는 그와 연관된 최저임금 인상이나 노동시간 단축 사태의 여파로 여겨 넘길 수 없다는 데에 있다.

사실 지난 30년 동안 국가가 주도한 노동 개혁은 항상 쉽지 않았다. 노동 측의 요구로 정부가 약속했던 개혁들은 흔히 실행 과정에서 무시되거나 거부되었다. 대표적인 사례가 1996년 말 노동법 날치기 개악 사건이었는데 당시 집권 세력은 스스로 제안해 1년간 진행한 노사관계개혁위원회 논의를 일방적으로 폐기한 바 있었다. 한국의 노동 정치는 정도는 약하지만 이와 유사한 사례들로 점철되었다.[1] 대체로 이는 크게 기울어진 노동 정치 지형, 또는 압도적 보수 우위의 국가 정치 구조가 만들어 낸 한국 사회의 특성 때문이었다.

촛불 정부의 '노동 존중' 정책도 이전 사례들과 대동소이한 궤적을 그리는 것으로 봐도 무방한가? 새로운 것이 없나? 이 물음에 대한 답을 일단 유보하면서 먼저 두 가지 중요한 사실을 지적해 둘 필요가 있다. 현재의 노동 정치 지형은 무엇보다 촛불의 결과로 형성되었다는 점이다. 현 정부가 촛불 혁명의 결과로 손쉽게

---

1 1989년의 노동법 개정과 대통령의 거부권 행사, 1993년 문민정부의 노동 개혁 시도, 1998년 외환 위기 직후의 사회적 합의, 2003년 이후 노무현 정부의 노동 개혁 등도 비슷한 후퇴와 질곡을 겪었다(노중기 1995; 2008b).

집권했던 것을 고려하면 노동정책이라는 과제의 무게는 가볍지 않다.

또 이보다 더 중요한 것은 과거의 많은 개혁 시도 사례가 때때로 오래 지연되었지만 결국 노동 개혁으로 귀결했다는 사실이다. 1989년에 폐기되었던 개혁 사안들은 1997년과 1998년, 그리고 2006년의 법 개정으로 대체로 실현되었다. 또 1998년 2월 법 개정에서 빠졌던 공무원·교원의 단결권 보장을 비롯한 개혁 사안들 역시 많은 우여곡절 끝에 결국 다음 정부에서 상당 부분 해결된 바가 있었다. 이런 경험은 노동 정치를 좀 더 장기적·거시적 관점에서 파악할 필요가 있음을 말한다.

필자는 현재 질곡에 빠진 노동 존중 정책과 그 동학의 심층적 의미는 노동체제 이론으로 분석할 때 그 함의가 더 뚜렷이 나타날 것이라고 기대한다. 촛불 이후의 노동 개혁 국면이 노동체제의 장기 구조 변동 및 그 모순과 연관되어 있다는 가설로 시작하는 이 글의 문제의식이기도 하다. 노동 정치 주체들은 자신의 단기적 이해관계를 벗어나지 못하지만 그들의 의식적·무의식적 전략 선택은 동시에 주어진 구조적 제약을 반영한다. 따라서 기존 노동체제의 동학과 내적 모순을 드러낼 수 있다면 새로운 노동체제의 전망 위에서 '노동 존중' 노동정책과 그 정치적 함의, 가능성과 한계를 한층 더 엄밀하게 규명할 수 있을 것이다.

이 연구는 문재인 정부의 노동정책에 대한 정책론적 분석은 아니다.[2] 다만 그 정치적 함의를 염두에 두고 '노동 존중' 노동 정치의 배경 또는 원인이 되는 노동체제 구조와 전략적 요인을 분석적으로 제시하고자 한다. 요컨대 그것은 '종속 신자유주의 노동체제'의 내용과 모순, 그리고 동학을 규명하는 일이다.

먼저 2절에서는 노동체제와 관련된 기존 논의를 비판적으로 검토하고 정리한다. 3절에서는 이 글에서 사용하는 노동체제 개념과 이론을 간략히 제시한다. 4절에서는 1987년 노동체제의 동학을 제시하며, 5절에서는 종속 신자유주의 노동체제의 형성, 개념과 구조, 그리고 그 내적 모순을 규명한다. 6절에서는 촛불 혁명이 종속 신자유주의 노동체제의 모순과 어떻게 연관되어 있는지를 시론적으로 검토한다. 결론인 7절에서는 앞선 내용을 정리하고 이론적 함의를 간략히 생각해 볼 것이다.

2. 기존 노동체제론 연구 검토

1) '1987년 체제' 논쟁 비판

2000년대 중반에 '1987년 체제'를 둘러싼 체제 논쟁이 진행되었다. '1987년 체제'는 노동체제[3] 개념을 확장해 사회체제 일반에

---

2 새로운 노동체제의 가능성과 전망, 그리고 그와 연관된 문제인 정부 노동 정치에 대한 경험적 분석은 차후의 연구 과제이다. 다만 이 연구는 이를 위한 개념과 이론의 정리이자 배경적 역사와 구조에 관한 연구라 할 수 있다.

3 이 글은 기본적으로 밥 제솝이 제시한 사회 이론의 관점에서 노동체제를 재구성하고자 한다. 필자는 오래전 '1987년 노동체제'를 한국 노동 정치를 설명하는 개념으로 사용한 바 있었다. 이때 체제regime 개념은 프랑스 조절 접근의 '축적 체제' 개념과 마이클 부라보이의 '생산의 정치' 개념을 노동 정치에 적용한 것이었다. 이후 이를 후기 풀란차스

적용한 개념이었다. 한동안 뜸했으나 논쟁은 촛불 이후 사회변동과 관련해 다시 주목받기 시작했다.

당시 논쟁에서 손호철은 논쟁 상대들과 달리 1987년 체제가 이미 오래전에 소멸했다고 주장했다. 즉, 1997년 이후의 사회 구성은 신자유주의 체제로 봐야 한다는 인식이었다. 또 실천적·정치적 결론으로 자유주의 정치 세력과 연대하는 민주 대연합 전략이 잘못된 방침이라는 비판을 제기하고 반신자유주의 전략이 필요하다고 역설했다.

논쟁과 관련해 필자는 1987년 체제와 1997년 체제(필자의 용어로는 '종속 신자유주의 체제')의 시기 구분 및 개념화, '1987년 체제론'에 대한 이론적·경험적 비판, 특히 반反이명박 대동 단결론 등 체제론의 정치 전략적 함의에 대한 비판적 고찰 등 핵심 쟁점들에서 대부분 손호철의 입장에 동의하고 있다.[4]

및 제솝의 사회 이론, 곧 전략 관계론에 대한 나름의 이해에 기초해 확장했다. 노동체제는 제솝이 말하는 구조와 전략의 변증법으로 산출되며 그 속에 고유한 전략적·구조적 선택성을 담지하고 있는 사회적 관계의 물질적 응축이다. 제솝(Jessop 1990: 2002), 노중기(2008b), 부라보이(1999), 풀란차스(1994) 참고. 한편 김종엽, 조희연과 서영표, 손호철 등을 중심으로 진행된 논쟁에서 많은 논점이 제기되었다. 여러 쟁점에 대한 자세한 내용은 손호철(2017: 2018), 김종엽 엮음(2009) 참고.

4 이와 관련해 창비 그룹의 1987년 체제론을 현실 변동을 부정하는 색맹 사회과학으로, 또 조희연·서영표의 1987년 체제, 2008년 체제론을 반이명박 대동 단결론으로 비판한 그의 논점도 수용한다. 전자가 보수적 관점의 1997년 체제 비판론이라면 후자는 진보 진영의 비판이다. 또 양자 모두 진보 정당 내부의 쟁점이었던 우익적 '민주 대연합론'(2중 내논)으로 수렴한다. 그래 보면 세솝식 신보 성시 세력에 대한 과거 비판석 시시 세력의 이론적·정치적 공격이라 할 수 있을지 모른다. 이런 정치적·이론적 구도는 2020년 총선의 비례 정당 문제와 같이 문재인 정부 시기에도 여전히 작동하는 듯하다.

한편 기본적인 이론적 타당성에도 불구하고 손호철의 입론에는 몇 가지 한계가 있었다고 생각한다. 노동체제론 재구성과 관련해 비판적 검토가 필요하기에 몇 가지 문제를 제기하고자 한다.

먼저 의도와 달리 여전히 유형학typology에 머무는 한계가 있었다. 1987년 체제와 1997년 체제가 별개라는 주장의 근거로 그는 정치 변동과 경제변동의 크기와 내용을 들었다. 즉, 전자가 정치 변동 중심이면 후자는 경제변동 중심이라는 분석인데, 이는 그 자체로 동의할 수 있다. 그렇지만 손호철의 분석은 각 체제의 내적 역동, 작동 기제와 내적 한계를 이론적으로 드러내는 작업으로 나아가지 못했다. 특히 체제 이행의 역동성을 인과적으로 충분히 설명하지 못했다. 그리고 각 하부 체제와 사회체제의 내적 연관이나 그 접합 논리에 대한 논의도 없었다. 그 때문에 스스로 '고高추상성'의 한계가 있다고 인정할 수밖에 없었다(손호철 2017, 136, 176~181).

둘째, '2008년 체제' 개념과 그것과 '1997년 사회체제'의 관계 설정 문제이다. 손호철은 조희연의 이른바 '2008년 체제' 문제 제기를 일부 수용해 이를 1997년 사회체제의 하위 정치체제로 수용한 것으로 보인다. 그러나 정치적 지배라는 측면에서 필자는 김대중·노무현 정부와 이명박·박근혜 정부의 체제 성격이 크게 다르지 않다고 파악한다. 둘 다 형식적·절차적 민주주의 정부에 포함된다고 봐야 한다는 것이다. 따라서 후자를 파시즘 정부나 그에 준하는 무엇으로 보는 일부의 주장은 심각한 오류였다.[5] 표피적

---

5 이런 논의에 대한 비판적 검토는 노중기(2020b, 3장) 참고.

1부 노동체제의 변동과 역사

외양이 다르고 권위주의 성격이나 민주성의 정도에 차이가 있다 하더라도 정치체제의 질적 차이는 아니기 때문이다. 이렇게 보면 '2008년 체제'라는 개념 자체가 과도하다.

셋째, 현재의 더불어민주당이나 과거 민주당에 대한 '자유주의 개혁 세력'이라는 규정(손호철 2017, 150)이 타당한지를 질문할 만하다. 이들이 수구 세력과 같은 것은 아니다. 그렇다고 이 세력이 '권위주의적'이지 않으며 '우파 신자유주의를 반대한다'는 손호철의 주장이 타당한지는 더 따져 볼 필요가 있다. '냉전적 대북 정책 반대' 정치 노선이 수구 보수와 다른 것은 분명하다. 그렇지만 촛불 이후 문재인 정부가 보여 준 공약 파기나 반노동·반환경 정책 기조를 보면 개혁 세력으로 보기도 힘들다고 생각한다. 또 정치적으로 자유주의적인지도 의문이 있다.

2) 고용 체제론 비판

정이환(2013)의 고용 체제론[6]은 기존 노동체제론에 대한 비판이자 노동시장 체제로의 이론적 확장이었다. 그의 연구는 다른 사회 고용 체제와의 체계적 비교에 기초한 노작이었고 노동시장 연구에서 독보적 지위를 갖고 있다. 그러나 노동체제론에서 볼 때 몇

---

[6] 2018년 연구에서 그는 고용 체제론과 구별되는 노동시장 체제론이라는 용어를 사용했다. 개념의 범주적 차이를 지적하고 있으나 크게 중요한 의미가 있는 것으로 보이지는 않는다(정이환 2018).

가지 한계가 있었다.

먼저 정이환의 고용 체제론도 기본적으로 이념형적 유형론이자 정태적 분석을 벗어나지 않았다. 노동시장에 대한 정치사회학적 접근을 강조한 것과 달리 실제로는 노동시장, 고용 체제의 유형 비교나 특징 나열에 그치고 말았다. 그 결과 축적 체제나 정치 구조, 국가의 성격과 계급 간 힘 관계 등 제반 정치사회학 변수들이 심층적으로 분석되지 않았다.

둘째, 방법론 측면에서 심각한 문제는 노동시장 분석을 다른 영역의 문제와 분리해 그 자체로 다룬다는 점이었다(정이환 2013). 주지하듯이 노동시장 문제는 노사 관계 및 자본의 전략, 노동 정치 등 다른 영역의 쟁점들과 깊이 관련되어 있다. 더 나아가 국가 정치나 경제 상황 변동은 물론 사회문화적 요인과도 연관된다. 따라서 그의 고용 체제론은 노동체제론이 종합적·역동적 관점을 강조하는 것과 크게 대비된다.[7]

셋째, 노사정 등 주체들의 전략에 대한 분석이 대체로 없고, 있더라도 매우 표피적으로 제시되었다(정이환 2017; 2019). 주체 전략 분석에서는 선택을 제약하는 구조에 대한 분석이 필수적이나 충분히 다루지 않았다. 또 주체 행위도 관념과 이해관계에 기반한 목적 합리적인 개인 행위자의 관점에서 다루었고 결과적으로 관념

---

[7] 반대로 그는 노동체제론이 너무 거시적으로 모든 것을 다루어 분석적이지 못하다고 비판한 바 있었다. 이 비판은 일견 타당해 보이나 노동 정치의 복잡성과 총체성에 비추어 볼 때 적절하지 않은 것으로 판단된다. 말하자면 거시적 시야나 총체적 연관성에 대한 논의가 부족한 것이 더 큰 문제라는 인식이 노동체제론의 문제의식이었다.

1부 노동체제의 변동과 역사

을 지나치게 강조했다. 특히 노동과 비교해 자본이나 국가 주체에 대한 분석이 취약하고 그 계급적 상호 관계를 분석하지 않았다.[8]

넷째, 정이환의 고용 체제론은 1997년 이후에도 1987년 체제가 연장되고 있다고 주장했다. 그러나 그는 경험적 분석에서 1997년 이후 노동체제의 신자유주의화가 뚜렷하다는 상반된 주장을 하고 있다. 이른바 '신자유주의적 분절 고용 체제'라는 절충적 개념이 그것이다.[9] 그러나 한국의 신자유주의가 영미 신자유주의와 다를 수밖에 없음을 고려하면 그의 1987년 체제 연장 주장은 받아들이기 힘들다. 오히려 그것은 영미와 다른 특성을 일부 보이지만 근본적으로 동일한 신자유주의 노동체제로 보는 것이 더 타당하다.

다섯째, 구조 분석 결과에 대한 해석이나 정책 대안으로 '기업 내부노동시장의 약화나 지양' 및 '사회적 노동시장 체제 구축'을 주장했다. 매우 조심스럽게 가능성을 타진하지만 그의 입장은 분명하다(정이환 2018). 그런데 문제는 대안의 정치적 실현 과정이나 그

---

8 응집성과 배태성 개념을 중심으로 노동 정치를 분석한 이철승(2019)의 연구도 마찬가지 한계를 갖는다. 그의 연구는 사회운동론에 기반한 정치사회학 연구라 볼 수 있으나 국가와 자본에 대한 분석, 특히 노자나 노정 사이의 역동적 상호 관계를 분석하지 않았다.

9 뒤에 살펴볼 한국노동연구원 연구들과 마찬가지로 정이환은 변화를 인정하면서도 동시에 1987년 체제가 지속되고 있음을 강조했다. 이는 매우 절충적이거나 모호한 태도이다. 이들이 왜 1987년 체제의 질적 변화를 부인하는지는 이 글의 중요한 물음이다. 한편 조효래(2018)도 필자와 마찬가지로 1997년 이후 권위주의적 노동체제가 신자유주의적 노동체제 또는 시장 자유주의 노동체제로 변화했다고 평가한 바 있었다. 또 존 던롭John T. Dunlop 등이 노사 관계 체계론이 경태저이며 보수적인 이데올로기를 담고 있음도 밝혔다. 그러나 필자와 달리 조효래는 1987년 노동체제의 독자성을 거의 인정하지 않고 있으며 대체로 유형론의 입장에서 노동체제 개념을 사용하고 있는 듯하다.

과정에서 필요한 역학 관계 및 책임성의 소재를 제시하지 않은 점이다. 예컨대 '정리 해고 철폐'와 '비정규직 정규직화'라는 운동 노선의 한계를 비판하면서도 대안인 '사회적 노동시장 구축'을 막는 정치사회학 요인을 분석하지 않았다. 그리고 분절 노동시장론의 보수적 함의, 곧 그 책임을 노동 주체에 전가하는 일을 상당히 우려하면서도 결과적으로 그 입장에 경도되는 것으로 보인다. 이런 정치적 입장은 다음에 살펴볼 한국노동연구원KLI 연구들의 정치적 보수성과 닿아 있었다.

3) 한국노동연구원의 노동체제론 비판

한국노동연구원에서는 2008년부터 최근까지 노동체제론에 기초한 연구 결과를 다수 발표했다(최영기·이장원 2008; 장홍근·김세움·김근주 외 2016; 장홍근·박명준·정흥준 외 2017). 대체로 1987년 이후 현재까지 한국의 노동체제를 '1987년 노동체제'로 규정했다. 30년째 지속되고 있는 한국의 대립적 노사 관계와 계급 갈등, 그리고 노동 개혁의 제반 과제들이 1987년으로부터 기원한다는 인식이었다.

특히 이들이 주목하는 것은 정이환과 마찬가지로 노동시장의 구조적 분절과 노동 내부의 격차 확대였다. 대기업 조직 노동의 경제적 이익 추구와 전투적 투쟁이 분절을 확대 재생산하는 주요한 기제라는 비판적 인식을 공유하고 있었다. 1987년 체제를 유지하는 다른 주체들인 국가와 자본에 대한 분석과 비판은 상대적으로 제한적이었다. 또 이들은 대안으로 노동시장 개혁이 가장 중요한 구조적 과제이며 이를 위해서는 사회적 대화 체제가 긴요하다고 보았다. 때로 이들 중 일부는 산업 평화와 생산성 향상이라는 이데올로기적 입장을 드러내기도 했다.

한국노동연구원 연구들의 노동체제 개념에는 심각한 이론적 문제가 많았다. 그중 크게 세 가지 문제점을 제기하면 다음과 같다.

먼저 방법론적으로 이념형 분류에 머물렀고 노동체제의 이론이나 개념이 모호했다. 체제 형성이나 내부의 역동적 동학 그리고 체제 모순과 체제 변동에 대한 분석이 거의 없었다. 구조적 조건들은 주체 전략 결정에 큰 영향을 미치지 못하는 환경, 배경 요인으로 설정되었고 실제 분석은 주체들의 전략 선택이나 체제의 경험적 결과에만 국한되어 있었다. 이런 점들은 이들의 분석이 대체로 존 던롭 등의 노사 관계 체계론에 의거하고 있음을 보여 준다.

둘째, 1987년 노동체제의 개념 구성은 물론 체제 이행과 관련된 분석 범주가 애매하고 불분명하다(장홍근·김세움·김근주 외 2016). 예컨대 이들은 1997년 이후 신자유주의적 요소의 확대나 체제의 질적 변화를 단지 1987년 체제의 '진화' 정도로 취급한다. 변화의 의미나 내용을 질적인 수준에서 분석하지 않는 것이다. 결과적으로 현재의 노동체제가 1987년 체제인지 다른 체제인지 명료한 논의는 제시되지 않았다.[10] 1987년 노동체제는 뚜렷하지 않은 무엇

---

10 이들은 때로 신자유주의 노동체제라는 말을 1987년 노동체제와 병행해 별 의미 없이 쓰기도 한다. 이들과 크게 대비되는 사례로 조효래(2018)는 1987년 노동체제라는 독자적 체계로 규정하기보다 국가 간의 주의 노동체제의 연장으로 보았다. 그러나 1997년 이후에 그것이 신자유주의 노동체제로 전환했다고 봐서 한국노동연구원 체제론자들의 결론과 상반된다.

인가를 지칭하는 서술적 개념을 넘어서지 못하고 있다.

셋째, 근본적으로 구조기능주의 분석 방법을 동원해 정치적으로 보수적인 편향을 보여 준다. 이들은 1987년 노동체제를 특징 분석을 통해 객관적으로 정리하기보다 이를 주체화하고 그 한계를 자의적으로 제시했다. 예를 들어 체제가 생산성 문제와 사회적 갈등, 그리고 노동 내부의 불평등을 불러일으킨다고 주장하는 것이다. 특히 분절 노동시장의 형성 및 강화에 민주 노조들의 전투적 경제주의가 큰 원인이 되었다고 비판했다. 또 이 문제점을 극복하기 위해 계급 간 타협이 필요하다고 보았다. 산업 평화를 목적 상태로 설정하고 그 수단으로서 사회적 대화를 한결같이 주장한 것도 특징적이었다(장홍근·김세움·김근주 외 2016). 이런 주장은 대체로 김대중 정부 이래 국가의 입장과 대동소이했다.

한국노동연구원 노동체제론의 실천 함의는 중요하다. 이들 연구는 1987년 체제가 온존하는 데에는 민주 노조 운동의 전투적 경제주의, 또는 정규직 이기주의가 자리하고 있음을 강조한다. 이 이론에서 보면 전투적 쟁의는 개혁을 어렵게 만들 뿐만 아니라 기존 체제를 유지하려는 보수적 운동이 된다. 또 대개의 경우 개혁 실패의 원인을 집권 세력의 신자유주의 경제정책에서 찾기보다 민주 노조들의 전투적 경제주의에서 찾는 경우가 많다. 예컨대 민주 정부라는 김대중·노무현 정부에서 발생한 노동정책 실패의 경우에도 그러했다. 이런 인식 구도는 노동 존중 정책에 대한 최근 분석에서도 여전히 적용되고 있는 것으로 보인다.

3. 노동체제론의 재구성 : 이론과 분석 틀

기존 연구에 대한 비판적 검토의 결과는 다음과 같이 정리될 수 있다. 이는 노동체제 이론이 현실 분석에서 유의미한 이론이 되기 위해 고려될 사항이다.

먼저 전체사회 구성과 부문 체제에 관한 인식이 필요하다. 노동체제는 전체사회 구성을 이루는 하나의 부문 체제이다. 부문 체제들에는 정치체제, 헌정 체제, 축적 체제와 경제체제, 작업장 체제, 문화 체제 등이 있다. 노동체제는 전체사회 구성이나 다른 부문 체제와는 구별되는 독자적 자기 논리를 가지는 동시에 긴밀히 접합되어 있다. 그 연관 관계나 구조는 노동체제에 관한 경험 분석의 중요한 대상이 된다. 물론 사회 구성과 부문 체제들의 시기 구분과 구성 내용은 서로 달라질 수 있다.

둘째, 체제론 분석은 서술적, 이념형-분류학적 구분을 넘어서야 한다. 체제의 특징에 대한 단순 분류가 아니라 체제의 내적 동학과 다른 체제와의 동적 연관이 중요하다는 것이다. 따라서 각 부문 체제의 상호 규정성이나 그것의 강도 및 변화 양상은 분석의 초점이 되어야 한다. 특히 각 부문 내부나 접합 관계 속에서 체제의 전략적 선택성과 모순 구조는 핵심 분석 대상일 것이다.[11]

---

11 손호철(2017)은 폴란차스와 제솝을 따라 이를 '환원주의적 방식이 아니라 접합의 방법'이라 규정하고 '같은 지평이 아니라 다른 지평 간의 단순 복합 문제'도 인식될 것을 누차 강조했다. 한편 '전략적 선택성'은 사회적 세력 관계의 물질적 응집체인 국가와 사회 체제가 자신 속에 각인된 불평등 구조를 말한다. 체제 동학이나 이를 불러오는 모순은

셋째, 이 글에서 제시하는 노동체제 이론은 탤컷 파슨스, 던롭 등에서 기원한 기존의 기능주의 체계 이론이나 노사 관계 체계론과는 무관하다. 그것은 기본적으로 후기 마르크스주의 국가론, 특히 풀란차스와 제솝의 국가 이론에 기초해 만들어졌다. 앞 절에서 기존의 체제론과 노동체제론이 모두 이론적으로 주류 노사 관계 체계론과 맞닿아 있음을 보았다. 필자는 이런 노사 관계 체계론의 분석 틀이 한국 사회의 현실과 맞지 않을 뿐만 아니라 정치적으로 매우 보수적인 함의가 있다고 파악한다.[12]

근본적으로 자본주의 생산방식의 내적 모순에서 발생한다(Jessop 2002).

[12] 던롭의 노사 관계 체계론은 1950년대 말 이후 서구 자본주의 황금기와 이념적으로 연관된 노동 이론이었다. 1960년대 산업사회론의 수렴 이론과 맥락을 같이하며 당시 주류 사회 이론이었던 파슨스의 구조기능주의를 노동 영역에 적용한 보수적 이론이었다. 1970년대 이후 많은 비판에도 불구하고 토머스 코칸Thomas A. Kochan 등의 '전략적 선택 이론'으로 변형되면서 주류 산업사회학의 지배적 이론으로 살아남았다. 이 글의 관점에서 보면 노사 관계 체계론의 문제점은 크게 네 가지로 정리해 볼 수 있다. 먼저 근본적으로 보수적 이론이다. 사회 통합이라는 목적 상태를 이론적으로 전제하는 목적론이라는 것이다. 그 목적 상태는 우리의 경우 산업 평화, 참여와 협력, 생산성과 경쟁력, 사회 통합과 사회 안정 등 다양한 이름으로 나타났다. 둘째, 이들이 제기하는 전략 개념은 베버적 의미의 전략이다. 즉, 노사정 각 주체는 자신의 전략적 목표에 따라 의식적으로 행동하는 합목적적 주체라는 인식이다. 이때 자본주의사회나 계급이라는 구조적 조건은 기술 변화나 여타 사회적 환경처럼 노사 주체가 단순히 적응해야 할 환경 정도로 치부된다. 그것은 결국 주체의 자유로운 전략 선택으로 환경에 적응하거나 이를 쉽게 바꿀 수 있다는 자원론volunteerism과 정치주의의 한계로 이어진다. 셋째, 이들에게 노사정 주체들은 계급적 주체가 아니다. 노사는 기본적으로 대등한 주체들이라는 인식이며 국가는 노사를 중재하는 중립적 중재자로 설정된다. 이는 '기울어진 운동장'에 선 계급 주체의 현실, 곧 국가의 계급성을 외면하는 결과를 가져온다. 넷째, 국가 정치나 작업장 체제, 그리고 축적 체제의 모순이 노동체제와 체계적으로 연관된 현실이 은폐된다. 이 이론에 의한 분석은 좁은 의미의 작업장과 산업 업종의 노사 관계를 벗어나지 않으며 그

그림 1-1 **분석 틀 : 노동체제 개념 범주와 이론 구성**

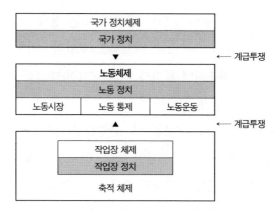

필자의 노동체제 이론 및 분석 틀은 〈그림 1-1〉과 같다. 노동
체제는 독자적 제도와 정치 지형이 있지만 동시에 국가 정치체제
나 축적 체제, 그리고 작업장 체제 등의 영향을 받는다. 그런데 각
부문 체제는 그 내부에 계급투쟁의 정치과정을 포함하고 있으며
서로 접합해 상호작용한다. 계급투쟁과 변동을 불러오는 모순적
사회관계의 기초에는 자본주의 생산양식의 내적 모순이 자리하고
있다.

이런 이론 틀은 한편에서 노사 관계 체계론의 비계급적 분석이
맞닥뜨린 한계를 넘어서고 다른 한편에서 마르크스주의 분석이

것도 이른바 환경적 요인든에 대한 주체들이 전략적 선택으로 국한된다. 이는 노동 연
구의 범위를 크게 제한하는 부정적 효과를 산출한다. 관련된 최근 연구로는 이선(2009)을
참고할 것.

빠지기 쉬운 결정론이나 목적론의 오류를 벗어나려는 시도를 표현한다. 이른바 구조와 전략의 변증법 또는 전략 관계 국가론의 관점을 노동체제에도 적용할 수 있다고 보았다. 이때 노동체제나 전략 개념은 환원주의에 빠지지 않고 경험적 대상을 탐구할 만한 중범위 분석의 시도인 셈이다.[13]

첫째, 노동체제에는 구조적으로 불평등한 지형, 곧 전략적 선택성(또는 구조적 선택성)이 각인되어 있다. 각 노동체제는 국가와 마찬가지로 이전 단계에서 형성된 계급 간 힘 관계의 물질적 응집체로 구조화된다. 따라서 그 내부에서의 전략 선택은 특정 계급 주체에 유리하게 구조화된 지형에서 이루어진다. 그런 의미에서 전략적 선택성을 내장한 노동체제는 축적 체제의 내적 모순을 사회적으로 조절하는 조절 양식의 일부라고 할 수 있다.[14]

둘째, 각 계급 주체들과 그 분파들이 생산하는 전략적 기획과 선택은 사전에 목적의식적으로 기획되었을 수도 있으나 많은 경우 개별 주체의 전략적 의도를 벗어나 형성된다. 이른바 사후적이고 주체 없는 전략 기획이다. 자본주의사회에서 자본가계급의 지배는 지배 블록이 산출하는 이런 전략 기획의 정치적 지배 효과에

---

13 여기서는 제솝의 전략 관계 국가론을 수용해 노동체제를 분석한다. 제솝은 후기 풀란차스의 사회 이론과 조절 접근을 결합해 전략 관계 이론을 구성한 바 있다. 자세한 내용은 제솝(Jessop 1990; 2002), 손호철(2002), 김호기(1993), 노중기(2008b)를 참조할 것.

14 제솝은 자본주의 생산체제가 사적 소유와 사회적 생산의 모순에 대응하는 과정에서 조절 양식이 필요하다고 본다. 구체적으로 조절 양식은 토지, 화폐, 노동력과 같은 가공 상품의 재생산을 보장하며 그중에서 노동체제는 노동력 상품의 생산 및 재생산에 깊이 개입한다(Jessop 2002).

1부 노동체제의 변동과 역사

기초해 이루어지며 노동체제도 마찬가지이다. 기획들에는 헤게모니 비전과 국가 프로젝트, 대항 헤게모니 프로젝트 등이 있다.

셋째, 노동체제는 각 주체의 전략적 상호작용을 매개로 형성되고 변동하는 일종의 사회구조이다. 여기에는 경로 의존성과 세력 관계 변동이 주요한 매개변수로 작동한다. 전자는 이전 단계의 전략적 행위의 결과로 만들어진 체제의 전략적 선택성이 각 주체 행위자의 전략 선택과 실천을 특정한 방향으로 제한하는 효과와 연관된다. 기존 노동체제의 제도나 역사가 중요한 변수라는 뜻이다. 또 후자는 축적 체제와 국가 정치체제 등에서 야기되는 정치적 세력 관계의 변화를 지칭하며 노동체제의 변동을 직접 촉발한다. 노동체제 내부에서 발견되는 이런 구조와 전략의 동학, 그 역동성 및 모순 구조는 연구의 핵심 대상이 된다.

넷째, 주어진 노동체제 내부에서 진행되는 주체들의 전략 선택과 전략적 실천은 계급투쟁 형태로 발현된다. 주체들의 전략 선택은 기존 노동체제의 구조적 제약이나 그 선택지들의 범위에서 일어난다. 자연발생적이거나 전략 기획이 맞부딪히는 계급투쟁의 진행에 따라 기존 노동체제는 내적으로 가중되는 변화의 압력, 또는 모순에 봉착한다. 그리고 그에 따른 계급 간 힘 관계의 변형이 다시금 노동체제의 구조 변동을 일으킨다. 이때 구조 변동은 연속적이기보다 단절적인 경우가 많다.

다섯째, 한 사회의 노동체제는 기본적으로 독자적인 특성과 작동 원리가 있지만 관련된 여러 부문 체제들 및 그 변동에 따라 상당한 영향을 받는다. 예컨대 정치체제나 국가 체제의 변동, 그리고 특히 작업장 체제를 비롯한 축적 체제의 변동은 곧 노동체제에 영향을 미칠 것으로 기대된다. 다만 각 하위 체제 간의 관계나 그 규정성과 독립성의 정도, 그 구체적 접합 형태는 개별 사회의 특수성 속에서 규명되어야 한다. 또 우연적이거나 외적 요인으로 보이는 변수들, 예컨대 세계 자본주의 체제에서 발생한 사건도 상당한 영향을 미칠 수 있다.

　다음 절들에서는 이런 이론적 관점에서 1987년 이후 한국 노동체제의 정치적 변동을 간략히 정리해 보고자 한다.

4. 1987년 노동체제 : 과도기 체제

1) 체제 형성의 특징

　30여 년에 이르는 군부독재 시기에 지속되어 온 억압과 배제의 노동체제가 갑자기 붕괴한 것은 1987년 노동체제의 출발점이었다. 1987년 민주 대항쟁의 후반부였던 노동자 대투쟁은 장기간 누적된 이전 축적 체제 및 노동체제의 구조적 모순, 그리고 그로 말미암은 계급 간 힘 관계 변동이 촉발한 사건이었다. 또 노동자·시민의 정치적 저항과 6월 시민 항쟁에 따른 정치 공간의 확장이 직접적 원인이었다. 대투쟁 이후 완전히 새로운 노동 정치 지형이 형성되었음은 불문가지의 일이다.[15]

----

15 필자는 이미 1997년에 '1987년 노동(정치)체제'라는 개념으로 이 시기의 역동적 노동

제도적인 측면에서 1987년 노동체제는 이전 체제와 연속성이 많았다. 군사정권이 만든 노동 악법이 온존했으며 억압적·관료적 노동 행정도 유지되었다. 또 기업별 노조 체제가 그대로였고 노동 정당이 없는 보수 일변도 국가 정치도 그러했다. 그러나 중요한 변화는 민주화와 관련된 노동 정치 환경이 바뀐 데 있었다. 1987년 11월 노동법 개정에 따라 기업 단위 노조 결성이 상대적으로 쉬워졌고 단결권이 일부 확보되었다. 또 이는 대투쟁에서 자생적으로 발생한 민주 노조들과 그 연대체들이 존속할 만한 제도적 토대를 이루었다.

제도적 변화가 표상하는 것보다 1987년 민주 대항쟁이 불러온 계급 간 힘 관계의 변화는 더 진폭이 컸다. 노동자 대투쟁 말미에 벌어진 국가의 억압 재개와 노동법 개정으로 주춤했던 노동운동의 공세는 1988년 이후 조직화 확대와 생존권 투쟁, 그리고 지속적인 노동법 개정 투쟁으로 이어졌다. 그것은 1989년 상반기의 공안 정국과 1990년 이후의 대탄압 국면에서도 결코 기세가 누그러지지 않은 채 1997년 연초의 겨울 총파업까지 지속되었다. 그리고 이 시기에 빈발한 쟁의들은 대부분 국가와 자본에 의해 진압되었

정치를 설명하려 했다. 또 다른 글에서 군사정권의 지배와 맞물린 1987년까지 고도성장기의 노동체제를 '억압적 배제 체제'로 규정하기도 했다. 1987년 민주 대항쟁은 6월 항쟁과 노동자 대투쟁을 연결하고 포괄한 필자의 개념이다. 자세한 내용은 노중기(2008b, 1부) 참고. 한편 억압적 배제 체제와 1987년 노동체제를 비교하면 계급 간 힘 관계 역전, 정치 민주화 진전, 주변부 포드주의 축적 체제의 한계와 대중적 노동 저항의 분출 등에서 큰 차이가 난다.

표 1-1 **1987년 노동체제의 구조와 특징**(1987~97년)

구분	체제 형성기 특징	체제 구조와 동학	체제 모순과 결과
축적 체제 (작업장 체제)	유혈적 테일러주의/ 주변부 포드주의 모순 심화	주변부 포드주의 재구조화(작업장 혁신)	축적 위기, 종속 신자유주의 축적 체제 형성
국가 정치/ 정치체제	민주화 이행, 절차 민주주의 도입, 군부 집권 연장	(제한적) 정치적 민주주의, 1987년 헌정 체제	지배 블록 헤게모니 위기, 3당 합당과 정권 교체
지배 블록/ 헤게모니 분파	수구·냉전 분파 주도의 재벌·군부·관료 동맹	헤게모니 위기 및 수구와 개혁 분파의 갈등	지배 블록 재편, 자본계급 개혁 분파의 득세
국가 전략/ 대항 헤게모니	지배 체제 붕괴 및 기존 국가 프로젝트 소실	'노동 없는 민주화' 국가 프로젝트/'민주화' 대항 헤게모니 프로젝트	지배 블록 개혁 분파 주도 '민주화/선진화' 국가 프로젝트
계급투쟁/ 세력 관계	1987년 민주 대항쟁 (6월 시민 항쟁, 노동자 대투쟁)	폭발적 대중투쟁, 민주 노조의 전투적 조합주의	1997년 겨울 총파업, IMF 외환 위기와 고용 위기
노동체제	체제 형성기 모순	1987년 체제 : 과도기	체제 해체기 모순
노동시장	통합 시장/저임금·장시간	분절 노동시장 형성	노조 개입, 임금 상승
노동 통제	억압적 배제 전략 한계	헤게모니 배제 전략	정당성, 통제 비용 증가
노동운동	노학 연대, 민주화 투쟁	전투적 조합주의, 연대 투쟁	민주 노조 성장의 역설

으나 구조적·장기적 관점에서 보면 세력 관계의 주도권을 쥔 것은 노동운동이었다.

　새로 출현한 민주 노조 운동은 국가와 자본의 강한 통제와 내부적 이견들에도 불구하고 지역노동조합협의회(1987년)와 전국노동조합협의회(1990년)를 건설했고 이를 전국민주노동조합총연맹(1995년)으로 확대·발전시켰다. '공장 문 앞에서 중단된 민주주의'를 작업장과 전체 노동 사회로 확대할 노동법 개정이 그 핵심 요구였다. 반대로 군부 세력이 여전히 핵심을 구성한 지배 블록은 1990년 3당 합당으로 새로운 헤게모니를 창출하고 이를 기반으로, 성장하는 민주 노조를 저지하고자 했다. 민주 노조를 용인하지 않는 국가와 자본의 '노동 없는 민주화' 전략은 일견 성과를 얻는 듯했으나 결국 실패로 귀결했다.[16] 요컨대 1987년 노동체제 10년은 한국 노동 정치에서 유일하게 노동운동이 정치적 주도권을 쥔 시기였다. 이 계급 간 힘 관계의 역전을 더 정확하게 이해하려면 1987년 노동체제의 내적 동학과 모순을 고찰해야 한다.

2) 체제 구조와 모순

1987년 노동체제는 축적 체제, 국가 정치체제와 연관된 두 가지 내적 모순 구조를 내장하고 있었다. 먼저 축적 체제와 관련해서 보자면 주변부 포드주의의 모순, 곧 장시간·저임금 노동에 따른 생존권 위기 문제가 1987년 이후에도 지속되었다. 민주 대항쟁 이후에도 여전히 값싼 임금에 의존하는 낡은 축적 전략을 바꿀 의사가 없었던 자본과 생존권을 주장하고 분배 체제 개선을 요구한 노동 측의 갈등은 어느 정도 필연이었다. 그것은 허구적 상품 fictitious commodity인 노동력 상품 재생산의 위기였다. 특히 이런 생존권 위기는 자유화된 노동 정치 지형에서 1989년 이후의 3저 호황 종결, 부동산 가격 폭등과 물가 상승 등의 요인과 중첩되었고 결국 신생 민주 노조에 강한 투쟁 동력을 제공했다.

다음으로 절차적·정치적 민주화라는 국가 정치 수준의 변동은 노동 정치에서 모순적 효과를 발산했다. 민주화 이후에도 노동 정

---

16 1991년과 1992년에 내두쩐 민주 노조 운동 위기곤 논쟁은 이딘 싱세와 거시 세세 변동을 둘러싼 노동운동과 연구자들의 이론적·실천적 논쟁이었다. 자세한 내용은 노중기 (1995, 7장) 참고.

치 영역에는 과거의 억압적·반민주적 제도와 질서, 그리고 국가와 자본의 반노동 전략이 횡행했기 때문이었다. 그것은 '노동 없는 민주화 국가 프로젝트'라 할 만했다. 예컨대 1987년 11월 법 개정에서도 폐지되지 않은 복수 노조 금지, 제3자 개입 금지, 정치 활동 금지, 공무원·교원의 단결 금지 등 이른바 4대 악법 조항이 대표적 제도였다.[17] 또 이 체제에서 국가는 민주 노조에 대해 각종 이데올로기를 동원하고 가혹한 물리적 억압을 행사했다.

요컨대 국가 정치의 자유화, 민주화 환경이 노동 정치에 온존하는 반민주적 질서와 정면에서 충돌한 것이었다. 국가와 자본은 노사협조주의 노조와 한국노총(한국노동조합총연맹) 체제에서 벗어난 독립 노조를 허용할 마음이 없었다. 반대로 민주 노조들은 내부의 혼란과 외적 개입에도 불구하고,[18] 전투적 노조주의 운동 노선으로 민주화를 요구하며 저항하는 전략, 곧 '민주화 대항 헤게모니 프로젝트'를 포기하지 않았다. 3당 합당이나 신경영전략 추진 또는 노동법 개정 시도 등 정세 변화를 유도하는 지배 블록의 각종 전략적 시도들도 노동운동의 도전을 제어하는 데에는 근본적인 한계가 있었다.

이런 내적 모순은 노동 정치 영역에서 전혀 예상치 못한 결과

---

17 이를 극복하려는 개혁적 시도였던 1989년 3월 노동법 개정은 대통령의 거부권 행사로 무산된 바 있었다. 이후 1987년 체제가 해체될 때까지 노동운동은 '노동기본권 보장과 민주 노조 인정'을 국가와 자본에 일관되게 요구했다.

18 1989년 전노협(전국노동조합협의회) 건설 논쟁이나 전노협 내부에서의 많은 노선 갈등들은 모두 내부의 혼란이었다. 자세한 것은 노중기(1995), 임영일(1997), 김창우(2007) 참고.

를 산출했다. 1989년 공안 정국과 1990년 1월 3당 합당 이후 국가와 자본은 민주 노조 운동을 강하게 억압했다. 이에 대항했던 많은 전국적 쟁의들에서 민주 노조들은 패퇴했고 활동가들은 구금되었으며 전노협(전국노동조합협의회)을 비롯한 민주 노조의 활동은 거의 무력화된 것처럼 보였다. 그러나 문민정권 시기까지 지속된 가혹한 국가 억압에도 불구하고 민주 노조 운동이 조직과 이념 등 모든 면에서 크게 성장하는 역설이 발생했다. 특히 중소 제조업 중심의 전노협이 약해지자 민간의 사무직과 대사업장, 그리고 공공 부문으로 민주 노조가 확산한 점이 놀라웠다. 이는 개별 쟁의에서의 숱한 패배와 노조 붕괴 및 매우 불리한 여론 지형에도 불구하고 노동계급 내부에서 민주 노조 운동에 대한 지지가 유지되거나 증가했음을 보여 주었다.

1987년 체제 모순 구조의 직접적 결과는 크게 다섯 가지로 정리해 볼 수 있다. 우선 민주 노조 운동의 조직 역량이 상당히 증가한 점은 이미 말한 바와 같다. 둘째, 국가와 자본의 경우 노동력 재생산과 노동 통제의 비용이 많이 증가했다. 많은 경우 민주 노조들의 도전은 작업장에 대한 기업의 통제 상실 및 임금 인상이라는 경제적 비용을 불러왔다. 국가의 경우에도 민주 노조들의 저항에 따른 정치적 비용과 통제 비용을 부담하지 않을 수 없었다. 셋째, 임금 증가, 기업 복지 확대 등 노동계급의 상태가 상당히 호전되었다. 자본은 노동력 부족 상태에서 민주 노조를 부인하는 전략을 고수했고 그 부담이 경제적 임금 인상으로 연결되었던 것으로 보인다. 넷째, 민주주의 공고화 시기의 정치적 불안정성도 노동문제 갈등 때문에 더욱 심화했다. 민주 노조들은 3당 합당은 물론

〈국가보안법〉폐지, 통일 운동, 환경 운동 등 많은 정치사회적 의제에 개입했고 정권의 정당성을 위협했다.[19] 마지막으로 1987년 노동체제에서 민주 노조의 투쟁은 사회 민주화를 추동하거나 그 역진을 막는 의도치 않은 결과를 초래했다. 민주주의 요구와 방어의 최전선을 노동운동이 담당했기 때문에 시민운동과 사회운동 일반이 국가와 시장 권력의 위협으로부터 보호받는 효과가 생겼던 것이다.

3) 체제 전환의 모색

지배 블록의 '노동 없는 민주화' 국가 프로젝트와 민주 노조의 '민주화' 대항 헤게모니 프로젝트의 전략적 충돌이 장기간 지속하는 가운데 앞서 본 체제 모순은 더욱 확대되었다. 절차적 민주주의가 정치사회는 물론 시민사회에도 점차 공고화되어 갔기 때문에 지배 블록 국가 프로젝트의 정당성은 대폭 감소했다. 노동에 대해서는 형식적 민주주의도 허용할 수 없다는 담론의 내적 모순이 뚜렷했기 때문이었다. 그리고 반대로 민주 노조는 이제 총연합 단체 민주노총까지 결성해 현실적으로 부정하기 힘든 정치적 세력으로 성장했다. 이런 조건에서 수구 분파가 주도해 만든 기존 국가 프로젝트를 개혁하려는 움직임이 발생한 것은 매우 자연스러

---

19 이는 이후 서구의 학자들에 의해 '사회운동 노조주의' 운동 노선으로 규정되었고 한국 민주 노조 운동의 특성으로 널리 알려졌다.

운 일이었다.[20]

문민정부 내의 개혁파가 내세운 전략은 자본이 요구하는 노동 유연화 정책과 노동이 요구하는 노동 민주화를 교환하는 방안이었다. 구체적으로 변형 노동시간제, 정리 해고제, 파견 노동제 등 신자유주의 노동시장 정책들과 비민주적 악법 조항의 철폐 및 민주 노조 합법화를 맞교환하겠다는 것이었다. 사회적 합의 기구인 노사관계개혁위원회가 그 실행 장치로 설립되었다. 그러나 1996년 한 해 동안 진행된 합의 정치는 결국 연말 노동법 날치기 개악 사태와 '겨울 총파업', 그리고 1997년 3월 노동법 재개정으로 이어졌다. 개혁파의 의도는 행정부와 국회에 포진한 수구파의 반발로 일차 무산되었으나 결국 아이러니하게도 민주 노조의 도움으로 실현되었다.[21]

1996년 노동 정치 과정의 의의는 지배 블록의 새로운 전략 기획이 뚜렷이 드러난 데에 있었다. 개혁파의 의도는 노동법 개정을 포함해 민주 노조를 인정하는 개혁 조치와 이른바 '신자유주의적 노동시장 개혁'을 동시에 추진하는 것이었다. 이는 기존 국가 프로젝트를 폐기하고 '민주화'·'선진화' 국가 프로젝트를 동시에 추진

---

20 지배 블록의 헤게모니 위기와 수구·개혁 분파 간의 내적 균열과 갈등은 민주자유당(민자당) 결성 이후 1990년대 전체에 걸쳐 진행되었다. 주로 정치적 갈등이었으나 때때로 재벌 문제, 노동문제 등 사회경제적 의제와 결합해 나타나기도 했다.

21 지배 블록 내 개혁파의 민주 노조 운동에 의도치 않은 연대와 협력 관계를 맺은 아이러니였다. 노사관계개혁위원회 노동 정치의 자세한 진행 과정 및 그 결과, 그리고 비판적 평가에 대해서는 노중기(2008b)를 참고할 수 있다.

하려는 새로운 시도였다.[22] 또 개혁파의 의지와 함께 수구파의 반발이 만만치 않음이 드러난 것도 주목할 만했다. 날치기 사태는 노동체제 이행이 시작되었으나 그 앞길이 평탄하지 않음을 다시 확인해 주었다. 이런 상황에서 1997년 연말 갑자기 들이닥친 외환 위기는 노동체제 해체를 급속히 추동하고 완성한 결정적 전환점이었다.

IMF(국제통화기금) 외환 위기는 사회체제를 근본적으로 흔든 대변동이었다. 노동 정치와 관련해 먼저 1987년 체제와 관련해 가장 보수적이었던 재벌 대자본의 정치적 위상이 크게 추락했고 이들은 이전처럼 노동 개혁에 반대할 수 없었다. 다음으로 국가 내 개혁파의 상대적 역량이 크게 확대된 것도 중요하다. 첫 번째 수평적 정권 교체로 정치적 정당성과 함께 개혁의 명분과 동력을 충분히 공급받았기 때문이다.

그렇지만 가장 중요한 변화는 민주 노조 운동이 갑자기 수세 상황에 몰렸다는 점이다. 겨울 총파업으로 역사상 처음으로 정부를 굴복시킨 지 채 1년이 지나지 않은 시점에서 민주 노조들은 초유의 대규모 고용 불안과 정리 해고의 위협 앞에 섰다. 동시에 '국민의 정부'는 이전 정부가 기안한 두 개의 국가 프로젝트를 신속하고 강력하게 추진했고 1998년 2월 노사정 합의로 정리 해고와 파견 노동 제도를 도입할 수 있었다. 민주 노조의 경우 안정된 고용

---

[22] 민주화·선진화라는 두 국가 프로젝트의 구체적 내용은 다음 절에서 정리한다. 이를 둘러싼 역동적 노동 정치에 대한 사례 분석은 노중기(2020b) 참고.

사정에 기반한 조직적 성장은 이제 불가능했다.

5. 종속 신자유주의 노동체제 : 구조와 동학

1) 체제 형성의 특징

1997년 이후 형성된 '종속 신자유주의' 노동체제는 한편에서 1987년 노동체제 모순의 산물이었지만 다른 한편에서는 전성기의 신자유주의 노동체제를 외부로부터 이식하고 복제한 것이었다. 따라서 이 체제의 형성 과정은 서구 모델을 20년 늦게 수입한 신자유주의 노동체제라는 점, 그리고 1987년 체제의 유제를 이어받은 '경로 의존성'을 동시에 고려해 분석해야 한다.[23]

먼저 1987년 체제의 모순은 정치 민주화와 노동 개혁이 조응하지 못한 데서 발생했지만 동시에 낡은 축적 체제의 위기이기도 했다. 개혁파가 주도한 새로운 국가 프로젝트는 이 두 가지 과제를 직접적으로 표현하고 있었다. '민주화'가 주변부 파시즘의 낡

---

23 서구의 신자유주의가 사회민주주의 체제의 '한 국민 전략', 곧 복지국가 위기의 산물이었던 반면 한국의 신자유주의는 달랐다. 그것이 군부독재 시기의 주변부 포드주의와 파시즘 체제의 민주화 이행 시기와 겹쳐 도입된 것에 큰 차이가 있음을 강조하고자 했다. 이 차이는 사회적 빈곤과 양극화의 정도, 비정규직 규모와 차별의 내용, 노동계급의 투쟁 양상, 그리고 국가의 억압 능과 정치적 민주주의의 후퇴 정도 등 다양한 변성·형태로 발현되었다. 다만 종속성dependence이라는 표현 및 개념이 적절한지는 논란이 많으며 필자도 다른 대안을 고민 중이다.

은 노동 통제 장치를 개혁하는 과거의 과제라면, '선진화' 국가 프로젝트는 포스트포드주의 축적 체제에 조응하는 조절 양식을 노동 정치에 제도화하는 미래 과제였다. 특히 1987년 체제의 개혁 과제가 막 첫 단계를 지난 시점에서 새로운 노동체제가 급격히 제도화되었으므로 상황은 더 복잡해질 수밖에 없었다.

둘째, 이 역사적 특성으로 말미암아 종속 신자유주의 노동체제의 전개 과정은 크게 두 단계로 나뉘어 진행되었다. 1998년 이후 김대중·노무현 정부 시기에 국가는 두 개의 국가 프로젝트를 동시에 추진했다면 2007년 이후에는 이를 선진화 국가 프로젝트로 단일화했다. 전반기의 동시적 진행은 서구의 신자유주의 노동체제에서는 볼 수 없는 일이다. 그 이유는 서구에서는 두 프로젝트가 수십 년의 기간을 두고 사회민주주의 노동체제라는 다른 노동체제에 의해 분리되어 있었기 때문이다. 또 결과적으로 사회민주주의 체제의 완충 장치가 없었으므로 새로 도입된 신자유주의 정책의 부정적 효과는 서구의 경우보다 훨씬 두드러졌다.

셋째, 민주화 프로젝트의 정책들이 선진화 프로젝트와 착종되는 현상이 계속 발생했다. 2003년 노동시간 단축의 개혁 의제가 변형 노동시간제 확대와 맞물리면서 유연화 정책으로 변질된 것이 대표적 사례였다. 작업장 단위 복수 노조 허용이 교섭 창구 단일화 및 전임자 임금 지급 금지와 연결된 것도 마찬가지였다. 또 2006년 제정된 〈기간제 및 단시간근로자 보호 등에 관한 법률〉(기간제법)은 '기간제 노동자 보호법'이라는 명칭과 달리 비정규 노동을 제도화하고 양산하는 역설을 낳았다. 이런 구조에서 한국의 노동 정치는 한층 복잡한 전략적 상호작용을 불러왔고 모순적 결과를 초래했다.

넷째, 노사정 주체들의 세력 관계 양상도 서구와 달랐다. 먼저 노동 측의 경우 외환 위기 이후 대규모 고용 위기 속에서 수세 국면에 처했다. 전투적 쟁의는 효력이 없었으므로 양보 교섭과 경제적 방어 투쟁으로 후퇴했고 노사정위 참가 문제로 심각한 내적 갈등을 경험했다. 그렇지만 어려움 속에서도 민주 노조 운동은 곧바로 진보 정당 건설과 산별노조 전환 등 전략 변화를 모색했고 나름의 조직력을 유지할 수 있었다. 이 점은 서구와 구별되는 또 다른 특수성이었다.[24]

다섯째, 세력 관계 변동과 관련해 자유주의 부르주아 세력의 정치적 변화도 중요했다. 군부 시기는 물론 1987년 노동체제에 이르기까지 오랫동안 노동문제에 대해 개혁적 태도를 보였던 이들은 1998년 집권 전후로 전략을 크게 바꾸었다. 구체적으로 이들은 외환 위기 이전에 형성된 두 개의 국가 프로젝트 중에서 선진화 프로젝트를 중심으로 신자유주의 노동정책을 강하게 추진했다. 민주화 국가 프로젝트 없이 이를 추진할 수 있는 정치적 조건

---

24 몇 가지 이유를 생각해 볼 수 있다. 우선 민주화 국가 프로젝트가 추진된 효과로 노동 측은 노동 정치의 주도권을 완전히 상실하지 않았다. 또 사회 안전망이 부재한 가운데 극한적 빈곤과 양극화라는 객관적 조건은 투쟁 동력을 만들어 주는 결과를 가져왔다. 또 빈발하는 비정규 투쟁과 연대함으로써 수세기에도 불구하고 대체로 조직을 안정적으로 유지할 수 있었다. 필자는 2004년 이래 나름의 '민주 노조 운동 위기론'을 주장한 비 있었으니(노동사 2008b) 이를 부분적으로 수정하고자 한다. 한국 사례에 비해 서구 노동운동의 후퇴는 훨씬 일방적이었다. 1980년대 이후 서구 노동운동의 후퇴에 대한 자세한 보고로는 리처드 하이먼과 앤서니 페르너(Hyman and Ferner eds. 1994) 참고.

표 1-2 종속 신자유주의 노동체제의 구조와 특징(1998년~현재)

구분	체제 형성기 특징	체제 구조와 동학	체제 모순과 결과
축적 체제 (작업장 체제)	주변부 포드주의, 종속 신자유주의로 체제 전환	시장 만능주의, 노동 유연화, 법치주의 조절 양식	고용 불안 및 사회 양극화 심화, 비정규 노동자 투쟁
국가 정치/ 정치체제	절차적 민주화 확대, 수평적 정권 교체	부르주아 민주주의 안착, 통일·북한 문제의 부상	정치 불안정 심화, 민주주의 후퇴, 촛불 혁명
지배 블록/ 헤게모니 분파	외환 위기, 지배 블록 내 개혁 분파의 헤게모니	신자유주의 대동맹 형성, 부차적 헤게모니 갈등	대동맹 이완–내부 갈등, 수구 분파 득세와 붕괴
국가 전략/ 대항 헤게모니	'민주화/선진화' 국가 프로젝트/'민주화 대항 헤게모니' 프로젝트	'선진화' 국가 프로젝트로 단일화/'민주화' 대항 헤게모니 프로젝트	'소득 주도 성장–노동 존중'/ '민주화' (및 반신자유주의) 대항 헤게모니 프로젝트
계급투쟁/ 세력 관계	고용 위기와 방어 투쟁, 국가와 자본의 대공세	정리 해고/비정규 투쟁, '귀족 노조' 등 여론 공세	노동 유연화, 정치적 반동과 시민 저항 확대
노동체제	체제 형성기 모순	종속 신자유주의 체제 동학	체제 해체기 모순
노동시장	분절 확대, 경쟁 심화	신자유주의–분절 노동시장	극한 경쟁, 양극화–분절
노동 통제	합의주의/물리적 억압	합의주의와 법치주의	통제위기, 비용 증가
노동운동	전투적 경제주의, 양보 교섭	전략 전환 시도, 내부 갈등	노동운동 위기/재활성화

이 아니었으므로 두 가지를 결합하되 무게의 추는 전자에 두는 방식이었다. 많은 우여곡절이 있었으나 노무현 정부 후반에 이르면 자유주의 세력들의 정치 전략 변화는 완결되는데 2005년 한미 자유무역협정FTA과 기간제·비정규 노동법 추진이 그 계기였다.

결과적으로 2000년대 중반 한국 노동 정치에는 '신자유주의 대동맹'이라 할 만한 헤게모니 집단이 형성되었다. 여기에는 구조 조정으로 더욱 세력을 강화한 재벌 독점 대자본을 중심으로 자유주의 보수 세력과 수구·냉전 세력, 국가 관료, 보수 언론과 시민 사회 집단 등이 광범하게 결합했다. 이들은 시장 원리와 사적 소유에 대한 물신주의 사고, 기업 경쟁력과 생산성 및 기술혁신, 자유무역과 금융 세계화, 그리고 노동시장 유연화와 법치주의에 대한 통일된 담론을 공유하고 제한적이나마 헤게모니를 행사했다.[25]

2008년 이후 수구·냉전 세력이 집권했음에도 노동체제의 기본 틀은 바뀌지 않았다. 그것은 2016년 촛불의 정치 변동에도 불구하고 현재까지 지배적 패러다임으로 작동하고 있는 것으로 보인다.

2) 체제 구조와 모순

종속 신자유주의 노동체제의 기본 구조는 서구의 그것과 대체로 대동소이한 프로그램으로 구성되었다. 1998년 IMF 등 국제기구와 초국적 자본은 워싱턴 컨센서스라 불린 강한 구조 조정 프로그램을 한국 정부에 강제했다. 시장 근본주의와 경쟁력 담론에 치중한 영미형 신자유주의 프로그램에서 노동정책은 크게 보아 노동시장 유연화 정책과 법치주의 노동 통제를 결합한 묶음이었다.

전자와 관련된 주요 정책으로는 구조 조정 활성화, 정리 해고의 합법화, 파견 노동과 기간제 노동 등 비정규 노동 사용 확대, 민영화와 해외 이전, 자동화와 외주화 확대, 각종 특수 고용 이용 확대, 유연 노동시간제 도입 등이 있었다. 대체로 노동력 이용을 유연화함으로써 기업의 임금 비용을 절감하고 생산성 혁신을 도모하는 것이 목표였다. 그것은 이미 1990년대 중반 선진화 국가

---

25 물론 이 담론적 통일성에도 불구하고 축적 체제나 조절 양식에서 서구 신자유주의와는 커다란 차이가 있었다. 예컨대 시장 원리는 재벌 주도의 비합법적 정경 유착과 결합한 정실(crony) 신자유주의라 할 만했다. 이 미묘성에 관련 비민격 논의코는 재습(Jessop 2002) 참고. 또 1987년 노동체제의 취약한 헤게모니에 비하면 질적 변화가 발생했다고 해석할 수 있다.

프로젝트로 정식화되어 있었던 지배 블록의 전략적 지향과 대체로 일치했다. 1998년부터 10년간 국가가 주도한 이런 정책들은 급속히 제도화되어 곧 노동체제 구조로 자리 잡았으며 이후 노동정치의 핵심 의제가 되었다.

다음으로 법치주의가 확대되고 그 통제 효과가 커진 것도 중요한 변화였다. 1987년 노동체제에서 제어되지 않았던 민주 노조들의 전투적 저항은 지배 블록으로서는 난제였다. 그러나 이 문제는 신자유주의 노동체제 도입과 정착 과정에서 더 중요한 과제였다. 서구에서 드러났듯이 노동운동의 시장 개입을 막고 유연화에 따른 대중적 저항을 제어하는 일은 체제 도입의 성패가 걸린 일이었기 때문이다. 외환 위기 초기에는 위기 담론과 실업 대란 속에서 어렵지 않게 해결할 수 있었으나 장기적으로는 쉽지 않았다.

지배 블록이 법치주의를 확보하기 위해 동원한 주요 수단은 전통적 억압을 강화하는 것, 그리고 관련된 이데올로기 통제 장치를 강화하는 것이었다. 각종 불법 쟁의에 대한 무관용과 엄단, 경찰력 투입과 신속한 쟁의 진압 그리고 인신 구속은 전통적 수단이었다. 특히 기존의 〈국가보안법〉과 〈형법〉은 물론 손해배상 청구 소송이나 업무방해죄 적용 그리고 심지어 민간의 용역 폭력을 체계적으로 사용하는 일까지도 발생했다. 외환 위기 이후 정부들은 정부 성격과 무관하게 모두 법치주의를 노동정책과 행정의 중요한 목표로 삼았고 기존 통제 장치들의 사용을 크게 확대하고 강화했다. 또 법치주의와 연관된 이데올로기 장치로는 참여·협력의 협조주의 이념과 함께 귀족 노조론이 도입되었다.[26]

한편 노동시장 유연화와 법치주의가 영미형 신자유주의 노동체제의 그것과 유사하지만 구별된다는 점도 중요하다. 우리의 경우 대체로 노동시장 유연화가 훨씬 더 일방적으로 진행되었고 실업자와 비정규 노동자의 상태가 훨씬 열악했으며 사회적 양극화 정도도 더 심했다. 한국 법치주의는 서구와 비교되지 않을 정도로 가혹했고 쌍용자동차 정리 해고 노동자들이나 비정규 노동자들의 비극이 발생한 것도 그 때문이었다. 특히 주목할 차이는 이 시기에 서구와 반대로 새로운 복지 제도가 도입되고 관련 예산이 대폭 증가한 점이었다.[27]

한편 신자유주의 노동체제 일반의 구조와 한국을 구별 짓는 중요한 국가 장치가 바로 '노사정위원회'였다. 노사정위는 이 시기 한국 사회 노동 정치의 전 과정에서 다양한 기능을 수행한 핵심적 국가 장치였다. 2006년까지의 전반기 노동 정치에서 그것은 민주화와 선진화 국가 프로젝트를 교환 형식으로 동시에 추진한 국가 기구였다. 민주화 프로젝트의 노동 개혁 조치들을 동원해 신자유주의 노동 유연화를 정당화하고 노동과 자본의 동의를 구하는 방

---

26 정권에 따라 그 용어와 개념 구조가 조금씩 바뀌기는 하지만 기본적으로는 노사협조주의와 귀족 노조론이 중심적 이데올로기였다. 김대중 정부의 '참여와 협력', 노무현 정부의 '사회 통합적 노사 관계' 등이 전자였다면, 후자는 '강한 국가론'이나 '귀족 노조론'을 포함한다. 후자와 연관된 '불법 폭력 세력', '집단 이기주의', '철 밥그릇'은 노동운동을 공격하는 공세적 이념이었다. 특히 중요한 점은 생산과 유포의 모든 측면에서 수구·냉전 세력과 자유주의 세력이 공조했다는 사실이다.

27 이 문제에 주목한 이철승(2019)의 연구는 노동과 시민 단체, 그리고 강강 긴 응집성 배태성에 주목했으나 필자의 관점에서는 너무 협소해 보인다. 거시적인 노동체제의 모순적 효과로 설명하는 것이 더 적절하다.

식이었다. 이 교환에서 국가는 중립적 중재자로 자신을 호명할 수 있었다. 또 여기서 노동을 포섭하거나 아니면 양 노총을 분할 지배하는 통제 효과가 발생하기도 했다. 마지막으로 이 기구는 참여와 협력, 사회 통합 등 이데올로기적 통제와 물리적 억압을 정당화하며, 특히 민주노총을 사회적으로 고립시키는 효과를 산출했다.

2007년 이후 민주화 프로젝트가 종료되고 노동 개혁이 봉합되자 후반기 노동 정치에서 노사정위의 위상은 크게 하락했다. 수구 정부가 집권하면서 각종 사회경제적 모순이 심화하고 민주노총의 사회적 대화 불참 입장이 확고해진 결과였다. 그러나 노사정위는 소멸하지 않았을뿐더러 2010년 초 복수 노조와 전임자 임금 관련 노동법 개정과 2015년 이후 박근혜 정부의 '노동 개혁' 시도를 뒷받침했고 나름의 통제 기능을 수행했다.[28] 요컨대 그것은 서구에 비교해 훨씬 가혹하고 열악했던 한국의 신자유주의 노동체제를 유지하기 위해 마련된 특별한 국가 장치였다. 한국 신자유주의의 특수성을 물질화한 국가 기구인 셈이다.

1987년 노동체제와 비교해 종속 신자유주의 체제의 특성을 다

---

[28] 2007년 이후 후반기 노사정위는 사실 벌거벗은 노동 통제 장치이자 큰 효과 없는 이데올로기 기구였을 뿐이다. 그럼에도 그것이 필요했던 이유는 두 정부가 추진한 신자유주의 노동정책에 최소한의 정치적 정당성을 부여하는 것이 긴요했기 때문이다. 그런 면에서 한국의 사회적 대화는 이탈리아와 아일랜드 등 서구 신자유주의 노동체제의 린 코포라티즘과도 질적으로 달랐다. 린 코포라티즘이 '신자유주의 노동 개혁' 범위에서나마 약간의 실질적 참여 권한을 노동에 부여한 합의 체제였다면 이명박·박근혜 정부 노사정위에는 전혀 자율성이 없었기 때문이다. 말하자면 그것은 1990년대 동유럽의 가짜 코포라티즘 기구와 비슷했다. 노중기(2008b, 8장) 참고.

시 정리해 보자. 먼저 계급 간 힘 관계의 역전이 이루어져 노동운동이 급속히 수세적인 위치로 내몰렸다. 양보 교섭과 방어적 쟁의가 일상화된 것은 새로운 정치 지형이었다. 둘째, 국가와 자본으로 구성된 지배 블록의 지배 효율성이 높아졌다. 민주화 진전 및 법치주의 확대에 따른 정치적 정당성 제고, 신자유주의 대동맹 형성에 따른 헤게모니 강화와 통일된 국가 프로젝트 추진 등도 이런 변화를 가능하게 했으나 결정적인 것은 역시 대규모 고용 불안과 정리 해고의 위협이었다. 셋째, 노동시장 분절 현상이 급속히 진전해 노동 내부의 양극화가 짧은 기간에 크게 확대되었다. 결과적으로 노동의 교섭력이 눈에 띄게 취약해졌다. 넷째, 1987년 체제에서 상당한 위력을 발휘했던 민주 노조 운동의 기업 단위 전투적 조합주의는 그 효력이 거의 소실되었다. 전방위적 고용 위기 앞에서 기업별 교섭과 쟁의는 대부분 무력했기 때문이다.

한편 노동체제의 내적 모순도 두 가지 분석 차원으로 나눠 볼 수 있다. 신자유주의 노동체제 일반의 모순을 서구 사회와 공유했으나 거기에 더해 한국에 고유한 모순이 접합되어 있었기 때문이다. 예컨대 앞서 확인한 바와 같이 한국의 신자유주의는 복지국가 경험 없이 시작했으므로 정당성이 취약했고 노동계급에 대한 억압적 효과는 더 가혹했다. 또 절차적 민주주의가 사회적으로 공고하지 않은 민주화 이행·공고화 시기, 곧 제한적 민주주의 체제에서 발생한 신자유주의였다. 따라서 지배 블록의 권력 행사도 조야했고 반대로 노동 측의 저항도 더 강하게 나타났다.[29]

이런 특성을 염두에 두고 종속 신자유주의 노동체제의 내적 모순을 정리하면 다음과 같다. 첫째, 1998년부터 2006년까지 전반기에 급속히 도입된 신자유주의 정책들은 동시에 추진된 각종 노동 개혁 조치들과 내적으로 정합적이지 못했다. 노동 개혁 조치들은 대부분 오랫동안 상실된 노동기본권을 복원하는 일이었다. 반면에 정리 해고를 비롯한 각종 유연화 조치들은 고용 불안과 노동권 침해를 필연적으로 불러일으키는 일들이었다. 민주 노조들이 노동기본권의 이름으로 신자유주의 정책 실행에 반발한 것은 충분히 이해할 만한 행동이었다.[30]

둘째, 비정규 노동자와 미조직노동자의 새로운 투쟁이 빈발한 것도 체제의 한계를 뚜렷이 보여 주었다. 일반적으로 서구 사회에서도 신자유주의 노동체제에서 비정규직이나 하층 노동자의 투쟁이 늘어나는 것은 일반적 현상이었다.[31] 다만 한국의 비정규 투쟁

....

29 '제한적 민주주의' 개념에 대해서는 손호철(2018)을 참고할 수 있다. 이렇게 두 가지 차원의 모순이 접합된 결과 한국 사회에서 신자유주의 이념과 현실은 꽤 탈구dislocation된 양상으로 나타났다. 예컨대 노사정위원회의 '참여와 협력'이 쟁의에 대한 적나라한 국가 폭력으로 뒷받침되거나 시장 원리와 법치주의가 재벌 대자본에는 거의 적용되지 않는 현실을 들 수 있다.

30 노사정위원회와 사회적 합의주의는 이 모순을 처리할 국가 장치로 기획되었고 정확히 그 역할을 담당했다고 평가할 수 있다. 교환의 합의 구도 자체가 그러했고 노동의 위원회 참가로 노동 유연화 조치의 정당성이 스스로 확보되는 것도 마찬가지였다. 또 이 문제를 둘러싸고 노동 내부의 분열과 갈등이 발생하는 기제도 작동했는데 이것도 모순을 은폐하거나 노동에 전가하는 효과를 가져왔다. 자세한 내용은 노중기(2008b, 2부) 참고. 이와 연관해 2004년 이후 국가 이데올로기였던 '유연 안정성'flexicurity 담론도 유사하게 기능했다. 네덜란드와 덴마크 등 서구 신자유주의와 매우 다른 한국의 조건에서 그것은 더 가혹한 차별과 착취, 억압을 은폐하는 이데올로기를 넘지 않았다.

31 미국의 국제서비스노조SEIU 사례를 비롯해 서구의 사회운동 노조주의가 이 문제와 연관되어 있다. 자세한 내용은 황현일(2012), 노중기(2008b) 참고.

1부 노동체제의 변동과 역사

이나 정리 해고 투쟁은 그 규모나 사회적 갈등 정도의 측면에서 서구에서 찾아보기 힘든 것이었다. 이미 1990년대 중반 한국전력 등 민영화 사업장에서 발생하기 시작했던 비정규직 투쟁은 2000년대 이후 급속히 확대되었고 끊이지 않고 발생했다.[32]

셋째, 법치주의의 모순도 심각한 양상으로 발전했다. 법의 양면적 성격을 고려하더라도 1998년 이후 이른바 민주 정부들이 노동쟁의에 대응한 양상은 과도했다. 많은 경우 그것은 군부 치하나 1987년 체제의 불법적 국가 폭력에 버금가는 것이었고 그 자체로 노동자와 시민의 큰 반발을 불러왔다. 특히 국가 기구 운용에서 법적 모순은 확대되었다. 검찰의 노동쟁의에 대한 가혹한 대응은 사용자나 재벌의 불법행위에 대한 관대한 처분과 늘 대비되었다. 이는 국가의 정당성을 훼손하고 노동자 저항을 더욱 강화하는 효과를 불러왔다. 특히 민주화의 효과로 자율성이 커진 법원 판결이 신자유주의 노동정책과 모순되는 경우가 늘어났고 국가와 자본은 의도치 않게 커다란 정치적·경제적 비용을 부담해야 했다.[33]

---

32 대표적인 쟁의만 하더라도 현대중공업, 현대·기아와 GM자동차 등 제조업 사업장의 사내 하청 투쟁, KTX 여승무원, 이랜드 등 마트 노동자, 학교 비정규 노동자 등의 투쟁이 이어졌다. 또 학습지 교사, 보험 모집인, 캐디, 레미콘 기사 등 특수 고용 노동자들의 투쟁도 전 기간에 걸쳐 빈번히 발생했다.

33 그렇지만 이를 파시즘이나 그와 유사한 무엇으로 규정하는 것은 오류다. 과도한 평가에 대한 비판은 노중기(2020b) 참고. 또 노동체제에 위협이 된 것으로 보이는 대표적인 법원 판결로는 현대자동차 사내 하청 노동자 불법 파견 판결, 정기 상여금의 통상 임금 포함 판결, 쌍용자동차 정리 해고 판결, 주 52시간 노동시간 판결, 그 밖에 삭탕 비정규 노동 관련 판결 등이 있었다. 박근혜 정부의 대표적 국정 농단 사건이었던 '대법원 사법 거래'나 2015년의 '노동 개혁'(노동법 개악) 시도는 모두 이 문제와 연관되어 있었다. 한

넷째, 신자유주의 사회 일반의 모순으로 말미암은 다양한 사회적 갈등도 노동체제의 지속에 커다란 위협이 되었다. 빈곤과 양극화의 확대는 필연적으로 사회적 갈등을 심화했는데 중간계급 하층과 하층 노동자들이 그 중심에 있었다. 부동산 문제, 각종 환경 문제, 교육 문제, 생명과 안전 문제, 여성 문제 등이 1998년 이후 크게 나빠지거나 불거졌다.[34] 특히 자살률과 출산율 문제, 그리고 급증하는 산업재해와 청년 실업, 빈곤 노인의 노동문제는 더는 방치하기 어려운 사회문제가 되었다. 2000년대 이후 빈발한 이런 문제들은 직간접적으로 종속 신자유주의 노동체제의 산물이었고 그 모순을 반영하는 사회현상이었다.

마지막으로 이상의 체제 모순은 동시에 지배 블록 내부의 권력 쟁패와 연결되었다. 양당 체제 제도 정치에서 수구 분파와 자유주의 분파의 갈등 자체는 새로운 것이 없지만 종속 신자유주의 노동체제의 모순이 정치 갈등의 강도와 빈도를 높이는 효과를 만들었기 때문이다. 야당 세력은 이를 선거 경쟁의 주요한 수단으로 이용했고 집권 분파의 전략 선택을 제한했다. 특히 2008년 이후 집권한 수구·냉전 분파들은 빈발하는 사회적 갈등을 비민주적 수단을 동원해 억압했고 모순을 격화했다. 그 결과 2016년에 이르면

편 법의 양면적 성격에 관해서는 풀란차스(Poulantzas 1978)와 노중기(2016) 참고.

34 광우병 집회, 용산 참사, 밀양 송전탑과 원전 폐기물 처리장 문제, 사교육비 급증과 교육 불평등, 세월호 사건 등을 생각해 볼 수 있다. 그 자체는 노동문제가 아닐 수 있으나 노동력 재생산을 위협한다는 점, 또 이를 해결하기 위해 노동정책적 대응이 꼭 필요하다는 점에서 노동 모순과 연관된다.

종속 신자유주의 노동체제를 뒷받침한 정치적 동맹체에는 상당한 균열이 발생하게 되었다.

6. 종속 신자유주의 노동체제와 촛불 혁명 : 시론적 해석

이 절에서 가설적으로 생각할 쟁점은 2016년 촛불 혁명과 노동체제 동학의 관계이다.[35] 앞 절에서 논의한 체제의 모순들이 주체들의 전략적 행위를 매개로 촛불 혁명의 발발과 어떻게 연관되었는가 하는 문제이다. 이 문제는 종속 신자유주의 노동체제의 해소나 전환 가능성까지 연결될 수 있을 것으로 보인다.

지배 블록 주체들의 전략적 대응은 한편에서 신자유주의에 대한 이데올로기적 신념을 표현한 것이자 제도적 관성에 따른 경로 의존적 행위이다. 그렇지만 동시에 그것은 종속 신자유주의 노동체제의 모순이나 구조적 제약에 대한 전략적 대응이며 상대의 의

---

35 이 논의에 들어가기 전에 몇 가지를 전제하고자 한다. 먼저 이 글에서는 '촛불 혁명'을 '혁명'으로 호명한다. 그 성격에 대한 논란이 상당하지만 필자는 단절적 정권 교체를 불러왔다는 점에서 일단 평화적인 정치혁명으로 파악하고자 한다. 둘째, 촛불 혁명을 설명하는 데 노동체제는 단지 하나의 설명 변수임을 염두에 둬야 한다. 정치체제나 그 밖의 여러 사회적 원인이 복합적으로 복잡하게 작용했음은 물론이다. 셋째, 노동체제 해체나 관련 정치 변동은 상당한 시간에 걸쳐 진행되는 경우가 일반적이다. 따라서 이 글은 현재 시점에서 제기하는 일시적이고 시론적 평가이나. 넷째, 이 필의 분석은 종속 신자유주의 노동체제의 모순과 동학을 보여 주기 위한 이론적 예시에 불과하다. 더 본격적인 경험적·이론적 분석은 차후의 과제로 남긴다.

도에 대응한 실천이었다. 이 경우 전략은 문제를 일시적으로 해소하는 결과를 초래하기도 하지만 흔하게는 모순을 심화한다.

이런 면에서 종속 신자유주의 노동체제의 두 시기, 곧 전·후반기 구분은 상당히 중요하다. 김대중·노무현 정부가 집권한 전반기에 국가는 민주화·선진화 두 개의 국가 프로젝트를 결합해 실행했던 반면 후반기에는 선진화 프로젝트로 통일되었다. 이 변화에 따라 노동 정치에서 개혁 의제는 사라졌고 노사정위원회 합의 기구의 중요성도 크게 줄었다. 동시에 민주 노조 운동의 전략 대응에서도 상당한 변화가 발생하지 않을 수 없었다. 요컨대 촛불혁명은 전체 노동체제를 반영한 것이자 후반기 체제 모순의 직접적 결과였다.

먼저 국가와 자본의 전략적 대응을 살펴보자. 2008년 이후 수구 세력이 집권함에 따라 정치 지형은 더 단순해졌다. 노동 개혁 의제가 없는 노동 유연화와 법치주의 확대·강화가 그것이었다.[36] 이미 빈발하고 있던 정리 해고 노동자와 비정규 노동자 투쟁에 대해 지배 블록은 유연화를 더욱 확대하는 전략적 대응에 나섰다. 예컨대 이명박 정부는 2009년 이른바 '100만 해고 대란설'이데

---

36 한편 신자유주의 대동맹의 일원이었던 자유주의 세력은 수구 세력의 유연화 확대나 법치주의 강화에 대해 대체로 기회주의적 태도를 보였다. 과도한 억압이나 무리한 유연화는 반대했으나 신자유주의 정책이나 경쟁력 강화 담론 그 자체에는 원칙적으로 동의하는 혼란한 태도였다. 예컨대 2009년 기간제법 개악 시도나 2015년 '노동 개혁'에 대한 야당의 반대는 대개 온건했다. 또 2009년 말에는 야당 소속이었던 추미애 국회 환경노동위원회 위원장이 한나라당 국회의원들과 함께, 노동계가 강하게 반대하던 복수 노조 창구 단일화법을 날치기로 통과시킨 일도 있었다.

올로기 공세와 함께 기간제 노동의 계약 기간을 확대하는 법 개정을 시도했고 공공 기관 선진화 방안 등 시장주의 기제를 확대하려는 노력을 지속했다. 박근혜 정부는 이를 더 확대해 2015년 광범한 노동 유연화 확대 조치를 담은 '노동 개혁' 및 노동법 개정에 나서기도 했다.[37]

영미형 신자유주의 정책을 더 확대하는 정책 시도와 함께 수구 정부들은 법치주의 노동 통제를 크게 강화했다. 이명박 정부에서는 관제 제3 노총을 만들어 분할 지배 구도를 강화하려 했고 공무원·교원의 노동기본권을 박탈하기도 했다. 복수 노조 창구 단일화와 전임자 임금 지급 금지를 일방적으로 법제화했다. 또 쌍용자동차 등 정리 해고 노동자의 투쟁과 각종 비정규 노동자 투쟁에 대해서는 전례 없이 가혹한 국가 폭력을 행사했다. 국가가 사측과 공모해 용역 폭력을 사주하는 일도 흔했다. 이런 기조는 박근혜 정부에도 이어져 철도 파업 진압과 민주노총에 대한 경찰력 투입으로 계속되었다. 또 사법부와 재판 거래, 정치 공작을 통해 노동정당인 통합진보당을 해산하는 초유의 일도 벌어졌다.

신자유주의 노동정책이 크게 강화되면서 동시에 사회적 합의나 노동 개혁의 외피가 사라지자 모순의 강도는 더 높아졌다.[38] 정

---

37 자세한 정책 내용과 정치과정은 노중기(2020b)를 참고할 수 있다. 한국의 노동 정치에서 국가와 자본의 전략적 지향은 많은 경우 일치한다. 특히 노동 관련 부처나 노동정책을 다루는 경제 부처, 경제정책 종속성이 심화되는 신기유주의 체계에서 둘은 대통소이하므로 따로 분석할 필요가 크지 않다.

38 그 대신 도입된 것이 종편(종합 편성 방송) 등 제도 언론을 이용해 국가와 자본이 크게

리 해고 노동자와 비정규 노동자를 중심으로 극한투쟁이 일상화되었으며 청년 실업과 사회 양극화 및 빈곤이 확산하는 속도도 빨라졌다. 특히 법치주의의 모순이 심화했다. 불법적 국가 폭력이 수시로 드러나면서 법치주의 이데올로기 효과는 반감되었고 때로 부정적 결과를 불러왔다.[39] 전체적으로 후반기 노동체제에서 전략 기획의 효율성은 저하되었고 세력 관계 지형이 지배 블록의 의도와는 반대로 불리하게 구조화하는 결과를 초래했다.

다음으로 노동 측의 전략적 대응도 2008년 이후 상당히 변화했다. 변화의 주요 측면은 정권 교체 및 민주화 국가 프로젝트의 종료와 관련되어 있었다. 즉, 한편에서 2006년경 민주화 국가 프로젝트가 중단되었고 수구 정권의 집권으로 노동 정세는 더 불리해졌다. 이는 '사회적 합의주의' 문제 등 전반기에 나타났던 노선상 혼란과 갈등이 봉합되는 긍정적 결과도 가져왔다. 대안 노선을 만들거나 합의한 바는 없었지만 수구 세력 집권 이후 민주 노조들은 '사회운동적 성격'을 크게 강화하는 방향으로 자연스럽게 전환했다.

이런 변화를 뒷받침한 또 하나의 요소는 노동체제 전반기의 혁신 실험이었던 산별노조 건설과 진보 정당 건설이 한 단계를 마무

확산시킨 반노동 이데올로기였다. 대표적인 것이 민주노총, 대사업장 조직에 대한 '귀족노조론'이었는데 중간계급에 상당한 영향을 미쳤다. 결과적으로 이 시기 민주노총의 사회적 고립이 심화했으나 그 통제 효과가 압도적이지는 않았던 것으로 보인다.

39 2009년 쌍용차 진압과 2011년 이후 유성기업과 SJM 등 용역 폭력, 2013년 철도 파업 탄압과 민주노총 사무실 수색, 2015년 민중 총궐기 집회 진압 및 민주노총 위원장 구속 등이 그러했다. 또 앞 절에서 보았듯이 법원의 여러 가지 판결도 법치주의의 예상치 않은 역효과 또는 모순을 보여 주었다.

리한 것이었다. 외환 위기 이후 10여 년 민주 노조 운동이 진력한 두 실험은 모두 상당한 한계에 직면해 제한된 성과를 얻는 데 그쳤다. 사회적 합의주의와 마찬가지로 노동 내부에 커다란 갈등, 균열을 불러왔지만 2008년경 민주노동당 분당과 형식적 산별 전환이 완수됨으로써 갈등은 소강상태로 접어들었다. 정치적 갈등은 수면 아래로 가라앉았고, 형식적 산별 조직의 한계는 미조직 부문에 대한 새로운 전략 조직화 사업으로 대체되었다.

요컨대 2008년 이후 민주 노조 운동은 수구 세력의 집권에 긴장하면서도 조직과 투쟁 태세를 재정비할 수 있었다고 봄 직하다. 그 중요한 전략 방향은 구조 조정 사업장과 비정규 노동자 투쟁을 중심으로 하는 각종 투쟁 사업과 전략 조직화,[40] 그리고 사회운동과의 전략적 연대 강화였다.

특히 주목할 것은 각종 사회운동 사례에 대해 민주 노조 운동이 깊이 관여했고 많은 경우 실질적으로 이를 주도한 사실이었다. 1987년 노동체제에서 두드러졌던 민주 노조 운동의 사회운동적 특성이 다시금 크게 분출했다. 대표적인 사례만 하더라도 2008년 광우병 촛불 집회를 필두로 용산 참사 투쟁, 제주 해군기지 반대

---

40 주요한 사례로는 한진중공업과 쌍용자동차 정리 해고 반대 투쟁, 현대·기아와 GM자동차의 사내 하청 노동자 불법 파견 반대 투쟁, 각종 특수 고용 노동자들의 투쟁, 학교 비정규직, 기륭전자, KTX 여승무원 등 비정규직 투쟁, 금속노조 조직들에 대한 용역 폭력과 노조 탄압 저지 투쟁, 언론 민주화 투쟁과 전교조·공무원노조 법외노조 반대 투쟁, 2009년과 2013년 철도노조 파업 투쟁, 2013년 이후의 노동법 개악 저지 민중 총궐기 투쟁, 삼성전자 백혈병 등 각종 산업재해 투쟁이 있었다. 2008년 이후 본격화된 '전략 조직화 사업'에 대해서는 전국민주노동조합총연맹 정책연구원(2013), 노중기(2015) 참고.

투쟁, 밀양 송전탑 반대 투쟁, 원전 폐기장 반대 투쟁, 언론 장악 저지 투쟁, 국정교과서 반대 투쟁, '위안부' 문제와 소녀상 관련 투쟁, 국정원 대선 개입 규탄 투쟁, 세월호 투쟁 그리고 촛불 혁명 등이 있었다.[41]

2016년 하반기의 촛불 집회는 일반의 추측과 달리 민주 노조 운동이 직접적으로 촉발하고 주도한 사건이었다. 집회 진행 과정에서 민주노총이 대중들에게 경원당한 것과 무관한 사실이었다. 촛불은 직접적으로 2015년 11월의 민중 총궐기 집회에 대한 국가의 강한 억압으로 말미암아 발생했다. 당시 민주노총은 박근혜 정부의 '노동법 개악 시도'에 반대하고 비정규 노동 철폐 및 세월호 사건의 진실 규명과 해결을 요구하며 집회를 기획·주도했다. 물대포 사망자가 생기고 다수 노동 활동가가 구속됐는데 특히 도피 중이었던 민주노총 위원장이 생방송으로 전 국민이 보는 가운데 구속되는 일이 벌어졌다. 이후 2016년 가을의 2차 민중 총궐기 집회는 촛불 집회의 실질적 시작이었다.[42]

전체적으로 민주 노조 운동의 전략 대응은 체제 전반기의 '민주화 대항 헤게모니 전략'과는 결이 달랐다. 그것은 노동 개혁과

<hr>

[41] 민주노총은 모든 사안에 운동 주체로 참여했고 인력과 재정을 지원했다. 특히 용산 참사나 세월호 사건, 해군기지와 송전탑 반대 투쟁 등에서는 조직자이자 주체로서 중심적인 역할을 맡았다.

[42] 세월호 피해자 부모들이 3년 이상 전방위적 억압을 견디며 국가를 상대로 투쟁한 기본 동력도 민주노총에서 나온 것이었다. 민주노총은 인력·재원·조직·이념 등 모든 측면에서 세월호 투쟁을 만들고 진행한 주체였다. 또 한겨울 네 달 동안의 전국적 집회는 민주노총의 조직적 지원이 없었다면 불가능했다.

정치 민주화를 요구하는 전통적인 요구와 함께 비정규직과 정리해고 반대, 개발과 성장주의 반대, 시장주의 반대 등 반反신자유주의 지향을 뚜렷이 담고 있었다. 전략적 지형이 정식화되거나 뚜렷한 것은 아니었지만 이는 '반신자유주의 대항 헤게모니 전략'이라 할 만했다. 결론적으로 촛불 혁명과 노동체제의 연관성은 외환 위기 이후의 기존 모순에 더해 지배 블록이 신자유주의 정책을 확대한 데 따른 모순 심화 그리고 이에 대한 민주 노조 운동의 강한 계급적 저항이 역동적으로 결합한 것으로 설명할 수 있다.

촛불 혁명과 노동체제 사이의 연관은 2017년 이후의 노동 정치 과정에서도 일정 정도 드러났다. 우선 촛불은 단지 국정 농단이나 제왕적 대통령제의 폐해를 바로잡으라는 요구를 넘어섰다. 당시 두드러진 젊은 세대들의 목소리, '헬 조선'과 '이게 나라냐?'라는 구호는 그 자체가 신자유주의 모순에 대한 강한 문제 제기였다. 그것은 무엇보다 신자유주의 양극화에 대한 사회경제적 개혁을 요구하는 대중적 투쟁이었다(손호철 2017).

또 촛불로 집권한 자유주의 부르주아 세력도 일시적으로나마 기존의 신자유주의 경쟁력 담론을 버리고 소득 주도 성장이나 비정규직 철폐 등을 주장했다. 특히 '노동 존중'이라는 대통령 선거공약 및 국정 과제는 노동 측이 요구한 '반신자유주의 대항 헤게모니 프로젝트' 정책 내용을 대체로 포괄했다고 평가할 만한 것이었다.[43]

---

43 물론 2018년 하반기 이래 문재인 정부의 국가 전략은 신자유주의로 회귀했다. 현재 그 것이 과거의 선진화 프로젝트와 같은지 아닌지는 불명확하며 향후의 전략 실행에 달려

마지막으로 촛불 이후 3년 넘도록 민주 노조들의 조직화가 급속히 진행되어 민주노총이 제1 노총이 되는 중요한 현상이 발생했다. 사실 종속 신자유주의가 제도화된 이후 전체 조직률이 하락했음에도 민주노총 조직은 축소되지 않았다. 대체로 경제활동인구 증가분만큼 조직이 늘어난 것으로 보인다. 그러던 것이 2017년 이후 갑자기 30% 가까이 늘어난 것은 중·장기 노동체제 변동과 연관된 것이 아닐까 하고 추론하게 한다.[44]

7. 결론 : 요약과 함의

노동체제 이론을 재정립하고자 한 이 장은 구체적으로 세 가지 사항을 분석했다. 먼저 기존 노동체제 이론을 비판적으로 검토하고 정리했다. 기존 연구들은 명료한 이론적 기초를 갖지 못한 채 서술적 개념으로 노동체제 용어를 사용했다. 또 많은 경우 낡은 노사 관계 체계 이론의 분석 틀이나 보수적인 이데올로기 지향에 치우쳐 있었다. 필자는 네오마르크스주의 국가론의 도움을 받아

있을 것이다. 필자는 노동 정치 구도가 일정 정도 이미 변화했으며 질적인 노동체제 전환의 가능성도 여전히 있다고 생각한다.

44 2005년 이후 2016년까지의 민주 노조 운동을 필자는 '수세기'나 '구조적 위기'로 규정한 바 있었다(노중기 2008b; 2018a). 그러나 촛불 혁명과 2017년 이후 노동 정치의 정세는 이런 평가를 재검토하게 만드는 듯하다. 이를 본격적으로 검토하는 것은 차후의 과제로 남긴다.

노동체제 이론을 재구성하고자 했다.

둘째, 1997년 이후 20년 이상 지속한 종속 신자유주의 노동체제의 내적 동학을 정리했다. 1987년 노동체제의 해체 과정과 연관해 종속 신자유주의 체제의 형성 과정을 분석했으며 특히 그 동학과 내적 모순에 초점을 맞추었다. 분석 결과 한국의 노동체제는 서구 신자유주의 체제와 다른 특징이 많았다. 특히 신자유주의 일반의 모순에 더해 고유한 내적 모순이 있었고 그만큼 더 취약한 체제였다.

셋째, 촛불 혁명이라는 국가 정치 차원의 사회변동을 노동체제의 모순과 변동이라는 관점에서 재조명하고자 했다. 경험적·이론적 논거의 제한성에도 불구하고 촛불 혁명이 구조와 전략의 여러 측면에서 노동체제 모순과 연관되어 있음이 드러났다. 이는 촛불 이후 노동 정치 변동 과정을 분석하는 데 하나의 이론적 준거가 될 만하다.

다음으로 이 장의 이론적 함의는 다음과 같다. 첫째, 목적의식적 주체들의 대등한 관계를 전제하는 계층 이론이 아니라 계급론의 관점이 노동체제 이론에 긴요하다. 자본주의사회의 모순적 관계, 특히 신자유주의의 기울어진 운동장(전략적·구조적 선택성)에서 대등한 주체들의 자유로운 전략 선택은 가능하지 않다. 오히려 체제의 제약에 제한된 선택이며 결과를 충분히 예견할 수 없는 전략 선택인 경우가 흔하다. 또 주체들의 비대칭적 역학 관계, 전략 선택의 한계는 흔히 모순으로 발전해 체제 변동으로 이어지는데 그 내적 연관에 특별히 주목해야 한다.

둘째, 정치사회학 관점의 접근, 특히 국가와 자본에 대한 분석이 필요하다. 국내외를 막론하고 오늘날 노동 연구 경향은 노동의 전략 선택이나 그 한계에 주목하는 것이 지배적이다. 국가와 자본 분석은 양적으로 크게 부족하며 질적으로 취약하다. 시민사회와 노동의 연계에 주목하는 사회운동론적 접근도 같은 한계를 띤다고 생각한다. 또 우리 노동 연구에서 흔한 오류, 곧 노동시장 구조 분석의 결과를 정치사회학 분석의 매개 없이 곧바로 노동의 전략 선택 오류로 연결하는 것도 지양해야 한다(조효래 2020). 요컨대 노동·자본·국가 및 시민사회의 구조와 전략, 또는 그 역동적 상호작용에 관한 총체적 접근이 필요하다. 이는 노동체제 이론의 중심적 문제의식일 것이다.

셋째, 촛불 이후의 노동 정치, 곧 노동체제의 전환 가능성에 대해 좀 더 정밀한 이론적·경험적 연구가 시급하다. 지금 한국의 노동체제는 여러 측면에서 상당히 다른 모습을 보여 준다. 국가의 전략 변화가 계속 시도되고 있으며 노동 측의 대응도 과거와 다른 양상이 분명하다. 때때로 변화의 양상과 구조적 경로 의존성이 복잡하게 교차하고 있으나 전체적으로 유동적인 국면이 계속되고 있다. 그러므로 국가 정치의 변동과 함께 세계 자본주의 체제에서 기원하는 축적 체제 변동과 그 모순을 포괄하는 한층 더 정치한 분석틀이 필요하다. 이는 미래의 새로운 노동체제가 형성되는 속도와 양상, 그 내용과 내적 모순을 가늠하게 해줄 것이기 때문이다.

2장

민주화 20년과 노동 사회의 민주화

1. 서론

이명박 정부가 시작된 2008년은 1987년 민주화가 시작된 지 20년이 흐른 시점으로, 그 기간 동안 여러 가지 변화가 있었고 민주화가 일정하게 진척되기도 했다. 그러나 2008년 이명박 정부의 성립 이후 민주화의 역전을 우려하는 목소리가 작지 않다. 민주화의 역전은 언론, 문화, 환경, 노동 등 모든 사회 분야에 걸쳐 정부 주도로 진행되고 있는 것으로 보인다.

이런 흐름 속에서 연구자들 사이에서 민주화 이후 한국 사회의 흐름을 분석적으로 파악하기 위한 논쟁이 진행되기도 했다(조희연·서영표 2009; 손호철 2009). 핵심적인 쟁점은 1987년 이후 사회 민주화 또는 사회변동의 흐름에 대한 다양한 해석과 관련되어 있다. 구체적으로는 1997년 외환 위기 이후 한국 사회의 변동과 민주화의 연관성, 그리고 이와 관련해 이명박 정부 출범의 함의가 무엇인지에 대한 물음이다. 결국 그것은 이명박 정부의 반민주성에 대한 전략적 대응 방안을 둘러싼 상이한 판단으로 귀착되었다.

노동 사회의 흐름은 전체 한국 사회의 변동과 깊이 연관되면서도 독특한 내부 역학이 있는 것으로 보인다.[1] 노동문제, 그중에서도 노동 민주화 문제는 1987년 민주화 이후 전체 한국 사회 민주화를 이해하는 데서 가장 중요한 위치를 차지한다. 노동은 민주화 이행의 주요한 수혜자이자 동시에 동력이었다. 그러나 민주화 20년을 지나온 노동 사회는 유례없는 위기 상황에 빠져 있는 듯하다 (노중기 2008b; 임영일 2010). 이는 노동시장, 노동운동, 노동정책이나 노사 관계 등 모든 측면에서 두드러지는 현상이다.

그 기간 동안 노동운동이 추구해 온 민주화가 역전되고 노동운동이 심각한 위기에 빠지게 된 이 같은 변화는 그 자체가 설명되어야 할 주요한 연구 대상이다. 특히 노동 민주화 흐름을 정리하고 이를 야기한 사회적 원인에 대한 거시적인 분석이 필요하다. 이 문제는 정부의 노동 억압 정책 그 자체나 다른 미시적·단기적 요인들로 충분히 설명되기 힘들기 때문이다. 나아가 그것은 이명박 정부 이후 변화하고 있는 한국 사회의 현실과 그 진로를 설명할 중요한 단초를 제공할 수 있다.

이 글은 한국의 노동 사회 변동을 '민주화'의 관점에서 정리하

---

1 노동 정치는 생산의 정치와 대비되는 개념으로 '노동·자본·국가 삼자의 전략적 상호작용 일반'을 말한다. 이는 자본주의 생산을 작업장 내 정치의 관점에서 재구성한 부라보이의 '생산의 정치' 개념을 확장한 것이다. 노동 정치는 국가 정치와 작업장 정치, 그리고 축적 체제 등 다중의 규정성 위에서 진행된다. 한편 노동체제는 '노동 정치 과정에서 생산되고 구조적으로 응집되어 일정 기간 동안 안정적으로 재생산되는 상호작용 틀'을 말한다. 이는 노동 정치 주체들이 선택할 수 있는 선택지를 제한함으로써 전략적 상호작용을 규정하고 제한하는 효과가 있다. 필자는 이와 같은 전략적 상호작용이 일어나는 사회적 장場이자 시민사회 내의 상대적으로 자율적인 공간을 노동 사회로 지칭해 사용하고자 한다. 자세한 내용은 노중기(2008b, 19~27) 참고.

고 해석하고자 했다. 먼저 기존 연구를 정리하고 몇 가지 이론적·실천적 쟁점을 도출했다. 또 분석 도구로 이용하기 위해 민주주의의 개념 범주를 정리했다(2절). 다음으로 1987년 민주화 이후 노동 사회의 변동을 각 시기별 흐름을 분석함으로써 거시적으로 정리했다(3절). 그리고 노동 사회 민주화 변동의 논리를 정치체제와 축적 체제 변동의 이중적 동학으로 설명하고자 했다(4절). 마지막으로 이상의 분석 틀로 노동 민주화의 현재적 상황을 설명하고 정책적·실천적 과제를 고찰하고자 한다(5절).

2. 민주주의 개념과 기존 연구 검토

민주주의의 이론적 개념화는 쉬운 과제가 아니다. 이론적 입장과 연구 관심에 따라 매우 다양하게 정리될 수 있기 때문이다(한국 정치연구회 엮음 1992). 이 글에서는 현대 자본주의의 민주주의가 크게 네 가지 영역의 민주주의 문제로 구성되었다고 보고 이를 노동 사회 분석에 적용하고자 한다(손호철 2006a).

① 정치적 민주주의 : 시민들이 향유해야 할 최소한의 정치적·시민적 권리를 말한다. 민주 사회의 시민들이 누릴 수 있는 제반 정치적 권리로 사상·언론·출판·결사 및 정치 활동의 자유 등이 중요하다. 노동자들의 경우 그것은 노조와 정당 등의 조직을 결성하고 자신의 견해를 자유롭게 표출할 권리로 표현될 수 있다.

② 사회경제적 민주주의 : 시민적·정치적 권리에 대비되는 사회적 시민권을 지칭한다. 자본주의 시장 경쟁이 야기하는 심각한 경제적 빈곤과 불평등 아래서는 정치적 민주주의의 가능성조차 형식화될 수밖에 없다는 인식에 기초하고 있다. 구체적으로는 고용, 소득, 의료, 사회보장 등 인간답게 살아가는 데 필요한 최소한의 물질적·경제적 생존권을 확보할 권리를 지칭한다.

③ 작업장 민주주의 : 노동자가 일하는 사무실과 공장은 그 자체가 정치적 지배와 복종이 교차하는 정치적 공간이다(Burawoy 1985). 따라서 노동과정에서 최소한의 정치적 권리를 구체적으로 확보하는 작업장 민주주의와 그것의 제도화인 산업민주주의는 노동 사회 민주주의의 또 하나의 차원을 이룬다.

④ 일상생활 민주주의 : 노동 사회도 사회 일반에서 제기되는 일상성의 민주주의 문제가 동일하게 발생하는 사회 영역이다. 노동 사회에서도 남성 중심의 가부장제와 여성 차별, 제반 인권의 억압, 하청 노동자 등 여러 유형의 비정규 노동에 대한 차별, 이주 노동자와 같은 소수자 문제 등이 발생한다. 이런 일상생활에서 구조화된 여러 가지 차별과 억압으로부터의 자유도 중요한 문제이다.

1987년 이후 노동 사회의 민주주의에 대한 학술적 연구는 충분치 않으나 다수의 연구자들이 노동 사회의 민주화는 여러모로 제약되어 있음을 강조해 왔다. 특히 1998년 민주 정부가 집권한 이후에도 우리 사회는 '노동 배제적 민주주의'(최장집 2005, 460) 상황을 벗어나지 못했다고 비판했다. 또 한국의 노동 사회는 사회경제적 민주주의는 물론 정치적 민주주의조차 '제한적 정치적 민주주의 수준'을 벗어나지 못했다는 평가도 있다(손호철 1999; 2006a). 외환 위기 이후의 노동 양극화 경향은 정치적 민주주의와 사회경제적 민주주의의 간극을 확대했다는 비판도 있었다(이병훈 2008).

기존 연구들의 평가는 대동소이하게 민주 정부 이후에도 노동 민주화, 특히 사회경제적 민주주의는 진척이 없으며 심각한 후퇴 양상을 띤다고 본다. 그리고 이들은 국가의 신자유주의 경제정책, 노동정책을 그 주요한 원인으로 파악하고 있다.

그러나 기존 연구들은 한국 사회의 노동 민주화가 전진하고 후퇴한 배경이나 원인, 그리고 그 내적 역동성을 충분히 설명하지 못했다. 또 네 가지 영역의 민주주의가 서로 대립하고 교차하는 역동성을 충분히 설명하지 못했다. 이 글에서는 기존 연구의 한계를 넘어서고자 노동체제, 축적 체제 변동의 역동성에 주목하고 다음 세 가지 물음에 답하고자 한다.

첫째, 노동 사회 민주화의 후퇴와 진전을 규정한 주요한 원인은 무엇인가? 특히 한국의 노동(운동)은 (노동 사회의) 민주화 확장에 기여했는가, 그렇지 않은가?[2]

---

2 최장집(1992; 2005)은 주체 전략의 실패, 곧 민주 노조 운동의 최대 강령주의 전략에도 민주주의 후퇴의 원인이 있다고 비판한 바 있었다. 세린 테크보른의 고전적 연구를 떠올리지 않더라도(Therborn 1977) 이 문제의 중요성은 분명하다. 향후 노동 사회의 민주화를 위한 실천적 운동 전략의 적절성·정합성 문제를 제기하기 때문이다.

둘째, 정치 민주화와 노동 민주화의 상호 연관과 그 동학은 어떠했는가? 이른바 민주 정부 집권기의 노동 개혁 정치와 노동 억압의 모순된 현실을 어떻게 평가해야 하는가?

셋째, '신자유주의 경제 사회정책'과 노동 민주화의 연관성은 무엇인가? 구체적으로 정부의 '신자유주의 경제정책'과 노동 개혁-노동 민주화는 양립하는가? '신자유주의' 노동 개혁은 민주화인가, 반민주화 노동 정치인가?

3. 노동 민주화 20년의 전개 과정

노동 민주화 분석에서 시기 구분은 매우 중요한 문제이다. 시기 구분은 사회 변동의 분수령이나 전환점을 이론적으로 설명하기 위한 전제이기 때문이다. 전체 한국 사회의 변동을 체제 변동의 관점에서 분석할 때 1987년이나 1997년, 또 2008년 등이 논란의 중심이 되었던 것도 그 때문이었다(김종엽 엮음 2009).

전체사회 민주화의 시기 구분이 쉽지 않은 것과 대조적으로 노동 사회 변동은 상대적으로 명료하다. 1987년과 1997년이라는 두 개의 축이 분명하기 때문이다. 따라서 노동 사회는 크게 두 개의 체제, 1987년 노동체제와 1997년 이후의 종속적 신자유주의 체제로 나눌 수 있다.[3]

---

3 종속 또는 종속적 신자유주의 노동체제에서 '종속' 규정은 주변부 자본주의 축적 체제의

표 2-1　**노동 민주화의 변동 과정**(1987년~현재)

구분	1987년 체제(1987~97년)	종속 신자유주의 체제 1기 (1998~2007년)	종속 신자유주의 체제 2기 (2008년~현재)
정치적 민주주의	• 기업 노조 설립 자유화 • 4대 악법/억압적 행정 • 민주화 확대/겨울 총파업	• 기본권 확대(합의 기구 포함) • 노동법 개정(1997, 1998, 2006년) • 제한적 민주화/노동 억압 지속	• 기본권 제한 확대 • 노동법 후퇴 시도 • 노동 민주화 후퇴 (억압 강화)
사회경제적 민주주의	• 노동 소득 분배율 개선 • 노동시장 격차 축소 • 사회보장제도 부재	• 노동 소득 분배율 악화 • 노동시장 분절 확대 • 복지 제도 도입/제한적 증가	• 노동 소득 분배율 악화 • 노동시장 분절 심화 • 사회복지 후퇴
작업장 민주주의	• 작업장 민주화 진전 • 노조 조직화/권력 확대 • 신경영전략 도입	• 작업장 민주주의 위축 • 기업별 노조 권력 축소 • 경영 지배 노사 관계 확산	• 작업장 민주주의 후퇴 • 기업별 노조 권력 약화 • 노사협조주의 확산
일상생활 민주주의	• 일상생활 민주주의 부재 • 성차별, 소수자 차별 심각	• 성, 소수자 민주주의 부각 • 부분적 제도 개선(논의) 시작	• 일상생활 민주화 후퇴 • 제도 개선(논의) 중단
정치체제	민주화 이행기	수평적 권력 교체	수구·보수 세력 재집권
축적 체제	군부 억압 세력 집권	자유주의 축적 체제 전환	신자유주의 확대
변동 양상	3저 호황, 세계화 진전	IMF 외환 위기(고용 위기)	세계 금융 위기(고용 불안)
노동운동	전투적 조합주의, 성장	경제주의 확산, 내부 균열	위기 구조화, 심화

　　다만 문제가 되는 것은 2008년 이명박 정부 이후의 시기이다. 우선 보수 정부의 등장은 기본적으로 1997년 이후의 노동 사회를 질적으로 변화시키지 못한 듯하다. 〈표 2-1〉에서 살펴볼 수 있듯이 노동 정치에 있어 두 시기는 국가의 신자유주의 노동 유연화 및 노동 배제 전략과 노동운동의 저항이 대립하는 커다란 흐름에 있었고 연속적이었다. 구체적으로 본다면 노동체제를 규정하는 축적 체제나 노동 사회 변동의 양상에서도 질적 차이를 찾을 수 없다.

역사적 발전 과정이 노동체제에 미친 영향을 개념적으로 표현한 것이다. 이 규정은 동일한 신자유주의 노동체제에서도 서구와 구별되는 한국의 노동체제적 특성을 지칭하므로 중요하다. 좀 더 자세한 내용은 4절 참고.

다만 차이는 노동운동을 통제하는 구체적인 통제 방식과 부분적으로 그 강도에서 나타났다(노중기 2009b). 또 정치체제에서 구래의 수구 세력이 재집권한 점은 중요한 변화이다. 노동 정치에 대한 국가 정치의 영향이 매우 큰 한국 사회의 특성상 이 변화는 종속적 신자유주의 노동체제에서 소시기를 구분할 근거가 된다. 그러므로 종속적 신자유주의 체제는 다시 두 개의 소시기로 구분해 볼 수 있다고 판단된다.

1) 1987년 체제와 노동 민주화(1987~97년)

먼저 1987년 체제 10년 동안은 민주주의 확장기였다. 전체사회의 민주화 이행에도 불구하고 이 시기 노동 사회에서는 국가 권력의 억압적 노동 행정, 그리고 노동 배제 전략(4대 악법 체제 고수)으로 말미암아 정치적 민주주의가 크게 제약되어 있었다. 그러나 작업장 민주화와 노동법 개정 투쟁을 중심으로 민주화의 요구는 강하게 표출되었다. 특히 사회경제적 민주주의는 취약한 사회보장제도에도 불구하고 단체교섭을 통해 이 시기 전체에 걸쳐 꾸준히 개선된 것으로 나타났다.[4]

정치적 민주주의 측면에서 이 시기는 노동운동의 민주화 요구

---

4 예컨대 노동 소득 분배율은 1986년 52.7%에서 1997년에는 63.4%로 크게 높아졌다. 실질임금은 꾸준히 상승했고 학력별·성별 임금격차도 크게 줄어드는 변화가 있었다. 자세한 내용은 김유선(2007) 참고.

가 국가-자본의 노동 배제 전략과 치열하게 대립한 특징을 보여 주었다. 그 상징적 제도가 복수 노조 금지, 제3자 개입 금지, 정치 활동 금지, 공무원·교원의 단결 금지 조항을 둘러싼 민주 노조와 국가의 대립이었다. 노동 측 요구는 1989년 봄 노동관계법 개정 시도가 실패한 이후에도 지속적으로 제기되었으나 국가는 이를 억압했다. 노동 사회의 일관된 정치적 민주주의 확대 요구는 이 시기를 민주주의 확장기로 규정하는 데 핵심 요인이었다.

결국 10년간의 요구 투쟁을 거쳐 1997년 겨울 총파업과 3월 노동법 개정으로 최소한의 정치적 민주주의가 제도화되었다. 특히 복수 노조 금지와 제3자 개입 금지가 삭제되어 민주노총이 합법화 될 길이 열렸다. 또 이 시기에 사회경제적 민주주의가 확대된 것 은 정치적 민주화 요구를 억압한 반대급부로 사용자들이 작업장 에서 기업 노조의 경제적 요구를 수용할 수밖에 없던 결과였다.[5]

한편 1990년을 전후로 사용자들은 민주 노조의 기본권 요구에 대응하고자 신경영전략을 작업장에 도입했다. 그러나 본질적으로 신자유주의 경쟁 전략인 신경영전략에 따른 성과는 당시 제한적이 었다. 최소한의 민주적 관계가 형성되지 못했던 작업장에서는 합

----

5 국가와 총자본이 민주 노조 결성과 활동의 자유를 억압하는 과정에서 기업 단위 노조의 전투성은 크게 높아졌다. 개별 자본은 정치적 민주화 요구와 연관된 노동의 저항을 경 제적 양보로 무마할 수밖에 없었다. 이것은 개별 민주 노조가 그들의 정치적 요구를 경 제적 불리 획보로 비무디어는 투쟁 전술을 피풀이린 결과였다. 이민 토선직 노동 정치 의 전개 과정은 노중기(2008b, 1장) 참고. 한편 총자본으로서 국가도 노조 억압을 위한 선 제적 조치로 제한적이지만 노동 복지 제도를 도입하거나 확대한 바 있었다.

리적 경쟁이라는 신경영전략의 이데올로기적 정합성이 크게 떨어졌기 때문이다. 결과적으로 신경영전략은 작업장의 계급 갈등을 심화하는 의도치 않은 결과를 산출했다.[6]

국가와 전면적으로 대립하고 작업장에서 치열한 갈등을 경험하면서 민주 노조 운동은 조직적·이념적으로 크게 성장했다. 민주 노총이라는 조직적 구심을 건설할 수 있었고 전투적 조합주의라는 급진적이고 사회운동적인 노조 운동의 운동 양식을 제도했다. 1997년 겨울 총파업은 이 같은 계급의식과 계급 역량 변화가 외적으로 표출된 사건이었다. 물론 그것은 기업별 노조의 온존과 정치적 조직화의 부재라는 구조적 한계도 동시에 포함하고 있었다.

2) 종속적 신자유주의 체제 1기의 노동 민주주의(1998~2007년)

1997년 이후 10년간 노동 정치는 노동 민주화의 교착과 모순적 진행을 특징으로 한다. 1987년 체제에서 해소되지 못한 정치적 민주화가 진전되는 모습과 사회경제적 민주화, 작업장 민주주

---

6 당시 재벌 독점자본이 주도한 신경영전략의 주요 내용은 고용 유연화와 수량적 유연화 정책, 작업 조직의 유연화와 노동강도 강화, 기술 중심의 합리화·자동화 및 기업 문화 운동이었다. 이는 시장주의 노동 유연화를 추구했던 1980년대 서구 신자유주의 작업장 재편 전략을 수입해 적용했다고 평가할 수 있다. 자세한 내용은 박준식(2001, 19~65) 참고. 그리고 신경영전략은 한편에서 작업장의 계급 갈등을 심화했으나, 동시에 대규모 재벌 사업장 내에 노사 협력주의를 확산하고 일부 노동자들을 포섭하는 효과를 야기하기도 했다. 다만 후자는 1987년 노동체제의 효과로 말미암아 1997년까지 전면적으로 드러나지 않았다(노중기 2008b).

　　　　　　　1부　노동체제의 변동과 역사

의가 크게 후퇴하는 양상을 보였기 때문이다.

우선 이 시기에는 노동체제와 축적 체제라는 두 가지의 구조 변동으로 말미암아 노동 민주화의 양상이 크게 변화했다. 1987년 체제의 유산이 남아 있던 반민주적 노동 사회에 대한 제도적 개혁이 꾸준히 추진되는 한편, 신자유주의 노동체제로의 전환이 동시에 추진되었다. 노동 민주화 측면에서 서로 상반된 효과가 있었던이 두 가지 요인들은 노사정위원회를 매개로 정치적으로 교환되는 형식으로 제도화되었다. 정치적 민주화의 제도적 확대가 신자유주의 노동체제의 제도화와 결합되는 양상을 띠었던 셈이다. 결과적으로 정치적 민주화의 확대라는 측면과 사회경제적 민주주의의 후퇴가 교차하는 민주화 교착기로 평가할 만하다.

정치적 민주화는 김대중 정부의 1998년 2월 노사정 합의에서 일차적으로 그 진전 양상이 드러났다. 여기에는 공무원·교원의 기본권 보장, 노동조합의 정치 활동 자유 확대, 실업자의 노조 가입 권리 보장 등이 주요한 내용으로 포함되었다. 또 노무현 정부에서는 비정규 노동자 권리 입법화, 직권중재 제도의 폐지, 작업장 수준 복수 노조 금지의 철폐 등의 문제가 주요한 노동 개혁 사안으로 다루어졌다.[7]

---

7 물론 노사정위원회의 합의 사항은 제대로 이행되지 못했다. 공무원·교원의 합법화는 당사자들과 민주노총의 치열한 투쟁을 거쳐 이행되었지만 법률적 한계가 심각한 형태로 제도화되었다. 또 실업자의 노조 가입은 최종적으로 기부되었나. 노무현 정부의 비정규 보호 법안도 내용적으로 보호보다는 합법적 제도화로 그 성격이 변질되었으며, 직권중재 역시 '대체 노동 허용'으로 내용상 개악되는 모습을 보였다.

그러나 이 시기에는 민주화와 개혁의 노동 정치와 함께 신자유주의 경찰국가 현상도 나타났다. 구조 조정 쟁의 사업장에 대한 경찰 투입 및 진압, 비합법적 사찰과 노조 파괴 공작 등이 사회적·정치적 쟁점이 되었던 것이다. 이는 정치적 민주화가 확대되는 경향 자체도 신자유주의의 정치적 효과와 중첩되었음을 보여 준다.[8]

　　한편 신자유주의 '개혁'을 위한 제도도 속속 도입되어 사회경제적 민주주의를 후퇴시켰다. 경영상 이유로 인한 정리 해고 허용, 파견 노동 제도 도입과 변형 노동시간제 확대, 비정규 노동 사용의 합법화 등이 대표적인 제도 도입 사례였다. 주 40시간 노동시간 단축조차 노동 유연화 제도를 도입하는 계기로 이용되었다.

　　결과적으로 정규/비정규, 남성/여성, 기업 규모 등의 분절 선을 따라 노동시장의 분절화가 심화되는 중요한 변화가 나타났다(김유선 2007). 또 기업 단위 민주 노조들의 성격이 변화함에 따라 작업장 민주주의도 후퇴했고 사용자들의 현장 장악력은 크게 높아졌다.[9]

　　그리고 민주화 주도 세력으로서 노동운동의 위상 또한 실추되

8　그러므로 이 시기에 나타난 국가 억압은 이전 시기와 구별되어야 한다. 양자는 현상적으로 잘 구별되지 않을 수 있다. 그러나 신자유주의 경찰국가는 형식적·정치적 민주주의를 전면적으로 부정하지 않는다는 점이 다르다. 자세한 것은 노중기(2008b, 12장) 참고. 신자유주의 경찰국가 개념의 이론적 논의에 대해서는 이계수·오병두(2008/11/07) 참고.

9　1997년 이후 민주 노조들은 합법화되었고 시민권을 회복했다. 그것은 1987년 체제에서 기업 단위 민주 노조들이 전투성을 발휘하고 사회운동성을 갖도록 만든 구조적 조건이 사라졌음을 의미했다. 1998년 이후 기업 단위 민주 노조는 고용 위기 속에서 소극적으로 경제적 이해관계를 방어하는 데 매몰되기 시작했다. 그러므로 1997년까지 민주 노조의 운동 노선을 전투적 조합주의라고 한다면 1998년 이후에는 전투적 경제주의로 부를 만하다. 자세한 내용은 노중기(2009a) 참고.

었다. 고용 위기 앞에 선 기업별 노조들은 전투적 노조주의의 정치적 성격을 잃고 기업 단위 경제주의로 선회했으며 이는 민주 노조의 전반적 동력 저하와 조직적 위기 현상을 불러왔다. 노사정위를 둘러싼 이념적·조직적 갈등은 노동 민주화 주체로서 노동운동의 역량을 심대하게 잠식했다.

한편 사회경제적 민주주의라는 점에서 이 시기에 새로운 복지 제도가 도입되고 확대된 것은 주목할 만했다. 전반적인 실질 민주주의의 후퇴 속에서 이루어진 사회복지의 제도화는 관찰자들 사이에서 상당한 논쟁을 불러왔다(김연명 2001; 정무권 2000). 즉, 서구 사회에서 볼 수 없던 신자유주의 경제정책과 복지 제도 확대의 모순이 나타난 것이었다.

3) 종속적 신자유주의 체제 2기의 노동 민주주의(2008년 이후)

2008년부터 현재까지는 신자유주의 노동체제 내에서 상당한 변화를 보여 준 민주주의 수축기라고 할 수 있다. 정권의 정치적 성격과 집권 세력은 크게 바뀌었으나 경제정책과 노동정책의 기조는 바뀌지 않은 점이 중요하다. 이전 시기와 마찬가지로 이명박 정부는 노동시장 유연화와 시장 원리 확대를 기조로 하는 신자유주의 경제·사회정책을 유지했다. 변화는 그 기조를 벗어나지 않는 제한적 수준에서 나타난 것이다.

먼저 이명박 정부가 출범한 이후 형식적·절차적 수준의 노동 민주화나 노동 개혁 의제들은 사실상 소멸했다. 예컨대 이전 시기에 중요한 제도였던 노사정위원회 등 참여·합의 기구가 사실상 무력화되었다. 반면에 노동 유연화 확대 등 신자유주의 '개혁' 의제에서도 크게 새로운 것은 없었다. 이는 이전의 '민주 정부'들에 의해 중요한 제도들이 모두 제도화되었기 때문으로 보인다.

반면에 민주화 의제들이 사라진 가운데 민주화를 후퇴시키려는 시도가 다양하게 정부로부터 제기되기 시작했다. 주요하게는 비정규법 개악 시도, 작업장 복수 노조 창구 단일화 및 전임자 임금 지급 금지 제도화, 공무원노조·교원노조에 대한 제반 기본권 탄압을 들 수 있다. 국가정보원 등 억압적 국가기구의 사찰과 개입이 확대되는 양상도 주목할 만했다. 동시에 '법과 원칙의 준수', '무관용 원칙' 등 신보수주의 경찰국가 현상이 한층 더 뚜렷하게 나타났다. 억압적 노동정책의 대표적 사례로는 2009년 쌍용자동차 쟁의 사례를 들 수 있다(노중기 2009b).

신자유주의 경제정책이 제한 없이 시도되는 가운데 사회경제적 민주주의는 점점 빠르게 후퇴해 갔다. 2008년 하반기 이래의 경제 위기 상황에서도 노동 복지는 개선되지 않았고 사회경제적 민주주의는 정체되거나 후퇴하는 양상이 심화되었다. 더불어 작업장 민주주의 측면에서는 현장 민주 노조의 조직력이 다시금 크게 약화되는 모습이 뚜렷하게 나타났다. 민주 노조 내부에서 노사협조주의 경향이 득세하는 한편 노사 화합주의 세력이 독자적인 제3 노총을 결성하려는 시도도 중요한 변화였다.

4. 노동체제 변동과 노동 민주화

1) 노동 민주화의 동인과 주체의 문제

민주화 이후 20년의 노동 사회 민주화 양상은 〈표 2-2〉에서 보듯 굴곡이 심했다. 거시적으로는 민주화 이행이라는 정치체제의 변동과 신자유주의 축적 체제가 확립되는 과정과 연관되어 있었다.

먼저 1987년 6월 항쟁으로부터 시작된 정치체제의 민주화는 노동 사회 민주화의 직접적인 동인이었다. 주변부 포드주의의 억압적·유혈적 노동조건은 종속 파시즘 국가권력으로 뒷받침되었으며 그 방어막이 붕괴하자 노동 민주화의 거대한 물결이 노동자 대투쟁으로 넘쳐 나왔던 것이다. 1970년대 중반 이후 주변부 포드주의와 유혈적 테일러주의 축적 체제의 구조적 모순과 노동 대중의 민주화 욕구는 충만했다. 다만 정치적 억압이 이를 봉쇄하고 있었던 것이 억압적 배제 체제의 구조적 특성으로 판단된다.

대투쟁으로 시작된 노동 사회 민주화는 1987년 체제 10년 동안 노동자들의 투쟁으로 지속 및 심화되었다. 한편으로 노동 정치 수준에서는 국가와 민주 노조가 노동기본권을 둘러싸고 치열하게 대립했고 다른 한편에서는 작업장에서 자본의 신경영전략과 노동조합의 작업장 민주화 요구가 대결했다. 특히 노동자들은 1990년 3당 합당을 거세게 비판하고 언론 민주화 운동, 통일 운동 및 기타 시민사회 운동들과 강하게 연대해 투쟁했다. 요컨대 노동자들의 투쟁은 직접적으로는 자신들의 정치적·경제적 이해관계의 소산이었지만 결과적으로 정치사회의 반민주화를 제어하고 시민사회의

표 2-2 노동체제와 노동 민주화 흐름

체제/구분	억압적 배제 체제	1987년 체제	종속 신자유주의 체제 1기	종속 신자유주의 체제 2기
국가 성격과 통제 전략	• 종속 파시즘 국가 • 억압적 배제 전략	• (제한)민주/억압 국가 • 헤게모니 배제 전략	• 신자유주의 경찰국가 • 헤게모니 배제 전략	• 신자유주의 경찰국가 • 권위주의 배제 전략
축적 체제와 작업장 체제	• 주변부 포드주의 • 병영적 작업장 체제	• 주변부 포드주의 • 병영 체제의 해체	• 포스트 포드주의 • 유연 작업장 체제	• 포스트 포드주의 • 유연 작업장 체제
노동운동의 성격	• 계급적 노조 운동 • 사회변혁 지향	• 전투적 조합주의 • 민주 변혁 지향	• 전투적 경제주의 • 사회적 조합주의	• 전투적 경제주의 • 노사 협력주의 지향
노동 민주화 주요 쟁점	• 노동기본권 확보 • 기업별 노조 건설	• 노동기본권 확보 • 4대 악법 제도 개혁	• 고용 불안/정리 해고 • 비정규 노동 보호	• 노동기본권 유지/후퇴 • 비정규 보호/노조 조직 유지
노동 사회				
정치 민주주의	부재	제한적 민주화	정치 민주주의 제도화	정치 민주주의 축소
실질 민주주의	축소/억압	확대	축소	축소

민주화를 확대·심화하는, 의도하지 않은 결과를 초래했다고 볼 수
있다.

결국 10년간의 투쟁은 1997년 겨울 총파업으로 집약되었고,[10]
최종적으로는 민주 노조 운동의 시민권 확보와 제반 노동 민주화
조치로 귀결했다. 이 시기는 저임금·장시간 노동체제인 주변부 포
드주의가 해체되는 과정이자 이를 정치적으로 뒷받침한 억압적 노
동 배제 체제가 노동자들의 투쟁으로 붕괴되는 과정이었다.

1997년 3월 법 개정에 의해 초기업 단위 복수 노조 금지와 제
3자 개입 금지가 해체되어 민주 노조 운동의 정치적 시민권이 확

---

[10] 1997년 겨울 총파업은 한편에서 1987년 이후 민주 노조 운동 10년의 조직 및 투쟁 역
량의 결산이었다. 그러나 다른 한편에서 보면 그 한계를 뚜렷이 드러낸 중요한 준거가
되었다. 노동자들의 요구를 법제화하는 데 무력했던 정치적 역량의 한계, 투쟁 종료 과
정에서 나타난 내부 분파들의 갈등 등이 그것이다.

보되었다. 그러나 그 밖에 주요한 노동 민주화 조치는 1998년 이후 종속적 신자유주의 체제가 확립되는 과정에서 제도화되었다. 1998년 2월 노사정 합의와 1999년 교원노조 합법화, 2003년 주 40시간 법정 노동시간 단축, 2005년 〈공무원의노동조합설립및운영등에관한법률〉(공무원노조법, 법률 제7380호) 제정, 2006년 비정규법[〈기간제 및 단시간근로자 보호 등에 관한 법률〉(기간제법, 법률 제8372호), 〈파견근로자보호 등에 관한 법률〉(파견법, 법률 제8076호) 등] 제정과 공익 사업 직권중재 폐지 등이 그 대표적인 사례이다.

종속적 신자유주의 체제 1기까지 대체로 완성된 노동 사회의 정치적 민주화를 이끈 주요 동력은 아래로부터 노동 대중, 노동운동의 투쟁과 위로부터 국가와 자본의 체제 합리성 제고 시도가 결합한 데서 발생했다.[11] 그러나 정치적 민주화의 전반기인 1987년 체제 기간에 국가와 자본은 전체적으로 체제 개혁에 매우 소극적이었다. 이 시기에는 민주 노조 운동을 비롯한 노동자들의 강고한 요구 투쟁이 노동 민주화를 진행한 핵심적인 동력이었다.

한편 1997년 이후 제도화 시기에는 노동운동의 요구와 더불어 위로부터 국가와 자본의 체제 개혁 시도가 주요한 동인이었다. 이미 1996년 노사관계개혁위원회 등 국가 내부에서 제기된 노동체제 합리화 시도는 이른바 민주 정권 시기에 한층 강화되었다. 신자유주의 경제정책의 정당성을 제고할 수단이자 노동운동의 저항

---

11 1996년 정부가 주도한 노사관계개혁위원회의 타협정치는 지배 블록 내 개혁 분파의 체제 개혁 시도라 볼 수 있다. 자세한 내용은 최영기 외(1999) 참고.

투쟁을 약화하는 정치적 반대급부로 정치적 수준의 노동 민주화가 확장되었다. 신자유주의 고용 위기에 저항한 기업 단위 조직 노동의 강한 경제주의 투쟁이 정치적 노동 민주화를 확대하는 의도치 않은 결과를 초래한 셈이다.

요컨대 민주 노조 운동을 중심으로 한 노동 세력의 요구는 민주화 노동 정치의 가장 중요한 동력이었다. 그것은 노동 사회 민주화의 동력이었을 뿐만 아니라 다른 정치사회와 시민사회의 민주주의를 방어하는 중요한 기능을 수행했다. 이런 평가와 연관해 민주 노조들의 최대 강령주의 전략으로 말미암아 전체사회 민주화는 물론 노동 사회 내부에도 심각한 문제가 발생했다는 일부의 평가는 과도해 보인다.[12]

첫째, 1987년 체제와 그 이후 노동운동의 요구는 그 표면적인 언사와 달리 최대 강령주의로 보기 힘들기 때문이다. 그것은 임금 등 경제적 요구와 함께 작업장 민주화 및 최소 기본권 요구를 넘어서지 않았다. 둘째, 1997년 이후 민주 노조 운동 지도부는 온건한 사회적 조합주의 노선으로 전환해 노사정위 참가 등 온건한 타협정치에 몰두했다. 셋째, 1987년 체제의 강경한 전투적 노선은 국가의 노동 배제 전략에 대응해 선택할 수 있는 유일한 전략이었다. 기업 노조의 조직적 한계와 더불어 노동계급을 대표하는 정치 세

---

12 이런 평가의 대표적 연구로는 최장집(2005) 참고. 노동운동의 급진성이나 전투성이 민주화에 걸림돌이었다는 전략적·이론적 평가는 이미 1992년 위기론 논쟁 때부터 계속되었다. 따라서 우리 사회에서 노동운동이 민주화의 걸림돌인지 동력인지의 문제는 일반 이론의 수준뿐만 아니라 실천적으로도 매우 중요하다.

　　　　　1부　노동체제의 변동과 역사

력이 부재했던 당시 노동체제의 특성과 그 한계의 반영이었다.[13]

2) 정치적 민주화와 노동 민주화

한국 사회 민주화 이행에서 국가와 정치사회의 민주화와 노동 사회 민주화 흐름이 시기적으로 그리고 내용적으로 불일치한 것은 주목할 만한 현상이다. 크게 두 단계로 나누어 살펴볼 수 있다.

먼저 첫 번째 불일치는 전체사회의 민주화 이행에도 불구하고 노동 사회의 민주화가 지체된 1987년 체제에서 발생했다. 이 모순은 1987년 체제 10년간 노조 운동을 활성화했고 최종적으로 노동운동의 주체적인 동력으로 노동 사회를 민주화하는 결과로 이어졌다(노중기 2008b).

두 번째 불일치는 이른바 수평적 정권 교체 이후 민주화 운동 세력이 집권 세력이 된 이후에 발생했다. 민주·개혁 정치 세력은 집권 이후 딜레마 상황에 빠졌다. 10여 년 넘게 노동운동과 암묵적인 정치적 연대 관계를 유지했고 그 지원 덕분에 집권했으나,[14]

---

13 그러므로 노동운동의 전략적 오류 문제는 대체로 1998년 이후에나 논의될 수 있다. 그
것도 '최대 강령주의' 문제가 아닌 '전투적 경제주의' 오류였다. 변화된 구조적 지형에서
새로운 연대 형식과 정치적 활동 내용을 충분히 실현하지 못한 한계인 셈이다. 즉, '전투
적 경제주의'의 구조적 기반인 기업별 노조 체제를 극복하고자 했던 산별노조 건설과 노
동자 정치 세력화 운동의 한계이자 실패였다.

14 민주 노조 운동은 김대중·노무현 정권 세력에 이중적인 태도를 취했다. 한편에서 노동
문제를 둘러싸고 심각하게 대립했으나 다른 한편에서는 중요한 정치적 지지 세력이기
도 했다. 민주노총 지도부의 민주노동당에 대한 배타적 지지에도 불구하고 민주 노조

사회경제적 수준에서 노동 민주화를 역행할 수밖에 없는 딜레마 상황에 처한 것이었다. IMF 외환 위기의 구조적 압력 앞에서 이들은 노동 사회의 실질적 민주화 수준을 크게 후퇴시킬 신자유주의 경제정책을 강행해야 했기 때문이다.

결과적으로 1998년 이후 민주 정부 시기에는 독특한 노동 민주화와 반민주화 노동 정치가 형성되었다. 집권 민주화 세력은 신자유주의 경제정책이 야기할 신자유주의 노동 정치의 정치적 부담을 기본권 제도화라는 노동 민주화 정치로 상쇄하는 전략을 선택했다. 그것은 이미 1996년 김영삼 정부의 노사관계개혁위원회에서 한 차례 실험한 바 있던 사회적 합의주의 교환 전략이었다. 노동운동의 최상층 조직, 또는 그 지도부와의 정치적 교환으로 신자유주의 노동 유연화나 사업장 구조 조정을 정당화하는 헤게모니 전략이었다.

그러나 이런 전략은 대체로 실패했다. 기업 노조들의 실질적·경제적 이해관계를 심각하게 침해하는 구조 조정 및 노동 유연화에 현장의 조직 노동이 크게 반발할 수밖에 없기 때문이었다. 기업별 노조의 느슨한 연합체인 민주노총은 현장 조직의 압력과 국가의 유인 양자의 긴장 속에서 내부가 균열되며 심각한 갈등을 겪었다.[15]

운동 내부는 두 정치 세력 사이에서 균열되어 있었다. 이는 선거 시기를 전후로 전·현직 민주노총 간부들이 '민주 정부'에 대거 참여하는 모습으로 나타나기도 했다. 또 이런 정치적 모호성은 '비판적 지지' 문제를 둘러싸고 민주노동당 내부에서 발생한 당권파와 반대파 사이의 대립으로 왜곡되어 나타나기도 했다.

15 자세한 내용은 손호철(2006b), 노중기(2008b) 참고. 한편 민주노총이 합의 기구에 포섭되

결과적으로 노사정 3자 합의 체제는 계속된 실패 속에서 유명무실한 기구로 전락했다.

이런 딜레마는 민주 정부가 반민주적 억압을 행사하는 또 다른 역설을 가져왔다. 김대중·노무현 정부는 억압적 국가권력 사용이라는 점에서 이전 정부들보다 못하지 않았다.[16] 민주 정부의 반민주적 노동 억압은 그 자체로는 정당화되기 힘들었으나 이를 완화한 완충 기구가 역시 노사정위원회와 합의주의 이데올로기였다. 국가는 노동계급과의 합의하에 진행되는 구조 조정, 노동 개혁임을 표방할 수 있었다. 그리고 이에 저항하는 세력들을 '법과 질서'의 신자유주의 경찰 폭력으로 억압할 논리적 근거를 확보했다. 서구의 신자유주의 정치체제에서는 서로 대립한 두 개의 이데올로기가 기묘하게 결합하는 양상을 보였던 것이다.[17]

다른 한편으로 민주 정부들에서 추진된 최소한의 정치적 노동

지 않은 결과 한국노총의 전략적 중요성이 커졌다. 이런 상황은 김대중 정부 후반기에, 그리고 2005년 이후 노무현 정부가 민주노총을 적극적으로 억압·배제하는 구조적 배경이 된다. 또 한국노총은 이런 전략적 지형 변화에 편승해 노동 정치의 중심적 행위자로 급속히 부각되었다.

16 노동 관련 구속자 수와 주요 쟁의에 대한 정부의 대응은 노태우 정부와 크게 다르지 않았다. 대표적으로 김대중 정부 시기에는 조폐공사, 롯데호텔, 만도기계, 사회보험 쟁의에 대한 공권력 투입을 들 수 있고, 노무현 정부에서는 철도노조와 화물연대, 그리고 공무원노조를 억압한 사례가 있었다.

17 복지국가와 사민주의 경제체제의 구조적 한계를 경험했던 서구 사회와 달리 한국 사회에서 국가가 신자유주의 경제정책을 실행하는 데에는 어려움이 많았다. 경제 위기에 대한 노동계급의 책임을 묻기 어려있기 때문이다. 결국 이를 정당화하기 위해 시민사회의 전통적인 반노동 이데올로기와 함께 국가가 동원한 것이 바로 '합의주의' 이데올로기였던 것으로 판단된다.

민주화 조치들은 정치적 교환 전략이기도 했으나 동시에 신자유주의 경제정책을 강행할 전제이기도 했다. 이미 1996년 OECD(경제협력개발기구)는 한국의 가입 전제 조건으로 노동기본권 제도화를 요구한 바 있었다. 이런 국제사회의 압력은 1998년 IMF나 세계은행의 요구로 재현되었다. 노동기본권 없이 스스로 방어할 수 없는 노동자들이 자유로운 시장 경쟁의 압력 아래 놓일 경우 어떤 문제가 발생할지는 이들에게 명료한 문제였다. 요컨대 서구에서 신자유주의 '노동 개혁'의 문제가 '기본권'을 제도적으로 축소하는 과정이었던 반면 한국에서는 기본권을 확대·보장하는 특징을 보여 주었다.

3) 축적 체제 변동과 노동 민주화

신자유주의 경제·사회정책의 실행은 노동 사회의 민주주의를 축소하는 내적 경향을 띤다(손호철 1999; 최장집 2005; 2006). 그러나 종속적 자본주의 발전을 경험한 한국 사회에서 그 반대의 요소가 있음을 앞서 보았다. 그러므로 종속적 신자유주의 체제 1기는 한국의 노동 사회에서 정치적 민주화 확대와 사회경제적 민주주의 축소라는 이중적 과정이 모순적으로 진행된 시기라 할 만하다. 2기에 와서 이 모순은 상당 부분 해소되었으며 신자유주의의 반민주주의 경향은 한층 가시적으로 나타났다.

이런 딜레마는 신자유주의 체제 1기의 사회경제적 민주주의 문제에서도 나타났다. 서구에서 신자유주의 노동정책의 핵심 중 하나가 노동 복지의 축소임은 주지의 사실이다. 그러나 한국 사회에서 민주 정부들은 신자유주의 경제·사회정책을 강행한 동시에, 다른 한편에서 새로운 노동 복지 제도를 도입하거나 그 내용을 일부 확대하는 모순적인 정책을 실행했다.[18] 이는 복지 확대의 딜레마 역시 정치적 교환 및 신자유주의 경제정책의 전제 조건이라는 이중적인 의미로 해석할 수 있을 듯하다.

국가가 주도하는 신자유주의 노동 유연화 노동정책은 본질적으로 반민주주의를 확대한다. 그것은 노동시장에서 개인 노동자들의 경쟁을 격화함으로써 노조가 개입할 여지를 줄이고 그 효과를 반감시키는 내적 경향 때문이다. 그러나 개별 사회에서 그 효과는 서로 차이가 난다. 각 사회의 노동체제가 서로 다르며 저마다 경로 의존성이 있기 때문이었다. 서구 사회 전체와 비교할 때 한국의 노동체제는 중요한 몇 가지 특성이 있었다. 이는 한국 사회에서 신자유주의 축적 체제 전환이 노동의 반민주주의를 확대하는 효과를 배가했다.

앞서 보았듯이 1998년 이후 노동 사회에서 사회경제적 민주주의의 후퇴는 그 속도나 범위 면에서 주목할 만했다. 그것은 종속적 신자유주의 체제 1기의 정치적 민주화 효과를 압도해 전체 노동 사회의 민주주의 축소로 귀결했다고 평가할 수 있다. 이런 변화를 야기한 데는 서구 사회와 대비되는 한국 노동체제의 특성이 자리 잡고 있었다.[19] 무엇보다 종속적 발전을 경험한 한국 자본주

---

18 이에 대한 사회복지학 연구자들의 논쟁에 대해서는 정무권(2001), 김연명(2001) 참고.
19 서구의 신자유주의 노동 정치와 다른 차이점은 뚜렷하다. 구체적으로 노동 복지 제도

의 축적 체제의 구조적 특성과 깊이 연관되었다.

먼저 한국 사회에서 신자유주의의 반민주화 효과가 큰 것은 서구와 달리 복지 제도의 완충 효과가 거의 없었기 때문이다. 기존 복지가 미미한 가운데 기업 내 고용 안정성이 소실되고 경쟁이 치열해진 결과 노동 사회의 양극화가 한층 급속히 진행되어서였다.

다음으로 신자유주의 경제·사회정책을 효과적으로 막고 제어할 노동 정당, 노동조직 체제가 미약했다. 진보·보수 양당 체제가 아니라 보수정당 경쟁 체제로 제도화된 한국 사회에서는 극단적 신자유주의 정책들이 쉽게 제도화될 수 있었다. 극소수 의석의 진보 정당은 의사 결정에 거의 영향을 미칠 수 없었으며 대안적 정책을 마련할 능력도 갖추지 못한 상황이었다. 또 기업별 노조 조직 체제는 신자유주의 경쟁 효과를 극대화해 노동 내부의 연대를 거의 불가능하게 했다. 이는 서구 사회의 산별노조 조직 체제와 크게 대비되는 우리 사회의 노동체제적 특성이었다.

그 밖에 연관된 다른 요인, 예컨대 시민사회의 반노동 이데올로기가 여전히 강하다는 점도 전반적으로 신자유주의의 효과를 강화한 듯하다. 경제공황의 공포 속에서 소수 조직 노동의 경제적 이기주의에 대한 과도한 비판과 도덕적 비난은 쉽게 수용되었다. 반면에 노동 민주주의를 위한 조직 노동의 정당한 투쟁조차 용인

의 도입, 가혹한 정치적 억압 및 그 방식, 사회적 합의주의(코포라티즘)라는 이데올로기 장치의 운용 등은 서구의 신자유주의 체제에서는 찾아볼 수 없는 현상이었다. 더 자세한 내용은 노중기(2008b, 449~460) 참고.

1부 노동체제의 변동과 역사

되지 않았다.

어쨌든 종속적 신자유주의 노동체제 2기에 이르면 1기까지 나타난 노동체제의 모순 및 딜레마는 대체로 해소되었다. 민주 정부의 노동 억압이라는 딜레마는 수구적 보수 정부가 들어서면서는 문제가 되지 않았다. 그리고 신자유주의 정책 실행을 위한 최소한의 노동 민주화, 최소한의 노동 복지 문제는 민주 정부들을 거치면서 대체로 해결되었다.

이명박 정부 들어 노동 민주화는 다시금 크게 후퇴했다. 문제는 그것이 노동 정치의 의제조차 되지 못하는 본격적인 반민주화 국면을 알렸다는 점이다. 사회경제적 민주주의가 크게 후퇴하는 것과 더불어 그것이 다시 정치적 민주주의의 기반을 약화한 것이다.

5. 노동 사회 민주화의 현재와 과제

수구적인 보수 정부인 이명박 정부는 집권 이전부터 강한 신자유주의 정책을 표방했다. 강한 신자유주의 정책의 중요 지표 중 하나가 노동에 대한 통제와 억압을 강화하는 것이나 노동정책은 이명박 정부의 주요 정책으로 부각되지 않았다. 집권 첫해 노동정책은 거의 주목받지 못했다(노중기 2009b).

2009년 중반 이후 비정규 노동법 개악 시도, 쌍용자동차 파업 투쟁 진압, 공무원노조·전교조와 민주노총에 대한 탄압, 복수 노조 및 전임자 문제 등이 부각되었으나 그 강도가 특별히 높지는 않았다. 또 처리 방식이 매우 신중하면서도 체계적인 특징을 보였다.

예컨대 노동부가 충분한 준비 없이 무리하게 추진한 비정규 노동법 개악은 노동 측 저항과 집권 세력 내부의 혼란으로 철회되었다. 쌍용자동차 파업에 대한 대응도 억압적이기는 했으나 절차와 수순을 치밀하게 고려하는 모습이 확인된다. 또 공무원노조·전교조의 시국 선언에 대한 징계는 그 수위가 높았다. 그러나 여론을 동원하기 위한 준비가 상당히 세밀하게 진행되었다. 복수 노조 및 전임자 문제에 대해 정부는 6자 회담 등의 절차와 수순을 거쳐 유연하게 처리하는 모습을 보여 주었다(김유선 2010; 김선수 2010).

이와 같은 노동 정치의 진행은 민주 정부 집권 초기에 노동문제가 주요 정치적·정책적 쟁점이 되었던 것과 크게 대비된다. 변화는 앞서 살펴본 바와 같이 노동체제의 변동에 따라 충분히 예상된 사태 진행이라고 할 만하다. 즉, 민주 정부가 부딪혔던 딜레마, 곧 정치적 제약이 없는 신자유주의 보수 정부라는 조건이 노동정책 수행을 더 단순하고 일관되게 추진할 수 있게 만든 셈이다.

그리고 더 중요한 요인으로는 이전 '민주·개혁' 정부가 이미 주요한 신자유주의 노동정책 사안들을 제도화해 놓았다는 변화된 조건이 있다. 정리 해고와 비정규 노동 사용의 합법화 등 고용 유연성을 제고할 제반 정책들은 1998년 이후 장기적인 과정을 거쳐 대부분 입법화되었기 때문이었다.[20]

---

20 총자본을 대표하는 전경련(전국경제인연합회)의 공식 요구에 따르면 정리 해고 요건 완화, 파견 노동제 적용 범위의 대폭 확대 등 비정규 보호 완화, 사용자들의 이른바 쟁의 '대항권' 강화 등이 새로운 의제가 될 수 있을 것이다. 그러나 비정규법 개악 시도 등에서 이명박 정부는 과도한 정책적 의욕에는 반대급부가 따름을 충분히 배웠던 듯하다.

또 하나의 이유는 이명박 정부 출범 이후 민주 노조들의 활동이 크게 위축되어 새로운 강한 통제의 필요성이 별로 발생하지 않았다는 점이다. 현재 민주 노조 운동의 주력인 제조업 공공 부문 대사업장 노조들은 기업별 활동에 기초한 수동적·방어적 경제주의를 더 강화하고 있는 것으로 보인다.[21]

요컨대 노동 사회의 상대적 고요함은 노동 사회 민주주의의 구조적 후퇴 국면을 역설적으로 보여 주었다. 이명박 정부는 1987년 체제나 그 이전의 억압적 배제 체제에 활용된 각종 통제 수단 중 일부를 다시 제도화했는데 이전 시기 경찰국가를 한층 강화한 일이었다. 그러나 노동 사회에 대한 반민주화 정책은 체계적·합법적 방식으로 조심스럽게 그리고 일관되게 장기간에 걸쳐 추진되었다. 그것은 대체로 기본권의 전면적 부정보다는 일종의 저강도 전쟁이나 '야금야금 민주주의'의 방식으로 진행되었다.[22]

또 하나는 이명박 정부의 주요 정책적 목표가 민주 노조 운동의 종식을 지향한 것으로 보였다는 점이다. 여러 통제 장치를 가동해 민주 노조를 실질적으로 해체하고 어용 노조 체제를 재구성하려는 시도가 그것이다. 예컨대 이런 기조는 전임자 임금 지급을 금지하고 작업장 단위 복수 노조를 허용하는 입법안이 대사업장

이런 반대급부를 상쇄하는 현실적 요구가 될 때 정책적 의제로 될 수 있을 것이다.

21 쌍용자동차 사례에 대한 금속노조의 대응을 보라. 정부 입장에서는 '긁어 부스럼을 낼 필요가 없다'는 견지가 기조를 가동했다고 평가할 만하다.

22 전체 정치체제에 대한 비슷한 분석으로는 손호철(1999: 2009/11/23) 참고. 결국 이명박 정부의 억압은 군부독재 시기나 노태우 정부의 노동 억압과는 그 성질이 달랐다.

민주 노조들을 공격 목표로 한 데서도 뚜렷이 나타났다. 그리고 2009년 하반기에 확산된 단체협약 해지 공작, 공무원노조 탄압 공작 등 공공 부문에 대한 공세에서도 그러했다.[23]

그렇다면 당시 노동운동의 과제는 무엇이었나? 이명박 정부의 반노동 공세가 점차 강화되었던 상황을 감안하면 과거의 전투적 조합주의 운동 노선과 투쟁 방식은 더는 유효하지 않았다. 당시 핵심 쟁점은 노동기본권이 아니라 사회경제적 민주주의였기 때문이다. 즉, 고용 문제는 기업 노조나 그 연합체의 전투적 쟁의로 해결될 성질의 것이 아니었다.

결국 새로운 시도가 필요했다. 노동운동 입장에서 새로운 시도였던 산별노조 건설과 진보 정당 건설 운동은 그때 이미 한계에 봉착해 있었다. 전환점으로 제기된 이 두 과제는 노동 민주화의 시간이 여전히 1997년에 멈춰 있음을 보여 주었다.

그러나 사회적 의제이자 정치적 의제인 고용 위기, 노동 유연화 문제가 1997년 이후 지속·심화되고 있는 것도 주목할 만했다. 이는 거리의 투쟁과 함께 더 계급적인 노조 조직의 완성, 한층 더 정책적·정치적인 문제 해결을 요구했다. 두 가지 과제는 여전히 현재적 과제일 수밖에 없었다. 따라서 기존 산별노조 운동과 정치

---

23 복수 노조 전임자 문제는 한국노동사회연구소 노동포럼(『노동사회』2010년 1·2월호)을 참고할 것. 한편 2009년 여름 이후 정부는 한국노동연구원을 필두로 해서 다섯 개 발전사, 한국가스공사, 그리고 코레일 등 핵심 공공 부문 노조 사업장에서 단체협약을 해지하는 전략적 공세를 시작했다. 이는 노조의 기본 활동을 부인해 그 존재근거를 위협하는 반민주적 노동 억압으로 판단된다. 자세한 내용은 〈프레시안〉(2009/11/25) 참고.

1부 노동체제의 변동과 역사

운동에 대한 면밀한 평가와 비판 위에서 이 두 가지 운동을 완성하는 장기적이고 일관된 새로운 노력이 필요했다고 볼 수 있다.

특히 그 내용과 연관해 새로운 과제, 곧 비정규 노동자와의 연대 운동이 정규직 노조 운동의 핵심 과제로 전략적으로 설정되어야 한다(임영일 2010; 노중기 2008b). 민주 노조 운동이 정규직에 국한된 노조 운동이라는 제약을 넘지 않고서 노동 민주화를 진척할 수는 없다. 그러므로 비정규 문제는 곧 정규 노동의 문제임을 분명히 밝힐 필요가 있다. 그리고 이런 과제를 달성할 현실적이고 구체적인 수단이 산별노조 건설과 진보 정당 건설이라는 또 다른 두 개의 전략적 목표로 표현될 수 있을 것이다.

3장

1987년 노동자 대투쟁의
역사적 의의와 현재적 의미

1. 머리말

1970년 전태일에게 '근로기준법 준수'와 '대학생 친구'는 살아서는 이룰 수 없는 꿈이었다. 그러나 그 꿈은 17년이 지나 1987년 수백만 노동자가 외친 '노동 해방'과 '민주 노조 건설'로 시대를 건너 살아났다. 시간이 흘러 전태일의 대학생 친구들이 국회의원이 되고 탄압에 허덕이던 민주 노조가 수십만 명의 산별노조, 민주노총과 민주노동당이 되었을 때 그 꿈은 하나의 현실이 되는 듯했다.

그러나 그 꿈은 우리 모두가 알고 있듯이 지금 빛을 잃고 있다. 1987년에 거리를 메운 젊은 주체들은 지금 겉늙은 소시민이 되어 뿔뿔이 흩어졌고 공장으로, 사무실로 되돌아갔다. 이들을 이끌던 선진 노동자들의 예지와 그 투쟁의 예리한 칼날은 무디어져 스스로 몰락하거나 심지어 보수 세력의 방패막이로 전락하기도 했다.[1]

---

1 그렇지만 우리는 그들의 삶을 함부로 비난하거나 평가할 수 없다. 1987년 대투쟁의 상

그러므로 우리는 지금 한 시대와 한 세대의 마감을 보고 있는 셈이다. 지금까지 민주 노조 운동의 좌표는 1987년 노동자 대투쟁(노대투)이었다. 그것은 최근까지도 민주 노조 운동의 역사라기보다는 현실이었다. 운동의 주체, 의제, 투쟁과 조직 등 모든 측면에서 그러했다. 그러나 그 지난한 실천, 대장정의 끝에 도달한 느낌을 떨칠 수 없다. 노대투는 민주 노조 운동의 창대한 출발점이었으나 이제 그 미미한 종결에 도달한 것이다.

노동자 대투쟁은 '역사'가 되었는가? 우리 세대와 함께 사반세기 넘게 살았던 오래된 현실인 그 대투쟁은 비로소 역사가 되었다. 비정규 정리 해고 노동자들의 고립된 투쟁과 차디찬 민주 노조들, 무력한 민주노총과 산별노조, 통합진보당으로 드러난 노동자 정치의 현실, 이 모두가 민주 노조 운동의 한 단계 종결을 말하고 있다.

현재와 직접 연결된 노대투의 역사적·현재적 의미를 논하는 일은 쉽지 않다. 자칫하면 섣부른 감상이나 자기 합리화에 머무르고 여러 가지 수치를 나열하는 데 그칠 수 있기 때문이다. 또 현실의 암울한 무게를 담지 않은 역사적 평가가 될지도 모른다. 그렇지만 현재가 새로운 출발점이려면 역시 노대투를 넘어서야만 한다.

이 글에서는 지난 노대투 이후의 노동 정치를 거시적으로 분석하고 평가하려 한다. 이를 위해 먼저 노동 정치, 노동체제 이론과 전략 관계 국가론 등의 이론을 동원해 하나의 해석 틀을 제안한다.

징이었던 고故 권용목과 노무현 등 수많은 뛰어난 노동운동가들의 치열한 삶과 죽음, 그 힘든 역정들을 생각하지 않을 수 없다.

그리고 충분하지는 않지만 그 역사적 귀결인 민주 노조 운동의 위기와 그 현실에 관해 시론적인 논의도 제시할 것이다.[2]

2. 분석 틀: 노동체제의 변동과 민주 노조 운동

노대투는 독특한 과도기적 노동 정치의 지형을 형성했다. 한편에서는 정치적인 민주화 이행이 이루어졌지만 노동 사회의 억압성은 여전히 온존된 독특한 지형이었다. 정치사회와 시민사회의 민주화·자유화 바람은 공장과 사무실 앞에서 멈추었다. 이른바 '1987년 노동체제'가 출현한 것이었다.[3]

주지하듯이 1987년 체제 10년은 역동적인 노동 정치가 진행된 기간이었다. 시발점은 6월 민주 항쟁과 7~9월 노동자 대투쟁으로 구성된 1987년의 민주화 대투쟁이었다.[4] 이후 정치적 민주

---

2 예컨대 통합진보당 사태가 우리에게 던진 질문은 과연 위기의 뿌리가 어디까지인지였다. 단순히 주체들의 전략적 오류나 잘못된 관행일 수도 있지만(조현연·김정훈 2012) 더 구조적인 원인이 있을지 모른다(노중기 2012/06/29). 이 장은 후자의 입장에 서되 그 뿌리가 주체의 전략적 실패나 제도 정치 영역을 넘어선다는 점, 그리고 노동 정치의 심층 구조, 즉 노동체제와 축적 체제에까지 뻗어 있음을 보일 것이다. 장기적·거시적 분석이므로 이 장에서 각 주체들을 자세히 다루지는 못한다. 이는 추후에 더 발전시켜야 할 과제이다.

3 노동 정치, 노동체제 이론 및 '1987년 노동체제'에 관해서는 임영일(2002), 장홍근(1999), 노중기(2008b) 참고. 또 '1987년 노동체제' 개념에 비판적인 견해로는 정이환(2011, 24~29)을 참고할 수 있다.

4 필자는 6월 민주 항쟁과 7~9월 노동자 대투쟁을 동질적인 민주화 투쟁의 연속선상에서 볼 수 있다고 파악하고 두 투쟁을 합해 1987년 민주화 대투쟁으로 규정하고자 한다.

표 3-1 **분석 틀 : 한국의 노동체제와 헤게모니 프로젝트 변동**

구분	1987년 대투쟁		1997년 총파업/외환 위기
축적 체제	유혈적 테일러주의/주변부 포드주의		종속적 신자유주의
국가 체제	주변부 파시즘	자유 민주주의	자유 민주주의
노동체제	억압적 배제 체제	1987년 노동체제	종속적 신자유주의 체제
헤게모니 프로젝트	주변부 파시즘 전략	-	두 국민 전략
국가 프로젝트	발전 국가 프로젝트	('노동 없는 민주화' 프로젝트)	(민주화/)선진화 프로젝트[*]
대항 헤게모니 프로젝트	-	민주화 프로젝트	민주화(/반신자유주의) 프로젝트[**]
노조 조직	한국노총	민주 노조(기업별/전노협)	민주노총(산별노조)
정당 조직	-	(정치 세력화 실험들)	민주노동당과 기타

주 : [*] 2005년을 전후로 해서 민주화 프로젝트는 선진화 프로젝트로 수렴·통합됨.
　　[**] 반신자유주의 프로젝트는 소수파 전략으로 2005년 이후 제대로 작동하지 않음.
자료 : 노중기(2010)의 논의를 수정·보완해 작성.

화의 열린 공간에서 지배 블록과 노동운동은 헤게모니를 장악하려 노력했고 나름의 전략적 기획으로 대응했다. 그 결과 1997년 겨울 총파업과 노동법 개정, 그리고 IMF 외환 위기를 거치면서 1987년 체제는 결정적으로 해체되기 시작했다. 1998년 이후에는 종속적 신자유주의 노동체제가 급속하게 형성되기 시작한 것으로 보인다.

　　이 시기의 노동 정치에서 드러난 노사정 주체들의 전략적 기획은 국가 프로젝트와 헤게모니 프로젝트, 그리고 대항 헤게모니 프로젝트로 각기 정리할 수 있다. 헤게모니 프로젝트는 축적 체제에서 기원하는 계급 대립을 극복하고 헤게모니를 창출하기 위해 지배 블록이 추진하는 국민대중적 전략 기획을 말한다. 또 국가 프로젝트는 균열된 국가기구들 내부의 통일성과 응집성을 창출하기 위해 국가 내부에서 산출되는 전략 기획이다. 그리고 대항 헤게모니 프로젝트는 노동계급을 중심으로 한 피지배 세력들이 지배적인 헤게모니에 저항하고자 산출하는 전략적 기획을 뜻한다.[5]

1987년 대투쟁으로 예외 국가 군사 파시즘의 억압적 노동체제는 붕괴되었다. 노사정은 모두 변화된 정치적 조건에서 자신의 전략적 기획을 만들어 대응했고 그 동학이 1987년 노동체제로 구조화되었던 것이다. 새로운 6공 국가는 정치적 민주화가 노동 현장에 적용되는 것을 거부한 '노동 없는 민주화' 국가 프로젝트를 추구했다.[6] 이 체제에서 민주 노조는 극심한 탄압을 받으면서도 노대투가 제기한 과제를 하나씩 현실화하면서 조직 역량을 확대해 갔다. 이를 '민주화 대항 헤게모니 프로젝트'로 명명할 수 있다. 반면에 김영삼 정부가 제시한 두 개의 국가 프로젝트는 변화된 조건과 1987년 노동체제의 모순에 대한 지배 블록의 새로운 전략적 대응이었다.

김대중·노무현 두 민주 정부가 주도한 노동 개혁의 민주화 프로젝트와 선진화 프로젝트는 근본적으로 축적 체제 변동의 산물

------

5 제솝의 전략 관계 국가론에서 중요한 것은 이 프로젝트들이 특정 주체에 의해 사전적으로 기획될 필요가 없다는 점이다. 그것은 사후적으로 구성되거나 응집된 특정 주체가 없어도 산출될 수 있다. 전략 관계 국가론과 헤게모니 프로젝트, 국가 프로젝트 개념 및 그 이론은 손호철(2002), 김호기(1993), 제솝(Jessop 1990; 제솝 2000) 참고. 1987년 이후 한국의 국가 프로젝트 형성과 변화 과정 및 그 함의에 대한 자세한 분석은 노중기(2010)를 참고할 수 있다.

6 그러나 그것은 민주 노조의 반발은 물론 지배 블록 내부의 이견으로 말미암아 제도적으로 안착할 수 없었다. 국가는 그 내부에서 민주 노조 운동의 인정 여부와 그 정도를 통일적으로 획정할 수 없었고 부단히 갈등하거나 동요했다. 1989년 이후의 다양한 노동법 개정 시도들과 1996년의 노동법 날치기 개정 과정에서 나타난 이터 파행은 그 경험적 지표가 된다. 그리고 이는 근본적으로 1987년 이후 10여 년간 지속된 지배 블록 내부의 정치적 균열과 불안정한 계급 간 힘 관계의 반영이었다.

이었다. 민주화 프로젝트를 통해 지배 블록은 새로이 성장한 노동 계급을 체제 내로 포섭하고 이를 분할 통제함으로써 새로운 자본 축적 계기를 확보하려 했다. 그리고 동시에 민주 정부들은 노동시 장을 유연화하고 법치주의를 강화하는 선진화 국가 프로젝트를 통해 새로운 축적 체제를 제도화할 수 있었다. 이명박 정부에서 완성된 종속적 신자유주의 노동체제는 그 결과물이었다.

한편 축적 체제와 국가 전략 변동에 적절하게 대응하지 못한 민 주 노조 운동은 이 시기에 급속하게 구조적 위기 상황으로 빠져들 었다. 변화된 노동 정치의 지형에서 민주 노조 운동은 심각한 내 적 균열을 경험했다. 일차적으로는 전통적인 '전투적 노조주의'와 새로운 '사회적 합의주의' 노선 간의 갈등으로 나타났다. 그러나 더 심층적으로 본다면 그 균열은 고용 불안과 노동시장 양극화에 대응할 만한 새로운 연대 의식과 정치적 전선, 곧 대항 헤게모니 프로젝트를 만들지 못한 운동적 한계를 반영했다. 곧 노대투와 1987년 체제가 산출한 민주화 대항 프로젝트를 넘어서는 반신자 유주의 연대 전선을 민주 노조 조직 내외에서 만드는 데 실패했기 때문이었다.[7]

---

7 1998년 이후 민주 노조 운동은 새로운 대항 헤게모니 프로젝트를 구성하기 위해 다양 한 노력을 경주한 바 있다. 1999년 노동운동발전전략위원회, 2003년 전후 시작된 전략 조직화 사업, 2005년 조직혁신위원회 등 새로운 대항 헤게모니 전략을 수립하려는 시 도가 계속되었다. 이 과정에서 실행된 산별노조 전환, 합법 정당 건설 운동은 상당한 성 과를 가져오기도 했다. 그러나 전체적으로 지배 블록의 전략적 기획에 맞설 만한 대안 전략을 구성하는 데에는 실패한 듯하다.

이와 같은 분석 틀에 따라 3절에서는 노동자 대투쟁의 성격을 간략히 정리한다. 그리고 4절은 1987년 체제 10년의 노동 정치를 분석하며, 5절에서는 1998년 이후의 종속적 신자유주의 노동체제와 민주 노조 운동의 위기를 논의한다. 마지막 6절에서는 결론적 함의를 정리할 것이다.

3. 노동자 대투쟁의 과정과 쟁점

1) 노대투 개관과 주요 특징

노동자 대투쟁은 해방 이후 최대의 노동자 파업 투쟁이었다. 6월 항쟁이 6·29 선언으로 종결된 직후인 7월 초부터 9월 중순까지 약 두 달 반 동안 3311건의 쟁의가 발생했다. 이 기간에 하루 평균 40여 건의 파업이 새로이 발생했다는 의미이며 1986년 쟁의 건수 276건의 12배에 이르는 엄청난 규모였다. 그 대부분은 불법 파업이었고 농성, 시위 등 격렬한 대중 동원을 포함했다. 쟁의 참가 노동자 수는 당시 10인 이상 사업장 상용 근로자 333만 명의 약 37%인 122만 명에 달했다(김동춘 1995, 100). 쟁의 건수와 참가자 수, 노동 손실 일수 등 모든 측면에서 노대투는 1961년 이후 국가 주도 자본주의 발전 과정의 모순이 압축적으로 폭발한 것으로 볼 만했다. 오랫동안 군부 파시즘의 억압적 배제 체제에서 억제된 노동운동의 에너지가 일거에 분출한 것이었다.

〈표 3-2〉에서 볼 수 있듯이 노대투의 직접적인 결과는 노동조

표 3-2 **노동조합·노동쟁의 주요 지표**

연도	노동조합		노동쟁의		
	조합원(천 명)	조직률(%)	발생 건수(건)	참가자 수(천 명)	손실 일수(천 일)
1980년	948	14.7	206	49	61
1986년	1,036	12.3	276	47	72
1987년	1,267	13.8	3,749	1,262	6,947
1988년	1,707	17.8	1,873	293	5,401
1989년	1,932	18.6	1,616	409	6,351
1990년	1,887	17.2	332	134	4,487
1991년	1,803	15.4	234	175	3,271
1992년	1,735	14.6	235	105	1,528
1995년	1,615	12.5	88	90	393
2000년	1,527	11.4	250	178	1,894
2005년	1,506	9.9	287	118	848
2010년	1,643	9.7	86	40	511

자료: 한국노동연구원(2012).

합과 조합원 수 그리고 조직률의 급속한 증가였다. 1987년 6월 말 2742개였던 단위 노조는 1989년 7883개로 거의 세 배가 되었고, 조합원 수도 1986년 103만 명에서 1989년 193만 명으로 약 두 배가 되었다. 조직률은 같은 기간 12.3%에서 18.6%로 6.3%p 나 증가했다.

1987년 11월 노동법 개정은 노대투가 직접적으로 영향을 미친 또 다른 결과였다. 단결권 자체를 부정한 5공화국 노동 악법은 노대투의 불법 투쟁으로 현실에서 이미 극복되었으므로 노동 개혁은 필연이었다. 그러나 당시 법 개정은 기업 단위 노조 결성을 제외한 여타 통제 조항을 온존한 매우 불완전한 개혁 조치였고,[8] 이후 1987년 체제에서 민주 노조들의 주요한 투쟁 사안이 되었다.

공간의 측면에서 노대투는 전국적 파업 투쟁이었다. 먼저 울산

1부 노동체제의 변동과 역사

의 현대 재벌 사업장에서 시작되었으나 이내 마산·창원·거제 등 경남으로 그리고 대구·광주를 거쳐 수도권 공단 지역으로 확산되었다. 또 쟁의를 촉발한 것은 재벌 대사업장이었으나 이는 곧 하청기업과 지역의 중소기업으로 확대되었다. 산업 측면에서 보면 제조업에서 시작된 쟁의는 운수업·서비스업·광업 및 기타 산업으로 전이되었다.

노대투의 중요한 특징은 그 주체에 있었다. 1970년대 민주 노조를 이끈 경공업의 여성 노동자들이 아니라 제조업(중공업) 대공장 남성 노동자들이 쟁의를 주도했던 것이다. 조선·자동차·제철 산업 대사업장의 젊은 남성 노동자들은 노대투를 통해 새로운 운동 주체로 등장했다. 8월 중순 울산에서 노동자들 수만 명이 가두 투쟁에 나선 사례와 같이 그 조직성과 투쟁성은 이전에 볼 수 없던 것이었다. 노대투는 1970년대 중반 이후 중화학공업화 정책으로 도입된 주변부 포드주의가 10여 년 만에 중심적 축적 체제로 자리 잡았음을 잘 보여 주었다.

요구 사항 측면에서 노대투 노동자들의 요구는 매우 다양했다. '노동자도 인간답게 살고 싶다'는 인간 선언부터 작업장 민주화, 임금 인상과 생존권 요구, 각종 노동기본권 확보, 어용 노조 반대 및 민주 노조 건설 등 매우 포괄적인 특징을 띠었다. 작업장마다 다양한 수십 가지 요구들이 제기되었으나 크게 보면 임금 인상 등

---

8 자세한 법 개정 내용은 노중기(1995, 155) 참고. 폐지되지 못한 주요 노동 통제 법 조항은 복수 노조 금지, 제3자 개입 금지, 정치 활동 금지, 공무원·교원의 단결 금지 등이었다.

의 생존권 요구와 최소한의 작업장(노동 현장) 민주화 요구로 요약될 수 있다. 특히 이 요구를 실현할 주체적 조직으로서 '민주 노조를 인정하라'는 목소리는 전국적으로 동일했다.

노대투의 쟁의 형태 속에는 1987년 이후 민주 노조의 운동 노선과 이념의 맹아가 담겨 있었다. 조직적 주체나 지도가 없는 자연 발생성의 한계 속에서도 노대투는 강건한 전투성을 띠었고 조직 운영의 민주성과 자주성을 뚜렷이 드러냈다. 이웃 사업장 노동자에 대한 강한 연대감을 표출했고 초보적이고 추상적이나마 '노동 해방'이라는 이념적 전망도 제기했다. 노대투 직후 곧바로 시작된 지역노조협의회와 업종 노조협의회 조직은 민주 노조 운동의 계급적 연대성을 보여 준 원형이었다. 특히 악법을 어겨 철폐하고 국가와 자본 권력에 정면으로 맞서는 전투성은 이후 전투적 노동조합주의의 전범이 되었다.

마지막으로 투쟁이 전개된 과정은 한국의 노동 정치에서 국가 변수의 중요성을 명료히 보여 주었다.[9] 즉, 한국 노동운동의 전개 과정은 국가 통제의 변동과 대사업장 조직력의 함수관계 속에서 결정된다는 점이었다. 축적 체제의 구조적 제약을 제외한다면 국

---

9 노대투는 크게 세 단계로 진행되었다. 1기(6월 30일~8월 10일)는 국가권력의 노동 통제가 일시 이완되어 노동자들이 투쟁을 준비하고 조직한 시기였다. 2기(8월 11~27일)에는 정부 개입이 시작되고 노정 간 갈등이 진행되었으나 노동자들의 투쟁이 크게 상승했다. 마지막 3기(8월 28일~9월 중순)에는 정부의 공권력 투입이 본격화되어 대투쟁이 급속히 위축되었다. 전체적으로 대사업장의 조직 및 투쟁력과 국가의 억압 정도가 상황 전개를 규정한 가장 중요한 요인임이 명료하게 드러났다. 자세한 내용은 노중기(1997b) 참고.

가 정치 및 국가의 노동 통제가 노동운동을 규정하는 일차적인 요인이었다. 노대투 자체가 국가 정치의 변동에서 발생했고 8월 말 이후 국가 억압이 강화되면서 급속히 종결된 것도 마찬가지였다. 이런 동학이 1987년 노동체제에서 좀 더 확대되고 변형된 형태로 되풀이되었다는 점에 주목할 만하다.

2) 노대투와 몇 가지 쟁점들

노대투를 둘러싼 이론적·실천적 쟁점은 크게 세 가지로 나누어 볼 수 있다. 1970년대 민주 노조 운동과의 관계, 투쟁의 성격을 둘러싼 논쟁 그리고 투쟁의 결과와 함의 등이다.

먼저 역사적 위상과 관련된 문제로 노대투가 1970년대 민주 노조 운동과 어떤 연관이 있는지이다. 일반적인 평가는 두 시기 운동의 질적 차별성을 강조하는 것이었다(김용기·박승옥 엮음 1989; 임영일 1997). 특히 노대투에서 나타나는 새로운 특징, 곧 중공업 대사업장의 남성 노동자라는 주체 문제, 전투적·대중적 정치투쟁이라는 투쟁 양태, 노동 해방과 민주 노조 건설의 이념 지향, 전국적 투쟁 확산과 연대 투쟁 등에서 차이가 두드러졌다. 노대투는 이처럼 여러 면에서 1970년대 민주 노조의 한계를 극복하는 질적 차별성을 드러냈던 것이다.

그러나 이 글에서는 그 차별성을 인정하더라도 다시금 돌아보게 되는 연속성 측면에 주목한다. 노대투는 폭발성과 쟁의 규모에도 불구하고 결코 급진적인 정치적 성격을 보여 주지 않았다. 예컨대 투쟁 요구에서는 기본적인 경제적 요구와 최소한의 작업장 민주화를 넘지 않았다. 그리고 그 정치적 성격도 군부 파시즘의 정치적 억압 체제, 특히 작업장에서 재생산된 병영적 통제 체제에 반대하는 투쟁에 머물렀다. 본질적으로는 '정치적·절차적 민주주의를 확보하기 위한 투쟁'이었으며 계급적 변혁이라는 정치 전망은 추상적·맹아적 형태로 존재했을 뿐이다.[10] 1970년대 민주 노조와 노대투는 모두 전태일의 꿈, 곧 〈근로기준법〉이 지켜지고 민주 노조를 자유로이 결성할 수 있는 정치적 민주주의, 노동 민주화의 꿈을 공유했다.

둘째로 노대투의 성격에 대한 두 가지 극단적 평가가 존재했다. 이때 쟁점은 6월 항쟁과 노대투의 관계, 그리고 그 관계가 민주화 이행 과정에서 갖는 함의였다. 한편에서 노대투는 6월 항쟁과 무관한, 6월 항쟁이 열어 준 정치적 기회에 편승한 노동자들의 일시적인 생존권 투쟁이었다(정대화 1995). 심지어 그것은 민주화 이행 과정에서 지배 세력이 단결하고 반격할 계기를 마련한 실패한 투쟁으로 평가되기도 했다. 반대로 다른 한편에서 노대투는 노동 해방의 전망을 연 급진적 변혁 운동, 또는 그 대중적 출발점으로 높이 평가받기도 했다(허명구 1991). 이 두 가지 견해는 노대투와 6월 항쟁

---

10 노대투는 갑자기 폭발한 투쟁이 아니었다. 노대투의 원형原型은 2년 전이었던 1985년의 두 쟁의에서 찾아볼 수 있다. 대우자동차 파업은 남성 중공업 대사업장에서 처음 조직된 대규모 경제적 파업 투쟁이었으며, 구로 동맹파업은 여성 중소 사업장의 '정치적인 연대 파업 투쟁'이었다는 점이 특징이었다. 노대투는 이 두 맹아적 투쟁의 특징이 결합하면서 전국적으로 확대된 투쟁이었다. 이와 관련해 구로 동맹파업의 정치적 성격은 당시 학생 출신 노동운동가들의 급진적 이념 속에서 과대평가된 측면이 있었다.

은 질적으로 구별되어야 한다는 인식을 공유했다.

이런 두 가지 평가는 모두 과도하고 편향된 것으로 보인다. 먼저 주체, 요구, 투쟁 방식 등 세 가지 측면에서 노대투는 6월 항쟁과 질적으로 다르지 않았다. 노동자들은 비록 지도적 위치에 있지는 않았으나 6월 항쟁의 중요한 대중 동력이었다. 그들은 7월 이후 정치사회만이 아니라 병영과 감옥으로 전락한 작업장도 민주화하자고 요구한 것이었다. 또 투쟁 방식에서도 불법적이었지만 대체로 질서정연한 평화적 투쟁을 벗어나지 않아 6월 항쟁과 크게 다르지 않았다. 결국 노대투는 생존권 요구와 정치적 요구가 결합된 노동자·대중 투쟁이었으며 공장 문 앞에서 봉쇄된 정치적 민주주의를 작업장에서 확보하려 한 투쟁이었다. 그것은 장場을 달리한 정치적 민주화 투쟁이었으며 6월 항쟁과 질적으로 구별될 수 없었다.[11]

마지막으로 노대투의 결과를 평가하는 문제가 있다. 결과적으로 노대투는 직접적으로 본다면 실패한 운동으로 볼 수 있다. 대투쟁과 노동법 개정 이후에도 노동기본권은 보장되지 않았으며 민주노조가 승인되지도 않았기 때문이다. 또 민주화 이행의 관점에서도 6공 군부 파시즘 세력의 집권 연장을 막지 못했을 뿐만 아니라 선거 과정에서 노동자 세력의 영향은 미미했다.[12]

----

11 6월 시민 항쟁에서 거리에 나온 다수 시민은 화이트칼라 노동자였으며 산업도시를 중심으로 세소입 노동자의 참여노 우만기에 크게 늘었다. 노내누의 폭력성과 급신성은 방어적 폭력을 제외할 경우 대체로 국가와 보수 언론의 이데올로기 공작의 산물이었다. 자세한 것은 노중기(1997b) 참고.

그러나 우리 모두가 알고 있듯이 노대투는 결코 실패한 투쟁이 아니었다. 오히려 노대투는 1987년 체제 시기에 더욱더 강하고 조직적인 장기 투쟁으로 확대 재생산되었다. 그것은 이후 10년 동안 수구 세력의 정치적 반동을 막고 정치적 민주화를 공고하게 했다. 그리고 최종적으로는 노동자들이 스스로 노동기본권을 확보하고 민주 노조의 시민권을 회복하는 결과를 가져왔다. 결국 노대투는 1987년 9월에 종결되지 않은 셈이었다. 다음 절에서는 이를 더 자세히 논의해 보자.

4. 확장된 노동자 대투쟁 : 1987년 노동체제 10년

노대투는 단기적·직접적으로 보면 패배한 투쟁이었다. 그러나 이후 10년 동안 '확장되고' '심화되어' '승리한' 투쟁으로 되살아났다. 투쟁 주체들은 확대 재생산되어 조직화되었고 전노협과 업종회의(전국업종노동조합회의), 전노대(전국노동조합대표자회의) 그리고 민주노총으로 발전했다. 또 그 요구는 각종 생존권 요구와 노동법 개정 투쟁, 민주 노조 쟁취로 심화되었으며 노동 해방이라는 추상

---

12 '직접적으로 실패한 운동'이라는 규정의 근거는 노대투 대중의 요구가 실현된 정도에 있을 것이다. 11월 노동법 개정, 상당한 임금 인상과 기업 노조의 형식적 용인에도 불구하고 작업장 민주주의와 자주적 노조 조직은 허락되지 않았다. 또 노동 대중의 정치적 민주화에 대한 열망은 김영삼·김대중의 분열과 대선 패배로 온전히 실현되지는 못했다. 더 구체적인 논의는 노중기(1995) 참고.

적 이념은 더 구체화되었다. 그리고 그 결과는 10년간 수많은 전투에서 패배했음에도 전쟁에서 승리한 것으로 나타났다. 1987년 노동체제를 해체하는 결정적인 사건이었던 1997년 겨울 총파업은 확장된 노대투의 한 단계 결산으로 해석함 직하다.

1987년 9월 노대투의 종결 이후 본격적인 노대투가 다시 시작되었다. 노대투의 확대 재생산은 네 시기에 걸쳐 진행되었다(노중기 1997a). 그 진행 과정은 본질적으로 노동자 대투쟁의 재현이었으나 단순한 재현이 아니라 변형되고 심화된 재현이었다. 노대투의 자연발생적인 성격을 극복하고 조직적 연대 투쟁과 조직화 확대를 통해 국가 억압을 돌파했다는 점에서 운동의 커다란 진전이었다. 1987년 체제의 동학을 네 가지 시기로 나누어 간략히 살핀 뒤 이를 노대투와 대비해 보자.

먼저 체제 형성기(1987~89년)는 노대투 이후 다시금 국가 억압이 이완된 시기로 노대투 1기인 7월 초에서 8월 초까지와 대비된다. 6공 출범과 여소야대 정국에 따라 상대적으로 개방된 정치적 환경에서 새로운 노동체제가 형성되기 시작했다. 노대투 시기의 경험에 기반해 민주 노조들은 기업 노조를 조직하거나 안정화하는 한편, 한층 체계적으로 연대했고 그 성과를 조직으로 발전시켰다. 더불어 임금 투쟁 등 기초적 활동을 전개하는 과정에서 민주 노조를 제도화할 노동법 개정의 필요성을 절감했고 투쟁 요구를 더 분명히 정식화할 수 있었다. 산별노조 건설과 노동자 정치 세력화의 장기적 전략 목표도 추상적인 수준에서나마 이 시기에 이미 대중적으로 인식되었다. 또 지식인 출신 활동가들은 노동운동단체협의회 등을 조직해 노동 대중과 더 체계적으로 결합하기 시작했다.

다음으로 체제 정착기(1989~92년)는 1989년 상반기 공안 정국을 전환점으로 국가 억압이 다시 강화되는 시기였다.[13] 이 시기는 8월 중순 이후의 노대투 2기와 조응한다고 볼 수 있다. 지배 블록은 내부 갈등을 5공 청산과 3당 합당을 통해 정리했고 이후 전열을 정비해 민주 노조 운동을 가혹하게 억압했다. 지배 블록 내부에서 추동된 국가 프로젝트는 '노동 없는 민주화' 전략이었다. 다만 이 시기의 노동 정치에서는 민주 노조 운동이 일방적인 수세로 몰리지 않았다는 점에서 노대투와 달랐다. 여기에는 조직적 연대 역량의 확대, 전국적 지도 중심의 형성, 시민사회와 자유주의 정치 세력의 지원, 개방된 정치적 환경 등 변화된 주관적·객관적 조건이 작용했다. 또 민주 노조들은 1990년 초 전노협을 결성해 전국적 전선을 형성하고 장기 대치할 만한 조직적 준비를 할 수 있었다. 전체적으로 이 시기에는 지배 블록과 저항 세력 간에 어느 정도 세력 균형이 이루어져 1987년 체제의 기본 틀이 형성되었다.

세 번째 시기는 변화 모색기(1993~95년)였다. 1993년 이른바 문민정부가 등장해 세력 균형이 변화될 조짐이 노동 정치에서 뚜렷이 나타났다. 3당 합당 이후 지배 블록 내부의 갈등은 온건파 보수 세력의 집권으로 정리되었고 이들은 상황 변화를 모색했다. 이들은 '노동 없는 민주화'라는 일방적 프로젝트가 더는 가능하지

---

13 1989년 5월 방북 사건으로 공안 정국이 본격화되기 이전에 이미 6공 국가는 노동 억압을 재개했다. 연초 풍산금속에, 3월에는 서울지하철, 현대중공업에 공권력을 투입해 쟁의를 진압했다. 또 1989년 상반기부터 보수 대연합을 위한 물밑 정치 공작이 진행되고 있었다.

1부 노동체제의 변동과 역사

않을 뿐만 아니라 자본계급 전체에 심각한 정치적·경제적 비용을 야기한다는 점을 간파했다. 동시에 노대투 시기처럼 지배 블록이 주도한 일방적 노동법 개정도 불가하다는 점을 잘 알았다.[14] 한편 민주 노조 운동은 교착 상황을 조직의 수평적 확대로 돌파하고자 했다. ILO공대위와 전노대 결성 과정에서 사무 전문직 중심의 업종회의와 제조업 (재벌) 대기업 노조가 전노협과 결합한 것은 상황 변화를 꾀하려는 적극적 모색이었다. 동시에 이 과정에서 노동 운동의 대항 헤게모니 프로젝트도 온건한 '(노동) 민주화 전략'으로 정리되는 뚜렷한 변화가 나타났다.[15]

마지막으로 체제 변동기(1996~97년)에는 지배 블록 내부의 전략 변화가 새로운 노동정책으로 전개되고 새로운 노동 정치 국면이 형성되었다. 지배 블록 내부의 온건파가 구상한 새 전략은 '민주화 국가 프로젝트'와 '선진화 국가 프로젝트'였다. 1996년 봄 김영삼 정부가 신 노사 관계 구상을 발표하고 노사관계개혁위원

---

14 이와 관련해 예컨대 1993년 집권 직후에 진행된 노동부 장관 주도의 노동법 개정 시도는 주목할 만하다. 법 개정이 보수 세력과 민주 노조의 반발로 실패한 이후 지배 블록 내부의 온건파는 제한적이나마 민주 노조를 포섭하는 방향으로 전략을 전환하려 시도한 것이다.

15 전노협과 노동운동단체협의회 내부의 조직 및 진로와 관련된 많은 논쟁과 대립, 그리고 1992년 노동운동 위기론 논쟁은 대항 헤게모니 전략의 구체적 내용을 둘러싼 이견이었다(김진균 2008). 1995년 11월 결성된 민주노총의 운동 노선과 조직 성격은 '변혁'보다는 '정치적·절차적 민주화'를 운동의 당면한 전략 목표로 설정한다는 대중적 합의였다고 힐 민이다. 그 구세직인 내용은 노동법 개정을 통인 민주 노조의 시민권 획보, 신별노조 전환과 (합법적) 노동 정당 건설 등이었다. 이에 대해 비판적인 관점으로는 김창우(2007) 참고.

회(노개위)를 설치한 것은 국가 전략 전환의 상징적 행사였다. 이후 노동법 날치기 개정과 겨울 총파업 등 우여곡절이 있었으나 노대투 노동 대중의 최소 요구였던 작업장 민주주의, 민주 노조의 시민권 획득이 이루어짐으로써 1987년 체제는 결정적으로 해체되기 시작했다. 민주 노조의 겨울 총파업 성공은 확장된 노대투가 '승리한' 노대투로 종결되었음을 보여 준다. 확장된 노대투에서 드러난 민주 노조 운동의 계급 역량은 이후 '민주' 정부들이 두 개의 '국가 프로젝트'를 강력하게 추진하게 만든 중요한 동인이었다.

결국 1987년 체제 10년의 노동 정치 과정은 노대투라는 출발점에서 보면 다음과 같이 재정리할 수 있다. 먼저 이념 측면에서 1987년의 '노동 해방'은 민주 노조 운동의 민주·자주·연대·변혁성 이념으로 더욱더 구체화되었다. 전노협과 민주노총의 이념으로 이어진 노동 해방은 결국 민주주의와 계급 세력화를 매개로 한 체제 변혁 전망이었다. 그것은 1997년 겨울 총파업과 이후의 외환 위기를 거치면서 산별노조로 민주 노조를 재조직하는 것과 노동자 정치 세력화를 위해 대중정당을 건설하는 두 개의 구체적 목표로 재정립되었다. 1987년에 추상적 구호였던 이 요구들은 1997년 이후에야 비로소 현실적 과제로 전화할 수 있었다.

둘째, 주체 측면에서 보면 제조업 노동자로부터 시작된 노대투는 사무직과 전문직, 그리고 공공 부문 노동자로 확장되었다. 지노협(지역별노동조합협의회)과 업종회의, 그리고 전노협과 민주노총은 그 조직적 표현이었다. 확장된 노대투가 1987년 투쟁에 참가하지 못한 다수의 화이트칼라 노동자들을 포괄한 것은 중요한 진전이었다.[16] 또 지식인 출신 활동가들과 선진 노동자들이 노동 대중과 전면적으로 결합한 것도 중요한 변화였다. 전노협과 노동운동단체협의회의 조직적 연대 과정을 거쳐 민주노총과 민주노동당 결성 과정에서 그 결합은 한층 강고해졌다.

셋째, 1987년의 폭발적이고 자연발생적인 파업 투쟁은 목적의식적이고 조직적인 연대 총파업으로 발전했다. 1987년과 1997년 두 차례 총파업은 그 변화 양상을 압축하고 있다. 불법을 불사한 대투쟁의 전투성은 전노협의 전투적 조합주의로 정식화되었고 개별 사업장의 작업장 권력관계와 계급 간 힘 관계를 크게 바꾸어 놓았다. 또 국가권력의 탄압에 저항하는 노대투 시기의 소극적 정치투쟁은 노동법 개정 투쟁, 3당 합당 반대와 반反민자당 투쟁, 〈국가보안법〉 폐지 투쟁과 통일 운동 등 구체적이고 목적의식적인 정치투쟁으로 발전했다.

넷째, 1987년에 고립되었던 민주 노조들은 10년 여의 투쟁 과정을 거쳐 시민사회에서 다른 중간계급과의 강한 연대를 형성할 수 있었다. 학생과 지식인, 그리고 농민과의 전통적인 연대는 더욱 조직적으로 바뀌었다. 그리고 민주화 이후 폭발적으로 확대된 시민사회의 조건을 반영해 각종 시민 단체들과의 연대도 점차 확

---

16 그러나 다른 한편, 기업별 노조 체제의 한계와 국가 억압 속에서 중소·영세 사업장 노동자들이 민주 노조 운동에서 배제되기 시작한 것도 중요한 변화였다. 이 변화는 한층 구조적인 측면에서 유연한 노동시장과 노동과정에 기반한 자본의 축적 전략 변동, 즉 신가유주의 축적 체제의 형성 과정과 연관되어 있었다. 그리니 더 깊펴으로 보면 여전히 강력했던 국가 억압을 견딜 수 없던, 조직력이 취약한 중소 규모 노조들이 탈락한 것이었다. 자세한 것은 노중기(1995, 6장) 참고.

대되었다. 결과적으로 확장된 대투쟁에서 민주 노조 운동은 1987년의 고립을 적극적으로 벗어날 수 있었다.[17]

마지막으로 확장된 노대투인 1987년 체제의 동학을 이해하는 일은 매우 중요하다. 이 10년 노동 정치의 핵심은 국가·자본의 '노동 없는 민주화 프로젝트'와 민주 노조의 '(노동) 민주화 프로젝트'의 대결이었다. 그 기본 구도는 노대투의 그것과 본질적으로 다르지 않았다고 평가할 만하다.

'노동 없는 민주화 프로젝트'는 6공화국 노태우 정부와 지배 블록 내 수구파들의 기본 전략 기획이었다. 노대투 직후의 노동법 개정, 5공 청산과 3당 합당(민자당), 그리고 가혹한 노동 탄압(전노협 탄압 및 신경영전략)은 모두 이 기획에 기초한 전략 실행인 셈이었다. 민주화 이행에 따라 지배 블록은 군사 파시즘 시기의 노동 배제 체제를 유지해 주었던 강력한 지배 수단인 억압적 국가 장치들을 상당 부분 상실했다. 그러나 대투쟁 이후에도 6공 국가는 4대 악법 조항과 억압적 국가기구를 체계적으로 동원해 낡은 노동 배제 체제를 유지하고자 했다. 절차적 민주화 이후에도 지배 블록 내 독점재벌과 보수적 관료, 군부 세력의 입지가 여전히 굳건했기 때문이다.

---

17 시민사회와의 연대는 이중적 의미가 있다. 직접적으로 전노협 이래 민주 노조들은 국가의 탄압을 저지하는 과정에서 시민운동과 연대해 그들의 힘을 빌려야 했다. 그러나 다른 한편에서 그 투쟁들은 수구 세력의 정치적 반동을 제어하는 국가와 시민사회 대결의 최전선이기도 했다. 곧 수구 세력의 반동으로 민주화가 역전되고 국가가 시민운동을 곧바로 억압하는 일을 막음으로써 시민권의 안정적인 확대를 도왔던 것이다.

그러나 이 기획은 노동·시민사회의 강고한 투쟁으로 국가와 지배 블록 내부에서 통일된 프로젝트로 자리 잡는 데 실패했다. 우선 '노동 없는 민주화'는 그 자체가 형용모순이었다. 자본주의사회에서 압도적 다수인 노동자를 배제한 민주화는 불가능하기 때문이었다. 특정 상황에서 노동기본권은 일시적으로 통제될 수도 있지만 장기적으로는 가능하지 않다. 그뿐만 아니라 이런 대응은 민주 정부로서 6공 정부의 정당성을 끊임없이 훼손하는 정치적 비용을 야기했다. 1987년 노동체제의 정치적 모순은 바로 여기에 있었다.

나아가 이 전략은 축적 체제의 구조적 모순 및 그 변동 방향과도 조응하지 않았다. 주변부 포드주의 축적 체제에서 정치적 민주화는 노동계급에 대한 최소한의 포섭을 강제하기 때문이었다. 결국 총자본 입장에서 볼 때 자본의 (정치적·경제적) 비용은 증대했으며 피지배계급의 계급 역량이 크게 확대되는 의도하지 않은 결과가 초래되었다. 노동의 생존권 요구와 3저 호황 이후의 불황으로 축적 위기에 처한 자본은 1990년대 들어 신경영전략을 통해 작업장 권력을 회복하려 했다(박준식 2001, 12장). 그러나 1987년 체제에서 그 한계는 뚜렷했고 전쟁터로 변한 작업장은 쉽사리 통제되지 않았다.[18] 결국 지배 블록(또는 그 일부)은 절차적 민주 체제에 조응하

---

[18] 1990년의 3당 합당과 대북 정책 변화, 1991년 이후 임금 인상 억제 정책, 곧 한 자릿수-총액 임금정책과 1993~94년의 노총·경총 임금 합의, 민자당 내 분파 갈등과 1992년 대선에서의 헤게모니 다툼, 1994년 세계화 선언과 1996년 노동 개혁과 노동법 날치기 개정 등은 모두 '노동 없는 민주화' 전략과 관련되어 있었다. 지배 블록 내부의 긴장과 갈등이 정치적으로 표출된 사례들이었고 지배 체제의 위기를 반영한 일들이었다.

는 지배 수단, 곧 새로운 국가 프로젝트와 헤게모니 프로젝트를 기획해야 했다.

한편 민주 노조 운동의 '대항 헤게모니 프로젝트'는 넓은 의미의 '민주화 전략'으로 결집되었다.[19] 대부분의 측면에서 그것은 노대투의 문제 제기에 기초해 그 범위에서 성립한 것으로 보인다. 그 구체적 내용은 직접적으로 민주 노조의 건설과 그 정치적·사회적 시민권 확보였다. 그렇지만 이 시기 민주 노조 운동의 민주화 투쟁은 노대투의 연장이었으나 단순한 연장은 아니었다. 앞서 보았듯이 그것은 확장되고 승리한 그리고 심화된 노대투 프로젝트였기 때문이다. 노대투에서 창출되었고 이후 정형화된 전투적 조합주의 운동 방식은 '민주화 전략'의 주요한 투쟁 수단이었다.

끝으로 계급적 산별노조 건설과 노동 정당 건설의 과제도 이미 노대투 이후 노동운동 일각에서 핵심 과제로 제기되었다는 점을 지적할 필요가 있다. 예컨대 전노협, 민주노총 건설 과정의 조직 논쟁과 1992년 노동운동 위기론 논쟁 등 여러 차례 산발적 논쟁들이 진행되었다. 또 다른 한편에서는 이 시기에 민중당 등 합법 정당과 다양한 비합법 정치조직의 실험들도 있었다. 그러나 대부분의 활동가들이 동의했던 이 과제들도 의식·조직 면에서 취약한

---

19 대항 헤게모니로서 '민주화 전략'의 내용은 초기에 상당히 모호했다. 절차적 민주주의 외에 실질적·경제적 민주주의의 내용도 포괄했던 것이다. 민주 변혁과 체제 변혁의 전망이 공존했다고 할 수 있다. 그러나 국가의 탄압이 심화되고 민주 노조의 제도화가 당면한 과제로 등장하면서, 특히 대기업 노조와 사무직 노조가 민주 노조 대열에 합류하면서 그것은 노동 사회의 절차적·정치적 민주화라는 최소 민주화로 수렴되는 경향을 보였다.

계급 역량과 국가와 자본의 가혹한 탄압이라는 객관적 조건에서 당장의 현실적인 목표가 될 수는 없었던 듯하다.[20] 요컨대 기업 단위 민주 노조에 기초한 전국 조직 건설 및 전투적 조합주의 노선은 1987년 체제 '민주화 대항 헤게모니 프로젝트'의 현실적 가능태였고 구체적 모습이었다.

5. 노동자 대투쟁의 종언 : 종속적 신자유주의 노동체제의 형성

1) 두 개의 국가 프로젝트

노대투 노동 대중의 최소 요구가 현실화되는 순간 1987년 체제가 결정적으로 해체되기 시작한 것은 역사의 아이러니다.[21] 주지하듯이 두 가지 계기가 1987년 체제 해체 과정에서 중요한 역할

---

20 그러므로 이 기간 동안 선진 노동자 일부가 제기했던 급진적 변혁 운동에 대한 각종 요구는 관념적인 것이었다. 정치사회의 민주화가 진전되고 사회주의권이 붕괴되는 상황에서 전위적 정치 운동이나 대중적 변혁 운동의 가능성은 없었기 때문이다. 특히 노동 대중의 의식과 활동에서 변혁은 민주 변혁이었고 기업 단위 민주 노조의 기본권 확보와 합법화가 그 현실적인 양태였다고 볼 수 있다.

21 역사에 가정은 불필요하겠으나 외환 위기가 4~5년 후에 도래했다면 노동 정치의 전개 과정은 그새 달라졌을지도 모른다. 체제 선환 속노은 상당이 완화되었을 것이며 민주 노조 운동은 이에 대해 좀 더 체계적·조직적으로 대응할 수 있었을 것이다. 불행하게도 민주 노조들은 시민권 획득의 이데올로기적·조직적 성과를 누릴 시간을 갖지 못했다.

을 수행했는데, 바로 1997년 초 겨울 총파업과 그해 말 IMF 외환 위기였다.

먼저 민주 노조가 시민권을 쟁취함으로써 1987년 체제의 핵심적 모순이 해체되었다. 그것은 노대투의 최소 요구, 곧 전국적 수준의 민주 노조 조직화와 그 활동의 자유가 확보되었음을 의미한다. 여기에는 노동 인권과 노동기본권 외에도 노동 세력이 합법 정당을 조직할 권리도 포함된다. 요컨대 '민주화' 대항 헤게모니 전략의 최소 요구가 실현된 것으로 볼 수 있다.

그리고 동시에 노대투의 최대 요구였던 산별노조와 노동 정당의 건설이 비로소 현실적인 과제로 제기된 것도 지적해야 한다. 누구도 자신할 수 없었던 한겨울의 조직적 총파업과 그 승리를 보면서 민주 노조 운동은 이 새로운 과제들에 상당한 자신감을 갖게 되었다. 그러나 파업이 종결된 과정과 3월 노동법 개정의 불완전한 내용, 그리고 '국민승리21' 경험에서 보듯이, 그리 쉽게 달성할 만한 과제들은 아니었다. 더 많은 조직적 준비와 대중적 경험을 요구하는 중·장기 과제였다. 다만 이를 급속하게 추동한 것은 외환 위기와 그에 따른 심각한 고용 위기, 그리고 대규모 구조조정이었다.

1997년 11월 말에 닥친 IMF 외환 위기는 노동 정치의 주체들이 통제할 수 없는 외적 변수였다. 신자유주의 축적 체제에 내재한 세계 자본주의 체제의 모순이 한국의 노동 정치를 강타한 것이다.[22]

---

22 더 정확하게 말하면 내부 축적 체제의 구조적 모순과 지배 블록의 전략적 대응이 외적

초국적 금융자본의 노동 유연화, 구조 조정 요구는 첫 자유주의 보수 정부의 집권과 함께 노동 정치 지형을 근본적으로 뒤흔들었다.

한국의 노동자들은 1960년대 초 국가 주도의 자본주의 발전이 시작된 이래 초유의 심각한 고용 위기 국면을 맞이했다. 이는 전투적 조합주의와 민주화 대항 프로젝트를 가능하게 한 환경이 소멸되었음을 의미했다. 기업별로 조직된 민주 노조 운동은 기업 울타리를 넘어서는 노동시장의 구조적 압력에 속수무책이었다. 조직 역량이 컸던 대사업장 민주 노조들은 전투적 저항을 펼친 끝에 기업 단위의 수세적 양보 교섭으로 물러설 수 있었다. 그러나 대부분의 민주 노조들은 구조 조정과 경영 위기의 압박 속에서 현장의 조직 역량을 빠르게 상실했다. 노동 대중들은 연대하기보다 분열하고 동요했으며 민주노총과 선진 활동가들은 새로운 정치적·경제적 조건에 조응할 단일한 대안 전략을 제출하지 못한 채 내부에서 심각하게 갈등했다. 결국 이런 상황에서 국가와 자본은 새로운 헤게모니 프로젝트를 안착시킬 기회를 맞이했다.

노대투와 1987년 체제를 통해 드러난 것은 주변부 포드주의 축적 체제의 구조적 모순이었다. 이미 1987년 체제 기간에 시작된 개별 자본들의 치열한 투쟁과 암중모색에는 종속적 신자유주의 축적 체제를 형성하려는 전략적 기획의 요소들이 포함되어 있었다. 신경영전략과 정규직 고용 중단, 비정규 노동과 하청 노동, 외주

변수와 결합된 변동이었다. 그 정치과정과 신자유주의 축적 체제 전환에 대한 자세한 분석은 지주형(2011)과 장석준(2011)을 참고할 수 있다.

화 확대, 정리 해고와 변형 노동 그리고 파견 노동자의 제도화 요구 등 노동시장에서 자본의 전략은 명료했다. 이런 자본의 요구는 1990년대 초반부터 노동 정치에서 노동시장 유연화를 위한 노동법 개정 시도들로 계속 표출되어 왔다. 그러나 1987년 체제의 한계와 노동계급의 저항으로 말미암아 법제화될 수 없었고 개별 자본 수준에서 매우 제한적으로만 실현될 수 있었다.

총자본 수준에서 자본의 새로운 요구를 국가 전략으로 새로 기획한 것은 김영삼 정부였다. 1994년 말 세계화 선언과 1995년 민주노총 결성을 전후로 지배 블록 내부의 온건파는 노동 정치에서 '민주화 프로젝트'와 '선진화 프로젝트'라는 두 개의 국가 프로젝트를 기획하고 추진했다. 이 프로젝트를 수행할 물질화된 국가기구는 노개위와 김대중·노무현 정부의 노사정위원회였다. 1998년 이후 민주 정부 10년의 노동 정치는 두 국가 프로젝트의 충돌과 갈등, 위계화, 대체 및 폐기 과정으로 볼 수 있었다(노중기 2010). 그리고 그 모순은 국가기구 내부에서 보수파와 개혁파의 갈등으로, 또 노사정위원회 합의 정치의 딜레마로 끊임없이 표출되었다.

민주화 프로젝트는 노대투 이후 '변화된 계급 간 힘 관계를 반영해 조직 노동 일부를 포섭하려는 전략 기획'으로 지배 블록 내부의 자유주의 온건파가 기획했다. 이들은 1987년 노동체제의 '노동 없는 민주화' 프로젝트를 총자본 수준에서 냉정하게 평가했으며 이를 과감하게 폐기했다. 그러므로 1996년 총선 직후 발표된 '신 노사 관계 선언'과 노개위는 새 국가 프로젝트의 물질적 제도화 과정이었다. 이후 '노동법 날치기 사태'에서 민주화 국가 프로젝트는 지배 블록 내 수구파의 극심한 반발에 직면했고 실패 일보

직전에 몰렸다. 그러나 민주 노조의 겨울 총파업은 온건파가 위기를 극복하고 새 프로젝트를 추진할 동력을 새롭게 마련해 주었다.

한편 외환 위기 이후에는 지배 블록 내 수구파가 상당 기간 무력화된 특별한 정치적 조건이 형성되었다. 또 야당 민주화 세력으로서 처음 집권한 김대중 정부는 민주화 프로젝트의 개혁 과제들을 본격적으로 추진할 만한 세력이었다. 이후 10년간 진행된 과제의 구체적 내용은 1987년 체제의 악법 폐기와 새로운 통제 수단의 제도화, 민주노총 합법화와 정책 참가 허용(노개위·노사정위), 법정 노동시간 단축, 노동 복지 제도의 확대 등으로 구성되었다. 하나같이 노동 정치에서 최소한의 절차적 민주주의 체제를 제도화하려는 전략적 국가 기획이었다. 그리고 2006년 노무현 정부의 9·11 노사 관계 선진화(로드맵) 노사정위 합의는 그 종결 과정이었다.[23]

다음으로 선진화 프로젝트는 1994년 말 세계화 선언으로 시작되었으며 20년 넘도록 장기간 진행 중이다.[24] 그것은 김영삼 정부의 금융 자유화와 OECD 가입, 김대중 정부의 구조 조정과 경제 위기 극복 담론, 노무현·이명박 정부의 FTA 추진과 선진화 담론으로 이어진 거대한 경제구조 개편, 곧 축적 체제 재편 전략의 일

---

23 물론 2006년 9·11 노사정 합의에서는 작업장 단위 복수 노조 및 전임자 임금 문제가 해결되지 못했다. 2009년 말 이명박 정부에서 이 문제들은 노동 개혁 사안이 아니라 노동 통제 수단으로 긴치되어 제도화되었다.

24 이명박 정부는 2012년 8·15 광복절에 '선진국 진입, 선진화 원년'을 공식적으로 선언한 바 있었다.

환이었다. 주변부 포드주의 축적 체제의 모순을 극복하면서 종속적 신자유주의의 새로운 성장 동력을 만들려는 것이었다. 선진화 프로젝트가 노동에 대한 '민주화 프로젝트' 없이 작동할 수는 없던 상황에서 외환 위기는 노동자 주체들의 저항을 일거에 무력화하고 선진화 프로젝트를 민주화 프로젝트와 결합해 추진하기에 좋은 계기를 마련했다.

노동 정치에서 선진화는 영미형 노동시장 유연화와 법치주의를 결합해 '종속적 신자유주의 노동체제'를 구성하는 전략 기획으로 나타났다.[25] 구체적인 제도 수준에서 전자에는 정리 해고, 파견 노동, 변형 노동시간 제도의 법제화, 비정규 노동 합법화 및 규모 확대, 각종 행정적 노동시장 유연화 조치, 공공 부문 민영화 및 해외 매각과 구조 조정 등이 포함된다. 또 이 과정에서 노동자의 저항을 제어하고 법치주의를 강화할 제반 조치들이 제도화되었다. 각종 자본 이데올로기와 법적 통제 장치들이 개발되었고 억압적 국가기구가 재편성되어 강화되었으며 민주 노조에 대한 강한 억압과 통제가 실시되었다.[26] 이명박 정부 이후 민주화 프로젝트가 폐기되면서 선진화 프로젝트는 단일한 통합적 국가 프로젝트로 격상되었다.

---

25 대체적으로는 영국 대처 정부의 노동정책과 대동소이했다. 대처 정부의 노동정책에 관해서는 데이비드 마시(Marsh 1992) 참고.

26 노무현 정부 선진화 로드맵의 이른바 '사용자 대항권', 이명박 정부의 복수 노조 교섭 창구 단일화와 전임자 임금 지급 통제 등이 대표적인 제도적 조치들이었다. 2001년 김대중 정부의 '작고 강한 국가론' 이래 노무현 정부의 '법과 원칙', 이명박 정부의 '법치주의'로 신자유주의 경찰국가는 꾸준히 강화되어 왔다(노중기 2010). 우리는 2009년 철도 파업과 쌍용차 파업, 그리고 용산 참사 진압 과정에서 그 결과를 볼 수 있었다.

두 개의 국가 프로젝트가 노동 정치에 미친 효과는 상당했다. 민주 정부의 민주화 프로젝트는 국가 통제의 '정당성과 효율성'을 크게 높인 한편, 민주 노조 운동 내부에 균열을 야기했다. 또 민주 정부들이 추진한 '선진화 전략'의 법치주의는 민주 노조 운동의 동원 능력을 크게 잠식했다. 그러나 결정적인 변화는 '선진화 전략'의 제도적 안착으로 비정규 노동이 늘어나고 차별이 심화되는 등 노동시장 상황이 크게 악화되고 양극화된 점이었다. 그 결과 민주 노조 운동 내부는 균열되었고 대중의 의식은 보수화되었다 (조돈문 2011). 요컨대 두 프로젝트는 종속적 신자유주의 노동체제를 조기에 제도화함으로써 민주 노조 운동이 구조적 위기에 봉착하는 효과를 가져왔다. 노대투의 시각에서 본다면 효과는 이중적이었다. 노대투의 최소 요구는 빠르게 제도화된 반면에, '확장된 노대투'의 요구는 적절하게 통제되었던 것이다.

2) 민주 노조 운동의 대응 전략

1998년 이후 변화된 국가 전략에 대한 민주 노조 운동의 대항 전략은 기본적으로 1987년 체제에서 시작된 '민주화 대항 헤게모니 프로젝트'를 지속하는 것이었다. 그 주요 내용은 민주 노조의 시민권을 쟁취하고 확장하는 것과 함께 전투적 조합주의에 기초해 경제적 이익을 방어하는 것이었다. 물론 변화가 없지는 않았다. 그것은 크게 사회적 합의주의 운동 노선, 산별노조와 합법적 노동 정당 건설 등 세 가지 축으로 나타났다.[27]

먼저 '사회적 합의주의'는 1998년을 전후로 민주화 대항 프로

젝트의 일부로 추진되었고 기존의 '전투적 조합주의'를 대체하고
자 했던 민주 노조 운동 일각의 새로운 전략적 시도였다.[28] 그것은
민주 정부들이 주도한 '민주화 국가 프로젝트'의 연장선에서 기획
된 전략이었다. 운동 노선을 전환함으로써 민주 노조는 노동법 개
정을 통한 노동 개혁을 확대하고, 집권 민주 정부의 정책 결정 과
정에 참가하며, 참가를 매개로 경제적 이익을 방어하는 데 주력했
다. 또 그것은 정치 전략에서 수구 세력에 대항해 자유주의 세력
과 연대하는 민주 대연합 전략과 연관되어 있었다. 결국 다수의
민주 노조들은 민주 정부들의 '민주화 프로젝트'와 자신의 대항 헤
게모니였던 '민주화 전략'을 동일시하고 그 실현에 몰두했다고 볼
수 있을 것이다.[29]

　그러나 노동시장 유연화와 법치주의 선진화 전략과 함께 진행
된 노사정 참여 전략의 한계는 처음부터 뚜렷했다. 노사정위는 점
차 유명무실한 이데올로기 기구나 통제 기구로 전락했고 민주 노

---

27 새롭게 동시에 추진된 산별노조 건설과 노동자 정치 세력화는 '확장된 민주화 프로젝
　트'를 넘어서지 않았음을 지적할 필요가 있다. 1987년 체제에서 현실적 과제가 아니었
　던 두 가지 대안 전략은 종속적 신자유주의 체제에서 급속히 당면 과제로 부각되었다.
　그러나 그것은 새로운 계급적 노동운동으로의 질적 전환이기보다 민주화 전략의 보조
　전략이나 조직적 수단에 머물렀다는 한계를 드러냈다.

28 사회적 합의주의는 변화된 정치적 조건에서 '민주화 대항 헤게모니 전략'의 수단으로
　제기된 노조 운동 노선이었다. 이 맥락에서 제기된 대표적인 문제 제기로 김유선(1998)을
　참고할 수 있다.

29 노사정위원회는 이 두 가지 전략 기획이 만나는 물질적 공간이었다. 노사정위 참가 문
　제가 이 시기 민주 노조 운동 내부에서 심각한 갈등과 대립을 산출한 것은 이 두 프로젝
　트를 결합하는 데 대한 활동가들의 상반된 평가 때문이었다(노중기 2008b, 10장).

조는 '사회적 합의주의'와 경제적 방어 투쟁으로 변질된 '전투적 조합주의' 사이에서 혼란과 갈등을 겪었다.[30] 노사정위 참가가 정규직과 미조직·비정규 노동의 조직적 연대, 그리고 중간계급과의 정치적 연대를 낳은 계기로 작동하리라는 기대는 오판이었다. 그것은 자본의 전략적 목표였던 선진화 국가 프로젝트와 상충했고 조직 노동 내부에서 운동의 동력을 만드는 데에도 실패했다. 궁극적으로 그것은 신자유주의 노동 유연화를 노동의 저항 없이 수용하게 하는 통제 기구를 넘어서지 못했고, 반신자유주의 대항 헤게모니 전략 수립에 중요한 걸림돌로 작용했다.

참가 전략의 실패는 두 개의 국가 프로젝트 내용을 정확히 인식하지 못하고 주체적으로 대응하는 데 실패한 민주 노조 운동의 한계를 단적으로 드러냈다. 전체적으로 민주 노조 운동은 1998년 이후 시효가 소멸되어 가던 민주화 프로젝트에 매달린 한계를 보였다. 그러나 여기서 더 주목할 점은 이 시기 '민주화 프로젝트'와 '참여 전략'의 한계가 곧바로 노동자 정치 세력화와 산별노조 건설 전략에 직접 영향을 미쳤다는 데 있다.

다음으로 산별노조 건설 전략은 새로운 것은 아니었다. 노대투 시기부터 논의가 시작되었고 전노협과 민주노총 건설 과정에서 그

----

30 한편 민주 노조 운동 일각에서 제기된 '반신자유주의' 대항 프로젝트는 지배적인 대항 전략(노동운동 내 '헤게모니 전략')으로 자리 잡지 못했다. 이 프로젝트의 주창자들은 참여 전략을 비판한 일부 급진적 좌파 활동가들이있다. 그러나 이들은 산별노소 운동과 노동자 정치 세력화에 적절히 대응하지 못해 반신자유주의의 내용을 구체화하기보다 전투적 조합주의의 수세적 방어 전략만을 계속 주장하는 데 그쳤다.

필요성은 더 구체적으로 확인된 바 있었다. 또 1989년 결성된 전교조를 예외로 하더라도 1990년대 중반 전국과학기술노조를 필두로 몇 개의 소규모 산별 업종 노조가 건설되어 활동하기도 했다. 그렇지만 민주 노조 운동에 한층 급박한 현실적 과제가 된 것은 1998년 이후의 일이었다. 심각한 고용 불안과 비정규직의 증가, 국가·자본의 구조 조정 공세 속에서 기업별 노조의 산별노조 전환은 쉬운 일이 아니었다. 거의 10여 년의 노력 끝에 2006년을 전환점으로 해서 금속노조와 공공노조 등 주력 연맹들이 산별노조로 전환함으로써 1단계 조직 형식의 전환은 마무리되었다고 할 만하다(임영일 2008).

그러나 산별노조 건설 전략의 미래는 여전히 매우 불투명하다. 재정 자원과 인력의 집중에 따른 미조직·비정규 노동자의 조직화 효과는 거의 나타나지 않고 있다. 또 기업 지부 등 기업별 노조 체제의 낡은 유산도 여전하며, 심지어 현장과 지역 조직 역량은 약화되고 있는 실정이다. 결국 현재까지 첫 단계 산별노조 운동은 커다란 한계를 드러낸 셈이다(조효래 2010).

그 한계의 한복판에는 산별노조가 계급적 연대 전략이기보다 정규직 조직 노동의 경제적 이해관계를 수세적으로 방어하는 경제주의 전략의 일환으로 추진된 현실이 놓여 있는 듯하다. 노동기본권의 사각지대인 중소·영세 사업장의 미조직·비정규 노동자에 대한 계급적 연대 확장 전략, 곧 반신자유주의 대항 헤게모니 수립 전략이기보다는 정규직 노동자들의 조직 및 교섭 역량을 확대할 수단에 머무른 것이었다. 요컨대 현재의 산별노조 운동에는 경제주의와 조합주의의 한계, 곧 기업별 노조의 민주화라는 1987년 체제 민주화 프로젝트의 한계가 드리워 있었다.

마지막으로 노동자들의 정치 세력화 운동에서도 '민주화 대항 헤게모니 프로젝트'의 한계가 뚜렷이 나타났다. 2000년 민주노총의 전폭적인 지원을 받으며 출범한 민주노동당은 2004년 선거에서 승리해 제도 정당으로 안착하는 듯했다. 그러나 곧바로 의회주의·패권주의 문제가 내부의 정파 문제와 함께 제기되었다. 내부 갈등은 2007년 대선 패배를 계기로 진보신당의 분당으로 이어졌고 급기야 2012년 통합진보당 사태로 확대 재생산되었다.

민주노동당 실험의 파산 뒤에 존재한 전략적 문제는 두 가지였다. 하나는 현실적 세력으로 존재하는 북한에 대한 정치적 태도의 문제였다.[31] 다른 하나는 민주노총과의 관계 및 자유주의 보수 세력에 대한 정치 전략 문제였다. 이 둘은 서로 연관되어 있으나 노대투와 1987년 체제를 주목하는 이 글의 관점에서 중요한 문제는 후자이다.

민주노동당에 대한 '배타적 지지'는 당 건설 초기의 현실적 조건의 반영일 수 있지만 적어도 2008년 분당 이후에는 시급히 교정되어야 할 잘못된 전략이었다. 그것은 정당 운동의 노조 운동에 대한 불합리한 종속을 필연적으로 야기할 것이기 때문이었다. 민

---

31 이른바 종북주의와 패권주의 문제이다. 흔히 '종북주의'는 핵심 쟁점이 아니라는 견해가 있으나 필자의 생각은 다르다. 문제의 근원은 객관적으로 존재하는 물질적 권력인 북한 체제의 남북 간 냉전적 대립의 현존에 있다. 노동자 정치 운동이 되는 이 문제를 회피하거나 방치할 수 없음을 보여 준 것이 통합진보당 사태의 중요한 함의이다. 이 주제에 대한 자세한 논의는 노중기(2012/06/29) 참고.

주노동당의 민주노총에 대한 구조적 종속으로 말미암아 노동자 정치 세력화는 노조 운동의 연장에 불과한 것으로 전락했다. 노동 정당은 '민주노총당'이었으며 독자적인 노동 의제를 제시하지 못했고 노동계급에 대한 정치적 조직화는 노조에 맡겨지거나 방기되었다. '자판기 노조'의 문제가 '자판기 정당'으로 확대 재생산된 것이었다. 또 사회적 합의주의 문제로 확대되었던 노조 내부의 정파 갈등은 곧바로 당으로 이전되었고 당내 패권주의를 심화하는 악순환을 낳았다. 그리고 노동조합에서 진행된 합의 정치 시도는 노동 정당에서 자유주의 보수 세력과의 '민주 대연합' 전략으로 확대 재생산되었다. 그것은 기업 단위 노조가 주도한 '민주화 대항 헤게모니 프로젝트'의 경제주의와 조합주의, 그리고 정치적·절차적 민주주의의 한계에 갇힌 정치 세력화였다(장석준 2008).

나아가 '배타적 지지'로 상정되는 노조-정당 관계의 이런 문제는 새로운 노동체제에서 당의 역할을 제한했다는 점에서 더 심각한 문제를 야기했다. 2004년 국회 진입을 계기로 민주노동당은 반신자유주의 전선의 구심이 될 수도 있었다. 당시 비정규 노동자들의 자연발생적 극한투쟁은 폭발적이었기 때문이다. 그러나 노조에 대한 구조적 종속, 당내 갈등, 신자유주의 집권 세력에 대한 불철저한 인식 등이 겹쳐 비정규직 노동자 투쟁의 구심으로 설 기회를 놓치고 말았다.

요컨대 외환 위기 이후 새로운 시도들에도 불구하고 현재까지 민주 노조 운동은 전체적으로 뚜렷한 한계에 봉착해 있다. 한편에서 그것은 노조가 경제적 기능을 담당하고 정당이 (제도) 정치 기능을 분리해 수행하는 양 날개론, 곧 정치적 경제주의의 한계였다

(Hyman 1994). 그리고 동시에 변화된 축적 체제, 노동체제, 국가 전략에 체계적으로 대응하지 못하고 본질적으로 1987년 체제의 운동 전략인 민주화 대항 헤게모니 프로젝트를 되풀이한 오류였다. 예컨대 산별노조 건설과 노동 정당 건설에도 불구하고 양자는 계급적 연대를 확장하는 데 모두 실패했다. 그 결과로 신자유주의의 '두 국민 전략'은 큰 저항 없이 관철되었고 노동시장의 양극화 문제는 더욱 심화되었다. 종속적 신자유주의 노동체제에 대응하는 대항 헤게모니 전략은 조직된 정규 노동자를 미조직·비정규 노동과 연결하는 연대 확장 전략, 곧 반신자유주의 전략으로 발전해야 했다. 그러나 산별노조와 노동 정당은 모두 이 문제를 각자의 영역에서 배제하거나 부차적으로 취급했을 뿐이다.

노조 운동 수준에서는 전투적 경제투쟁과 참가 전략의 혼란 속에서 기업 단위 조직 노동 중심의 경제주의, 조합주의적 실천이 계속되었다. 형식적 산별 전환에도 불구하고 미조직 노동과의 연대를 실천하는 내용이 빠짐으로써 노동계급은 연대하기보다 분열했다. 그리고 정당 운동은 노조 운동에 의존하거나, 추수함으로써 견제와 균형의 건강한 관계를 맺는 데 실패하고 의회주의와 패권 다툼으로 매몰되었다. 그것은 노조 운동과 구별되는 독자적·계급적 정치 세력화가 아니었으며 민주노총을 중심으로 하는 노조 운동의 외연 확장에 불과했다.

결국 2012년 현재 민주 노조 운동이 보여 주고 있는 구조적 위기는 노대투에서 시작된 문제의식과 과제, 그 조직과 주체의 역사적 한계가 드러난 것으로 평가할 만하다.[32] 변화된 구조적 조건에서 산별노조 전환과 정치 세력화는 그 방향에서 지배 블록의 두 국민 전략에 대응하는 올바른 전략 선택이었으며 지금도 그렇다. 그러나 그 내용은 여전히 기업별 노조주의와 조합주의적 조직 활동의 관행과 한계를 크게 넘어서지 못하고 있다.

6. 결론 : 요약과 토론

이 글은 '1987년 노대투에서 노동자계급 대중이 제기한 문제들이 현재 어디에 와있는가?'라는 물음에 답하고자 했다. 앞서 보았듯이 많은 문제들을, 민주 노조 운동은 1987년 이래의 지난한 투쟁을 통해 해결했고 최소한의 노동기본권을 확보해 제도화했다. 그 요구와 투쟁을 묶어 필자는 '민주화 대항 헤게모니 프로젝트'라고 불렀다.

'민주화 대항 헤게모니 프로젝트'는 1987년 노동체제에 조응했기 때문에 일정한 성과를 낳았다. 1997년 외환 위기 이래 노동체제는 결정적으로 전환했고 이제 과거의 대항 헤게모니는 유효하지 않았다. 종속적 신자유주의 노동체제에서 시민권은 '조직된 정규직'만의 시민권이 되었고 '기업 울타리 안에서만' 유효한 것으

---

32 '역사적 한계'인 이유는, 1987년 노동체제의 민주화 대항 헤게모니 프로젝트의 한계에 해방 이후 구조화된 노동 정치의 역사가 놓여 있어서이다. 해방 직후 정치 지향성이 강한 산별노조에 기반한 계급적 노동운동은 절멸되었다. 이후 오랫동안 기업별 노조 중심의, 노동 정당 없는 노동운동은 우리 노동 정치의 구조적 지형이 되었다. 노대투의 성과에도 불구하고 이 역사적 무게가 현재 민주 노조 운동의 앞길을 가로막고 있다고 인식할 만하다.

로 바뀌었기 때문이었다. 또 법률적 기본 권리는 이제 법치주의라는 국가·자본의 칼이 되어 거꾸로 노동을 법치의 굴레에 가두고 있기 때문이었다.[33] 비정규직 보호 특별법을 제정하거나 비정규 문제를 제기하는 국회의원과 정당이 존재한다는 사실만으로는 신자유주의의 계급적 모순을 넘어설 수 없음이 분명히 드러났다. 그러므로 1987년의 노대투는 바야흐로 역사가 되었다.

노대투가 역사적으로 종결되었다는 의미는 무엇인가? 그것은 곧 새로운 주체(세대), 새로운 의제, 새로운 운동 방식, 새로운 투쟁과 조직의 객관적 필요성이 제기되었다는 의미이다. 노대투의 복제라는 환상을 떨치고 질적으로 비약한 새로운 계급투쟁을 준비해야 하는 상황이다. 형식적인 산별 전환이 아닌, 그리고 노조 권력과 의회주의의 굴레에 갇힌 노동 정당이 아닌 새로운 산별노조와 정당, 그 질적 비약이 필요하다. 정규직과 비정규직 노동자가 만나는 새로운 주체, 새로운 조직의 틀, 새로운 운동 전략이 개발되어야 한다. 그리고 '뻥 파업'으로 전락한 정규직 중심의 전투적 조합주의는 지양되어야 하며 미조직노동자들과 함께하는 새로운 연대 투쟁 방식이 창출되어야 한다. 그 내용은 새로운 전략적 기획과 투쟁 기획으로 뒷받침되어 구체화될 것이다. 이런 역사적 과제 앞에서 이제 노대투 세대는 무엇을 할 수 있을까?

---

[33] 일반적으로 법치주의는 양날의 칼이나. 그런데 한국과 같은 종속 신자유주의 체제에서는 반민주적 노동 억압을 법적으로 정당화하는 무소불위의 통제 수단이기도 하다. 노무현·이명박 정부 법치주의의 내적 논리에 대한 비판적 분석은 노중기(2010, 20~28) 참고.

4장

1987년 민주 항쟁 30년, 민주 노조 운동의 평가와 전망

1. 머리말

1987년 6월 시민 항쟁, 7~9월 노동자 대투쟁 이후 민주 노조 운동의 상황은 그리 녹록치 않다.[1] 민주 노조 운동을 둘러싼 구조적 위기 담론이 나온 지도 오래되었으나 실천적 변화는 별로 없었고 위기는 현재도 계속되고 있다. 이는 1997년 외환 위기 이후 성립된 '종속 신자유주의 노동체제'에 노동운동이 제대로 대응하지 못한 결과이기도 할 것이다. 이제 노동운동에서 1987년 세대가 은퇴하는 시점을 맞아 지난 30여 년을 정리하는 과제를 피할 수 없게 되었다. 이 글은 그 기간의 민주 노조 운동 동학을 거시적·

---

[1] 1987년 6월 시민 항쟁과 뒤이은 노동자 대투쟁은 모두 민주화 요구라는 점에서 본질적인 연속성이 있다. 따라서 둘을 묶어 '1987년 민주 항쟁'이라 부를 수 있다(노중기 2008b). 또 '민주 노조 운동'은 자주적이고 민주적인 형태의 노동조합운동과 노동자 정치 세력화 운동을 포괄하는 개념으로 오랫동안 사용되어 있다. 2000년대 진보 정당의 제도 정치 운동이 본격화된 이후 이 표현은 오해를 불러올 수 있다. 이 장에서는 그 개념의 내포를 염두에 두면서도 주로 노동조합운동의 흐름을 지칭하는 것으로 사용하고자 한다.

역사적으로 분석하고자 한다.

다른 한편 과거 역사에 대한 시론적 분석은 미래를 해석할 준비이기도 하다. 2016년 겨울에 폭발한 촛불 혁명을 노동체제론의 관점에서 어떻게 볼 수 있을지를 답하는 일이 그와 맞닿아 있기 때문이다. 주지하듯이 촛불 혁명 이후 우리 사회는 커다란 정치적 변동 과정에 들어서 있다. 그 변동의 정치사회학적 의미를 제시해 노동 사회에 미칠 영향을 고찰하는 일은 꼭 필요하다. 이 과정에서 필자는 노동체제론의 이론적 관점이 유용하리라고 생각한다.

여기서 2016년 촛불 혁명과 이후 대선 기간에 우리가 경험한 몇 가지 일들을 떠올릴 필요가 있다. 그것은 노동체제 변동에 대한 논의, 민주 노조 운동의 미래에 대한 논의가 시급함을 보여 주는 사건들이었기 때문이다.

먼저 2017년 대선에서 자유한국당 후보가 주장한 '강성 귀족 노조'론과 시민사회의 반응을 되짚어 볼 필요가 있다. 당시 후보 토론회에서 그는 박근혜 정권의 적폐를 포함해 우리 사회의 모든 구조적 모순을 일관해 민주노총과 전교조 그리고 통합진보당의 탓으로 몰아갔다. 전반적으로 노동 개혁 의제들이 대세인 개혁 정치 국면이었음에도, 그리고 그 후보의 다른 주장이 모두 무시당했음에도 민주 노조 운동에 대한 비난만은 시민들로부터 상당한 지지를 받았던 것으로 보인다. 심지어 그 시민들 중 일부는 촛불 시민이었을 것이다. 후보 방송 토론 기간에 일어난 '기아차 사태'[2]가

---

2 4월 27일 금속노조 기아자동차지부는 총회에서 1사업장 1노조 원칙을 훼손하고 비정규

1부 노동체제의 변동과 역사

이런 주장을 뒷받침하는 상황이 전개되어 사태를 더 희극적으로 만들었다.

둘째, 촛불 혁명 와중에 민주노총에서 일어난 약간의 소동을 상기할 필요가 있다. 주말 집회가 계속되던 2016년 12월 민주노총 중앙집행위원회가 '만장일치' 결정으로 '(새) 진보 정당 추진'을 결정한 일이다. 이 사태는 2008년과 2012년 진보 정당 운동의 치명적인 두 차례 실패에도 불구하고 정치 세력화에 대한 노동 대중의 인식이 바뀌지 않았음을 드러냈다. 비록 이듬해 1월 정기 대의원 대회에서 안건이 부결됨으로써 일단락되었지만 촛불 혁명을 주도한 노조 운동 지도부의 지체된 정치의식을 뚜렷이 보인 셈이다.

셋째, 촛불 혁명과 민주 노조 운동의 관계 문제이다.[3] 사실 민주 노총은 촛불 혁명의 주요 동력이자 촉발 세력이었다. 2014년 이후 민주노총은 억압받는 세월호 가족과 굳건한 연대를 유지했고 2015년 민중 총궐기 집회를 성사했다. 또 노동 개악 저지와 최저임금 1만 원 캠페인을 주도했으며 2016년 민중 총궐기를 매개로 촛불 혁명을 직접 일으킨 주역이었다. 민주노총 위원장을 비롯해 수많은 활동가들이 탄압받기도 했다. 민주 노조 운동은 2008년

노동자를 조직에서 배제하는 결정을 내렸다. 자세한 내용은 전국불안정노동철폐연대·한국비정규노동센터·비정규직없는세상만들기 주최 토론회, '기아차 1사 1노조 조직 분리를 통해 본 민주 노조 운동 평가'(2017/05/18) 참고. 한편 비정규 입법이 강행되던 2005년경 노무현 정부와 보수 언론의 엄청난 선전 공세는 '귀족 노조' 이데올로기를 확산시킨 주요 계기였다.

3 이 문제는 차후에 더 본격적인 경험적·이론적 연구가 필요한 중요 쟁점이다. 이 장에서는 제한적인 수준에서 간략한 가설적 설명을 제시할 것이다.

이후 장기간 수구적 보수 정권의 실정에 대해 비타협적으로 싸운 대표적 시민사회 세력이었다. 그럼에도 촛불 시민 다수는 민주 노조 세력의 참여를 그리 반기지 않았다. 더 나아가 촛불 집회는 물론 이후 정치과정에서도 민주 노조는 항상 촛불 시민들의 비판 대상을 넘어서지 못했다.

이런 에피소드는 현재 민주 노조 운동이 처한 아이러니한 위상을 잘 보여 준다. 민주 노조들은 우리 사회에서 가장 중요한 사회 세력이면서도 많은 비난을 받는 대상이기도 하다. 이 비난에는 오해나 왜곡도 있으나 많은 경우 적실한 비판이 담겨 있는 듯하다. 민주 노조 운동의 한 세대가 지난 지금은 비난을 넘어서는 건강한 비판과 대안적 문제 제기가 너무나 절실히 필요한 시점이다.

이 글은 세 가지 질문을 제기하고 가설적인 논의를 하고자 한다.[4] 먼저 2절에서는 현재 민주 노조 운동의 한계는 무엇인지를 생각해 볼 것이다. 우리는 과연 이를 극복할 수 있는가? 둘째, 3절과 4절에서는 1987년 민주화 이후 지금까지 민주 노조 운동의 실천은 실패로 귀결했는지, 우리 노동운동은 어디에 와있는지를 검토하며, 노동체제 전환의 필요성을 주장할 것이다. 셋째, 5절과 6절에서는 노동체제 전환에 이르기 위해 민주 노조 운동이 도전

---

4 한 세대에 걸친 노동운동에 대한 설명은 그 내부에 수많은 이론적·실천적 쟁점들을 포괄한다. 이 글의 설명이 가설적인 것은 30년 역사 속에서 발생한 수많은 세부적 쟁점들을 충분히 해소하지 못하고 있기 때문이다. 또 촛불 혁명에 대한 설명은 충분한 경험적 연구 없이 오로지 노동체제 이론과 연구자의 직관에 기초해 진행되기 때문에 가설적인 것에 머무른다.

할 새로운 과제와 그 핵심은 무엇인지를 고찰한다.

2. 노동체제 변동과 민주 노조 운동의 현재

1) 분석 틀 : 노동체제론과 대항 헤게모니 프로젝트 전환

〈표 4-1〉은 4장 전체의 배경이 되는 노동체제 이론을 정리한
것이다. 노동체제는 사회체제의 하위 체제이며 노동운동이 주어
진 정세에서 전략적 선택을 통해 실천하게 되는 활동의 범위를 규
율한다. 그것은 자본주의 축적 체제와 (국가) 정치체제 등의 외부
체제에 의해 규정되고 그에 다시 영향을 미친다. 또 그 내부에서
는 노동시장 구조를 포괄하되 국가와 자본의 노동 통제 전략이 노
동운동의 실천과 상호작용해 그것의 변동을 야기한다고 이해할
만하다.[5]

따라서 노동체제 이론에서는 주어진 구조적 제약이 무엇인지,

----

5 '1987년 체제' 해석을 쟁점으로 하는 사회체제·노동체제 이론에 대한 자세한 논의는 손
호철(2017), 노중기(2008b; 2010) 참고. 여러 개념 중에서 지배 블록과 노동운동의 실천을 표
현하는 국가 프로젝트나 대항 헤게모니 프로젝트는 '구조와 전략의 변증법'에서 핵심
개념 범주이다(Jessop 2002). 프로젝트는 행위 주체의 목적의식적 기획이 아닐 수 있으며
사후적으로 해석된 전략 기획인 경우가 많다. 지배 블록과 도전 세력은 주어진 체제 또
는 구조 내에서 다양한 정치적 전략 기획들을 경합적으로 시도한다. 이 과정에서 발생
하는 프로젝트 간의 상호작용이나 충돌 또는 착종은 구조 요인을 변형하고 강화하거나
해체하는 가장 중요한 변인이 된다(김호기 1993; 손호철 2002).

표 4-1 **노동체제 변동과 민주 노조 운동**(1961년~현재)

구분	1961~87년	1987~97년	1997년~현재
축적 체제	유혈적 테일러주의/주변부 포드주의		종속적 신자유주의
국가 체제	주변부 파시즘	제한적 민주주의(이행)	(제한적) 민주주의
노동체제	억압적 배제 체제	1987년 노동체제	종속적 신자유주의 체제
국가 프로젝트	발전 국가 프로젝트	(노동 없는) 민주화 프로젝트	(민주화/)선진화 프로젝트[*]
대항 헤게모니 프로젝트	–	민주화 대항 헤게모니 프로젝트	민주화(/반신자유주의) 대항 헤게모니 프로젝트[**]
진보 정당 존재	없음	진보(전위) 정당 실험	합법적 진보(대중)정당
노조/운동 노선	민주 노조/노동조합주의	전노협/전투적 조합주의	민주노총/전투적 경제주의

주 : * 2005년을 전후로 해서 민주화 프로젝트는 선진화 프로젝트로 수렴·통합됨.
　　** 반신자유주의 프로젝트는 소수파 전략으로 제대로 작동하지 않음.
자료 : 노중기(2010; 2012b)의 논의를 수정·보완해 작성함.

이에 대응하는 전략 기획이 무엇인지를 항상 검토할 필요가 있다. 이 주어진 구조에는 축적 체제를 포함해 국가 정치체제, 노동시장 구조는 물론 국가와 자본의 전략적 기획도 포함된다. 1987년 체제의 근본 모순인 국가 정치체제와 노동체제 간의 불균형(또는 탈구dislocation)은 정치적·절차적 민주주의 또는 노동기본권 문제를 둘러싸고 발생했다. 당시 지배 블록 일각에서는 노동의 민주화를 허용치 않는 '노동 없는 민주화' 국가 프로젝트를 기획해 강행했으나 노조 운동의 반발, 곧 민주화 대항 헤게모니 프로젝트에 부딪혀 실패했다. 결국 1997년 이후 국가 정치 변동과 축적 체제 변동에 의해 이 질곡은 상당 부분 해소되었다.

한편 민주 노조 운동에 절차적 민주주의와 기본권의 지속적 확대는 필요한 일이기는 하지만 적어도 노무현 정부 이후에는 민주 노조 운동의 전략 방침으로 적절치 못했다. 과거의 과제에 머무르는 전략적 오류를 내포했기 때문이다. 노동체제 전환에 맞추어 대응하는 반신자유주의 대항 헤게모니 전략을 채택하지 못한 채 보수적 부르주아 세력의 정치 기획과 담론 틀을 스스로 벗어나지 못했던 것이다. 제도 정치 수준에서는 노동운동이 민주 대연합의 정치 기획, 1987년 이래의 낡은 '비판적 지지'에 여전히 안주하는 정치적 한계로 나타났다. 그리고 노동조합운동에서는 민주 노조가 기업별 체제의 전투적 경제주의 실천을 되풀이한 것으로 나타났다. 예컨대 민주 노조들의 새로운 전략적 시도였던 산별노조 운동과 진보 정당 운동은 낡은 전략 기획을 넘지 못하고 실패했다(노중기 2012b).

종속 신자유주의 노동체제는 근본적으로 1997년 전후의 축적 체제 변동으로 야기된 노동체제 양식을 말한다.[6] 1980년대 영국 신자유주의 노동체제와 마찬가지로 그 핵심 구성 요소는 시장주의와 법치주의였다. 법치주의가 시장에서 실패한 열패자들의 저항을 제어하는 정치적 지배 장치임을 감안하면 양자는 긴밀하게 결합해 작동한 축적 체제의 일부이자 그 조절 양식인 셈이다. 새로운 노동체제를 형성하기 위한 지배 블록의 전략적 기획이 민주화·선진화 국가 프로젝트로 현상했다.[7] 그것은 정치적 시민권을 노

---

6 1980년대 초부터 시작된 시장 근본주의 축적 양식은 한국에서 1997년 외환 위기를 매개로 급속하게 제도화되었고 노동체제 변형을 강제했다. 외환 위기는 3저 호황 이후 한계를 드러낸 주변부 포드주의 축적 체제의 내적 모순이 외적 요인에 의해 일거에 폭발한 것이었다.

7 민주화 국가 프로젝트가 신자유주의 노동체제 도입의 신세 소신이있던 짐은 한국 노동체제의 '종속성'을 드러낸다. 서구와 달리 한국에서 신자유주의 노동체제는 사회민주주의 복지국가의 계급 타협 또는 '한 국민 헤게모니 지배 전략'의 역사적 경험 없이 도입

동에도 허용하는 동시에 승자의 정당성이 사회적으로 인정되는 시장 경쟁 만능주의를 제도화하려는 프로그램이었다.

또 반신자유주의 대항 헤게모니 프로젝트란 체제 변동에 맞추어 기존의 전투적 조합주의를 지양하는 새로운 전략적 시도를 말한다. 신자유주의는 노동 유연화를 매개로 노동계급 내부에서 경쟁 체제를 제도화하는 것이었고 법·제도적 규율 장치를 최대한 확장하는 지배 전략이었다. 초법적 수단, 국가 폭력에 의존하는 기존 노동체제의 지배 전략과는 결정적으로 달랐다. 적어도 민주화 프로젝트가 종료되고 선진화 국가 프로젝트가 전면적으로 드러난 2005년 이후에는 노동운동 전략의 전환이 시급했다.

반신자유주의 대항 헤게모니 프로젝트의 구체적 내용은 두 가지로 정리될 수 있다. 중소·영세 사업장 노동자나 비정규 노동자를 포함하는 노동계급 연대의 확장, 곧 산별노조의 건설이 그 하나이고 계급적 정치의식의 확보와 진보 정당 건설 등의 과제를 전체 민주 노조 운동의 전략적 목표로 설정하는 일이 두 번째이다. 물론 1997년 이후 이런 시도는 없지 않았지만 전략적 전환은 형식적인 데 머물렀고 실패했다. 다음 절에서 보듯이 내용적으로 구래의 전략적 기획이 지금까지 지속되고 있는 형편이다.

되었다. 따라서 민주화 국가 프로젝트는 지배 블록이 시장주의와 법치주의를 피지배계급에 관철하기 위해 반드시 필요한 선행 조치였다. 이와 연관된 '종속성' 규정의 노동체제 특성들에 대해서는 노중기(2012a) 참고. 한국 사회 신자유주의에 대한 포괄적 연구로는 지주형(2011) 참고.

2) 민주 노조 운동의 현재

현재 민주 노조 운동이 여러 가지 한계 또는 심각한 위기에 봉착해 있음을 부인하는 연구자나 활동가는 거의 없다. 이 문제를 다루는 운동적·학술적 논의가 거의 없는 현재 상황이 또 다른 위기 요인임을 감안해 이 글에서는 시론이나마 그 내용을 적극적으로 정리하고자 한다.[8] 세 가지 측면에서 그 한계를 제시할 수 있을 듯하다.

먼저 전투적 경제주의의 문제이다. 1987년 체제에서 상당한 운동적 의의를 가졌던 전투적 조합주의는 1997년을 전환점으로 크게 변질되어 왔다. 전투적 조합주의는 기업 노조 및 그 연대체가 국가와 자본의 노동 탄압에 전투적 방식으로 저항하는 운동 양식을 의미한다. 1987년 체제에서 그 전략적 목표는 '노동 민주화' 또는 '생존권과 노동기본권 쟁취'였다. 기업 단위 노조의 민주적 운영과 조합원 대중 주도의 투쟁, 새로운 민주 노조를 위한 열망과 계급적 연대 정신, 희생을 각오한 전투적 쟁의 양태 등은 민주화 국면에서 매우 효과적인 전략이었다. 그리고 이 전략은 실제 국가와 자본의 심한 탄압에도 불구하고 노동 민주화, 조직적 연대의

---

8 지난 20여 년 민주 노조 운동의 수세기 국면에서 노동운동 위기론 논쟁은 쉽지 않은 일이었다. 자칫 그것이 국가·자본의 이데올로기 공세에 힘을 싣는 일이 될 수 있기 때문이었다. 그러나 지금은 민주 노조 운동이 스스로 위기의 실제를 드러내고 가차 없이 비판하며 논쟁하는 일이 매우 중요한 정치적 국면을 맞은 듯하다. 이 글은 민주 노조 운동 내부에서 이런 자기 성찰이 제대로 이루어지고 있지 않다는 반성에 기초한다.

확장을 이루는 성과를 가져왔다.

그러나 지금 전투적 조합주의는 수세기의 방어적·전투적 경제주의로 전락했다고 할 만하다.[9] 조직 노동은 많은 경우 자신의 경제적 이해관계를 방어하기 위해서만 전투적 태도를 취하는 듯하다. 전투적 쟁의 양태를 협소한 이익 방어에 동원함으로써 계급적 연대 정신이 매우 취약해졌다. 예컨대 지난 20여 년 노동시장 상황이 악화되는 가운데 많은 미조직·비정규 노동 쟁의 사례들은 극한적 전투성을 보여 주었다. 이들은 총연합 단체 민주노총이나 일부 산별노조의 연대 지원을 받기도 했다. 그러나 결과적으로 현대·기아처럼, 조직 노동의 미조직·비정규 노동에 대한 계급적 연대나 단결 정신이 서서히 소실되어 왔음을 부인할 수 없다.[10]

다른 한편에서 총연맹의 '연대 투쟁 기구화'는 이런 현실의 역설적 표현이다. 민주노총이 주도했던 수많은 연대 총파업은 조직 노동의 외면으로 '뻥 파업'이라는 비판을 받아 왔다. 그럼에도 총

---

9 전투적 조합주의의 조락에는 여러 복합적인 구조적·전략적 원인들이 작용했다. 전략적 수준에서는 1998년 이후 사회적 조합주의나 사회적 합의주의가 민주 노조 운동 내부에서 전투적 조합주의와 대립했던 것이 한 원인이었다. 필자는 이 두 가지 선택지 모두 한계가 있다고 주장한 바 있다(노중기 2005b). 또 당시 시도된 정치 세력화와 산별노조 건설이 실패한 것도 중요한 원인이었다. 다른 한편 구조적 수준에서는 기업별 노조 체제와 낮은 정치의식의 한계 속에서 대규모의 구조적 고용 위기에 봉착한 것이 주요한 원인이라 할 법하다.

10 기아차 조직 분리 사태를 포함해 자동차 완성차 업체 정규직 노동자와 사내 하청 노동자의 간헐적 갈등은 이를 잘 보여 주는 대표적 지표이다. 민주노총 조직 노동 내부의 정규-비정규 갈등은 과거 한국통신, 대우캐리어, 현대자동차, 현대중공업 등에서 빈발했고 지금도 다수 사업장에서 발생하고 있다.

1부 노동체제의 변동과 역사

연맹은 매년 비정규 쟁의 사업장과 그 노동자들의 극한투쟁을 지원하고 희망버스를 조직하는 등 연대 투쟁의 일선에 서지 않을 수 없었다. 민주노총의 연대 투쟁은 연대하지 않는 조직 노동의 기능적 등가물일지도 모른다. 또 다른 의미에서 '고공 농성 투쟁'이나 '거리 투쟁'이 모든 상황을 정당화하는 투쟁 만능주의도 심각한 상황이라고 판단된다.[11]

둘째, 정치적 경제주의의 한계이다. 노동운동의 두 핵심 조직인 노조와 정당을 기계적으로 분리해 사고하는 태도가 정치적 경제주의이다. 정치적·경제적 과제 양자를 정당과 노조가 나누어 맡는 일종의 '양 날개론'으로, 서구 노동운동의 경제주의 편향을 지적하는 입장이다.[12] 그러나 많은 활동가들이 이런 부정적인 의미의 양 날개론을 상식적인 노동운동론으로 여기는 것이 우리 현실인 듯하다. 이것이 민주노총 지도부조차 끊임없이 새로운 진보 정당 건설을 비현실적으로 주장하는 배경이 되었다. 우리 조건에서 정치적 경제주의는 진보 정당이 노조의 보조 조직이나 노조 조직의 확장

---

11 일반적으로 1987년 체제의 전투적 조합주의 이념 가운데 투쟁성만이 여전히 강력해 보인다. 투쟁성의 실체적 내용을 모두 상실한 채 전투적 투쟁 양태만을 높이 평가하는 잘못된 관행을 형성한 것이다. 일종의 '생디칼리슴'으로 보이는 이 편향성은 일부 정파에서 두드러지지만 민주 노조 운동 전반에 확산된 듯하다(노중기 2005b). 그 결과 민주 노조 운동의 이데올로기적·전략적 경직성과 조직적 비민주성이 심화되어 대중들의 불신을 불러오는 악순환이 계속되었다.

12 사회민주주의 노동운동의 위기를 분석한 하이먼은 조직 노동과 진보 정당의 괴리가 경제주의 심화과 정치적 보수화를 야기했고 이것이 운동 위기로 발전했다고 분석한 바 있다(Hyman 1994). 우리 노조 운동에서 이 문제는 정당이 노조의 경제적 요구를 일방 수용하는 '자판기 정당' 현상으로 나타났다.

이라고 보는 1987년 노동체제의 산물, 곧 노조의 '배타적 지지' 정치 방침에 따른 소산으로 판단된다.

2008년, 2012년 진보 정당의 두 차례 붕괴 또는 분열 사태에도 불구하고 민주 노조 운동 내부에는 이에 대한 어떤 진지한 자기 성찰이나 운동적 모색이 없었다.[13] 이런 책임 방기는 노조와 정당 모두에 해당된다고 생각한다. 양자 모두 이 문제를 의식적으로 회피하고 있으며 관련된 공동 사업을 진행하지 못하는 실정이다. 지금은 노조와 정당 간에 일상적 소통마저 쉽지 않아 보인다. 요컨대 민주 노조 운동 내부에는 지난 20년의 정치 세력화에 대한 자기반성이나 진지한 토론의 문화가 크게 약화되어 왔다.[14]

그 결과 최근까지도 선거 때마다 '노동조합이 주도하는 진보 정당 통합 또는 창당'이라거나 '배타적 지지'라는 정책적 오류가 되풀이되고 있다. 다수의 진보 정당이 현존하는 상황에서 노조의 이와 같은 정치 전략은 자기 파멸적이며 깊은 상처를 남긴다. 그러나 민주 노조 운동에서는 이런 정서가 지배적이며 다수 의견으

---

13 물론 2012년 통합진보당 붕괴 직후에 민주노총이 주도한 대토론회가 있었다. 그러나 당시 논의 내용은 총연맹의 정치 활동에 별로 반영되지 않은 듯하다. 특히 2014년 직선제 임원 선거 과정에서도 이 문제는 거의 쟁점이 되지 못했다. 2008년 민주노동당 분당의 원인에 대한 비판적 분석으로는 장석준(2011) 참고.

14 현재 민주노총은 총연맹이 수행할 최소한의 기능을 충족하지 못하고 있다. 예컨대 가장 중요한 기능 중 하나인 정책 연구 기능이 그러하다. 정책연구원 소속 활동가가 투쟁을 조직하거나 거리 집회를 진행하는 것이 자연스러워진 것도 이를 보여 준다. 그 밖에 교육 기능, 정책 개발 기능, 정치적 교섭 기능 등이 모두 약화되거나 왜곡되어 있다. 노동운동 일각에서 주장한 총연맹 임원 '직선제'는 이미 경험했듯이 이 문제에 적절한 대안이 아니었다.

1부 노동체제의 변동과 역사

로 되어 있다. 현재 노조 운동에서는 장기적 정치 전략도 없고 노조-정당 관계, 북한 문제나 정치 노선에 대한 진척된 성찰이나 재검토가 거의 없다. 반대로 진보 정당들도 이런 문제들을 공개적으로 제기하거나 노조 문제에 개입하기를 부담스러워하기는 마찬가지였다. 결과적으로 진보 정당이 의회주의 정당으로 경도되었다.

셋째, 형식적·관료적 산별노조 체제의 한계도 중요하다. 2006년 대사업장 노조들의 산별 전환 이후 사실상 민주 노조의 산별노조 운동은 중단되어 있다(임영일 외 2009). 대사업장 노조들은 기업 지부를 고집했고 1사 1노조 조직 원칙을 방기했다. 이들을 제어하지 못한 결과 정규직 노조와 사내 하청 노동자들 간의 이해 대립은 심각한 조직적·운동적 갈등으로 비화하기도 했다. 10년 동안 '무늬만 산별', 형식적 산별노조의 폐해가 확산된 결과 현재 상황은 더 복잡하게 왜곡되었다. 기업별 노조의 관행과 의식은 더욱 고착 및 강화되고 있는 실정이다.[15]

많은 경우 산별노조들은 투쟁과 조직의 과제를 총연맹에 넘겨 산별노조 중심의 연대와 조직 확장이라는 산별노조 운동의 조직 원리는 소실되어 왔다.[16] 또 산별노조 내부의 연대 사업은 많은 경

---

[15] 2017년 말 문재인 정부의 공공 부문 비정규직의 정규직 전환 정책에 따라 정규·비정규 노동자들의 갈등이 분출했다. 문제는 개별 사업장에서 합리적인 해결 조건 및 방법을 찾을 수 없을 만큼 복잡하게 왜곡되어 있다는 점이다. 이 시기 공공 부문 비정규직 전환을 둘러싼 정규직의 반발 현황 및 쟁점에 대해서는 노중기(2018/01/23) 참고.

[16] 산별노조 운동의 원리는 산별노조가 중심이 되어 노동자 단내의 실을 심화하고 그 상을 확장하는 데에 있다. 이런 측면에서 총연맹이 주도하는 전략 조직화는 산별노조 활동을 대체하는 '기능적 등가물' 역할을 했고 지금도 하고 있다. 지금처럼 산별노조가 인

우 사업장에 기반한 정규직 노조 조직이 반발해 제대로 진행되지 못하고 있다. 반대로 각 산별노조 내부와 산별노조 간에는 관할권 갈등이 빈발해 왔고 이는 큰 조직적 부담이 되고 있다.

더 큰 문제는 이런 상황에 대한 비판적 인식이나 토론이 없다는 점이다. 현장과 기업 지부, 산별노조, 총연맹이 모두 당연한 상황으로 받아들이고 있다. 산별노조의 대사업장 기업 지부는 이제 전체 산별노조 운동의 결정적 걸림돌로 작용하는데, 아무도 이 문제를 공개적으로 제기하지 못한다. 결과적으로 장기적·전략적 발전 전망 없이 산별노조가 심지어 개인적 출세와 정파주의의 제도적 기반으로 전락하고 있다는 비난이 나와도 부인할 수 없는 상황이 되었다.

요컨대 민주 노조 운동은 현재 여러 가지 심각한 한계들 또는 구조적 위기에 봉착해 있다. 쉽게 풀릴 만한 문제가 아니다. 이 세 가지 문제들은 상호 중첩되어 서로를 강화하고 있으며 일종의 악순환의 고리를 이루고 있는 듯하다. 예컨대 기업 노조 조직의 경제주의 이해관계가 산별노조 운동을 가로막고 있으며 이런 현실에 대한 정치적 개입은 정치적 경제주의 때문에 불가능해졌다. 반대로 배타적 지지는 조직노동자들의 정치의식을 낮은 수준에 묶어 두었고 결과적으로 경제주의 실천을 정당화했다고 이해할 만

력과 재원을 제공하는 것만으로는 부족하다는 지적이 있다. 전략 조직화는 일부 성과에도 불구하고 기본적으로 총연합 단체의 특별 사업이라는 결정적 문제를 안고 있다. 이 문제에 관한 자세한 논의는 노중기(2015) 참고.

하다. 이렇게 복잡한 문제에 대한 적절한 인식과 분석, 그리고 대안을 마련하려면 1987년 이후 민주 노조 운동의 궤적을 거시 구조적인 시야에서 다시 조망할 필요가 있다.

3. 1987년 민주 대항쟁 이후 민주 노조 운동

노동운동의 한계 또는 위기를 설명하고 그 대안을 찾으려면 구조적 지형을 인식해야 한다. 그것은 노동운동이 전략적 선택을 할 때 그 선택지를 제한하는 정치적 제약의 특정한 양상을 이루기 때문이다. 이 구조적 지형은 넓게는 노동체제로, 또 좁게는 국가와 자본의 지배 전략, 곧 국가 프로젝트로 나타난다. 따라서 〈표 4-2〉와 같은 분석적 논의가 가능해진다.

지난 30여 년은 두 개의 노동체제가 전환하는 구조 변동이 일어난 시간으로 볼 수 있다.[17] 그리고 종속 신자유주의 체제는 미시적으로 체제 전환이 이루어지는 과도기와 전환 이후의 수세기로 나뉜다. 이런 하위분류가 가능한 것은 정권 변동에 따라 국가 프로젝트의 내용이 크게 바뀌었기 때문이다. 이른바 민주 정부들에서 국가 프로젝트는 민주화·선진화 두 프로젝트로 구성되어 있었

---

17 종속 신자유주의 등 노동체제 개념에 대해서는 노중기(2008b; 2010; 2012a) 참고. 한편 노동체제 개념을 비판하고 고용 체제 개념으로 같은 시기를 분석한 연구로는 정이환(2011) 참고.

표 4-2 **민주화 이후 민주 노조 운동 개관(1987~2016년)**

구분	공세기(1987~97년)	전환기(1998~2007년)	수세기(2008~16년)
노동체제	1987년 노동체제	종속 신자유주의 체제	종속 신자유주의 체제
국가 프로젝트	(노동 없는 민주화)	(민주화)/선진화 프로젝트	선진화 국가 프로젝트
대항 헤게모니 프로젝트	민주화 대항 헤게모니 프로젝트	민주화/(반신자유주의) 프로젝트	민주화 대항 헤게모니 프로젝트
운동 노선	전투적 조합주의 (사회운동 노조주의)*	전투적 경제주의/합의주의	전투적 경제주의 (/사회운동 노조주의)
전략 과제	노동 민주화, 생존권	• 산별노조, 정치 세력화	• 비정규 연대, 조직 확대
운동 수단	• 기업 노조 연대 활동 • 공세적·전투적 쟁의	• 노사정 합의, 산별 연대 • 전투적 쟁의, 의회 투쟁	• 방어적/전투적 쟁의 • 극한 투쟁, 시민 연대
운동 조직	• 기업 노조 연대 조직 • 전노협(민주노총)	• 산별 연대, 민주노동당 • 민주노총, 비정규 조직	• 민주노총(진보 정당) • 각종 비정규 조직
성과	• 합법화-시민권 획득 • 민주 노조 조직 건설	• 산별노조-진보 정당 건설 • 노동권 확대 비정규 연대	• 조직 방어-탄압 저지 • 전략 조직화 시도
한계	• 기업 노조, 정당 부재 • 중소 조직 기반 붕괴 • 정치 세력화 실패	• 노동시장 양극화 • 이념-노선 갈등 심화 • 산별·정치 세력화 실패	• 산별·정당 운동 약화 • 비정규 연대 약화 • 이념-노선 전망 상실

주 : * 괄호는 불완전하고 제한적·부차적이었음을 가리킨다.

으나 수구 정부에서는 신자유주의 선진화 국가 프로젝트로 통일
되었던 것이다. 현재 민주 노조 운동의 위기는 이런 장기간에 걸
친 체제 변동과 국가 프로젝트 변화와 맞물린 구조적인 위기라는
인식이 필요하다.

1) 공세기

노동자 대투쟁으로 시작한 1987년 노동체제는 대투쟁의 의제와
운동 양식을 이후 10년 동안 확대 재생산한 구조적 지형이었다(노
중기 2012a). 1987년의 격렬한 운동 에너지는 이후 10년 동안 더 발
전된 형태로 조직적으로 분출했다. 과도기 노동체제로서 그것은

정치사회와 시민사회의 민주화에 대응한 노동 민주화를 추구했고 동시에 강렬한 생존권 요구를 담고 있었다. 이에 대해 국가와 자본은 정치적 헤게모니의 부재 또는 불안정 속에서 '노동 없는 민주화' 국가 프로젝트를 구성하고자 했으나 민주 노조의 강한 반발로 실패하지 않을 수 없었다.

이 체제에서 노동은 극심하게 탄압받으며 일견 위기에 빠지는 듯했다.[18] 그러나 1987년 체제의 고유한 동학에 따라 민주 노조들은 연대 확장, 계급의식 성숙 등 중요한 진전을 이룰 수 있었다. 반대로 국가와 자본은 개별 쟁의들을 진압할 수 있었으나 결과적으로 상당한 정치적·경제적 비용을 부담했다. 결국 1995년 민주노총 결성을 보면서 지배 블록 내 온건파는 새로운 전략을 추진하는 것으로 방향을 전환해 민주화 국가 프로젝트를 추진했다. 1996년 노사관계개혁위원회의 개혁 시도가 진행되었고 연말의 노동법 날치기 개정 파동과 겨울 총파업을 거쳐 결국 체제 전환이라는 구조 변동이 본격화되었다.

한편 이 시기 민주 노조 운동은 '노동 민주화', 곧 작업장 민주화와 민주 노조 인정 요구를 중심으로 기업 단위 연대 투쟁을 전개했다. 장기간의 탄압 국면에서 탄압을 저지하려는 연대 실천이 지속되었고 결국 전노협, 민주노총으로 수평적 연대를 확장할 수 있었

---

18 1991년과 1992년 민주 노소 운동 일부에서는 '진두직 조합주의'에 따른 민주 노고 위기론이 대두되었으나 곧 소멸되었다. 당시 위기론에 대한 자세한 논의와 비판은 노중기 (1995, 7장) 참고.

다(김진균 2008). 또 목적의식적·정치적 연대 파업인 1997년 초 겨울 총파업을 통해 주체 동력에 기초해 체제 전환을 이루는 성과도 얻었다. 탄압 저지, 노동법 개정, 민주 노조 인정, 생존권 보장 등 뚜렷한 목표를 내걸고 전투적 쟁의를 수행한 '전투적 노동조합주의'는 과도기 1987년 노동체제와 매우 정합적이었다. 이 시기 노동의 대항 헤게모니 전략은 '민주화 프로젝트'라 함 직했다.

그러나 다른 한편에서 보면 초기 전노협의 주축 세력이었던 중소 규모 제조업 노조 조직이 운동에서 탈락하는 한계를 드러냈다. 그것은 전투적 쟁의의 조직적 기반이 기업 노조가 동원하는 조직 역량이었던 결과였다. 대체로 중소 규모 노조들은 국가의 강한 탄압과 원·하청 착취 관계 속에서 자기 재생산에 실패했다. 또 이 시기에 여러 차례 되풀이해 시도된 정치 세력화, 산별노조 건설 등의 과제가 대체로 실패했거나 큰 성과를 내지 못한 것도 주요한 한계였다.

2) 전환기

1997년 초 겨울 총파업으로 무너지기 시작한 1987년 체제는 그해 말 IMF 외환 위기 이후 결정적으로 해체되었다. 체제 해체를 주도한 것은 최초의 야당 정권인 김대중 정부였다. 이전 김영삼 정부가 기획한 새 국가 프로젝트들이 제도화하는 데는 거의 10여 년의 시간이 필요했다. 종속 신자유주의 노동체제는 민주화와 선진화 국가 프로젝트가 동시에 추진된 역동적 정치과정을 거쳐 제도화할 수 있었다.

외환 위기는 1995년 이후 기획된 국가 프로젝트였던 '민주화-선진화 프로젝트'가 급속히 실행될 객관적 조건을 만들어 주었다. 상대적으로 개혁적인 야당 정권이 들어선 수평적 정권 교체도 체제 전환을 용이하게 했다. 그러나 노동 민주화와 신자유주의 노동 유연화의 결합이었던 이 시기 국가 프로젝트는 내적으로 정합적이지 못했고 많은 모순을 담지했다. 모순적으로 추진되었던 두 개의 국가 프로젝트는 2006년 노사 관계 로드맵 합의가 일단락되어 선진화 프로젝트로 통일된 듯하다.[19]

선진화 국가 프로젝트는 노동시장 유연화와 법치주의 강화로 대표되는 신자유주의 프로그램의 일환이었다. 신자유주의는 미국과 국제 금융자본이 요구하는 시장 근본주의 프로그램으로 노동시장의 수량적 유연화를 그 핵심으로 하고 있었다. 노사정 합의의 핵심 의제였던 정리 해고와 비정규 고용의 확대가 대표적인 제도적 장치였다. 또 법치주의는 노동시장 양극화에 저항할 수밖에 없는 노동운동을 통제할 대응 프로그램이었고 노동시장 정책과 분리되지 않는다.

두 개의 국가 프로젝트가 모순적이기만 하지는 않았다. 선진화

---

[19] 국가 프로젝트의 내용과 그 변동의 자세한 동학에 대해서는 노중기(2010)를 참고할 것. 또 두 프로젝트 간의 모순이 조직적 수준에서 나타난 것이 노사정위원회였고 합의주의 노동 정치라고 볼 수 있다. 모순의 핵심은 선진화 프로젝트의 신자유주의 처방이 노동 정치의 민주와 흐름과 많은 경우 조응하지 못했다는 점이다. 말하자면 노사 관계의 '민주화' 또는 '참여와 협력의 노사 관계'를 표방한 노사정 사회적 합의가 권위주의 국가 폭력으로 뒷받침되는 사태가 되풀이되었다.

프로젝트가 쉽게 안착한 데는 민주화 프로젝트의 동시적 추진이 큰 역할을 했다. 제한적이나마 노동기본권을 허용하는 민주화 프로젝트를 신자유주의 제도 도입과 교환하는 정치 구도를 형성한 것이다. 또 이런 정치적 기획에 의해 지배 블록의 헤게모니 지배력, 곧 노동계급에 대한 통제 효율성은 크게 높아졌다. 시민권을 얻은 민주 노조 운동은 1987년 체제의 특권적 지위를 상실했고 고용 위기에 직면하자 공세에서 수세로 전환하지 않을 수 없었다. 이 역동적 정치과정을 매개하고 민주 노조 운동의 전략 선택을 어렵게 했으며 결과적으로 체제 전환을 매끄럽게 만든 중요한 조직적 장치가 노사정위원회였다.

한편 동시에 진행된 두 프로젝트 중 민주화 프로젝트의 효과로 노동운동은 새로운 운동적 시도를 할 수 있었다. 산별노조 건설과 정치 세력화는 구조적 고용 위기에 대응하는 새로운 전략 목표로 등장했다. 1998년 현대자동차 정리 해고 투쟁 과정에서 기업별 노조의 투쟁은 고용 위기 문제에 속수무책임이 뚜렷이 드러난 것이 전환의 계기였다. 2000년 민주노동당 건설과 2004년 국회 입성이 정치 세력화의 과실이었다면, 2006년 제조업 대사업장 노조의 산별 전환은 대중적 산별노조 운동의 중요한 결실이라고 할 만하다.

그러나 새로운 운동적 시도에도 불구하고, 그리고 복잡한 노동 정치의 동학을 거치면서도 전환기 노동운동의 후퇴를 막지는 못했다. 한편에서 민주 노조 운동 내의 정파 갈등과 노선 대립이 확대되었고 노동운동 위기론이 본격화했다. 또 진보 정당은 이내 분열했으며 산별노조 운동은 '무늬만 산별' 또는 '뻥 파업 조직'이라는 비판을 받으며 일차적으로 실패했다. 그렇지만 무엇보다 큰 실패는 비정규직 고용을 제도적으로 확대·공고화하려는 지배 블록의 선진화 국가 프로젝트가 큰 저항 없이 관철된 점이었다.

3) 수세기

2008년 수구적 보수 정부의 등장 이전에 이미 종속 신자유주의 노동체제는 제도화되었고 노동운동은 수세기의 침체에 빠져 있었다. 이명박·박근혜 정부가 모두 노동시장 유연화 확대와 민주노조 운동 배제라는 일관된 정책을 추진했으나 이를 노동체제 차원에서의 변화라고 보기는 힘들었다. 예컨대 2009년 이명박 정부의 노동 유연화 확대와 박근혜 정부의 '노동 개혁'은 입법에 실패했다. 새로운 변화는 복수 노조 창구 단일화가 새 통제 수단으로 도입된 정도였던 것이다. 물론 두 정부는 공무원과 교원의 단결권을 빼앗고 쌍용차 진압, 철도노조 파업 파괴 등 가혹한 노동 탄압을 내내 지속했다.

박근혜 정부의 '노동 개혁'은 통합진보당 해체 등 일부 목적을 달성했으나 과도한 유연화, 독단적 정책 실행의 오류, 민주 노조의 강한 저항 등으로 결국 실패했다. 근본적으로는 종속 신자유주의 노동체제에서 법치주의의 의도하지 않은 결과에 대한 지배 블록의 전략적 대응이자 신자유주의 확대 시도였다.[20] 노동 개혁의 실패

---

20 대표적으로 통상 임금, 현대차 불법 파견, 법정 노동시간 등에 대한 법원 판결은 법치주의의 의도치 않은 결과로 자본에 큰 위협이 되었다. 판결로 발생한 비용만 해도 수십

는 수세기에도 민주 노조 운동의 힘이 유지되었음을 보여 준다.

또 2016년 촛불 혁명을 촉발하고 진행한 중요한 원인은, 종속 신자유주의의 폐해에 대해 민주 노조 운동과 노동계급 대중이 저항한 것이었다. 따라서 수세기 국면은 동시에 종속 신자유주의 노동체제에 대한 노동운동의 저항이 빈발했던 시기로 볼 수도 있다. 특히 불리한 노동 정치 지형과 수구 정부라는 악조건에서 민주 노조 조직을 방어하고 비정규-시민사회 연대의 노선을 유지한 것 자체를 상당한 성과로 평가함 직하다.

그러나 전체적으로 볼 때 수세기에 민주 노조 운동에서는 비정규 노동 연대의 한계, 산별노조 운동 중단, 정치 세력화 실패와 같은 한계가 뚜렷했다. 민주 노조들은 탄압 저지, 조직 방어 등 수동적 대응에 급급했고 전략 조직화와 같은 새로운 시도는 실행되지 못했거나 최소한의 성과에 머물렀다.[21] 특히 민주노총 각 집행부는 이념, 운동 노선, 조직, 발전 전략 등 여러 측면에서 민주 노조 혁신 운동을 기획했으나 '직선제' 외에 제대로 실행된 것은 없었다.

또 이 시기에는 비정규 노동 사업장을 중심으로 극한투쟁이 빈발했다. 그러나 산별노조와 정규직 노동은 연대에 소극적이었고 이를 대신해 총연합 단체 민주노총이 연대 투쟁을 전담하는 부정

조 원에 이르는 것으로 산정되었으며 국가와 자본은 이 문제를 노동법 개악으로 처리하려 했다. 그 밖에 박근혜 정부 노동 개혁의 정치적 동학에 대해서는 노중기(2017b) 참고. 또 법치주의 문제에 관해서는 노중기(2016) 참고.

21 전략 조직화 운동에 대한 민주 노조 운동의 자세한 자체 평가는 전국민주노동조합총연맹 정책연구원(2013) 참고.

적 현상이 발생했다.[22] 또 민주 노조 운동이 두 번째로 되풀이된 진보 정당의 파국적 상황을 방치하거나 사태에 일조한 것도 커다란 오류였다.

4. 촛불 혁명과 민주 노조 운동

지금 민주 노조 운동이 서있는 곳에 희망은 있는가? 이 질문에 대해 부정적 견해가 강하게 존재하는 상황에서 촛불은 약간의 희망을 보여 주었다. 촛불의 의제 및 주체라는 측면에서 그 동력 중 일부가 민주 노조와 민주 노조 운동이라는 점이 우선 중요하다(노중기 2017/02/28). 그리고 거시 구조적인 측면에서 신자유주의 폐해로 축적된 대중적 분노가 정치적으로 표출되었다는 점도 의미가 크다. 한겨울 장기간에 걸친 엄청난 규모의 대중 동원이 가능했던 것은 사회경제적 원인이 근저에서 작용했기 때문이었다.

1990년대 중반 이후의 민주 노조 운동은 크게 봤을 때 수세기 노동운동으로 볼 수 있다. 앞서 살폈듯이 전반기는 공세적 요소가 결합된 수세기였다는 점에서 전환기였다. 이런 일련의 순환은 노동운동이 축적 체제와 경제적 변동의 종속변수로서 위상을 띤다

---

22 많은 경우 민주노총의 총파업은 산별노조의 충분한 조직적 지지를 받지 못한 채 이루어져 이른바 '뻥 파업'으로 귀결했다. 이 과정에서 총연맹과 산별노조, 지역본부는 서로를 불신하며 갈등하는 악순환이 발생했다.

는 상식을 벗어나지 않았다. 그러므로 수세기의 방어 투쟁임을 감안하면 지난 20년간 심화되어 온 민주 노조 운동의 한계와 오류만을 강조할 필요는 없을 듯하다.

이 시기에 민주 노조 운동은 조직을 방어하는 것은 물론 질적 전환을 나름대로 모색했고 제한적이나마 성과도 있었다. 정치 세력화와 산별노조 조직 전환 그리고 전략 조직화 실험, 시민사회 연대의 확장[23] 등이 그러하다. 또 상당한 내부 갈등에도 불구하고 지배 블록의 사회적 합의주의 공세와 포섭 전략을 거부할 수 있었던 것도 소극적이나마 성과였다. 특히 박근혜 정부의 노동 개악, 비정규 노동 확대 시도를 민중 총궐기 등 전투적 쟁의와 사회연대 전략 등으로 무산시켰던 것, 그리하여 촛불을 촉발했던 것은 결코 그 의미가 작지 않다.

촛불 집회의 대표 구호 '이게 나라냐?'라는 외침 뒤에는 비정규 노동 천지이자 '헬 조선' 대한민국에 대한 노동계급의 불만과 저항이 있었다. 그 구호도 민주 노조 운동과 무관하지 않다. 돌이켜 보면 민주 노조 운동은 이명박·박근혜 정부 10여 년간 수구 세력의 반동과 사회경제적 양극화에 저항한 거의 유일한 사회 세력이었다.[24] 특히 시민사회가 무력했고 국가와 자본이 탄압했던 비정

---

23 시민사회 연대는 수세기 민주 노조 운동의 혁신 방안 가운데 하나로 제기된 사회운동 노조주의를 민주 노조가 수용한 사례로 볼 수 있다. 2008년 광우병 촛불 집회, 4대강 개발 저지, 밀양 송전탑과 강정마을 해군기지 반대 투쟁, 세월호 투쟁 등 민주 노조들의 연대 실천은 끊이지 않았고 크게 확대·심화되었다.

24 물론 시민사회 운동의 저항도 지속되었다. 그러나 국가·자본의 강한 억압에 일선에서

규 노동자들의 극한투쟁에 대해 민주 노조들은 비록 충분하지 못했으나 연대의 끈을 끝까지 놓지 않았다.[25]

요컨대 촛불이 정치적 환경의 커다란 변화, 곧 개혁 국면을 열었다면 이는 민주 노조 운동과 결코 무관하지 않다. 민주 노조 운동 시각에서 살펴볼 때 촛불의 정치사회학적 의미는 크게 세 가지이다.

먼저 촛불을 단순히 집권 세력의 불법행위나 적폐 등에 맞선 일탈적 정치 행위로 축소 해석해서는 안 된다. 그것은 장기간에 걸친 신자유주의 양극화 및 빈곤 심화에 따라 대중 저항이 폭발한 사회경제적 모순의 발현이었다. 이렇게 보면 지배 블록 내 개혁 세력이 약속한 경제민주화와 재벌 개혁, 노동 개혁의 정치 국면은 일정 기간 유효할 개연성이 크다.[26] 그리고 개혁 양상에 따라 민주 노조 운동이 상황을 주도하는 공세적 국면이 열릴 가능성이 있다.

맞서는 역할은 대개 민주 노조들의 몫이었다. 각종 비정규 투쟁을 필두로 쌍용차 파업, 철도 파업, 전교조 교사 선언, 민주노총 침탈에 대한 항의 투쟁 등 노동쟁의는 물론이고 여러 가지 사회적 의제를 둘러싼 시민적 저항의 최전선 진지 역할을 수행했다.

25 KTX 여승무원과 홈에버 여성 노동자 투쟁을 필두로 완성차 업체 불법 파견 비정규 투쟁, 케이블방송 비정규 노동 투쟁, 학교 비정규 노동자 투쟁, 청년 비정규 노동자 조직화 투쟁, 최저임금 1만 원 인상 투쟁 등이 대표적 사례이다. 정규직 투쟁의 대표 사례로는 쌍용자동차 정리 해고 투쟁, 철도노조의 공공 부문 민영화 저지 투쟁 등이 있었다.

26 이는 2003년 노무현 정부의 '(노동) 개혁'이 집권 6개월을 넘기지 못한 것과 대비된다. 당시와 유의미한 차이는 외환 위기의 정치적 영향, 사회경제적 모순의 정도, 진보 정당의 취약한 역량 등일 것이다. 그러나 더 결정적인 차이는 2017년 이후의 개혁 국면이 '촛불 혁명'이라는 엄청난 대중 동원의 결과였으므로 자유주의 보수 세력의 전략적 선택지가 크게 제약되었다는 점이다.

촛불 이후 약 1년의 정치과정은 이런 예측을 크게 벗어나지 않았다. 예컨대 대선 과정에서 각 후보들은 촛불이 사회경제적 모순과 닿아 있음을 인정했고 상당한 정도의 노동 개혁을 약속한 바 있다. 또 문재인 정부는 최저임금, 노동시간 단축뿐만 아니라 핵심적 노동 개혁 사안에서 나름대로 정책적 전환을 시도했기 때문이다.[27]

둘째, 촛불의 정치사회학적 의미는 부르주아 민주주의 국가 체제의 완성에 있다. 그것은 일차적으로 낡은 정치 사회질서를 재건하려 했던 수구 세력의 전략적 실패를 의미하나 이를 넘어서는 정치 변동이었다. 촛불은 1987년 이후 민주주의 제도화의 장기 효과이자 이를 돌이킬 수 없는 정치사회적 장치로 구조화하는 결과를 야기했다. 말하자면 촛불 혁명은 새 시대의 출발이라기보다는 1987년 국가 체제의 완성 또는 종결이라는 의미가 있는 듯하다. 지난 30여 년간 축적된 부르주아 민주주의의 시민 의식이 정치적 퇴행을 막고 정치적 민주주의를 완성하는 변화였다. 요컨대 1987년 정치체제의 유제이자 한계였던 '제한적 민주주의'가 크게 해체되는 정치 변동이었다.[28]

---

27 문재인 정부가 약속한 비정규직 축소 및 사용 사유 제한, 특수 고용 등 노동기본권 회복, 공공 부문 비정규직의 정규직 전환, ILO 결사 관련 기본 협약 비준, 노조 조직률 제고 등은 전환기 이후 20년간 민주 노조 운동의 핵심 요구들이었다. 헌법 개정 시도와 함께 그것은 지배 블록이 주도하는 새로운 국가 프로젝트 추진으로 해석될 여지가 충분하다. 다만 결과적으로 보면 이 개혁 과제 중 일부가 매우 제한적으로 실행되었다.

28 결과적으로 1987년 정치체제 민주화 과제의 두 가지 유제인 제한적 법치 또는 왜곡된 법치주의 문제와 고질적·불법적 정경 유착이 개혁되는 정치 변동으로 볼 수 있다. 민주

달리 말해 촛불은 수구와 자유주의 세력으로 보수가 내부 분열하는 정치 변동, 곧 지배 블록의 재편을 불러왔다. 이는 지난 20년간 유지된 '신자유주의 대동맹'에 상당한 균열이 발생했음을 의미하고 노동운동을 둘러싼 정치 환경에 상당한 변화가 시작되었음을 말한다. 노동 정치의 자유화 국면이 상당 기간 시작될 개연성이 크다. 예컨대 구체적인 노동 정치에서 재벌 대사업장의 탈법적 노무관리나 국가의 반헌법적·탈법적 노동 통제가 용인되지 않을 가능성이 커질 것이다.[29]

셋째, 1987년 6월 항쟁이 노동자 대투쟁의 정치적 국면을 열었듯이 촛불 혁명은 새로운 노동체제의 가능성을 열고 있는 것으로 판단된다.[30] 이는 포스트 종속 신자유주의 노동체제를 전망할 수

화 이후에도 한국 정치에서 일상이었던 지배 블록의 불법적 정치 행위와 처벌받지 않는 정경 유착이 어려워진 것이다. 제한적 민주주의 개념에 대해서는 손호철(2006a) 참고. 한편 노동 정치에서도 기존의 선진화 국가 프로젝트는 상당한 수준에서 수정될 수밖에 없을 것이다.

[29] 법원 판결도 소용이 없었던 현대차 불법 파견 문제, 쌍용차 정리 해고 투쟁에 조작과 탄압으로 일관한 행위, 민주노총에 대한 파괴 공작과 인신 탄압, 양대 지침으로 대표되는 탈법적 노동 행정, 유성기업과 SJM에 대한 용역 폭력과 같은 일들이 더는 발생하기 힘든 정치적 지형을 말한다.

[30] 이런 예측은 1987년 시민 항쟁, 특히 노동자 대투쟁이 1987년 노동체제와 민주 노조 운동의 공세기를 발생시킨 역사적 변동의 출발점이었던 것과 대비할 만하다. 당시 주변부 포드주의 축적 체제의 모순과 군부와 재벌 중심 지배 블록이 정치적 위기에 처한 것이 민주 노조 운동이 고양된 구조적 배경이었다. 촛불 혁명이 과거의 정치 변동과 대등한 함의를 갖는지는 향후 더 논의할 필요가 있으나 지배 블록의 정치적 헤게모니와 축적 체제가 동시에 위기 상황에 봉착했다는 점에서는 상당한 유사성이 있다. 촛불을 거시 사회변동으로 파악하는 비슷한 입장의 분석으로는 손호철(2017) 참고. 한편 6월 항쟁과 촛불 혁명의 정치사회학적 비교 연구로는 최종숙(2017) 참고.

있게 하지만, 문제는 노동운동의 주체 전략과 실천이다. 변혁적 전망을 갖고 노동자 연대와 정치 세력화의 화두를 던지며 1987년 노동체제를 연 민주 노조의 전투적 조합주의 같은 주체 실천이 필요하다는 것이다. 당시만 해도 조직력이 취약했고, 전국적 지도 역량이나 진보 정당이 없는 조건이었음을 감안하면 현재 상황은 결코 나쁘지 않다. 다만 정치적 국면이 열리더라도 2003년처럼 주체 전략이 다시 실패한다면,[31] 부르주아 자유민주주의 질서가 강화되어 변혁적 노동운동의 기반이 소실될 개연성도 여전히 존재한다.

일반적 수준에서 새로운 노동체제를 전망하면 두 가지 길이 우리 앞에 있다.[32] 먼저 '종속'을 뗀 '신자유주의 노동체제'가 고착화 또는 합리화되는 길이다. 이 경우 자유주의 보수 (정치) 세력 주도로 약간의 노동 개혁, 제한된 물질적·제도적 양보가 진행될 것이다. 그러나 노동시장 유연화, 경쟁력주의 또는 노동 배제 법치주의라는 신자유주의의 정책 기조는 더 지속되고 안정화될 것이다.

---

31 2003년의 주체 전략 실패는 노무현 정부 초기 민주 노조 운동의 사회적 합의주의 갈등을 말한다. 당시 민주 노조 운동은 새로운 운동 노선을 정립하는 데 실패한 채 노사정위 참가와 전투적 쟁의를 둘러싼 갈등, 그리고 정규직과 비정규직의 이해관계 대립 속에서 내적으로 크게 균열했다.

32 새로운 노동체제의 가능성과 관련해 많은 변수들이 작동할 것이다. 북핵 문제 등 동북아 군사·정치 정세, 경제적 상황의 변화 양상, 수구 세력의 정치적 이합집산 결과 등이다. 특히 중요한 것은 소득 주도 성장(또는 포용적 성장)과 일자리 창출이라는 촛불 정부의 경제정책 기조가 상당 기간 유지될 수 있는지이다. 그러나 이 변수들은 노동운동이 통제할 수 있는 것이 아니다. 그러므로 주체의 전략적 전환이 순조롭게 이루어진다 하더라도 미래는 여전히 불투명하다.

다음으로 '포스트 신자유주의 노동체제'의 가능성이다. 20년 넘게 신자유주의가 야기한 모순의 규모와 심도, 그리고 대중적 불만을 감안한다면 객관적으로는 충분히 가능한 길이다. 이때 가장 중요한 변수는 역시 민주 노조 운동의 자기 혁신 및 전략적 주도성 확보이다. 국가 정치 수준에서 상당한 수준의 개혁 국면이 장기간 열렸다고 볼 수 있다면 민주 노조들이 개혁의 내용 및 기간에 걸맞은 중·장기적이고 전략적인 개입을 준비할 수 있는지가 주요한 관건이 될 것이다.

5. 민주 노조 운동의 진정한 혁신, 새 출발은 가능한가

이상의 논의에 기초한다면 현재의 정세는 민주 노조 운동에 진정한 혁신과 운동적 전환을 요구한다. 2000년 노동운동발전전략위원회의 기획이 무산된 이후 민주노총 각 지도부는 수시로 발전전략을 모색해 왔으나 여러 이유로 제대로 실행하지 못했다.[33] 그 결과로 앞서 2절에서 살핀 운동의 위기를 불러왔다고 볼 수 있다.

지금 종속 신자유주의 노동체제 20여 년 만에 새로운 정치적 지형이 도래하고 있다. 우리 사회가 노동운동에 대한 국가 정치의

---

[33] 직선으로 선출된 첫 집행부인 한상균 집행부도 선거 공약에서 상당한 수준의 조직 혁신을 약속했으나 시키시 못했다. 민눙 총궐기 등 년내 누생 사업과 노동 개악 서시를 세외한다면 총연맹으로서 자기 기능을 충실히 수행했다고 할 수 없다. 물론 위원장이 수배되고 구속된 상황에서 대행 체제의 한계가 있었음을 감안해야 한다.

영향력이 그 어떤 사회보다 크다는 점을 감안하면 중요한 정치적 분기점이다. 2018년 최저임금 결정에서 본바 노동시간과 노동시장 정책, 비정규 문제, 노동기본권 모두에서 변화의 가능성이 있다. 상당 기간 노동 개혁, 경제민주화 국면이 지속된다고 예상할 수 있다면 전략적 준비가 절실한 시점이다.

먼저 새로운 노동체제를 건설할 전략 목표 설정이 시급하다. '탄압 저지', '노동기본권 확보'로는 새 체제를 건설할 수 없다. 필자는 '비정규 노동 중심의 사회연대 체제 구축'을 제안한다. 오랫동안 확인해 왔듯이 비정규 노동 문제는 현재 우리 노동운동이 풀어야 할 가장 중요한 과제일 뿐만 아니라 민주 노조 운동 혁신을 다차원적으로 진행할 중요한 계기이기 때문이다. 즉, 비정규 문제를 중심으로 하위 노동운동 전략 과제들을 결합하는 혁신 방안이 가능하다. 세 가지 하위 전략 목표는 실질적 산별노조 건설, 제2 정치 세력화 운동 실행, 전략 조직화를 포함한 조직 확대이다.[34]

첫째, 실질적 산별노조 건설의 과제이다. 산별노조 운동의 본질은 연대의 양이 아니라 질적 심화에 있다. 비정규직과 정규직이 조직적으로 연대하는 산별노조가 아닌 한 노동운동 위기를 극복하기는 어렵다. 형식적인 '무늬만' 산별을 극복하려면 고질적 문제인 1사 1노조 문제, 기업 지부 문제, 재정 문제를 다시 제기하고

---

34 그러기 위해 지난 30년 민주 노조 운동의 관련 사업 실패에 대한 정책적 원인을 검토·연구하며 조직 토론 작업을 선행해야 한다. 다만 이 작업과 새로운 운동 전략 기획 작업은 동시에 진행되어도 무방하다.

풀어야 한다. 또 산별노조 활동이 비정규 조직 사업과 비정규 연대 투쟁 사업 중심으로 재편되어야 하고 할당제 등 이에 조응하는 대표 체제, 재정 구조를 갖추어야 한다. 물론 기업 단위 조직의 많은 자원들이 재배치되어야 한다. 특히 중요한 것은 총연합 단체(곧 민주노총)의 위상과 임무를 재조정하는 일이다. 투쟁과 조직 사업은 산별노조가, 정책 연구와 교육 그리고 정치 교섭 사업은 총연맹이 맡는 방향으로 기본 틀을 바꾸어야 한다.

둘째, 제2의 노동자 정치 세력화 운동을 본격 실행해야 한다. 정규직 조직 노동이 비정규 노동자와 실질적으로 연대하려면 조직 노동의 정치의식 수준을 크게 높이는 일이 매우 긴요하다. 조직 노동이 자신의 협소한 단기적·경제적 이해관계를 넘어서야 하기 때문이다. 2008년과 2012년 되풀이된 진보 정당 운동의 파국적 실패를 가져온 책임은 정당과 노조 모두에게 있다. 우선 이 과정에 대한 심도 있는 내부 논의를 노조와 정당 모두가 진행할 필요가 있다. 의견 대립이나 갈등은 회피할 수 있는 일이 아니다. 비판적 자기 성찰은 노조의 정치 방침과 노조-정당 관계 원칙을 수립하는 일의 전제이다. 또 북한 문제를 포함한 진보 정당의 정치 노선에 관련된 문제를 끊임없이 제기하고 해소해 가는 것이 긴요하다. 노조와 정당 간 의사소통 채널과 공동 사업 체제를 재구축하고 노조의 정치교육 및 정당 가입 사업을 강화하며 현장 정치조직을 건설하는 것도 시급하다.

셋째, 기존의 전략 조직화 사업을 더 발전시켜 조직 확대 전략을 마련해야 한다. 모두가 논의하듯이 10%(한국노총을 제외하면 5%)에도 못 미치는 조직 자원으로 민주 노조 운동이 할 만한 일은 많지 않다. 조직 확대의 기본 방향은 비정규 노동과 중소·영세 사업장이 될 것이며 특히 서비스 직종을 주목할 필요가 있다. 정규직 노동자의 조합비로 미조직·비정규 노동을 조직하는 일은 쉽지 않기에 이를 위한 준비로 조직 혁신, 조직노동자의 정치의식 제고가 필요하다. 구체적으로는 산별노조별 구체적 조직화 목표의 설정, 산별노조 주도의 전략 조직화 사업 일상화, 대폭적인 재정 투입 확대 등의 변화가 필요하다. 조직화의 일차 대상은 정규 조직 사업장의 비정규 노동과 미조직 부문이 되는 것이 바람직하다. 이때 총연맹은 조직자이기보다는 정보 제공, 연구·평가 기능 등 보조적인 기능을 수행하는 것이 바람직하다.

새로운 노동체제를 구축할 전략적 목표가 설정될 수 있다면 이를 실행할 운동 노선도 고민해야 한다. 이미 제기된 사회운동 노조주의의 문제의식을 더 발전시키는 것이 방안이 될 수 있다. 노조 총연맹과 진보 정당의 정책 연구 단위는 각기 독자적인 방식으로 이 문제를 고민해야 할 것이다.

운동 노선 문제를 검토할 때 기본적인 방향은 전투적 조합주의(경제주의), 사회적 합의주의, 정치적 경제주의를 넘어서는 운동 노선을 수립하고자 해야 한다는 점이다. 특히 전투적 조합주의의 경우, 그 긍정적 요소는 수용하되 한계점을 극복하는 방향에서 재검토가 필요하다. 또 합의주의에 대해 무조건적 찬반을 내세우는 태도를 넘어서야 한다. 현시점이 과거 전환기, 수세기 국면과 정치 지형이 다르다면 전술적 참가를 할 수도 있다. 나아가 사회운동 노조주의의 가장 큰 약점 가운데 하나인 진보 정치 운동 문제에 대한 입론도 중요하다. 이는 진보 정치 20년의 역사를 심층적·비판적으로 재검토하는 과제와 함께 진행함 직하다.

그리고 사회운동 노조주의의 네 가지 개념적 특성(노중기 2008b)을 매개로 민주 노조 운동 내부의 중요한 쟁점들을 하나하나 검토하는 작업이 필요하다. 먼저 민주성과 관련해서는 직선제 문제를 재검토해야 한다. 총연맹 및 산별·지역본부, 총연맹 대의원을 선출하는 기존 선거 방식이 전면 재검토되어야 한다. 또 정책대의원대회 내실화, 비정규·소수자 대표성 문제, 산별노조 현장 조직 강화 방안, 조직 내부 온·오프라인 의사소통 기제 개발 등이 정책적으로 재검토되고 실행될 필요가 있다.

둘째, 자주성 면에서는 '사회적 합의주의' 문제에 대응할 원칙을 수립하는 것이 중요하다. 여기에는 정부·지자체 재정 사용 문제도 포함된다. 또 정치적 운동 노선과 관련해 민주 노조 운동이 미국· 북한 문제에 대응하는 전략이 비판적으로 재검토될 필요가 있다. 또 어용 노조 대응 전략 및 한국노총과의 연대 문제도 장기 전략을 마련하는 것이 바람직하다.

셋째, 연대성 문제에서는 비정규 연대의 구체적인 방안과 로드맵을 기획하는 것이야말로 핵심이다. 또 이 전략을 수행하는 조직과 투쟁의 구심으로서 산별노조 내실화, 산별노조 사회연대 사업 제도화, 정치교육 확대와 조직화 방안이 강구되어야 하며, 노조와 정당의 역할 분담 방안도 수립되어야 한다. 또 시민사회 연대 문제와 관련해 기존 경험을 비판적으로 재정리하고 발전 방안을 마련해야 한다.

마지막으로 변혁성을 더 발전시키려면 진보 정당과의 협력을 통해 한국 사회의 중·장기 구조 개혁 방안을 마련하는 일이 중요하다. 크게 봐서 이것은 제2 정치 세력화 전략 목표를 실행할 구체적 정책 과제를 수립·시행하는 일이다. 노동운동의 연구 기능이 대폭 강화되고 연구자 네트워크를 현실적인 연구 생산 기제로 만들어 내는 작업인 만큼 노조보다는 진보 정당의 연구·기획 기능의 강화가 긴요하다. 진보 정당과 함께 노조의 연구 기능을 발전시켜 다양한 국가정책 과제를 개발하고 연구 사업을 진행하는 시스템을 마련할 필요가 있다.[35]

---

35 교수연구자비상시국회의는 '2017년 새 민주공화국 건설을 위한 정책 과제'를 분야별로 발표했다. 이 의제들 대부분은 민주 노조 운동, 특히 진보 정당에서 더 구체적으로 검토·정리해야 할 것으로 판단한다. 노동 부문 중 자세한 내용은 노중기(2017/02/28) 참고.

2부

진보 정당 운동의 노동 정치

5장

통합진보당 사태와 민주 노조 운동의 위기

1. 머리말

2012년 4·11 총선과 이후의 통합진보당 사태는 한국 노동 정치의 전개 과정에서 중요한 분수령을 이루는 듯하다. 총선 결과를 보면 통합진보당은 '진보 정당' 역사상 최다 국회 의석을 확보했음에도 선거에서 실패했다고 평가되었다. 그리고 또 다른 진보 정당인 진보신당과 녹색당은 선거에서 2%를 득표하지 못해 법률적으로 해체되었다. 총선 직후의 다양한 평가들은 모두 진보 정당이 총선에서 패배했음을 확인했다(배성인 2012/05/10; 조상수 2012/05/03; 심재욱 2012/05/03; 김현우 2012).

특히 선거 후 본격적으로 진행된 이른바 '통합진보당 사태'는 그 실패의 본질적 측면을 극적인 방식으로 드러냈다. 비례대표 후보 경선의 부정선거 시비를 둘러싸고 당내에서 당권파와 비당권파(신당권파)가 갈등하기 시작했을 때에는 작은 선거 후유증처럼 보였다. 그러나 갈등은 곧 심각한 투쟁으로 확대되었고 결국 통합진보당은 분열되었으며 탈당파는 진보정의당을 창당했다. 2012년 대선을 앞두고 진보 정치 세력들은 통합진보당과 진보정의당, 그리고 독자 후보 세력 등이 각기 후보를 내면서 사분오열 상태에 빠졌다. 2008년 민주노동당과 진보신당의 분당 사태가 '민주노동당의 죽음'(장석준 2008, 160)이라는 진보 정치의 비극이었다면, 2012년 사태는 그 희극적 재연으로 보인다.[1]

2011년 하반기 이래 진보 정당을 둘러싼 사태는 매우 복합적으로 전개되어 이해하기가 쉽지 않다. 우선 '총선 패배' 규정 자체가 통합진보당 내부에서 권력 쟁패가 벌어진 한 원인이다. 다수의 평가자에게 그것은 패배였으나 이른바 '당권파'에게는 그렇지 않았기 때문이었다. 또 총선 패배를 인정하더라도 그 원인은 단순하지 않았다. 예컨대 통합진보당 결성, '반이명박' 민주 대연합 선거 전략, 노동 (투쟁) 없는 선거, 민주노총의 배타적 지지, 기타 선거 전술상 오류 등 여러 원인이 지적되었고 요인 간의 연관은 모호했다.

특히 통합진보당 사태의 원인을 놓고도 다기한 진단이 난무했다. 이념 문제(이른바 '종북주의')와 노선 갈등, 정파 대립과 당권파의 패권주의, 강령 변경 및 국민참여당과의 통합에 따른 우경화, 무원칙한 후보 단일화와 의회주의 경도, 민주노총의 배타적 지지 등 정당과 노조의 관계를 둘러싼 여러 평가가 진행되었다(조현연·김정훈 2012; 이창언 2012). 이런 혼란스러운 진단은 민주노총 내부의 갈등으로도 재생산되었다. 예컨대 민주노총은 통합진보당 사태의 피

---

1 진보 정치의 가라앉는 배에서 탈출하는 노동운동 지도자들의 행렬은 대선을 앞두고 이어졌다. 이석행·문성현·유덕상·이용식을 비롯한 민주노총 전직 지도부와 다수 연맹의 전·현직 간부 수백 명이 보수 정치 세력을 지지한다고 공개적으로 발표했다. 통합진보당, 진보정의당으로 보수 세력과 결합한 심상정·조준호 등의 행태를 알리바이로 해서 진보 정치 세력은 대거 보수 정치로 흡수되었다.

해자인가, 가해자인가(전국민주노동조합총연맹 2012/09/14; 임영일 2012/05/21).

이 글은 새로운 노동 정치의 가능성을 논하기에 앞서(이현대 2012; 김종철 2012; 정종권 2012), 현재 드러난 진보 정치 위기의 원인에 천착한다. 특히 문제의 원인이 주체 전략인지, 아니면 구조인지를 묻고자 한다. 현재 다수의 분석은 특정 정치집단의 권력 욕망과 운동 노선의 오류 또는 정파 갈등에서 그 원인을 찾는 듯하다(이상호 2012/06/07; 김세균 2012/05/10; 조현연·김정훈 2012; 김장민 2012/10/29). 이는 대체로 주체 전략의 측면에서 원인을 구하는 논의라고 할 만하다.

그러나 통합진보당 사태는 특정 집단이나 그들의 전략만이 아니라 좀 더 구조적인 데서 원인을 찾아야 한다. 곧 정파들의 분파주의나 잘못된 선거 전략과 전술, 의회주의 등 운동 노선을 넘어선 원인이 있다는 것이다. 그리고 당권파와 비당권파는 물론 민주노총, 그리고 진보신당과 여타 좌파 정치 세력들도 이 문제에서는 제3자가 아닐 수도 있다(정종권 2012, 86~89). 결국 진보 정치 운동 일반, 또는 더 나아가 전체 노동운동의 구조적 역량의 한계를 드러냈을 수도 있다.

2절에서는 분석 틀로 노동 정치와 노동체제 개념을 살펴보고 한국 노동체제의 변동을 헤게모니 프로젝트와 국가 프로젝트 변동을 통해 개관함으로써 통합진보당 해산의 구조적 배경을 정리한다. 3절에서는 1기 노동자 정치 세력화의 실패를 체제 변동과 헤게모니 변동 과정으로부터 설명한다. 그리고 4절에서는 통합진보당 사태의 전략적 오류가 구조적 위기에서 연원했음을 밝힐 것이다. 결론에서는 민주노총과 일부에서 주장한 제2 정치 세력화와 관련해 약간의 함의를 생각해 볼 것이다.

2. 분석 틀 : 노동체제와 헤게모니 프로젝트

1) 노동 정치와 노동체제, 그리고 헤게모니 프로젝트

통합진보당 사태와 뒤이은 진보 정치의 전개를 이해하려면 좀 더 거시적인 시야가 필요하다. 그러려면 설명에 필요한 핵심 개념들을 정돈하는 일이 중요하다. 먼저 현재까지 노동 정치 개념은 우리 사회에서 매우 혼란스럽게 사용되고 있다.[2] 이 글에서는 노동 정치를 작업장 정치나 생산의 정치, 그리고 노조의 정치 활동, 노동자(계급) 정치 세력화, 진보 정치, 국가 정치 등의 유사한 개념들과 구분해 사용하고자 한다.

"노동 정치는 자본주의적 생산과 재생산을 둘러싸고 노동, 자본, 국가 간에 진행되는 정치적·사회적 세력 관계 및 그 사회적 실천의 장場"으로 규정할 수 있다(노중기 2008b). 이렇게 포괄적으로 개념을 규정하는 이유는 노동조합 활동과 정당의 정치 활동을 분리하거나 제도 정치나 운동 정치를 구분하는 이원론을 극복하기 위해서이다. 또 자본주의적 생산관계를 미시 수준과 거시 수준 모두에서 정치적 사회관계로 파악하려는 의도가 담겨 있다. 즉, 노동 정치는 노동 정당뿐만 아니라 노동조합과 작업장에도 있으며 노동자들의 가두투쟁이나 삶의 일상에서도 작동한다는 관점이다.

---

2 예컨대 이 글과 다른 노동 정치 개념 규정으로는 김세균(2012/05/10)과 김윤철(2012/04/20)을 참고할 수 있다.

그리고 또 하나 중요한 측면은 노동 정치가 노동자계급 일방의 정치가 아니라 상대가 있는 전략적 상호 관계라는 점에 대한 인식이다. 여기에는 국가와 자본 그리고 여타 계급·계층 및 다양한 사회 세력이 관계한다. 즉, 노동뿐만 아니라 국가와 자본, 시민사회 세력 모두는 여러 구조적 제약 속에서 자신의 정치적 기획(프로젝트)을 형성하고 전략적으로 대응하는 주체임을 강조하는 것이다. 그러므로 노동 정치를 노동자들만의 정치나 노동자 주체(관점)의 정치로 보는 견해를 넘어서고자 한다.

노동 정치는 개념 범주로 보면 생산의 정치(작업장 정치)와 국가 정치(계급 정치) 사이에 위치한다고 할 수 있으며 작업장 정치와 노동자 정치 세력화를 포괄한다. 그리고 제도적·비제도적 정당정치와 운동 정치를 포함하는 진보 정치는 노동 정치와 국가 정치를 매개하는 범주라고 할 만하다.

한편 노동체제는 노동 정치의 결과로 구체적 역사 속에서 형성된 물질적 응집체를 말한다. 노동체제는 노동 정치에 의해 구조화되며 노동 정치가 전개되는 상대적으로 안정된 구조적 틀, 또는 그 전략적 상호작용의 지형地形을 말한다. 즉, 그것은 작업장 체제나 축적 체제, 그리고 국가(정치) 체제에 의해 제약되고 영향을 받으나 상대적으로 자율적인 구조의 영역을 이루는 사회구조를 지칭한다. 이 같은 구조적 제약 속에서 노동 정치의 각 주체들은 구조를 유리하게 변형해 자신의 이해관계를 달성하고자 노력하며, 이는 하나의 전략적 기획으로 응결될 것이다.

노동 정치에서 드러나는 전략적 기획들은 헤게모니 프로젝트와 국가 프로젝트, 그리고 대항 헤게모니 프로젝트 등이 있다.[3] 제숩에 따르면 지배 블록 내의 지배 세력들은 자본주의적 생산과 사회 통합을 유지하기 위해 사회 세력 관계를 반영하는 국민대중적 프로그램, 곧 헤게모니 프로젝트를 추진하게 된다. 그리고 동시에 국가는 그 자신의 제도적 총체와 통일성을 유지하기 위해 약간의 물질적 양보와 상징적 보상을 포함한 국가 프로젝트를 기획한다. 양자는 연결되어 있으나 분석적으로 구별될 수 있다(손호철 2010; 노중기 2010). 이런 지배 블록의 정치적 기획들은 노동 정치의 지형을 규정하고 변형하는 전략적 요소로 작용한다. 이에 대해 노동자계급을 중심으로 하는 피지배 세력들은 대항 헤게모니 프로젝트를 형성해 자신의 전략적 기획을 추구할 수 있다. 양 세력이 주도적으로 참여하는 노동 정치의 결과는 기존 노동체제의 구조 변동이나 해체, 그리고 새로운 체제의 형성으로 물질화한다.

2) 한국 노동체제의 변동과 헤게모니 프로젝트

'1987년 노동체제'는 1987년 6월 항쟁과 노동자 대투쟁의 결과로 형성된 과도기적 노동체제였다. 이 체제는 10여 년 동안 지속되었으며 고유한 모순을 매개로 민주 노조 운동의 조직적 발전을 일군 구조적 토양이 되었다. 그러나 민주 노조 운동의 1997년

------

3 제숩의 전략 관계 국가 이론과 헤게모니 프로젝트, 국가 프로젝트의 개념 및 그 이론에 관해서는 손호철(2002; 2010), 김호기(1993), 제숩(Jessop 1990; 2002; 제숩 2000)을 참고할 수 있다. 그리고 1987년 이후 한국의 국가 프로젝트 형성과 변천 과정에 대한 분석은 노중기 (2010) 참고.

2부 진보 정당 운동의 노동 정치

겨울 총파업과 외환 위기를 거쳐 1987년 체제는 해체되기 시작했고 1998년 이후 종속적 신자유주의 노동체제가 이를 대체했다(노중기 2008b; 2012a; 〈표 3-1〉 참조).

1987년 민주화 이행 이후 지배 블록은 형식적 민주주의 정치 체제에 대응하는 헤게모니를 창출하기 위해 다양한 시도를 할 수밖에 없었다. 반공 이데올로기와 물리적 억압을 동원한 전제 체제 despotic regime가 해체되자 헤게모니 확보가 지배 블록의 당면 과제가 되었기 때문이다. 여소야대 정치 지형과 노동계급의 도전 속에서 노태우 정부를 필두로 한 지배 블록은 새로운 헤게모니를 수립하기 위해 몇 가지 국가 프로젝트를 기획했다. 이는 노동 영역에서 '노동 없는 절차적 민주화' 국가 프로젝트로 나타났고, 3당 합당의 보수 연합, 한국노총을 매개로 한 분할 지배, 기업 노조의 형식적 인정, 기업 단위 신경영전략의 추진 등의 요소로 구성되었다.

그러나 새 프로젝트는 결코 성공할 수 없었다. 무엇보다 민주 노조를 배제했다는 결정적인 한계가 있었기 때문이다. 지배 블록의 '노동 없는 민주화' 국가 프로젝트와 노동운동의 민주화 대항 헤게모니 프로젝트가 경합하는 노동 정치 지형은 1987년 노동체제라는 독특한 과도적 지배 구조를 형성했다.[4]

---

4 1987년 민주 대항쟁 이후 한국의 정치사회와 시민사회는 절차적 민주주의 체제로 급속하게 전환했다. 그러나 노동체제는 여전히 반민주적인 구체제로 남아 있었다. 이런 체제적 모순이 이른바 1987년 노동체제를 형성했다. 그것은 1997년까지 10년 동안 진행된 민주 노조와 지배 블록 사이의 치열한 갈등으로 나타났다. 전략 수준에서는 지배 블록의 '노동 없는 민주화' 기획과 민주 노조의 '민주화 대항 헤게모니 프로젝트'의 대립

그러므로 1990년대 중반 김영삼 정부가 기획했던 민주화·선진화라는 두 개의 새 국가 프로젝트는 1987년 노동체제를 적극적으로 해체하려는 지배 블록의 전략적 대응이었다. 당시 정부 내 개혁파는 1987년 체제가 지배 블록과 자본에 각종 정치적·경제적 비용을 만들어 내면서도, 역설적으로 민주 노조 운동을 성장시키는 내적 모순이 있음을 쉽게 간파했다. 이들은 1994년 말 세계화 선언과 1996년 신 노사 관계 구상을 통해 민주 노조를 합법화하는 것과 함께 노동시장을 유연하게 재편하는 거시적인 체제 변동 기획을 추진했다. 전자는 노동의 요구를 일부 수용하는 (노동) 민주화 프로젝트였고 후자는 그 반대급부로 자본이 요구한 신자유주의 노동 유연화, 곧 선진화 프로젝트였다. 이 두 프로젝트는 맞교환 방식으로 동시에 추진되었으며 모두 '노동 개혁'이라는 이름으로 정당화되었다.[5]

1996년 한 해 동안 김영삼 정부의 노사관계개혁위원회를 둘러싼 우여곡절로 두 프로젝트의 미래는 불투명했다. 그러나 1997년

에 기인했다. 이 체제가 과도적인 이유는 노동 사회의 비민주성이 정치사회와 시민사회의 형식적·절차적 민주주의와 장기적으로 조응할 수 없었기 때문이었다.

5 이런 노동 정치 과정의 조직적 매개체가 노사관계개혁위원회와 노사정위원회였다. 지배 블록은 이 조직들을 매개로 노동운동의 요구를 순치하고 통제하면서 국가의 전략적 기획을 상대적으로 손쉽게 관철할 수 있었다. 그리고 이 두 프로젝트는 이중 전선 위에 배치되어 있었다. 한편에서 노동 측의 민주화 대항 헤게모니 프로젝트와 지배 블록의 선진화·신자유주의 프로젝트의 대립 전선이 있었다면, 다른 한편에서는 지배 블록 내 개혁파의 민주화 프로젝트와 보수파의 선진화 프로젝트의 대립이 작동했던 것이다. 이 과정의 모순과 갈등, 그리고 그 내적 동학에 관해서는 노중기(2008b) 참고.

을 거치며 두 개의 국가 프로젝트는 새로운 동력을 얻었고, 결국 1998년 이후 본격적으로 추진되었다. 여기에는 민주 노조들의 겨울 총파업과 IMF 외환 위기에 따른 사회변동, 그리고 첫 수평적 정권 교체라는 정치 변동이 주요 동인으로 작용했다. 결국 1998년 이후 형성된 '종속적 신자유주의 노동체제'는 민주화·선진화 국가 프로젝트의 산물이었다.[6] 그리고 나아가 그것은 신자유주의 체제로 변화된 축적 체제를 조절하려는 지배 블록의 헤게모니 프로젝트, '두 국민 전략'이 노동 정치에서 물질화된 구조라고 할 만하다. 다음 절에서는 지배 블록의 새로운 국가 프로젝트와 노동 정치 전개 과정의 연관성을 고찰한다.

3. 민주노동당과 1기 노동자 정치 세력화의 실패

2000년 결성된 민주노동당은 주지하듯이 2004년 국회 입성에 성공함으로써 진보 정치 운동의 오랜 숙원이었던 제도화에 성공했다. 현재 진보 정치의 실패를 분석하려면 우선 민주노동당의 성공을 설명하며 시작할 필요가 있다. 1987년 이후 10여 년간 시도되었던 다른 노동 정당 건설 시도들(조현연 2009b, 100~101)과 달리 민주노동당이 제도적으로 안착한 이유는 무엇인가?

---

6 '종속적 신자유주의 노동체제'에 관해서는 손호철(2010), 지주형(2011), 장석준(2011), 노중기(2012a) 참고.

민주노동당이 제도 정치에 안착하려면 두 가지 전제 조건이 필요했다. 바로 민주화 국가 프로젝트와 노동조합을 중심으로 한 대중조직의 전폭적 지원이었다. 민주화 프로젝트는 김영삼 정부 시기에 지배 블록 내부의 온건파가 헤게모니를 확보하려고 추진한 정치적 프로젝트였다. 멀리는 1993년 노동법 개정 시도에서 시작되었지만 본격적으로 추진된 것은 1996년 신 노사 관계 구상과 노사관계개혁위원회의 출범 이후였다. 1997년 초 겨울 총파업과 3월 노동법 개정, 그리고 1998년 2월 법 개정의 노동 개혁으로 노동 민주화는 크게 진척되었다. 노동 정당 설립에 필요한 정치사회적 조건, 특히 제도와 법률적 개혁이 실현됨으로써 진보 정당의 제도화를 위한 첫 번째 요건이 마련되었던 것이다. 예컨대 노동조합의 정치 활동이 합법화되었고 제3자 개입 금지가 철폐되어 노동 정당은 이제 자유롭게 활동할 수 있었다.

두 번째 전제는 민주 노조 운동의 합법화였다. 1996년 말 노동법 날치기 파동으로 일차 좌절된 민주화 프로젝트는 1997년 초 겨울 총파업으로 복원되었다. 그리고 이 과정에서 민주 노조 운동은 자력으로 사회적 시민권을 확보했다. 이후 노사정위원회 노동 정치를 거치면서 1999년 하반기 민주노총이 합법화됨으로써 민주 노조 운동 전반의 시민권이 보장되는 변화가 생겼다. 민주 노조 합법화는 진보 정당을 안정적으로 뒷받침할 조직, 재정, 인적 자원이 마련되었음을 의미했다.[7]

---

7 1997년 대통령 선거에서 국민승리21이 내부 갈등, 저조한 득표와 법률적 해산 등에도

결국 민주노동당의 제도적 안착은 크게 보면 지배 블록의 민주화 국가 프로젝트와 노동계급의 대항 프로젝트가 상호 결합한 결과였다. 이는 1987년 노동체제의 객관적 요구였던 노동운동의 시민권 확보라는 차원의 연장선이라고 할 수 있다. 즉, 민주 노조 운동의 합법화 요구와 함께 정치 활동의 자유 요구가 지배 블록에 의해 수용되어 물질화하는 과정이었다. 1995년 결성된 민주노총이 전폭적인 물질적·인적 지원에 나선 것은 자신의 시민권을 최종적으로 확보하는 과정이었으나 이는 국가 프로젝트의 변동과 결합해서만 가능한 것이었다.

그렇지만 민주노동당의 실험을 한층 적극적으로 추동한 더 중요한 상황적 요인이 있었다. 노동체제 변동이 급속하게 추진된 것은 1997년 말 IMF 외환 위기 사태 때문이었다. 1997~99년 기간에 외환 위기와 심각한 고용 불안, 그리고 신자유주의 구조 조정은 노동 정치에 엄청난 충격을 준 외적 변수였다. 수백만 명의 노동자들이 직장을 잃고 해고되는 격변 앞에서 민주 노조들은 무력했다. 이 과정에서 노동 대중들은 이를 제어할 정치적 수단의 필요성을 절감했다. 그리고 1997년 겨울 총파업 과정에서 지배 블록의 전략적 지향이 정리 해고와 비정규직 확대였다는 점을 대중은 분명히 인식할 만했다. 노동 유연화로 대표되는 국가의 선진화 국가 프로젝트에 대응하려면 노조 운동을 넘어서는 정치 운동이

불구하고 2000년 민주노동당으로 다시 확대 조직될 수 있었던 결정적인 이유는 민주노총의 존재와 조직적 지원이었다(조현연 2009b).

필요하다는 대중적 각성이 쉽게 고양될 수 있었던 것이다. 그러므로 그 속에는 반신자유주의 대항 헤게모니 전략의 맹아가 숨어 있었다.

요컨대 민주노동당은 국가 전략과 노동운동 전략이 상호작용한 산물이었다. 국가 전략에서는 지배 블록 내 개혁파의 민주화 국가 프로젝트가 작동했다. 그리고 노동운동에서는 두 개의 대항 프로젝트, 곧 반신자유주의 프로젝트와 민주화 프로젝트가 결합했고 민주노동당 건설로 귀결했다. 결국 민주노동당은 지배 블록과 노동운동의 전략이 모순적으로 결합해 형성된 '(노동) 민주화 프로젝트'의 산물이었던 셈이다.

이런 측면에서 2004년 총선 승리와 국회 입성은 한편에서 노동운동의 대항 프로젝트인 정치적 시민권 확보 투쟁이 사회적으로 승인받는 과정이었다.[8] 그러나 다른 한편에서는 보수 지배 블록 내부의 자유주의 분파가 추진한 '민주화 국가 프로젝트'가 물질화하는 과정이기도 했다. 정당 투표 비례대표제와 탄핵 반대 투쟁에서 양자는 수구파에 대항해 함께 '민주화 프로젝트'를 추진했고, 그 연대는 두 주체들의 의지를 넘어서서 이루어졌다. 그리고 그 결과가 양자 모두의 총선 승리였다. 그러므로 민주노동당의 총선 승리는 순전히 자신의 힘에 기초하지는 않은 셈이다.

2004년 탄핵 정국이 중요한 전환점이었다는 점이 중요하다. 그

---

8 갑자기 이루어진 일은 아니다. 앞서 설명했듯이 장기적인 과정을 거친 결과였다. 예컨대 민주노동당은 이미 2002년 지방선거에서 상당한 득표력을 발휘하며 제3당으로 등장했다.

것이 지배 블록 내부에서 추동된 마지막 민주화 프로젝트였기 때문이다. 총선 이후 자유주의 지배 분파는 민주화 프로젝트를 최종적으로 폐기했고 국가 프로젝트는 단일한 '선진화 프로젝트'로 수렴되었던 것이다.[9] 그 결과는 선진화 프로젝트 사업들의 본격화, 곧 한미 FTA 및 동북아 금융 허브 추진으로 드러났다. 노동 영역에서 선진화는 비정규법 제정과 노동 유연화 정책, 권리 보장보다 통제에 치우친 공무원노조 특별법 제정, 민주 노조에 대한 각종 이데올로기적·법적 공격, 노사 관계 선진화 방안 추진 등으로 나타났다. 다른 한편에서 지배 블록 내에서 민주화 프로젝트가 폐기된 결과로 자유주의 분파의 성격도 변화했다. 지배 블록 내 수구파와 자유주의 분파는 신자유주의 정책을 매개로 다시 연합했고 이들의 연합은 '신자유주의 대동맹'으로 최종 완성되었다.[10]

신자유주의 대동맹에 의해 2004년 총선 이후 지배계급의 헤게모니는 급속하게 확장되었다. 국민소득 2만 달러, 동북아 금융 허브, 한미 FTA 등으로 노무현 정부가 제시했던 선진화 프로젝트는 이명박 후보의 747 공약(7% 성장, 국민소득 4만 달러, 세계 7대 경제 강국)으로 확장되었다. 그리고 노동 영역에서는 노무현 정부에서 시

---

9 총선 직후 설정된, 열린우리당의 이른바 '민주화 4대 개혁 과제'는 2004년이 채 저물기도 전에 폐기 처분되었다. 이후 선진화 의제가 과감하게 추진되었고 공무원노조법과 비정규법 제정, 각종 이데올로기 유포 등 민주 노조에 대한 공격이 거침없이 실행되었다.

10 신자유주의 대동맹은 변화된 축적 체제와 조절 양식(헤게모니 프로젝트)에 조응하는 지배 블록의 재구성이었다. 이전의 재벌, 수구 언론 등 기존의 지배 분파들과 함께 자유주의 정치 세력, 제반 시민사회 운동, 민족주의 통일 운동 세력 등이 이 동맹에 새로이 편입되었다고 볼 수 있다.

작된 노동 개혁 의제가 폐기되고, 노동 유연화와 법치주의가 이명박 정부에서 완성되어 강력하게 추진되었다. 2006년 9월의 노사관계 선진화 로드맵 노사정 합의와 이후의 법 개정은 그 상징적 전환점이었다. 보수 헤게모니가 팽창한 결과 지배 블록 내 수구 세력은 손쉽게 정권을 탈환했다. 집권 이후 이명박 정부가 노무현 정부의 선진화 프로젝트를 구체적인 정책들로 모두 실행했음은 주지하는 바와 같다.[11]

문제는 '선진화 프로젝트'의 국민대중적 기획이 조합주의 단계의 의식 수준에 머물고 있는 노동계급 내부, 특히 조직 노동에 커다란 충격을 가했다는 점이다. 2005년 이후 노무현 정부가 민주노조 운동 노선을 '구시대적인 귀족 노조'라고 규정하며 대공세를 펼침에 따라 조합원 의식의 보수화 및 노조 운동 지도부의 우경화를 야기했다(조돈문 2008; 2010/07/06). 2004년을 전환점으로 민주 노조 운동 내부에서는 이른바 국민파·자주파 권력 블록이 노조 권력을 안정적으로 재생산하기 시작했다. 그리고 이는 곧바로 배타적 지지의 조직적·정치적 연계를 통해 민주노동당에 전달되었다.

이 모든 정치 변동의 뿌리에는 심각한 고용 불안과 사회 양극

---

11 그러므로 2003년 이후 새누리당(한나라당)과 통합민주당(열린우리당)의 집권 경쟁 및 정치적 대립은 대동맹 내부에서는 상대적으로 부차적인 갈등이다. 양자의 권력 다툼으로 전직 대통령이 사망하는 사태가 발생하기도 했다. 그러나 그 갈등은 더 많은 노동자들이 해고되고 스스로 목숨을 끊으며 진보 정치가 붕괴하는 사회적 세력균형 변동을 은폐하는 기제로 작동했다. 곧 지배 블록 내부의 적대적 상호 의존에 불과하다. 마치 미국에서 보수 양당의 경쟁 과정에서 노동이 체계적으로 배제되는 것과 동일한 메커니즘이라 할 만하다.

화라는 축적 체제 모순이 자리하고 있었다. 그러나 이에 대한 대중적 불만은 반신자유주의 전선으로 형성되기보다는 지배 블록의 선진화 담론, '선진국에 대한 약속'에 체계적으로 포섭되었다. 그리고 민주 정부는 민주 노조를 비롯한 조직 노동, 그리고 그에 토대를 둔 노동 정당을, 선진화를 가로막는 사회 세력으로 규정하는 과정에서 결정적인 역할을 수행했다.[12] 민주 노조와 진보 정당은 저마다 다른 이유로 지배 블록의 공세에 적절히 대응하지 못했다. 반대로 양자는 정치적 노선의 우경화, 조합주의·경제주의 실천을 강화하는 방향으로 후퇴했다고 볼 수 있다.

두 개의 대항 프로젝트인 민주화 프로젝트와 반신자유주의 프로젝트는 노동운동 내부에서 1998년 이후 장기간 경합했다. 좁게는 노사정위원회 참여를 둘러싼 사회적 합의주의 논란으로 진행되었고 넓게는 급속히 확장된 신자유주의 노동체제와 이른바 '민주 정부'에 대응하는 방식에 대한 전략적 차이로 나타났다. 대체로 2004년 이후 반신자유주의 전략 기획은 소수파의 프로젝트로 밀려나 영향력을 상실했다.[13] 또 비정규직 노동자 증가, 구조 조정,

12 노무현·이명박 양 정부는 그 정치적 차이에도 불구하고 선진화 프로젝트의 핵심 기획, 노동 유연화와 법치주의 노동 통제의 측면에서 완전히 일치했다(노중기 2006; 2010). 이명박 정부에서 일방적인 노동정책을 실행할 수 있었던 것은 노무현 정부의 선진화 로드맵과 노사정위원회, 그리고 민주 노조에 대한 이데올로기 공세가 구축한 토대 때문이었다.

13 2004년 이후 반신자유주의 프로젝트는 설 자리가 없었다. 민주노총 지도부는 우파 지도부에 의해 장악되었고 2006년 이후 민주노동당은 민주 대연합을 추진하는 범지주의가 지배력을 공고히 유지했다. 또 이 시기에 조합원 대중의 상당한 반발에도 불구하고 노조 지도부는 사회적 합의주의를 일관되게 추진했다. 그리고 이명박 정부 출범 이후에

사회 양극화와 빈곤의 심화 등에 맞선 반신자유주의 프로젝트의 제반 과제들은 조직화된 노조에 의해 기피되며 의회주의 노동 정당의 과제로 넘겨졌다. 민주노동당에서 반신자유주의 의제들은 반미·통일 의제에 비해 부차적이었으며 대체로 법안 발의와 보수정당과의 막후교섭 및 타협적 절충으로 봉합되었다.

노동자계급 주도의 대중정당, 운동권 연합 정당, 의회주의 정당의 기획으로 출발했던(장석준 2008) 민주노동당은 거시적인 헤게모니 변동에 전혀 대응하지 못했다. 민주노동당은 낡은 '민주화 프로젝트'에 매몰되었고 반신자유주의 의제를 외면하거나 합의주의와 의회주의 개혁 시도를 되풀이했다. 그것은 지배 블록이 폐기한 낡은 프로젝트를 계속 추진하는 한계가 있었다. 배타적 지지의 조직적 구속 아래 노동계급 대중은 노동 정당으로부터 소외되거나 방어적 경제주의·조합주의 의식의 굴레에 깊이 빠져들어 갔다.

배타적 지지를 기축으로 한 민주 노조 운동의 '양 날개론'은 서구 사민주의에서 볼 수 있는 정치적 경제주의의 모순을 증폭한 것이었다.[14] 서구에서는 산별노조의 관료주의와 의회주의, 개량주의의 한계 위에서 발생했던 반면에 한국에서는 복잡한 양상을 띠었

는 주지하듯이 노동계급 주체가 아니라 시민사회의 촛불과 희망버스가 노동운동의 반신자유주의 프로젝트를 대체했다.

14 앞서 살폈듯이 '양 날개론'은 당과 노조의 역할 분담론을 말하는 것으로 서구 사민주의 노동운동에서 경제주의·의회주의 노동운동을 야기한 구조적 원인 가운데 하나였다. '양 날개' 체제에서 노조는 자신의 정치 활동을 방기했으며 정당은 계급 대중의 정치적 조직화와 정치 활동을 노조에 맡겨 버렸다. 노동 정당은 입법 수단을 기능적으로 특화해 의회주의에 매몰되었다(Hyman 1994).

다. 한국에서 산별노조는 무늬만 산별노조였으며 진보 정당은 개량주의에 더해 민족주의 이념의 질곡에 있었기 때문이다. 자주파 계열 운동권 세력이 당권을 장악해 통일·반미 지상주의가 지배적인 운동 전략으로 자리 잡았다. 당권파에게 노동문제나 반신자유주의 전선은 그다지 중요하지 않았다. 그 결과 자유주의 보수 세력과의 '민주 대연합'이 낡은 '민주화 프로젝트'의 핵심 의제로 다시 떠올랐다.

민주노동당 내 평등파의 경우 일부가 '반신자유주의 프로젝트'에 공감했으나 대체로 분당 이전까지 자주파와 적대적 공존 상황을 묵인했다. 구체적으로는 의회 권력에 대한 욕망, 왜곡된 노조-정당 관계에 대한 묵종을 포함하는 의회주의와 양 날개론의 오류를 공유한 셈이다. 2008년 분당 이후 진보신당의 실험은 2012년 재분당으로 다시금 실패했음이 명료하게 나타났다. 진보신당의 평등파도 민주노동당의 당권파와 많은 것을 공유했던 셈이다.

더 본질적으로 민주노동당 노동 정치의 오류들은 결국 정파 구분을 넘어섰다는 점이 중요하다. 즉, 계급 간 힘 관계와 헤게모니 변동, 신자유주의 대동맹 형성 등 거시 구조의 변동에 대해 노동 운동 전체가 전략적으로 대응하는 데 실패한 소산이었다. 민주노동당은 좌우를 막론하고 1997년 이후의 새로운 노동체제에서 소멸된 의제인 '민주화 프로젝트'에 여전히 매몰되었던 것이다. 1기 정치 세력화의 종결은 1987년 체제에서 발원한 조합주의적 정치 운동으로는 그 이상 전망이 없음을 보여 주었다. 더불어 보수화하는 조직 노동 대중, 심화된 양극화와 늘어나는 비정규 노동자 문제에 적극적으로 대응할 반신자유주의 대항 헤게모니 프로젝트를

구성하는 데 실패한 것이었다. 이를 세 가지 측면에서 구체적으로
살펴보자.

4. 통합진보당 사태와 세 개의 전략적 오류

통합진보당 사태를 '1987년 체제 진보 정당 운동의 붕괴'로 파
악하는 일반적인 평가는 절반의 진실이다. 즉, 1987년 체제의 산
물인 민주노동당의 한계로만 시야를 좁혀선 안 된다. 이보다 중요
한 측면은 계급 연합 세력으로서 통합진보당의 결성 자체, 진보신
당의 몰락, 민주노총의 우경화를 포함한 전체 노동운동의 몰락이
었다. 여기에는 설명 변수로서 1987년 체제 이외의 요소가 포함되
어야 한다. 그것은 1998년 이후 물질화되어 온 '종속적 신자유주
의 노동체제'의 완성이라는 사태의 또 다른 측면이었다.[15]

종속적 신자유주의 체제의 완성은 지배 블록의 두 국민 헤게모
니 전략이 관철되고 있음을 뜻한다. 비정규직 노동에 대한 착취 강
화, 사회적 양극화와 빈곤 심화에도 불구하고 지배 블록은 신자유
주의 노선을 고수하고 있다. 이들은 시장 자유주의 맹신, 재벌 체제

---

15 총선에서는 제도 정치의 좌우 극단이 모두 패배했다. 좌파로는 진보신당과 사회당, 우
파로는 자유선진당이 몰락했다. 통합진보당은 의석수에서 결코 실패하지 않았음을 기억
할 필요가 있다. 실패는 중도 자유주의 세력으로의 변신이라는 그 성격 변화에 있었다.
통합진보당이 몰락하면서 신자유주의를 맹종하는 보수 양당 체제의 정치 지형이 한층
본격적으로 드러난 것이다.

　2부 진보 정당 운동의 노동 정치

옹호, 비정규직 노동자 등 하층 노동자와 중소 상공인 배제를 기축으로 하는 축적 전략과 헤게모니 프로젝트를 유지하고 있다. 그 결과 노동계급 내부에서 조직노동자/미조직노동자, 대사업장/중소·영세 사업장, 정규직 노동자/비정규직 노동자 등 다차원적인 분절이 심화했다. 그에 따라 쌍용차나 한진중공업 등의 정리 해고 문제, 기업형 슈퍼마켓SSM과 영세 상권 몰락 문제, 현대차 불법 파견 등 비정규직 노동자 문제가 중요한 사회적 쟁점으로 부각되었다.

그런데 이명박 정부의 총체적인 실정失政에도 불구하고 지배 헤게모니는 굳건하게 관철되는 양상을 보였다. 노동자계급을 포함한 피지배 대중들의 의식은 재벌 중심 성장주의, 발전 국가, 시장 경쟁주의 의식에서 크게 벗어나지 못했다. 빈곤과 양극화에 대한 발본적인 대안을 형성하기보다는 경쟁과 성장이라는 신자유주의 담론에 묶여 있는 것이다. 2012년 4·11 총선의 예기치 않은 결과는 굳건하지는 않지만 이와 같은 두 국민 전략 헤게모니 프로젝트와 선진화 국가 프로젝트가 심층에서 대중의 의식을 장악하고 있음을 보여 주었다.[16]

신자유주의에 따른 심각한 사회경제적 모순에도 불구하고 지배 계급의 헤게모니가 여전히 굳건하다는 점에 천착하면 사태의 본질에 좀 더 다가설 수 있을지도 모른다. 진보 정치가 몰락하고 보수

---

16 2012년 대선의 담론 시령노 크게 나르시 않았나. 박성희의 '싱싱 신화'와 인칠수의 '싱 공 신화', 그리고 문재인의 '낡은 민주·개혁'이 경쟁한 구도를 생각하면, 정도 차이가 있을 뿐 하나같이 낡은 민주화와 신자유주의의 시장 신화를 공유한 듯하다.

정당 일변도의 선거 경쟁 구도가 펼쳐진 정치 지형은 통합진보당 사태의 결과일 뿐인가? 통합진보당의 실패 뒤에는 노동 정치의 한층 근본적인 실패가 자리하고 있는 것이 아닐까?

먼저 통합진보당 사태로 말미암아 노동자계급 대중이나 진보 세력이 큰 피해를 입었다면 가해자를 당권파로만 국한할 수는 없다. 가해자에는 창당에 적극 가담한 비당권파와 민주노총 지도부 전체가 당연히 포함되어야 한다. 민주노총은 민주노동당과 통합진보당의 설립자였고 인적·물적 자원의 공급자였을 뿐만 아니라 그 내부 모순을 산출하고 재생산한 당사자였기 때문이다. 말하자면 노동조합은 진보 정당의 창당과 총선 과정 및 정당 운영의 막후 실력자였던 셈이다. 이 과정을 제대로 반성하지 않은 채 '제2 정치 세력화'를 주장한다면, 이는 사태의 본질을 은폐하는 일일 뿐이다(임영일 2012/05/21). 통합진보당 사태의 이면에는 민주 노조 운동의 위기가 자리하고 있었다.

더 나아가 통합진보당 사태의 본질은 부르주아 헤게모니가 민주 노조와 진보 정당 내부에서 확산되는 것을 넘어 헤게모니를 장악한 데서 찾아야 한다. 2000년대 초반 이래 자본의 헤게모니는 민주 노조 운동 내부에서 노사정위원회 참가, 기업별 노조와 대공장 중심주의, 조합주의와 경제주의 활동 방식에 의해 확산되어 왔다. 그 헤게모니는 '배타적 지지'와 '당권파 패권주의'를 매개로 곧 정당에 이전되었다. 진보 정당은 내부로부터 보수화되어 사회주의 변혁 전망을 당헌에서 배제했고 비판적 지지나 민주 정부와의 선거 연대를 넘어서 민주 대연합을 공공연히 주장하기에 이르렀다. 신자유주의 보수정당과 합당하며 등장한 통합진보당은 진보 정치 내부의 헤게모니 변동을 단적으로 보여 주었다.

　민주노동당에서 당권파의 민족 지상주의와 패권주의는 비당권파의 의회주의와 패권주의로 상쇄되었고, 의회 권력을 창출하는 상당한 기간 동안에는 당권파와 비당권파 모두 상대를 용인할 수 있었다. 노동조합운동에서 헤게모니 이동을 추동한 주체들은 일차적으로 국민파-자주파 연합이었다. 그러나 중앙파, 현장파도 서로 다른 이유로 이를 방치했다. 중앙파는 우파와 양 날개론 및 정파 패권주의를 공유했다. 그리고 현장파는 우파의 양태를 비난하는 것을 정당성의 기반으로 삼았고 현장 중심의 낡은 전투적 노조주의에 매몰되었다. 요컨대 당의 당권파(자주파)와 노조의 국민파-자주파 연합 권력의 장기 지배가 용인되었고 결국 진보 정당의 우경화를 피할 수 없었다. 2012년 총선 정국에서는 10여 년간 축적된 이와 같은 운동 내적 모순이 일거에 폭발한 셈이다.[17]

　이처럼 통합진보당 창당은 보수 민족주의와 개량주의·의회주의 정치 방침을 당권파/비당권파가 상호 용인하는 과정이었고, 필연적으로 사회주의적 계급 지향을 탈색하는 정치적 우경화 과정이 되었다. 이 과정에서 반신자유주의 전략 의제는 부차적으로 취급되거나 왜곡되었으며, 심지어 현장파의 게토로 변했다.[18] 투쟁에

---

17 2012년 선거에서 통합진보당의 '후보 단일화'와 '민주 대연합', 그리고 '공동 정부 전망'은 민주노총의 '1-10-100 전술 등 선거 몰입', '통합진보당 배타적 지지와 교섭단체 획보'와 '민주 내연힙을 통한 노동법 개정'의 신략적 기획과 세세식으로 밎불러 있었나 (전국민주노동조합총연맹 2012/05/17).

18 현장파는 제도 진보 정당을 개량주의 노선이라 비판하고 노조 중심의 전투적 현장 투

나선 비정규 노동자들과 정리 해고 노동자들은 민주 노조 조직의 전략적 지원 없이 고립무원의 상황에서 패배를 거듭했다.[19]

1997년 이후 시작된 지배 블록의 헤게모니 침투에 대한 민주 노조 운동의 대응 전략은 전혀 없었는가? 신자유주의 축적 전략, 노동체제가 구조화되는 변화에 무대응으로 일관했는가? 물론 그렇지 않다. 문제는 그 대응 과정이 전반적으로 실패로 귀결했다는 점이다. 여기에는 세 가지 전략적 오류 또는 한계가 존재했다.

1987년 노동체제의 산물인 민주 노조 운동은 두 개의 조직적 구심, 곧 민주노총과 합법 진보 정당을 확보했다. 1997년을 전후한 시기에 지배 블록의 헤게모니 전략 변화와 축적 체제 및 노동 시장 구조 변동에 대응해 민주 노조 운동은 크게 두 가지 전략적 대응을 했다. 바로 민주화 프로젝트와 반신자유주의 프로젝트였다. 전자가 1987년 체제를 종결하는 형식적·절차적 시민권의 문제, 곧 과거의 과제라면 후자는 신자유주의 시대에 계급적 연대의 내용을 새로이 구성하는 미래의 과제였다. 미래의 과제와 관련해 세 가지 오류 또는 한계가 존재한 것이 통합진보당 사태의 뿌리를 이루었다. 이 한계들은 서로 맞물려 있으며 함께 작용해 사태를 야기한 근본 요인이었다.

쟁만을 강조했다. 그 결과 반신자유주의 전략이, 현장파가 주도하는 전투적 조합주의나 투쟁 만능주의 실천으로 전락하는 결과가 발생했다.

19 2004년 이후 현대자동차 사내 하청 노동자들의 불법 파견 철폐 투쟁, 한진중공업과 쌍용자동차의 정리 해고 반대 투쟁 등 대표적 쟁의들은 모두 민주 노조 정규직 노조들이 방관하는 가운데 처절한 고난의 투쟁이 되었다.

2부 진보 정당 운동의 노동 정치

첫째, 산별노조 건설의 전략적 시도였다. 산별노조는 1987년 노동체제를 근본적으로 해체하고 신자유주의 경쟁 체제에 대항해 연대를 확장하는 전략적 기획이라고 평가할 만하다. 그러나 2006년 형식적 산별노조 전환 이후 여러 가지 변화를 낳았음에도 산별노조 운동은 현재 시점에서 실패로 평가할 수밖에 없다(한국노동운동연구소 2009; 임영일 2012/10/18).

산별노조 운동의 핵심은 기업별 노조 체제를 넘어 조직적 연대를 확보하는 데에 있었다. 기업을 넘어선 연대는 자연스럽게 미조직·비정규 노동자와의 연대로 확장될 수 있었다. 또 계급적 산별 연대는 노동자계급의 협소한 이해관계를 넘어서는 계급 간 정치적 연대의 기반이 될 수도 있다. 이는 노동계급의 정치 세력화를 위한 전제 조건 가운데 하나이기도 했다.[20] 그러나 15년 이상의 조직적 노력에도 불구하고 현재의 산별노조는 조직적 연대 확장에 실패했고, 정규직 대공장 노동자들이나 기업 노조 조직의 외피를 벗어나지 못하고 있다. 산별 중앙 교섭 전략은 국가와 자본의 반대로 대개 와해되었고, 비정규 하청 노동자들에 대한 대기업 지부의 배제도 여전하기 때문이다.

요컨대 산별노조의 실패는 노조 운동의 현실이 1987년 체제를 벗어나지 못했음을 보여 준다. 대기업의 종업원으로서 정규직 노

---

20 정치 세력화 운동은 산별노조 운동과 정합적으로 진행되기보다 그 대체물로 작동했다. 그것은 노조 운동의 내적 역량을 강화하기보다는 정당 연계를 매개로 해서 당면한 문제를 해결하는 '양 날개' 정치적 경제주의였다. 즉, 민주노총판 '자판기 노조' 현상이 나타났던 셈이다.

동자가 중심이 되는 기업 내부의 연대, 그리고 그 경제주의 실천의 한계가 여전한 것이다. 조직 형식을 바꾸었으나 인력과 자원을 집중하고 기업의 틀을 넘어 지역으로, 미조직·비정규 노동으로 연대를 확장하는 데 실패했다. 또 단체교섭 중심의 경제적 실천을 넘는 정치적 전망을 갖추지 못했다.

둘째, 민주노동당을 매개로 한 신자유주의 대항 헤게모니를 구축하는 데도 실패했다. 여기에서 핵심적인 문제는 왜곡된 노조-정당 관계, 곧 '양 날개론'으로의 경도와 이념 문제였다. 민주노총의 이른바 '정치 방침'인 배타적 지지는 매우 예외적으로만 허용될 수 있는 전략이었다. 보통의 시기에 그것은 계급적 노조 운동의 원칙을 일탈하는 전략 방침이다.[21] 배타적 지지가 요구하는 노조와 정당의 유착은 양자 간에 필요한 건강한 비판과 협력의 공존이라는 긴장 관계를 없애기 때문이다.

그러므로 적어도 2008년 민주노동당의 분당 사태 이후 배타적 지지 방침은 폐기되어야 했다. 진보신당이나 사회당의 존재 때문이 아니라, 대중조직의 정치적 자율성을 결정적으로 해치기 때문이었다. 민주노총은 이 과제를 방기했을 뿐만 아니라 2012년 4·11 총선 과정에서 통합진보당에 대한 배타적 지지를 더욱 적극적으로 실행함으로써 조직 내부의 균열을 심화했다(전국민주노동조합총연

---

21 여기서 노조가 정당을 만든 영국 노동당이나 제1 야당이었던 일본 사회당의 경우는 타산지석 사례이다. 노조에 대한 정당의 과도한 의존은 두 나라에서 모두 전체 노동운동 발전을 가로막은 결정적 걸림돌 중 하나였다(호리에 마사노리 외 1984; Taylor 1989; 장석준 2008; 기노시타 다케오 2011). 배타적 지지에 대한 예외적인 긍정적 평가로는 김장민(2012/10/29) 참고.

맹 2012/09/14). 나아가 배타적 지지는 선거 시기에 노조가 정상적인 노조 활동을 수행하지 못하도록 막는 역기능도 산출했다.

또 배타적 지지는 사회민주주의 노동운동의 '양 날개론' 중 최악의 형태라고 할 만하다. 우리의 경우 민주노총의 배타적 지지 방침은 '양 날개론'의 한계에 더해 양 조직 내부의 구조적 문제를 상호 이전함으로써 문제를 더욱 키웠다. 예컨대 민주노총 내부의 정파 갈등과 우경화는 배타적 지지를 통해 당으로 이전되었고, 반대로 2008년 분당에서 나타났듯이 당내의 정치적 갈등은 곧바로 노동 대중을 균열시키고 노조 활동을 무력화했다. 민주노총의 정파 연합에 따른 패권주의는 당으로 확산되었고 당의 패권주의는 이내 역수입되어 노조로 들어왔다. 특히 대기업 정규직 중심인 민주노총의 조직 현실은 당 활동에 그대로 투영되었고 노동 정당마저 미조직·비정규 노동자를 배제하는 현실적 결과를 초래했다.

전체적으로 배타적 지지 문제는 1990년대 이후 진보 정당 운동이 노동조합운동의 조직적 확장에 불과했음을 입증했다. 단순화하자면 민주노동당은 노조의 필요에 따라 설립되었고, 노조의 자원과 인력에 기초해 노조의 요구를 실행하는 노조 기구였을 뿐이다. 1987년 노동체제의 노동운동, 곧 조합주의 노동 정치를 넘어서지 못했던 것이다.

셋째, 진보 정당 운동에서 1987년 체제의 이념인 '민주화'를 넘어서는 계급적 이념을 형성하는 데 실패한 것도 결정적이었다. 이와 연관해 '통합진보당 사태는 당권파 패권주의의 문제이지 종북주의 문제가 아니다'라는 주장이 있다. 필자는 이렇게 볼 수 없다고 판단한다. 양자는 상호 연관되어 있고 분리되지 않는다. 통일·북한 문제는 현실적으로 한반도 북에 존재하는 정치적 세력에서 발원하고 있다. 그러므로 이는 언제나 노동 정치의 중요한 의제이며 정치적으로 손쉽게 용인되거나 봉합될 만한 성질이 아니다. 이 문제에 민주 노조 운동이 정면으로 대응하지 못한 결과가 통합진보당 사태로 불거졌던 것이다. 2008년 진보 정당 내부의 주체들이 확인한 이런 판단을 2012년에는 자주파 자신이 스스로 다시 확인했다.

문제의 핵심은 자주파의 민족주의가 급진 민족주의가 아니라 이미 심하게 퇴행한 보수 민족주의라는 점이다. 남한의 정치적 민주화 진전과 남북 관계 변동이라는 거시적 정치체제 변동에도 불구하고 자주파의 민족주의는 전혀 변화하지 못했다. 나아가 과거 군부 파시즘에서 남북한의 적대적 상호 의존은 이제 남한 사회 내부에서 자주파 민족주의와 극우파 민족주의로 재생산되고 있다.[22] 정치체제와 노동체제가 변동하고 남북한 정세가 변화함에 따라 진보 정당은 이 문제를 정면에서 제기해야 했다. 그러나 당내 비판자들은 오랫동안 이를 묵인했고, 2008년 분당 때에도 이를 부인하기 급급했다. 보수적 민족주의와 공존하는 진보 정당은 형용

---

22 중요한 전환점은 김대중 정부 시기의 남북정상회담과 2000년 6·15 선언이었다. 이 시기를 전후로 자주파 민족주의의 보수화가 심화된 듯하다(장훈교 2011, 185~188). 또 자주파의 운동 노선은 1980년대 후반 이래 통일 전선론이나 민주 대연합론 등 낮은 수준의 민주화론을 벗어나지 않았다(이창언 2010, 158~159). 요컨대 당권파의 패권적 행태가 조·중·동의 극우적 반북 선동으로 정당화되며 조·중·동의 매카시즘은 자주파의 현실적 존재와 수구적 행태로 정당화되고 있는 현실은 한편의 코미디이다.

2부 진보 정당 운동의 노동 정치

모순이었던 것이다.[23]

당권파의 실력자가 고백했듯이 국민참여당을 포함하는 통합진보당의 그림은 자주파에서 주도했다. 그리고 그 정치적 전략은 주지하듯이 '민주 대연합에 기초한 공동 정부'였다. 1987년 이후 진보 세력을 보수 자유주의로 끊임없이 견인하고 포섭했던 '비판적 지지'와 민주 대연합의 '낡은' 논리는 여전히 정치적으로 강력했으며, 성장한 대중적 통일 운동에 기반해 더 확대되었다. 특히 민주 정부들의 통일 정책과 이를 매개로 한 정치적 헤게모니가 큰 역할을 한 것으로 보인다. 이처럼 민족문제는 진보 세력 내부를 균열시켜 부르주아 헤게모니를 확장하는 주요 창구가 되어 왔다(조현연 2009b).

한편 이와 관련해 민주노총의 제2 정치 세력화에서 주장하는 '노동 중심성' 개념도 비판적으로 검토할 필요가 있다. 이 개념에는 구좌파의 '전위 정당론'이나 사민주의 세력의 '정치적 경제주의'(양날개론)의 함의가 여전히 포함된 것으로 판단된다. 예컨대 통합진보당에 '노동자 후보가 없고 노동 의제가 배제되었다'는 비판은 본질적 비판이 아니다. 거꾸로 그것은 노동자 후보와 노동 의제로 가득 찬 '조합주의 자판기 정당'을 염두에 두고 있을지도 모르기 때문이다. 물론 전위 정당론의 노동 중심성이라면 더 큰 문제일 것이다.[24]

---

23 일심회 사건, 핵실험 사건, 2007년 대선 과정 등 2004년 이후 당권파의 전횡은 교정 불가능한 것이었다. 자세한 내용은 장훈교(2011, 191~209), 조현연(2009b) 참고.

5. 결론 : 요약과 토론

논의를 요약하면 다음과 같다. 먼저 진보 정치의 선거 패배와 통합진보당 사태는 정당 주체들의 오류보다 거시적인 구조 변동과 전체 노동운동 세력의 전략적 실패에서 그 일차적 원인을 찾아야 한다. 구체적으로는 지배 블록과 민주 정부들의 선진화 국가 프로젝트와 두 국민 전략의 헤게모니 프로젝트가 다수의 노동 대중, 시민에게 정치적 영향력을 확대해 온 결과였다. 현재 진보 정치의 수세는 이런 세력 관계 변화나 헤게모니 변동이 반영되었다고 판단할 수 있다. 그러므로 통합진보당 사태의 본질은 선거 부정이나 패권주의, 조직 문화 등 주체들의 문제이기보다 '민주 노조 운동의 퇴락', '진보 정당의 우경화', '부르주아 헤게모니로의 포섭'에 있다.

더 자세하게 보자면 1단계 진보 정치 세력화의 실패는 노동운동의 세 가지 전략적 실패의 결과였다. 1997년을 전환점으로 한 노동체제 변동에 대한 민주 노조 운동의 전략적 대응은 산별노조 건설과 합법 진보 정당 건설로 집중되었다. 그러나 이 두 가지 전략적 기획은 모두 1987년 체제의 민주화 대항 헤게모니에 머물렀으며 변화하는 노동체제에 무기력했다. 즉, 반신자유주의 대항 헤

---

24 좌파 노동운동 세력은 오랫동안 전위 정당론의 한계를 벗어나지 못했다. 그러나 그 현실적 양태는 기업 노조 현장으로 끊임없이 회귀하는 조합주의적 실천이었다. 그럼에도 변화된 노동 정치 정세 속에서 이들의 향배는 매우 중요하다. 자세한 비판적 검토는 이광일(2011) 참고.

게모니의 계급적 연대 확장으로 나아가지 못했다. 그 결과 경제주의·의회주의·조합주의 실천의 한계에 갇힌 시도로 끝나고 말았다. 또 변화된 노동체제에서 진보 정치 운동은 '민족주의' 문제에 대해 계급적 원칙을 수립했어야 하지만 문제를 봉합했다. 그 결과는 진보 정당 운동 내부에서 부르주아계급 헤게모니가 확장된 것으로 나타났다. 결국 이런 문제들로부터 자유로운 노조 운동, 진보 정치 운동, 정파 세력은 없다는 것이 이 글의 주장이었다.

이제 새로운 노동 정치, 진보 정치의 건설은 더 중차대한 과제가 되었다.[25] 세 가지 전략적 정치 과제를 장기적으로 추진할 것을 요구하고 있다. 구체적으로 비정규 노동자와 연대하는 산별노조의 재구축, 노조-정당 관계의 재구성과 혁신, 그리고 새로운 진보 정치 이념과 노선의 재구성으로 요약할 수 있다. 이 과제들은 지금까지도 추진된 의제들이다. 다만 문제는 그 의제들의 질적 내용이다. 즉, 낡은 민주화 대항 헤게모니가 아니라 반신자유주의 전략 기획에 기초해 기존 의제를 재구성한다는 의미에서 그것은 제2의 산별노조 건설 운동, 제2 정치 세력화 운동이라고 함 직하다. 통합진보당의 실패를 계기로 산별노조를 포함한 민주 노조 운동 전반의 재점검, 민족주의 문제와 의회주의의 극복, 새로운 노조-정당 모델의 구축 등이 필요하다. 이와 연관해 민주노총은 '제2 정치 세

---

25 진보 정치 또는 노동 정치로부터의 철수는 불가능해 보인다. 노동 정치 의제가 이미 노동조합운동의 위기 문제와 긴밀히 결합되어 있기 때문이다. 이 문제에 대해서는 임영일 (2012/05/21) 참고.

력화' 또는 '새로운 진보 정당'을 주장하기에 앞서 자기 혁신과 배타적 지지 방침의 폐기가 시급해 보인다.

여타 제3세계 진보 운동과 달리 한국의 진보 정치 운동은 현실적 힘과 과제로서 '북한' 문제를 안고 있다. 이런 조건 때문에 진보 정치의 대중적 착근은 근본적인 난제이다. 통합진보당 사태는 진보 정치 운동의 이런 객관적·물질적 조건을 다시금 확인하는 과정이기도 하다. 이제는 이 문제를 분명하게 마주하는 진보적 대응과 이념적 재구성이 필요해 보인다.

6장

한국 노동운동의
1기 노동자 정치 세력화 30년

비판과 성찰

1. 문제 제기

1987년 민주 항쟁 이후 30년 만에 촛불 혁명이 발발했다. 2017
년 대통령 탄핵과 대선을 거치면서 촛불 혁명의 첫 단계는 지나갔
으나 '이게 나라냐?'라는 촛불의 요구는 그 뒤로 본격적인 정치과
정에 접어들었다고 할 만하다. 1987년 항쟁의 대미를 장식한 노
동자 대투쟁 이래 한 세대에 걸친 노동자들의 지난한 투쟁은 지금
중요한 전환점에 들어서고 있다는 생각이 든다.[1] 이 글은 30년 전
노동자 대투쟁의 구호인 '노동 해방'과 그 핵심 요구였던 '노동자
정치 세력화'의 현주소를 비판적으로 성찰하고 촛불 혁명과의 연
관에 대해 검토하고자 한다.

---

[1] 1987년 노동자 대투쟁으로부터 시작된 '1기' 정치 세력화는 30년의 분투를 지나 종료
되었다. 이제 우리 사회의 노동운동은 2016년 촛불 혁명에서 2기 정치 세력화 시기로
넘어갈 수 있는 중요한 역사적 계기를 맞이한 듯하다. 이 글은 이런 정치적 전망에 대해
논리적·경험적 근거를 찾는 하나의 시론이다.

여기서 장기간에 걸친 촛불 혁명의 첫 과정에서 노동자 진보 정치 운동의 위상을 보여 준 세 가지 장면을 돌이켜 볼 필요가 있다. 먼저 촛불 혁명 전 과정에서 노동운동[2]의 여러 정치적 요구가 광범한 대중들에 의해 수용되었다는 점이다. 촛불의 배경에는 노동문제가 있었다. 예컨대 '이게 나라냐?'라는 구호를 통해 시민들은 박근혜 정권의 실정이나 범법 행위 이상으로 청장년 및 노령 노동자들의 곤궁한 삶에 대해 절규했다. 또 이런 사실은 '최저임금 1만 원' 등 대선 과정에서 좌우를 막론하고 대부분의 후보가 수용한 개혁적 노동 공약들을 통해 확인할 수 있었다.[3] 당시 진보 정당인 정의당 후보가 대선 토론에서 발군의 실력을 보이며 주목받았던 데는 개인의 능력과 함께 이 같은 정세가 상당한 영향을 미쳤다고 볼 수 있다.

둘째, 수구적 보수정당 대선 후보의 이른바 '통합진보당 종북 정치 세력'과 '강성 귀족 노조'에 대한 선동과 비난도 주목할 만한 장면이었다. 그의 낡은 주장들은 대체로 시민들에게 무시되거나

---

2 노동운동은 대체적으로 노동조합운동과 노동자 정치 세력화를 중심으로 한 사회운동을 지칭한다. 한국의 노동운동에서 '민주 노조 운동'은 민주노총을 중심으로 하는 노동조합들의 다양한 운동과 정치조직들 및 정당들의 정치 운동을 포괄하는 개념으로 사용되어 왔다. 그것은 우리의 역사적 조건으로 말미암아 1970~80년대 이래 민주 노조 운동이 노조 운동뿐만 아니라 노동자 정치 운동의 요소를 포괄하고 있었던 것을 반영한다.

3 2017년 촛불의 성과로 출범한 문재인 정부는 최저임금 인상, 노동기본권 신장 및 ILO 협약 준수, 노동시간 단축, 비정규 노동자 축소 및 보호, 노동조합 조직률 제고 등을 공약하고 나름대로 추진하려 했다. 이런 의제들은 지난 30년간 민주 노조 운동이 줄기차게 요구해 왔으나 국가와 자본이 거부한 핵심적 노동 개혁 사안이라는 점에서 촛불 혁명의 성격을 보여 주는 한 지표가 된다.

비판받았지만 '종북과 귀족 노조'에 대해서는 그렇지 않았던 듯했다. 심지어 촛불 시민 중에서도 많은 이들이 상당한 정도의 공감과 지지를 보냈던 것으로 생각된다. 촛불에 대항해 전개되었던 '태극기 집회'에서 수구적 시민들이 일관되게 모든 책임을 이른바 종북 세력과 민주 노조 운동에 전가하는 주장을 계속한 것도 이런 판단을 뒷받침한다.

셋째, 촛불 혁명 기간에 진행된 2017년 1월 민주노총 대의원대회의 진보 정당 건설 논란도 눈여겨볼 사건이었다. 조기 대선이 예상되던 2016년 연말 민주노총 지도부는 중앙집행위원회 의결로 진보 정당들의 통합 또는 통합 정당 건설 방침을 대의원대회 안건으로 제출했다. 이 안건 발의는 그 자체가 진보 정치의 현실을 보여주는 중요한 사건이었다. 진보 정치 운동의 두 차례 분열과 치명적인 실패에도 불구하고 발생한, 그리고 복수의 진보 정당이 존재하는 현실조차 부정하는 무리한 정치적 행태로 보이기 때문이다. 다수 대의원이 반대해 안건이 부결되어 그나마 다행스러웠다.

이 글은 이처럼 복잡다단한 진보 정치 운동의 현재를 장기적·거시적 시야에서 비판적으로 성찰하는 데 일차적 목적이 있다. 심각하게 후퇴하고 있는 노동자 정치 세력화의 현실이 전체 노동운동의 구조적 퇴행과 연관되어 있음을 보이고자 한다. 이를 위해 노동체제론 분석을 적용할 것이다. 나아가 촛불 혁명으로 열린 새로운 정치 지형에서 새로운 노동체제를 건설하는 데는 제대로 된 노동운동의 전략적 실천이 결정적 변수라는 점을 강조할 것이다(손호철 2017, 66~128).

이에 따라 세 가지 구체적인 질문을 던지고 몇 가지 가설적 논의를 제시한다.[4] 먼저 1987년 이후 장기간 실패해 왔던 진보 정당 운동이 2000년 이후 민주노동당 건설과 국회 진출로 갑자기 성공할 수 있었던 이유는 무엇인지 살펴본다. 다음으로 2008년 민주노동당 분당 사태와 2012년 통합진보당 해체로 드러난 진보 정치의 실패는 왜 발생했는지를 노동체제 분석에 기초해 논의할 것이다. 마지막으로 촛불 혁명의 정치사회학적 의미 해석을 시도하고, 노동운동의 전략적 전환을 매개로 2기 진보 정치 운동을 새로이 시작할 필요성이 있다고 주장할 것이다.

2. 분석 틀 : 노동체제와 노동 정치

노동체제는 사회의 주어진 구조적 제약과 그것에 전략적으로 대응하는 주체들의 정치적 상호작용으로 형성되고 변화한다. 구조적 제약에는 축적 체제와 국가 정치체제 그리고 노동시장 구조와 작업장 체제 등 여러 요소가 있다. 또 노동운동 주체의 전략 선택과 실천에서는 국가와 자본의 전략적 기획(프로젝트) 또한 구조적

---

4 이 글은 장기간에 걸친 노동자 정치 세력화 운동을 분석 대상으로 한다. 그것은 수많은 사실에 대한 엄밀한 검토와 평가, 이론적 해석이 필요한 일이다. 개별 사안에 대한 충분한 논의 없이 제시된 이 글의 여러 논점과 주장은 향후 더 다양한 논의를 촉발할 시론의 성격을 띤다. 미시적 접근이 지배적인 노동사회학 연구 경향을 감안하면 유의미한 일이라고 생각한다. 한편 노동자 정치 세력화에 대한 기존 연구는 그리 많지 않으며, 특히 거시적인 논의가 매우 부족하다. 이 글에서는 이런 이유에 더해 지면의 제약으로 기존 연구에 관한 논의를 생략한다.

제약으로 작용할 것이다. 한편 노동운동의 전략적 기획인 대항 헤게모니 프로젝트는 국가나 자본의 전략 기획과 마찬가지로 의식적 주체에 의해 사전적으로 기획되고 선택되는 것이 아니다. 그것은 사전적·의식적 기획물을 포함해 구조들이 야기하는 물질적인 힘 관계 속에서 사후적으로 해석되고 정리되는 전략 기획이다.[5]

지난 60여 년 노동체제의 변화 궤적을 살펴보면, 주변부 파시즘의 군부독재가 지배했던 장기간에 걸쳐 한국의 노동 정치에는 헤게모니적 지배 양식이 존재하지 않았다(〈표 4-1〉 참조). 오랫동안 억압과 배제로 일관하던 노동체제의 변화는 1987년 민주 항쟁[6]으로 급작스럽게 발생했다.

이후 10여 년 지속된 1987년 노동체제에서 민주 노조 운동은

---

5 헤게모니 프로젝트, 국가 프로젝트, 구조와 전략, 두 국민 전략, 노동체제 등에 관한 이론과 개념 내용에 대해서는 제솝(2000), 노중기(2010)를 참고할 것. 이 글은 후기 풀란차스 국가론을 이어받는 '전략 관계 국가론'의 관점에서 작성되었다. 구조와 전략 요인들은 서로 이분법적 대립 관계에 있기보다는 구조적 제약 위에서 전략적 요인들이 작동한다는 관점을 이 글은 견지한다. 따라서 양자는 대립·충돌할 수도 있으나 상호작용해 운동의 상승이나 위기를 불러오기도 한다. 1987년 체제에서 양자는 상호작용해 운동의 상승을 불러왔고 2004년 이후에 그것은 노동자 정치 운동의 하강을 야기한 것으로 본다. 또 구조 효과는 당연히 시차를 불러오는데 이때 주체의 전략 선택이 그 효과를 매개한다. 예컨대 1998년부터 2004년에 이르는 기간이 그러하다. 이 시기에 노동체제 변동이라는 구조 변동이 일어났으나 정치 세력화에 그 효과가 반영되는 데는 상당한 시간이 걸린 것이다. 물론 그 시차를 당기거나 늘리는 데에는 주체의 전략적 개입이 주요하게 작용한다. 양자의 관계를 이분법적 또는 일방적 대립 관계로 보는 일부 기존 연구들의 한계를 따로 지적할 필요는 없을 것이다.

6 1987년 민주 항쟁은 중간계급 중심의 6월 항쟁과 7월 이후의 노동자 대투쟁으로 구성된다. 두 계기는 모두 정치적·절차적 민주화를 지향했다는 점에서 동질적이며 '민주 항쟁'으로 명명할 수 있다. 자세한 것은 노중기(2008b, 2장) 참고.

정치적 민주화에 비해 지체된 노동 사회의 민주화, 곧 민주 노조 운동의 시민권을 쟁취할 수 있었다. 1987년 노동체제에서 노동운동의 공세적 투쟁은 국가와 자본의 격렬한 탄압에도 불구하고 노동조합운동에서 1995년 민주노총 설립으로, 그리고 정치 운동에서 2000년 합법적 대중정당인 민주노동당 결성이라는 조직적 성과로 물질화되었다. 거시적으로 이는 노동 사회 민주화에 반대한 지배 블록의 전략에 맞서 노동운동이 민주화 대항 헤게모니 프로젝트로 대응한 결과였다.

1987년 노동체제는 그 급속한 도래와 마찬가지로 급작스럽게 해체된 과도기 노동체제였다. 1997년 초 민주 노조들의 겨울 총파업으로 시작된 체제 변동은 그해 말 IMF 외환 위기와 수평적 정권 교체로 결정적인 국면에 들어선다. 체제 변동의 배후에는 지배 블록의 새로운 전략 기획인 민주화·선진화 국가 프로젝트가 작동하고 있었다. 이는 당시 축적 체제와 국가 정치체제의 변동에 대응한 것이자 1987년 노동체제의 구조적 모순에 대응한 지배 블록 내부 개혁파의 장기 전략 기획이었다.

1998년 이후 본격화된 종속 신자유주의 노동체제[7]는 지배 블

---

7 1997년을 체제 변동의 전환점으로 파악하는지에 대해서는 연구자들 간에 논란이 있다. 손호철(2017)과 필자가 사회체제 또는 노동체제의 전환점이라고 파악하는 반면 정이환 (2013, 322~324)과 김종엽(2017)은 견해가 다르다. 종속 신자유주의 노동체제는 신자유주의 노동체제라는 점에서 영미를 중심으로 하는 서구 노동체제와 본질적으로 궤를 같이한다. 그러나 세계체제 내 한국의 위상, 그리고 우리 노동 정치의 역사적 특수성으로 말미암아 구별되는 속성이 있다고 강조한다. 한국의 노동 정치는 계급 타협에 기초한 사회민주주의 복지국가를 경험하지 못했고, 민주화 이후에도 국가 억압이 상존하는 제한적

록의 이중적 전략 기획과 노동운동의 민주화 프로젝트가 맞물려 10여 년에 걸쳐 구조화되었다. 국가와 자본은 민주 노조 운동의 민주화 요구를 일부 수용하는 민주화 국가 프로젝트를 진행하면서도 노동시장 유연화와 법치주의로 대표되는 신자유주의 선진화 프로젝트를 강력히 실행했다. 이른바 '민주 정부'들이 실행한 이중적 국가 프로젝트는 노동운동의 저항이 상당했음에도 2006년경 제도화되었고 결국 계급 간 힘 관계는 크게 역전되었다. 2008년 수구 정부의 집권 이후 지배 블록의 전략은 선진화 프로젝트로 일원화되었고 노동운동은 수세기의 위기 국면에서 크게 벗어나지 못하고 있다(노중기 2010).

민주 노조 운동이 패배한 배경에는 신자유주의로의 구조 변동과 지배 블록의 전략 변화에 적절히 대응하지 못한 전략적 실패가 있었다. 민주 노조 운동은 변화된 조건에도 불구하고 구래의 민주화 대항 헤게모니 프로젝트를 유지했고 그 연장선에서 '민주 대연합' 정치 노선 그리고 '전투적 경제주의' 운동 노선을 지속했던 것이다(노중기 2017a).

체제 변동과 연관된 노동운동의 조직적 주체는 대개의 경우 노동조합운동과 진보 정당 운동이다.[8] 그러나 한국 사회의 경우 지

민주주의 정치체제의 구조적 특성을 드러내고 있다. 또 그 결과로 신자유주의 체제의 특성인 시장주의가 반시장적 재벌 독점 체제와 결합한 기형적 모습을 띠고 있으며 법치주의는 서구의 그것에 비교할 수 없을 만큼 가혹한 특징을 보인다. 민주화·선진화 국가 프로젝트의 개념과 각각의 경험적 특성에 대해서는 노중기(2010) 참고.

8 노동 정치는 구조적 층위인 노동체제를 형성·재형성하는 주체 전략의 장, 그리고 그 상

난 30년 동안 노동 정치를 대표한 주도적 운동 조직은 정당이 아니라 노동조합이었다. 무엇보다 실패를 거듭하던 진보 정당 운동을 새로이 조직해 지반 위에 올려놓은 것은 민주노총이었고 이후 진보 정당 운동의 한계와 가능성을 크게 규정한 것도 노조 운동이었기 때문이다(임영일 2004; 조현연 2009b). 이는 한국 노동계급의 정치 세력화에서 주요한 특징이자 집중적 분석 대상이기도 하다(공공운수노조 정치위원회 2016/01, 6~56).

3. 노동자 대투쟁 이후 진보 정치 운동 개관

지난 30년의 정치 세력화는 크게 세 개의 소시기로 구분될 수 있다. 먼저 노동체제 변동에 따라 모색기와 이후 시기가 구획된다. 또 1997년 이후의 종속 신자유주의 체제에서 노동운동 일반의 전환기·수세기 변동에 따라 정치 세력화 상승기와 하강기로 나눌 수 있을 것이다. 이런 구획은 정치 세력화에서 여러 가지 실험이 진행되었으나 성과를 낼 수 없었던 모색기와 이후 합법 진보 대중정

호작용 일반을 말한다. 이때 그것은 노동조합운동과 합법 정당 운동을 관통해 발생한다 (자세한 이론적 문제들은 노중기 2010; 2012b 참고). 따라서 그 핵심 주체는 노동운동의 두 조직인 노동조합과 진보 정당이다. 또 노동 정치 측면에서 한국 사회는 여타 신자유주의 체제 일반과 구별되는 종속성을 보인다. 서구와 달리 진보 정당과 노동자 정치 운동이 취약하고 특수한 이데올로기적 지형에 있기 때문이다. 이 글은 노조 운동의 동학을 염두에 두면서도 직접적으로는 진보 정당 운동의 흐름과 실천에 대해 주로 논의할 것이다. 전자에 대해서는 노중기(2017a) 참고.

2부 진보 정당 운동의 노동 정치

표 6-1 **노동체제 변동과 1기 노동자 정치 세력화 운동 개요**(1987~2017년)

구분	모색기(1987~97년)	상승기(1997~2004년)	하강기(2004~17년)
노동체제	1987년 노동체제	종속 신자유주의 체제	종속 신자유주의 체제
국가 프로젝트	(노동 없는 민주화)	(민주화/)선진화 프로젝트	선진화 프로젝트
대항 프로젝트	민주화 대항 헤게모니 프로젝트	민주화(반신자유주의) 프로젝트	민주화 대항 헤게모니 프로젝트
노조 운동 흐름	전투적 조합주의(공세기)	경제주의/합의주의(전환기)	전투적 경제주의(수세기)
정치조직/당	민중당/전국연합/기타	민주노동당/기타	통합진보당/정의당/기타
노조–정당 관계	느슨한 연대 지원/갈등	배타적 지지/상호 개입	배타적 지지/혼란·갈등
주요 선거 결과	• 1992년 총선·대선 실패 • 1996년 총선, 1997년 대선 실패	• 2002년 지방선거 선전 • 2004년 총선 10석 획득	• 2008년 총선, 2012년 대선 실패 • 2016년 총선, 2017년 대선 제한적 성과
주요 성과	• 계급 정치 지향성 유지 • 합법 대중정당론 확산	• 정당 건설, 국회 진출 • 반신자유주의 정치 운동	• 탄압 저지, 정당 유지 • 반신자유주의 전선 유지
주요 한계	• 정당 건설 실패/분열 • 비판적 지지 유지·온존	• 노조–정당 관계 정립 실패 • 정치 운동 노선 정립 실패 • 당내 갈등과 패권주의	• 진보 정당 분열과 갈등 • 노조–정당 관계 재건 실패 • 이념·노선 혼란, 우경화

당 건설로 나아갔던 경로와도 대체로 일치한다. 그리고 상승기와 하강기 구분은 계급 간 힘 관계 변동 및 정권 교체로 말미암은 국가 프로젝트의 변동, 노동운동 일반의 위기가 심화됨에 따라 노조 운동과 정당 운동 내부의 분열과 갈등이 심화되는 현상을 반영한 시기 구분이다.[9]

노동자 정치 세력화는 거시적으로 봐서 민주화와 신자유주의화

---

9 경험적인 수준에서 노동운동 일반의 전환기는 2007년 비정규 입법과 노사 관계 로드맵이 마무리되는 시기까지이지만, 정치 세력화는 2004년 총선을 정점으로 하상 추세를 보였다는 점에 기이고 있다. 흔선 이후 당인이 증기했음에도 민주노동당에서는 내부 갈등, 노선 대립이 심화되었고 그 결과가 2006년 지방선거와 2007년 대선 패배로 뚜렷이 나타났다. 이 시기 노동자 정치 세력화의 흐름과 문제점에 관해서는 조현연(2009b) 참고.

라는 국가 정치체제와 축적 체제 변동과 같은 국내적 변수, 그리고 사회주의권 붕괴, IMF 외환 위기, 남북한 정치·군사 관계 변동 등 외적 변수들의 작용과 함수관계에 있었다. 그러나 이런 구조적· 외적 변수들은 일방적으로 작동하기보다 매개하는 구조 변수, 예컨 대 노동체제의 변동에 따라 그 효과 및 작용 양상이 달라졌다는 점 이 중요하다. 예컨대 사회주의권 붕괴는 동유럽과 서구에서 그랬 듯이 계급적 노동자 정치 세력화에 부정적인 효과를 미칠 수도 있 었다.[10] 그러나 우리 사회에서 그것은 외환 위기 및 민주화 효과와 상호작용해 노동조합운동의 방향 전환을 야기했고 민주노총이 합 법 진보 정당을 강하게 추진한 내적 동력으로 작용했다. 또 냉전 해체는 1987년 노동체제 모색기의 정치 노선상 혼란을 잠재운 배 경이기도 했던 점에서 노동체제에 미친 영향이 서구와 달랐다.

1) 모색기

해방 정국과 한국전쟁을 거치며 절멸된 한국의 진보 정치 운동 은 1987년 노대투 이후 새로운 출발을 시작했다(조현연 2009b). 그러 나 1987년 노동체제 10여 년 기간 동안 정치 세력화는 유의미하 고 가시적인 조직적 성과를 낳지 못했다. 진보 정당 설립과 선거

---

10 대체로 이 시기는 국가 정치의 민주화가 진행된 시기였으므로 그것의 노동자 정치 세 력화에 대한 효과도 중요한 연구 주제가 된다. 이 글에서는 이를 감안하되 직접적 분석 대상으로 삼지 않는다.

참여가 되풀이되었으나 실패를 거듭했고 대개 법적 해산이나 탄압 사태로 마무리되었던 것이다.[11] 또 노동운동 내부에서는 비판적 지지 노선과 합법적 대중정당 건설론 및 전위 정당론이 심각한 수준에서 대립했고 갈등했다(김창우 2007). 따라서 정치 세력화의 움직임은 단일한 대오를 형성하지 못했고 합법 정당과 비합법 정당, 그리고 다양한 정치 운동 조직 등으로 난립했으며 이합집산을 거듭했던 특징을 띤다.

돌이켜 보면 매우 복잡하게 진행된 이 과정의 배후에는 1987년 노동체제의 구조적 제약이 작동하고 있었다. 과도기 노동체제에서 노동운동의 일차적 과제는 노동운동, 특히 독립적 노동조합운동의 시민권을 회복하는 일이었다. 따라서 1990년 전노협 결성, 1995년 민주노총 건설 등 민주 노조들이 조직 역량을 상당히 확대했음에도 노동운동은 정치 세력화에 직접적인 역량을 투입할 조건을 갖추지 못했다. 또 지배 블록은 6공 국가를 중심으로 '노동 없는 민주화 프로젝트'에 상당 기간 몰입했고 결과적으로 노동자 정치 운동은 탄압과 배제의 대상일 뿐이었다. 결국 1997년 이후 진행된 민주 노조 운동의 시민권 획득 이후에야 비로소 진보 정치 운동은 새로운 활력을 얻을 수 있었다. 노동체제 전환의 일차적 의의는 민주

---

11 노동자 대투쟁 이후 정치 세력화 시도는 되풀이되었으나 성공하지 못했다. 주요 사건으로 보면 1987년 대선 참가, 1988년 민중의 당 및 한겨레민주당 창당, 1989년 남한사회주의노동자동맹(사노맹) 결성, 1990년 민중당 창당, 1991년 민국사회주의노동당(민사노당) 결성, 1992년 진보정당추진위원회(진정추) 출범 및 총선·대선 참가, 1993년 민중정치연합 구성, 1995년 진보정치연합 결성 등이 있었다.

노조의 법·제도적 인정이었으나 그 함의는 진보 정치 운동의 시민권 회복과 중첩되어 있었다.

　노동자 정치 세력화에서 노조 조직의 제도화가 반드시 필요한 전제 조건은 아니지만, 장기간 왜곡된 보수 일변도 정치 지형에서는 피할 수 없는 정치적 과정이었다. 이런 제약은 결국 노동 정치의 노조와 정당 간 관계에서 노동조합의 우선성, 주도권을 구조화하는 결과로 나타났다. 이미 노동자 대투쟁 직후부터 민주 노조들이 주장했던 (계급적) 정치 세력화는, 산별노조 건설과 마찬가지로 1987년 체제 민주 노조 운동의 현실적인 당면 과제는 아니었던 셈이다. 노조 도움 없는 정치 세력화는 불가능했기 때문이다. 결국 노동운동은 정치 운동으로 나아가기 전에 생존권과 시민권 확보에 좀 더 진력할 수밖에 없었고 이는 상층 활동가가 주도한 모색기 진보 정치 운동이 거듭 실패한 배경 요인이었다.[12]

　그럼에도 정치 세력화의 장기적 과정에서 모색기의 중요성이 폄하될 수는 없다. 1987년 노동체제에서 노동운동이 마주한 여러 가지 어려움은 대체로 정치 세력화의 필연성을 웅변하는 것이었고 이는 대중적인 수준에서도 그러했다. 국가와 자본의 민주 노조에 대한 강한 탄압, 턱없이 불리한 법·제도적 제약과 이데올로기 지형, 기업별 노조 조직 역량의 한계 등이 노동운동의 진전을 막

---

12 구조와 전략의 동학으로 보면 '노동자·민중 세력의 주류가 이 시기에는 민주 연합 전략을 결과적으로 선택했다고 볼 수 있다'는 지적은 정당하다. 상층 중심의 소수파 활동가들이 여러 형태의 노동 정당 설립을 시도했으나 전체 민주 노조 운동 또는 계급 대중은 그러하지 않았다는 것이다.

았기 때문이었다. 요컨대 1987년 체제의 역동성 속에서 전체 노동자들은 정치 세력화의 필요성과 그 중요성을 거듭 확인할 수 있었다. 나아가 이 시기 사회주의권 붕괴와 민주화 진전이 합법적 대중정당의 가능성을 크게 높였다는 것도 중요하다. 또 노동운동 내부의 치열한 논쟁과 여러 가지 실천적 실험들은 비판적 지지의 강한 압박 속에서도 독자적인 계급적 진보 정당의 전망을 유지하는 커다란 동력이 되었음을 부인할 수 없다.

2) 상승기

1987년 노동체제에서 민주 노조 운동의 성과는 노동운동의 시민권 획득이었고 그 조직적 결과가 합법화된 민주노총이었다. 그런데 1997년에는 체제 변동을 가속화한 세 가지 중요한 정치과정이 동시에 발생했다. 1월의 겨울 총파업, 연말의 IMF 외환 위기와 수평적 정권 교체 등이었다. 이 세 가지 정치 요인 중에서 초유의 외환 위기는 1960년대 이후 한국 사회와 노사 관계의 기본 패턴을 근본으로부터 뒤흔든 거대한 구조 변동의 출발점이었다. 결국 1998년 초 급조된 노사정위원회의 2·6 합의를 거쳐 기존 노동체제는 결정적으로 해체되기 시작했고 종속 신자유주의 노동체제는 급속히 제도화했다.

종속 신자유주의 노동체제로의 전환은 노동 정치의 맥락에서 계급 간 힘 관계의 역전을 의미했다. 그럼에도 정치 세력화 측면에서 이 시기가 상승기가 된 이유는 지배 블록의 민주화 국가 프로젝트가 본격 실행됨으로써 민주 노조 조직뿐만 아니라 오랫동안 봉쇄되었던 합법적 진보 정당의 시민권도 동시에 회복되었기 때문이다. 또 외환 위기라는 구조적 위기 국면이 기업별 노조들의 연합체에 머물렀던 노조 운동에서 진보 정당의 필요성을 급속히 제고했던 것도 중요한 원인이었다. 고용 위기에 처한 민주노총은 단체 교섭을 넘어선 정치적 대안을 찾을 수밖에 없었으며 진보 정당 결성에 가용한 인적·물적 자원을 단기간에 집중적으로 투입했다.[13]

상대적으로 짧은 상승기에 민주 노조 운동은 정치 세력화에서 상당한 성과를 얻을 수 있었다. 2000년 민주노동당을 창당했을 뿐만 아니라 2002년 지방선거에서 정당 투표율 3위에 이르렀다. 그리고 상승세는 같은 해 대선에서 100만 표 가까운 득표로 나타

---

13 따라서 정권 교체나 민주화 국가 정치 변동은 정치 세력화를 촉진한 부분 요인으로 해석할 필요가 있다. 이 변수를 핵심 설명 변수로 강조한 기존 주장들, 예컨대 정치적 기회 구조 이론 등의 한계를 지적하는 것이 바로 노동체제론의 문제의식이다. 한편 노조 운동이 주도한 정치 세력화는 경험적으로 명료하고 잘 알려져 있다. 1987년 이후 10년 동안 실패를 거듭하던 것에 비해 1998년 이후 민주노총이 주도적으로 개입한 덕분에 상대적으로 쉽게 성공할 수 있었던 것이 대표적 증거이다. 창당 이후 2000년 총선에서 실패했음에도 민주노총은 2002년 1월 정기 대의원대회에서 민주노동당을 집중적으로 지원하는 정치적 결의를 했다. 여기에는 정당 가입, 선거 후보 배출, 후원금 모금뿐만 아니라 노조 내부에 정치위원회를 구성해 각종 일상적 정치 활동을 강화하는 것이 포함되어 있었다. 민주노총의 정치 활동은 2002~04년 시기에 가장 활발했다. 자세한 것은 조현연(2009b, 189~191) 및 민주노총 사업보고서, 임영일(2004)의 경험적 분석 등을 참고. 또 노조-계급정당 관계 일반에 대한 이론과 서구 역사 사례 분석은 존 켈리(Kelly 1988), 레오 파니치(Panitch 1986), 토니 클리프와 도니 글룩스타인(Cliff and Gluckstein 1988), 게리 마크스(Marks 1989) 등 참고. 한편 전면적 고용 위기에 대응한 기업 단위 노조 활동의 한계는 1998년 여름 구조 조정에 저항한 현대자동차 노조 파업에서 극명하게 드러났다. 당시 3개월이나 지속된 강력한 파업에도 불구하고 노조는 최종적으로 '구조 조정과 정리 해고'를 받아들일 수밖에 없었다.

　　　　　2부　진보 정당 운동의 노동 정치

났으며 마침내 2004년 총선에서 국회 의석 10석을 획득함으로써 정점을 찍었다. 이 과정에서 당 조직은 크게 성장했고 노동계급은 물론 중간계급·계층에서 진보 정당에 대한 인지도가 크게 늘어났으며 냉전 이데올로기의 전통적 통제 장치가 약화되는 커다란 변화가 나타났다.

한편 국회 의석 10석을 획득한 데는 여러 가지 복합적 상황과 조건이 작용했다. '3김 정치'의 종결이나 지역주의 약화도 그중 일부였다. 특히 중요한 요인은 총선 직전 대통령 탄핵 국면에 따른 정세 변동과 1인 2표 정당 명부 비례대표제로의 선거법 개정이었다.

그렇지만 역시 결정적 변수는 사회경제적 모순의 심화와 그에 대응한 민주 노조 운동 주체들의 전략 변화였던 것으로 보인다.[14] 모색기와 달리 노동운동 지도부 각 정파는 합법적 대중정당 건설이라는 과제에 합의했고 노동 대중의 적극적 참가를 이끌어 낼 수 있었다. 당시는 외환 위기 여파로 비정규직 차별과 양극화가 심화되고 카드 대란과 부동산 가격 폭등으로 생계가 파괴되는 신자유주의 폐해가 극심하던 때였다. 이런 상황에서 정치 세력화는 노동운동이 제시한 적절한 대응 방안으로 대중들에게 강한 호소력으로 다가갈 수 있었다. 또 2002년의 두 차례 선거에서 이미 민주노동당의 상승세가 뚜렷했음을 감안하면 이를 단지 정세나 제도의 변

---

14 조현연(2009ㄴ, 107)은 객관적 조건들을 잘 정리하고 전체 흐름을 설명한 대표적 연구이다. 다만 주체 요인의 중요성을 충분히 강조하거나 제시하지 않았다는 점에서 일면적인 분석에 머물렀다.

화로만 설명할 수 없다.

한편 상승기의 표면적 성과에도 불구하고 여기에는 커다란 내적 한계 또는 문제점이 있었다. 짧은 기간에 노동조합운동의 압박에 의해 그리고 민주노총의 전폭적 지지에 기초해 이룬 성과였던만큼 그 한계들도 고스란히 민주노동당에 내장되어 있었다. 크게보면 노조-정당 관계 정립 실패, 정치 운동 노선 정립 실패, 분파갈등과 패권주의의 문제들이었다.[15] 이런 한계들은 곧 전체 노동운동의 위기를 심화했을 뿐만 아니라 곧바로 장기간의 하강기를 불러왔다.

3) 하강기

노무현 정권 중반 이후 정치적 헤게모니는 수구 세력으로 급속하게 이동했고 이들은 신자유주의로의 축적 체제와 노동체제 전환을 가속화했다. 반면에 민주화 대항 헤게모니 전략을 벗어나지못한 노동운동은 노무현 정부에 대한 정치적 태도를 둘러싸고 내부로부터 크게 균열하고 갈등하기 시작했다. 민주노총에서 그것은 2004년 총선 직후부터 노사정위원회 참가 및 사회적 합의주의와

---

15 세 가지 위기 요소 가운데 당시 두드러졌던 것은 분파 갈등과 패권주의 당 운영이었다. 이와 관련해 2005년 울산 북구 재·보궐선거 패배, 2006년 파행적 당직 선거와 지방선거 패배 논란, 일심회 사건, 2007년 대선 후보 선출 과정과 선거 패배 책임 논란 등이 있었다. 그러나 이런 패권 갈등의 배경에는 이념·노선 갈등은 물론 불합리한 노조-정당 관계가 구조적으로 자리 잡고 있었다. 자세한 내용은 이재영(2013) 참고.

2부 진보 정당 운동의 노동 정치

노사 관계 로드맵 정책을 둘러싼 심각한 분쟁으로 표출했다.

민주노동당의 경우에도 조직 내 갈등은 총선 승리 직후 곧바로 시작되었다. 국회 의석이라는 새로운 권력 자원이 생기자 당 지도부 선거는 평등파와 자주파 두 정파가 권력 쟁패를 벌이는 장이 되었다. 이 과정에서 당권파의 패권주의적 조직 운영은 심화되었고 곧 일심회 사건이나 북한 핵실험 대응 등의 이념적 갈등으로 전화했다. 결국 2006년 지방선거와 2007년 대선 등 거듭된 선거 패배로 당내 갈등은 파국을 맞이하게 된다. 한편 기간제법, 노사 관계 로드맵 등 노동 개혁과 사회적 합의주의 논란 등 노조 조직에서 발생한 갈등은 배타적 지지라는 정치 방침과 맞물려 정당에서도 균열을 심화하는 또 다른 요인으로 작용했다.[16]

2007년 대선 실패의 책임을 둘러싸고 본격화된 파벌 갈등은 쉽게 분당으로 치달았다(조현연 2009a; 이재영 2013; 정영태 2011). 2008년 분당 사태는 정당 분열을 넘어 민주노총과 노동운동 전반을 분열시켰고 운동의 조직 역량을 크게 약화하는 결과를 가져왔다. 그러나 노조-정당 관계, 운동 노선, 패권주의 정당 구조와 행태에 대한 성찰과 교정은 이후에도 실천되지 못했으며, 이는 2011년에서 2014년에 이르는 제2차 분열 사태, 곧 통합진보당 사태로 또다시

---

16 민주노총의 '배타적 지지' 정치 방침은 민주노동당 내부에서 대립하던 두 계파 간의 파벌 갈등을 상승·증폭했다. 거시적으로 봐서 그것은 민주 대연합 또는 비판적 지지의 전략적 정치 방침을 노조와 정당 내부에서 희인저으로 강게하는 게도쩍 깅치었디. 이에 대한 소수파들의 반발과 갈등은 당연한 일이있다. 배타적 지시 문제에 대한 자세한 비판적 분석은 노중기(2012b) 참고.

폭발했다. 2014년 말 헌법재판소의 통합진보당 정당 해산 판결에 이르러 노동자 정치 세력화는 상승기의 성과를 거의 소진했다. 또 분당 이후 민주노동당, 진보신당과 통합진보당 그리고 정의당 모두는 민주 노조 운동과의 오래된 연대·협력 관계를 상당 정도 상실했다. 그 효과 가운데 하나는 노선을 불문하고 각 진보 정당들이 이념적으로 우경화하고 의회주의 정당으로 후퇴하는 것으로 나타났다.[17]

하강기 정치 세력화의 커다란 후퇴는 거시적으로 볼 때 종속 신자유주의 노동체제의 구조 효과와 연관되어 있었다. 재벌 독점자본의 헤게모니가 관철되는 정치 지형에서 가속화된 노동시장 유연화와 법치주의 강화는 노동계급 내부를 양극화했다. 이는 정규직 중심의 노조 운동이 우경화하고 심각한 내부 갈등을 야기한 배경을 이룬다.[18] 이런 상황에서 여전히 노조 운동에 이념과 조직 역량을 의존하던 진보 정당들이 할 수 있는 일은 거의 없었던 것으로 보인다. 두 차례에 걸친 진보 정당 통합과 분열 사태는 불리한 구

---

17 예컨대 1차 분당 이후 자주파 단일 세력으로 통일된 민주노동당은 사회주의 강령을 없애고 민주 대연합 노선을 당 강령에 포함한 바 있었다.

18 노동시장의 구조 변동이 노동운동에 미친 효과에 대해서는 정이환(2006; 2013)과 이철승 (2017) 참고. 이 구조 효과에 2004년 이후 운동 주체의 전략 실패, 국가와 자본의 전략적 공세가 가중되었고 결과적으로 급속한 위기 국면에 빠져들었다고 볼 수 있다. 주체들의 전략 실패를 정당 수준이 아니라 노조 운동 수준으로 확장해 봐야 한다는 것이 이 글의 주요한 주장이다. 한편 1차 분당과 2차 분당의 차별성, 그 각각의 함의와 진보 정치에 대한 영향, 이 과정에서 발생한 진보 정당 주체들의 활동에 대한 비판적 평가 등에 대한 자세한 분석이 필요하나 이는 차후의 과제로 미룬다.

조적 지형에서 제도 정당으로서 살아남으려는 무리수가 낳은 희비극적 결과였다고도 평가할 만하다.

여러 측면에서 하강기에 노동자 정치 세력화는 심각한 질곡에 빠져 있었다. 그럼에도 소극적 의미에서나마 성과가 전혀 없지는 않았다. 무엇보다 합법적 대중정당으로 진보 정당이 조직을 유지·보존하고 있는 것 자체가 의미 있는 일이었다.[19] 나아가 촛불 혁명 전후의 총선과 대선에서 진보 정당은 여전히 지지 기반을 유지하고 있음이 드러났다. 이런 결과는 많은 내부적 혼란에도 불구하고 진보 정당이 여전히 반신자유주의 정치 전선의 한 축을 담당하고 있음을 보여 준다.

4) 소결

노동체제론으로 바라볼 때 지난 30년 노동자 정치 세력화는 다음과 같은 특징이 있었다.

첫째, 정치 세력화 운동의 주체는 기본적으로 정당 운동이 아니라 노동조합운동이었다. 다시 말해 지난 30년 정당 운동과 정당 조

---

[19] 당시 청와대와 국정원을 중심으로 노동운동 파괴 공작이 체계적으로 진행되었던 것이 이후 적폐 청산 과정에서 밝혀졌다. 노조와 정당 모두에 대한 전방위적 공작에도 불구하고 진보 정치 운동의 기반이 꽤 안정적으로 유지된 점을 주목할 필요가 있다. 한편 2016년 총선에서 원내 진보 정당인 정의당은 7.2% 정당 득표율로 4석의 비례 의석과 2석의 지역구 의석을 획득했다. 사구와 세일 무소속 진보 후보를 립하면 모두 8명의 국회 의원이 선출되었다. 또 촛불 혁명이 지난 뒤 벌어진 2017년 대선에서 정의당 심상정 후보는 진보 정당 후보로는 처음으로 200만 표를 넘기고 득표율 6.2%를 기록했다.

직은 노동 정치에서 독립변수이기보다 일종의 종속변수였을 가능성이 크다.[20] 모색기에 노조 운동은 자기 재생산 또는 시민권 획득에 진력할 수밖에 없었고 정치 세력화 및 그 구체적 방안에 대한 의견이 통일되지 못해 진전이 없었다. 그러나 상승기에 정치 세력화는 노동체제 조건의 변화에 따라 민주노총의 강력한 지원에 힘입어 급속하게 진전했다. 다시 하강기 정치 운동에 상당한 영향을 미친 것도 종속 신자유주의 노동체제의 노동조합운동과 그 위기였다.

둘째, 비판적 지지 또는 민주 대연합 정치 노선은 계급적 독자성을 갖는 노동자 정치 세력화를 지속적으로 제한해 온 주요한 장기 구조적 제약이었다.[21] 그것은 이른바 자주파와 평등파 노선 대립의 핵심 쟁점이었는데 모색기부터 강한 제동 요인이었고 정도의 강약은 있었으나 상승기와 하강기 모두에서 제약 요인으로 작동했다. 노선 대립은 한편에서 지배 블록의 정치적 분할 지배 전략의 결과였으나 다른 한편에서 한국 사회의 역사적 특수성의 산물이었다. 즉, 한국전쟁 이후 좌파 정치 세력이 절멸된 보수 일변도의 정치와 냉전 이데올로기 지형, 그리고 북한과의 군사적 대립과 구조적으로 연관된 것이었다.

---

20 물론 양자의 관계는 일방적이기보다 기본적으로 상호적이다. 진보 정당이 성립한 이후 정치 세력화 상승기에 노조 운동은 활력을 추가로 얻었으나 하강기에는 곧 조합주의적 실천으로 후퇴했다. 배타적 지지와 양 날개론이라는 대중적 인식 속에서 노조 운동은 과거 수세기의 정치 세력화 의지마저 상실했다.

21 이 문제에 관한 자세한 설명은 이창언(2011), 장훈교(2011) 참고.

셋째, 30여 년의 기간 동안 상당한 굴곡과 위기가 있었으나 노동자 정치 세력화 자체는 장기적으로 진전하고 있음을 확인할 수 있었다. 두 차례 정당 붕괴 사태에도 불구하고 2016~17년 촛불혁명 전후의 총선·대선 결과와 함께 진보 정당의 조직이 안정적으로 유지되는 양상이 나타나기 때문이다. 여기에는 노조 운동의 조직 기반 유지, 정치 민주화의 확대, 특히 선거제도 개혁, 종속 신자유주의 체제 모순의 구조적 효과, 냉전 세대 감소 및 민주화 세대 증가에 따른 인구 효과, 정치 세력화 운동의 시행착오 누적 효과 등이 작용했다고 추론해 볼 수 있다.

4. 1기 정치 세력화의 동학과 함의[22]

1) 노동체제 변동과 상승기의 1기 정치 세력화

모색기에 거듭 실패했던 정치 세력화, 정당 건설 시도가 상승기에 와서 성공한 이유는 무엇인가? 노동체제론의 관점에서 보면 1987년 체제의 시기적 특성과 그 구조적 제약과 연관되었다고 추론할 수 있다.

---

[22] 민주노동당 실험의 실패에 관한 정치사회학적 비판과 해석을 시도한 4절의 논의는 필자의 기존 년구를 요약하고 수정·보완한 것이나(노중기 2012b). 주세 요인을 부소 요인과 대립한 기존의 설명을 수정해 주체 요인을 매개 변수로 재조정했다. 그리고 이를 구조 요인과 결합해 실패의 원인을 종합적으로 설명하고자 했다.

1987년 체제는 정치사회 민주화 흐름에 비해 지체된 노동 사회의 비민주성이 촉발한 노동체제였다. 그 결과 노동운동은 기업 단위 노조의 합법적 시민권 확보와 생존권 투쟁에 진력하게 되었다. 이는 '노동 없는 민주화 국가 프로젝트'의 강한 배제 전략을 전투적 쟁의로 돌파하는 과정이기도 했다. 전노협으로 대표되는 민주 노조 운동의 일차적 과제는 탄압 저지 및 노동기본권 확보와 경제투쟁으로 설정되어 있었다고 할 수 있다. 당시 전투적 조합주의의 정치투쟁은 탄압 저지라는 소극적·방어적 투쟁을 넘어서지 못했고 정당 건설은 현실의 시급한 과제로 이해되지 않았다. 따라서 모색기 진보 정당은 대개의 경우 기층의 조직노동자가 주도하기보다는 학생운동 출신 활동가 그룹의 실험적 시도를 크게 넘어서지 못하는 한계가 있었다(조현연 2009b; 노중기 2008b).

더불어 정치 세력화 노선에 대한 의견 통일이 전혀 이루어지지 않은 것도 주요한 한계로 작용했다. 현실 사회주의가 붕괴했음에도 1990년대 중반까지 민주 노조 운동의 정치 노선은 전위 정당과 합법 대중정당 그리고 보수 야당에 대한 비판적 지지라는 상반된 입장들로 접점 없이 대립하고 있었다(김창우 2007).

이런 조건은 1995년 민주노총이 건설되고 1996년 말 겨울 총파업이 성사된 이후 크게 바뀌기 시작했다. 총파업이 성공했음에도 노동시장 유연화라는 지배 블록의 전략 기획은 보수 일변도의 제도 정치 환경에서 1997년 3월 노동법 개정으로 관철되었다. 민주 노조 운동은 더 적극적인 정치적 개입의 필요성을 절감했고 이는 대선 과정에서 국민승리21 결성으로 현실화되었다. 또 그해 말 외환 위기에 따른 대규모 정리 해고 사태가 닥치고 1998년 여름

현대자동차 정리 해고 파업 투쟁이 실패하자 민주 노조 운동의 합법 진보 정당 건설 방침은 더욱 확고해졌다. 대규모 구조 조정, 구조적 고용 불안정에 대해 기업 노조들이 할 수 있는 일이 없음이 드러났기 때문이었다. 부차적으로 이 시기 전반에 걸쳐 진행되었던 정치사회와 노동 사회의 민주화 확대 움직임도 노조 주도의 진보 정당 건설을 용이하게 만들었다.

한편 민주 노조 운동의 정치 노선 대립도 일정 정도 완화하는 변화가 나타났다. 먼저 사회주의권 붕괴의 효과와 정치 민주화로 말미암아 비합법 전위 정당은 점차 비현실적인 것으로 인식되었다. 반대로 독자 정당 건설에 반대했던 전국연합 등 자주파는 국민승리21 참가와 2001년 9월의 조직적 결의를 거쳐 합법 대중정당 건설에 동참하는 방향으로 크게 전환했다. 비판적 지지 문제가 모두 해소된 것은 결코 아니지만 일단 독자 정당 건설을 승인하는 큰 변화였다.

이처럼 모색기의 실패와 다르게 민주 노조 운동이 2000년 민주노동당 창당, 2004년 국회 진출이라는 성과를 얻는 데에는 복잡한 요인들이 작용했다고 볼 수 있다. 대체로 현실 사회주의권 붕괴에 따른 효과, 정치적 민주화의 진전, 외환 위기와 축적 구조 변동 등이 주요한 외적 변수들이었다. 그러나 상승기의 변화를 불러왔던 가장 큰 변인은 합법 노조 조직인 민주노총의 건설, 그리고 그것의 강한 인적·물적 지원, 곧 배타적 지지라는 내적 요인이었다.[23]

---

23 2004년 총선 승리 직후 민주노동당의 현황에 대한 자세한 설명은 임영일(2004) 참고. 민

또 신자유주의로의 축적 체제 변동과 더불어 불평등과 빈곤이 확대되어 민주 노조들의 대중적 요구가 폭발한 점이 중요했다. 결국 그것은 1987년 노동체제가 해체하며 발생한 구조 변동의 효과라고 해석할 수 있다.

2) 1기 정치 세력화 실험의 실패 : 민주노동당의 붕괴

2008년 민주노동당의 분당 사태와 2012년 통합진보당의 붕괴는 1기 정치 세력화가 실패했음을 보여 주는 역사적 사건들이었다. 이 두 사건의 이론적·실천적 함의가 중대함에도 충분한 이론적 분석과 성찰은 진행되지 않았다. 특히 많은 연구들은 이를 특정 정파의 패권주의나 조직 문화, 이념·노선 문제로 협소하게 파악하는 경향이 있었던 것이 사실이다. 또 노동조합운동과의 관련성을 포함한 총체적 관점이기보다 진보 정치 운동 내부의 문제로 국한해 좁게 이해하는 경향도 있었다(조현연 2009b; 조현연·김정훈 2012; 김장민 2012/10/ 29; 정영태 2011).

이 글에서는 이런 주체 요인들을 포함해 근본적인 구조적 변수를 더 강조하고자 한다. 즉, 주체 전략의 여러 가지 오류들은 노동체제의 구조 변동에 조응하지 못한 전략적 실패의 관점에서 재구

주노동당은 설립 과정 및 이후의 활동에서 '민주노총당'이라는 인식이 있을 만큼 민주 노조 운동의 정치적 결실인 측면이 강했다. 다른 한편 민주노동당은 당원 구성에서 노동자 중심 계급정당이었지만 지지 기반에서는 서민적 대중정당 또는 진보적 국민정당의 성격이 강했다.

2부 진보 정당 운동의 노동 정치

성해야 한다는 것이다. 또 민주노동당의 실패는 정치 운동만이 아니라 더 넓은 의미의 노동운동의 전략적 실패와 연관된 것이었다.

〈표 6-1〉에서 보듯이 1997년을 전환점으로 해서 종속 신자유주의 노동체제가 급속하게 구조화되었다. 국가 프로젝트 수준에서 노무현 정부 중반 이후 민주화 프로젝트가 종료되고 노동시장 유연화와 법치주의로 요약되는 선진화 국가 프로젝트로 단일화된 것은 중요한 변화였다. 그리고 지배 블록의 두 국민 전략에 따라 노동계급은 대사업장의 정규직 조직 노동과 중소·영세 사업장의 미조직·비정규 노동으로 급속히 양극화되었다. 또 경쟁력주의 지배 담론이 확산해 정치적 헤게모니는 신자유주의 세력으로 급속히 넘어갔다. 특히 민주화 프로젝트를 추진했던 집권 여당 세력이 낡은 보수 세력과 '신자유주의 대동맹'을 형성한 변화도 주목할 만했다.[24]

그런데 우리 노동운동은 전체적으로 이런 체제 변동에 대응하는 효과적인 전략 방침을 제출하지 못한 한계를 보였다. 노동기본권 확보와 확대를 요구하는 민주화 대항 헤게모니 프로젝트는 지배 블록 내 자유주의 분파와의 정치적 연대를 기초로 수구 분파에 대항하는 전선을 형성하는 것을 의미했다. 그러나 그들은 이미 신자유주의 대동맹에 흡수된 상황이었다. 종속 신자유주의 노동체제 형성의 내적 변화를 읽기보다 그 속에 포섭된 것이다. 또 1987년

---

24 길 알려진 사실이기민 이 변화기 2005년 이후 노무현 정부의 한미 FTA 협상 추진, 동북아 금융 허브 및 국민소득 2만 달러 시대론, 비정규 노동자 확대 입법 및 노동 배제, 삼성 등 재벌 세력과의 전략적 연대 등으로 나타났다.

노동체제 노동운동의 노선이었던 기업 단위 전투적 조합주의, 노조 운동 중심의 실천 관성 등을 벗어나지 못한 한계도 중요했다. 전자의 한계가 민주노동당 당권파의 '민주 대연합' 정치 노선으로 나타났다면, 후자는 민주노총의 배타적 지지 정치 방침으로 현상했다고 해석할 수 있다.

먼저 2004년 총선에서 승리한 뒤 당권을 장악한 자주파 세력[25]은 자유주의 분파와 수구 분파의 '신자유주의 대동맹'에 대항하는 계급적 정치 전선을 구축하기보다 자유주의 세력과의 연대에 골몰했다. 국민파-자주파 주도의 노조 운동에서 그것은 노사정위 참가 및 사회적 합의주의로 나타났다. 또 정당 운동에서는 선거와 기타 정책적 사안들에서 전선을 만들기보다 비판적 지지에 머무르는 한계, 곧 민주 대연합 정치 노선으로 현상했다. 자주파에게 일차 과제는 반신자유주의 계급 연대가 아니라 반미·통일 전선 구축이었고 낡은 민족주의 노선의 관철이었던 것이다. 2004년과 2006년을 기점으로 노조와 정당 모두에서 자주파가 권력을 획득함으로써 반신자유주의 대항 헤게모니 프로젝트 구축은 완전히 불가능해졌다.[26]

---

25 '자주파의 빠르고 손쉬운 당권 장악이 어떻게 가능했는가?'는 차후 연구에서 설명해야 할 주요한 논쟁점이다. 필자는 일단 1987년 이후 장기간 지속된 대중적 통일 운동의 세대 효과, 비판적 지지 정치 방침과 자유주의 세력의 노동운동에 대한 헤게모니적·조직적 지배, 노동 대중의 취약한 정치의식 수준 등이 주요 원인이라고 본다. 더 거시적으로는 해방 이후 분단 체제의 역사적 효과 및 그에 기원한 이데올로기적 정치 지형의 왜곡이 구조적 배경일 듯하다.

26 예컨대 2004년 자주파가 주도한 민주노동당은 4대 개혁 과제 중 〈국가보안법〉 폐지에 집중했고 2005년 이후 비정규 노동 입법에 대해서도 매우 소극적인 대응을 지속했다.

이들의 전략 방침은 노동체제 변동에 조응하지 못했고 노동운동이 전반적으로 우경화해 정치적 헤게모니를 상실하기에 이르렀다.

다음으로 운동권 정파 연합으로 출발한 민주노동당은 2004년 이후에도 자신의 정치적 노선을 수립하지 못해 내부 갈등에 시달렸다. 통일·반미 문제를 앞세운 당권파는 복지나 노동문제를 상대적으로 도외시했다. 또 민주노동당은 계급적 진보 정당의 양태를 띠었으나 독자적 정치 운동으로서 자기 정체성을 충분히 형성하지 못했다. 예컨대 인력과 재원을 노조에 전적으로 의존해 본질적으로 노조 운동의 외연 조직에 머물렀다. 이를 조직적 수준에서 정식화한 것이 민주노총의 배타적 지지 정치 방침이었다.[27] 그러므로 자주파의 당 지배는 구조적으로 민주노총에 대한 국민파-자주파의 연합 지배와 강고하게 연결되어 있었고 결과적으로 민주노동당을 노조의 '자판기 정당'으로 전락시켰다는 비판에서 자유

이들은 전략적 과제였던 반미·자주화를 위해 자유주의 지배 블록을 견인하려 했으며 이는 이후 민주 대연합 정치 노선으로 발전한다. 그러므로 통합진보당 사태의 핵심 문제는 패권주의 이전에 종북주의라고 판단된다. 양자는 상호 긴밀하게 연관되어 있으나(조현연 2009a), 본질적으로 보면 낡은 민족주의 이념을 지고의 선으로 삼는 현실적 정치 세력, 북한의 존재 자체가 사태의 뿌리에 있었다. 평등파와 자주파에게 민주노동당의 의미는 전혀 달랐고 이는 해소될 만한 성질이 아니었다.

27 민주노총의 정치 방침이 적어도 2004년 총선 승리 시기까지는 유의미하지 않았느냐는 질문은 우문愚問이다. 결과적으로 긍정적 효과가 있었다는 것과 그것이 바람직한 노조와 정당의 관계가 아니라는 것은 별개의 문제이기 때문이다. 노동 정치에 미치는 국가 정치의 중요성이 예외적으로 큰 우리 사회의 특수성, 또 탄압에 시달린 민주 노조 운동의 국회 의석 획득을 향한 조급함, 노조-정당 관계에 대한 이론적·정책적 무능력 등이 모두 '배타적 지지'라는 잘못된 실천을 야기한 것으로 보인다.

롭지 못하게 했다.[28]

요컨대 진보 정당의 붕괴 사태를 두 차례나 야기한 패권주의나 종북주의 문제는 단순히 정파의 패권 다툼이나 조직 문화 또는 낡은 운동 노선의 문제로 좁혀 해석해선 안 된다.[29] 그것은 한편에서 2004년을 전후로 노조와 정당에서 자주파가 권력을 획득한 산물이자 낡은 민주화 대항 헤게모니 프로젝트를 추진한 결과물이었다. 다른 한편으로는 고용 위기 앞에서 전투적 경제주의나 양보 교섭으로 후퇴하고 있던 조직된 노조 운동의 왜곡된 정당 지배가 야기한 비극이었다.

더 거시적으로 사태의 흐름을 이해하자면 1997년 노동체제 변동이 시작된 이후 진행된 계급 간 힘 관계의 역전, 그리고 신자유주의 지배 블록의 정치적 헤게모니 획득, 그리고 민주 노조 운동 전반의 우경화[30] 등이 민주노동당의 실패를 불러왔다고 볼 수 있다.

---

28 이런 유착 관계의 문제점을 증폭한 제도적 장치들이 민주노동당에서 실행된 노동 부문 할당제, 당직·공직 분리, 집단지도체제, 1인 7표 선거제도 등이었다. 이 제도들의 성격과 문제점 및 노조-정당 관계 일반에 관해서는 공공운수노조 정치위원회(2016/01), 장석준(2008) 참고.

29 정파들의 정치적 분열과 분당 결정, 곧 주체 전략을 정치 세력화에 실패한 원인으로 보는 것은 인과관계를 거꾸로 보는 일이다. 당시 주체들의 이념·노선이나 전략 선택을 넘어서는 구조적 실패가 잘못된 전략 선택과 분당을 불러왔다는 점, 또 자주파는 물론 평등파도 그 책임을 면할 수 없다는 점을 필자는 이전 연구에서 주장한 바 있다. 이에 대해서는 노중기(2012b) 참고.

30 당시 민주 노조 운동의 전반적 우경화를 가리키는 경험적 지표는 충분하다. 2004년 이래 지속된 노사정위 참가 문제, 대정부 관계와 지도부 일부의 보수당 투항, 민주노동당 내부 갈등에 대한 노조 운동의 개입과 태도, 기업 지부 조직 노동의 이기주의와 전투적 경제주의, 총연맹이 제안한 사회연대 전략의 거부 사태 등이 대표적 사례이다. 거시적

결국 민주노총으로 대표되는 노조 운동은 민주노동당 붕괴의 정치적 책임으로부터 결코 자유롭지 않았다.

한편 종속 신자유주의 노동체제에 대응한 노동운동의 두 가지 전략적 방향 전환 가운데 하나인 산별노조 건설도 실패한 프로젝트로 끝났다(한국노동운동연구소 2009). 2006년 이후 어렵게 조직 형식 전환에는 성공했으나 산별노조 운동의 실질적·계급적 내용을 채우는 데 실패했던 것이다. 대표적으로 '1사 1노조' 조직 방침이나 정규직 주도의 사회연대 전략을 산별노조들이 거부한 것은 결정적이었다. 사회연대 전략은 민주 노조 운동이 낡은 전투적 경제주의를 폐기할 계기였고 연대 대상은 노동계급 하층을 구성하는 미조직·비정규 노동자였기 때문이었다. 정치 운동의 관점에서 그것은 당의 계급적 기반을 노동 대중 속에서 확보하는 데 크게 실패했음을 의미했다. 반신자유주의 대항 헤게모니의 핵심 내용인 정규·비정규 연대를 달성할 조직적 기반이 산별노조임을 감안하면 이것은 중요한 정치적 실패였다.

으로는 노동시장의 양극화와 정규직 우경화, 기업 단위 전투적 경제주의의 득세 현상이 이 시기에 크게 확대되었다. 후자는 1987년 노동체제에서 비대있던 전투적 그룹주의의 논리와 달랐다(노중기 2017a). 이와 관련해 필자는 조직 노동 일반의 의식이 이 시기에 보수화되었다는 조돈문(2011, 9장)의 결론을 지지한다.

5. 2016년 촛불 혁명과 노동자 정치 세력화

　박근혜 정권의 탄압으로 2014년 말 통합진보당에 대한 법적 해산 판결이 내려지면서 '1기 정치 세력화'[31]의 하강기는 정점을 찍었다. 장기간에 걸친 통진당 사태는 통진당만의 문제가 아니었으며 정치 운동 일반을 포함해 전체 민주 노조 운동에 심대한 타격을 주었다. 또 이 시기는 북한 정권의 3대 세습 및 본격적 핵무기 개발 시점과 중첩되면서 진보 세력 일반이 낙후되고 퇴행적이며 반민주적인 종북 세력으로 치부되었다.[32]

　그러므로 2016년 하반기 촛불 혁명의 발발은 놀라운 정치적 사건이었다. 민주 노조 운동과 진보 정치 운동이 모두 최악의 위기 국면에 빠져 있을 때 촛불이 갑자기 스스로 불을 밝힌 것처럼 보였기 때문이다.[33] 촛불 혁명은 매우 복합적인 구조적 원인을 내장한

----

31 '1기 정치 세력화의 종결'이라는 주장은 검증된 결론이라기보다 직관적 제안이자 전망이다. 그렇지만 근거가 전혀 없지는 않다. 촛불의 요구 및 그 정치 지형 변동이나 새 정부가 내세운 노동 개혁의 전략 지향, 그리고 2017년 대선 이후의 진보 정당에 대한 지지도 상승 등은 그 가능성을 충분히 보여 주었다. 또 조직 확대 등 최근 노조 운동의 활성화도 그 구조적 배경이 될 수 있다. 그렇지만 결국 1기를 종결하고 2기를 시작할 수 있었는지는 상당 부분 운동 주체들의 실천 문제였을 것이다.

32 통합진보당으로 잔류한 자주파 세력뿐만 아니라 진보 정치 일반이 비난의 대상으로 몰렸고 혼란 속에서 진보 정당과 노조의 관계도 더욱 훼손되었다. 결국 민주노총은 2012년 공식적으로 배타적 지지 정치 방침을 철회했으나 새로운 대안을 마련하지 못한 채 진보 정당 문제에서 혼란과 파행을 거듭했다. 이는 2017년 대선에서 수구 후보와 태극기 집회 세력이 '통진당'과 '종북'을 진보의 상징으로 거듭 호명할 수 있는 배경이었다.

33 그런 면에서 촛불 혁명의 발발과 민주 노조 운동의 관계에 대한 경험적 연구가 매우 긴요하며, 이는 차후의 연구 과제로 미룬다.

사회운동이었다. 박근혜 정권의 온갖 범법 행위와 적폐, 1987년 헌정 체제의 정치적 모순 그리고 1997년 이래 종속 신자유주의 사회체제의 모순이라는 3중의 균열 구조에서 발생한 사건이었다 (손호철 2017).

여기서 주목할 것은 체제론 관점에서 본 3중의 균열 구조 간의 관계이다. 촛불 혁명의 직접적 원인은 앞의 두 가지 균열 구조였지만 한겨울에 장기간 시민들을 동원할 수 있었던 주요 동력은 세 번째 사회체제의 모순에 있었다. 사회경제적 양극화와 심각한 고용 절벽 그리고 삶의 위기 확산이, 권력이 개입한 부패 사건과 비민주적 정치 행태에 고도의 휘발성을 부여한 것이었다.[34] 촛불 전후에 발생한 지배 블록의 내부 균열 및 대선 정국에서 나타난 일정한 개혁 합의의 배경에는 신자유주의의 사회경제적 모순이 작용했다고 볼 수 있다. 요컨대 촛불의 에너지는 1997년 이후의 종속 신자유주의 사회체제에서 공급된 것이다.

다른 한편 촛불 혁명은 결과적으로 1987년 헌정 체제의 잔여 과제를 해소하는 결과를 가져올 것으로 보인다. 즉, 1987년 이후에도 장기간 잔존해 있는 '절차적·정치적 민주주의의 제한성'을 일정 부분 해소하는 부르주아 민주주의 체제의 완성이라는 의미이다.

---

[34] '이게 나라냐?'라는 구호는 이미 그 전부터 청년들 사이에서 유행한 '헬 조선'의 서술적 표현에 불과했다. 그러므로 이명박 정부가 내세운 '747 공약'의 허구성, 2012년 대선에서 박근혜 정부가 약속한 '경제민주화'와 '일자리 창출'이 폐기된 것에 대한 깊은 배신감 등이 촛불 대중의 바닥 정서라고 볼 수 있다. 이런 정세는 2008년 광우병 촛불 집회의 그것과 대비된다.

여기서 핵심 요소는 청와대·국정원 등 초법적 권력기구로부터 초법성을 제거하는 법치주의의 재확립과 법을 뛰어넘는 정경 유착, 부패 체제 및 재벌 체제의 개혁일 것이다. 특히 노동 정치 영역에서의 개혁도 상당 정도 진전될 가능성이 크다. 노동 영역에서는 민주화 이후에도 기본권을 제한하고 억압하는 수단으로 법을 사용하는 일이 흔했다.[35] 예컨대 촛불 혁명 이후에는 수구 정부에서 벌어진 현대자동차의 불법 파견이나 용역 폭력에 따른 노조 파괴 등 재벌의 초법적 행태는 힘들어질 것으로 보인다.

대통령 탄핵과 대선, 그리고 자유주의 분파 문재인 정부의 집권으로 이어진 정치과정을 보면 '종속 신자유주의' 노동체제에서 '종속' 규정을 제거하는 제반 노동 개혁이 이어질 가능성이 크다. 여기에는 ILO 핵심 조약 비준, 사용 사유 제한 및 공공 부문 비정규직 축소 등 비정규 노동에 대한 규제 강화, 노동쟁의에 대한 손해배상 소송과 국가와 자본의 노동 탄압 완화, 특수 고용 노동과 공공 부문 등 단결권과 교섭권 제약 완화, 노동시간 단축과 최저임금 인상 등이 포함될 것으로 보인다.[36]

---

[35] 이 문제에 대한 자세한 논의는 노중기(2016) 참고.

[36] 이 요구들은 민주 노조 운동이 1990년대 말 이후 일관되게 요구해 왔으나 지배 블록에서 거부된 개혁 사안들이다. 2017년 대선 과정에서 자유주의 집권 분파들은 이 요구들을 대부분 수용하는 선거공약을 제시했고 일부에 대해서는 지금 구체적인 실행 과정을 밟고 있다. 공약의 최종적 이행 가능성은 여전히 불분명하지만 이런 정치 지형 자체가 향후 노동체제 변동의 가능성을 일정하게 보여 준다. 다만 문재인 정부는 이를 최소한의 수준에서 이행하거나 전혀 이행하지 않는 모습을 보였다. 이에 대해서는 더 진전된 연구가 필요할 듯하다.

2부 진보 정당 운동의 노동 정치

그러므로 노동자 정치 세력화의 관점에서 촛불은 새로운 가능성을 열고 있다고 판단된다. 무엇보다 촛불 혁명의 정세는 1997년 이후 구조화된 종속 신자유주의 사회체제나 노동체제의 변화를 암시하기 때문이다. 지배 블록 내 개혁파는 기존의 종속 신자유주의 체제가 더는 존속하기 어렵다고 판단한 것으로 보인다. 현재 제도 정치 내 보수 세력의 분열과 갈등 그리고 예상되는 이합집산의 전체 과정을 규정하는 동력은 여전히 촛불 혁명에서 나오고 있다(노중기 2018b).

그렇지만 문제가 없는 것은 아니다. 바로 민주 노조 운동을 비롯한 사회운동 일반의 적절한 전략적 대응이 존재할지 여부이다. 그것이 없다면 촛불 혁명은 가변적이기는 하지만 대체로 지배 블록에 의한 수동 혁명으로 귀결될 개연성이 크며 이는 기존의 신자유주의 대동맹에서 수구 정치 세력을 제거하는 최소한의 개혁으로 귀착될 것이다. 말하자면 그것은 사회·노동체제로서 '신자유주의 체제'가 더욱 합리화되고 안정적으로 유지되는 변화를 의미한다. 공정성과 합리성이 보장되는 시장주의 경쟁 체제, 최소한의 안정성이 부여된 유연 노동시장 체제, 기본 인권과 노동권이 일정하게 보호되는 신자유주의 노동체제가 그것이다.

그러므로 향후 10여 년의 기간은 1987년 노동체제 시기와 마찬가지로 지배 블록 내부에서 분파 간 헤게모니 경쟁이 치열하게 진행될 개연성이 크다. 또 그 과정에서 각 분파의 다양한 국가 프로젝트 기획들이 서로 갈등하고 경쟁할 것이다. 이 과정에서 도전 세력인 사회운동 세력에게는 전략적 개입의 여지가 상당한 정도로 생길 것으로 보인다. 특히 신자유주의를 넘어서는 새로운 노동체제를 전망해야 하는 민주 노조 운동의 입장에서는 절호의 기회가 될 수도 있다. 그러나 새로운 노동체제를 위한 투쟁을 실행하기에 앞서 노동조합운동과 진보 정치 운동의 자기 성찰과 혁신이 반드시 필요하다.

6. 요약과 토론 : 2기 정치 세력화 운동을 위해

1기 노동자 정치 세력화는 1987년 노동체제의 모색기, 종속 신자유주의 체제 시기의 짧은 상승기와 긴 하강기로 구분될 수 있다. 상승기의 민주노동당 건설이나 국회 진출, 그리고 하강기에 있었던 진보 정당의 두 차례 붕괴는 복합적인 원인들이 작용해 발생했으나 근본적으로 노동체제 변동이라는 구조 변동에 따른 영향력 속에서 진행되었음을 확인할 수 있었다.

모색기에 정치 세력화는 1987년 노동체제의 한계 속에서 실험적 시도들을 넘어설 수 없었다. 반면 상승기는 민주 노조 운동의 시민권 획득과 조직화, 그리고 노동 민주화 진전이라는 체제 변동에 따라 객관적 조건이 구비된 결과로 형성되었다. 물론 외환 위기와 수평적 정권 교체라는 외적 변수도 중요한 영향을 미쳤지만, 고용 위기에 대응하려는 노조 운동의 인적·물적 자원이 결정적 요인이었다.

마지막으로 하강기는 노동운동이 변화된 노동체제의 구조적 조건에 적응하지 못한 채 낡은 민주화 대항 헤게모니 프로젝트를 지속해, 정치 세력화의 정체와 후퇴가 발생한 시기였다. 구조적 조건의 변화에 따라 산별노조 전환과 정치 세력화를 시도했으나 올바른 운동 전략과 정치 노선을 마련하는 데 실패한 것이다. 진보 정당의 두 차례 붕괴는 좁은 의미에서 집권 정파의 북한 추종과 민주 대연합 정치 전략, 패권적·비민주적 당권 행사와 연관되어 있었다. 그러나 더 본질적으로는 배타적 지지 정치 방침에 따라 정당 운동이 노조 운동에 종속되어 노조 운동의 조합주의·경제주의 실천을 정치 운동에서도 되풀이한 구조적 한계의 결과물이었다.

요컨대 30년에 이르는 1기 노동자 정치 세력화는 온전한 계급적 정치 운동이 아니었던 것으로 판단된다. 그것은 민주 노조들의 노조 운동이 조직적으로 확장된 기업별 노동조합운동, 곧 조합주의 정치 운동을 벗어나지 못했으며 노조 운동의 보족물이라는 근본적 한계가 있었다.

한편 정치 세력화 운동의 심각한 붕괴 끝에 발생한 촛불 혁명은 새로운 노동체제의 가능성을 제기하고 있다. 그 가능성은 촛불의 동력이 사회경제적 모순으로부터 발생한 점, 대규모의 정치적 시민 동원으로 정치 변동이 발생했다는 점 등에서 찾아볼 수 있었다. 문제는 이를 현실로 전화시키는 데에 민주 노조 운동의 전략적 개입이 필요하며 운동의 자기 혁신이 기본 전제가 된다는 점이다. 장기간의 운동 침체 속에 주체들은 사분오열로 갈라졌고 합의된 전략 노선과 공통의 실천 과제가 상실되었기 때문이다. 2기 노동자 정치 세력화를 위해 노조 운동의 자기 혁신과 맞물린 최소한의 혁신 과제 세 가지를 제안하고자 한다.

먼저 시간이 걸리더라도 정치 운동의 이념과 노선에 대한 비판적 자기 성찰이 반드시 필요하다. 단기간에 정파 또는 조직 간 합의가 불가능하다고 해서 이를 외면할 수는 없다. 노동자 정치 세력화는 공유된 미래 전망에서 비로소 시작될 수 있기 때문이다. 여기에는 크게 세 가지 검토 지점이 포함될 수 있다. 체제 변혁 또는 사회주의 지향성에 관한 노선 설정, 북한 또는 미국 문제에 대한 비판과 성찰, 적·녹·보라 연대의 무지개 정당론이나 이른바 '노동중심성' 문제에 대한 전략적 검토 등이다. 1기 운동을 통해 이미 바닥을 드러낸 이른바 평등파와 자주파의 이념적 대립을 넘어서지 않고서는 2기 운동을 시작할 수 없다.[37]

둘째, 노조와 정당 관계의 재정립이 시급히 요구된다. 현재 민주노조 운동의 대중적 정서는 비판적 지지의 논리와 그 역사적 경험을 크게 벗어나지 못하고 있다. 연구자 수준에서 대안적 원칙은 이미 제시되어 있다. 그것은 노조와 정당 조직이 모두 상호 독립적인 자율 조직으로 재구성되는 것이다(공공운수노조 정치위원회 2016/01). 두 조직은 기본적으로 연대 조직의 성격을 띠나 상호 견제와 균형, 곧 비판적 기능도 동시에 수행해야 할 것이다. 특히 노조 조직은 자신의 고유한 정치 활동을 일상적으로 수행해야 한다. 조합원에 대한 정치교육과 진보 정당 가입 운동을 비롯한 각종 정치 사

---

37 과거 경험과 역사에 대한 비판을 포함하는 이런 논의가 생산적이지 못하며 갈등을 더 부추길지 모른다는 우려가 있다. 그러나 이를 피해 갈 방법은 없다. 새로운 실천적 시도들과 더불어 정책 연구 부문에서 지속적으로 논의의 장을 열고 비판과 성찰, 그리고 다양한 정책 제안을 계속해 소통하려는 노력 자체는 결코 불가능하지 않다. 이 글도 그런 노력 중 하나이다. 한편 시대 변화에 조응해 계급적 대중정당보다 원내 정당으로 적극 변화해야 한다는 입론도 있었다(채진원 2009). 논의가 더 필요하겠으나 필자는 옳은 방향이 아니라고 본다.

업은 노조의 기본 활동이 되어야 한다. 반대로 진보 정당들은 비정규 노동 문제 등 노조 내부의 전략적 과제들에 대해 자신의 비판적 의견을 제시하고 현장의 정치조직화를 꾸준히 실행할 필요가 있다.

셋째, 새로운 노동체제를 주체적으로 형성하기 위해 진보 정당들은 더 적극적으로 자신의 실천적 전략 과제를 설정할 필요가 있다. 필자는 '비정규 노동 중심의 사회연대 체제'로 새로운 노동체제의 상을 제시하고 구체적인 전략적 과제로 실질적 산별노조 건설, 제2의 노동자 정치 세력화, 미조직·비정규 노동자 중심의 조직 확대 등 세 가지를 제시한 바 있다.[38] 노조 운동과 달리 진보 정당의 의제는 협소한 노동 의제를 넘어서지만, 노동 의제에 대한 실질적·정치적 실천 없이 정치 세력화는 불가능하다. 특히 산별노조 건설이나 미조직·비정규 조직 확대는 단순히 민주 노조에만 맡겨 둘 경제적 의제가 아니다. 조직되지 못한 미조직 노동을 정치적으로 조직하고 그들의 사회경제적 이익을 대표하는 것은 계급적 진보 정당의 가장 중요한 활동이 되어야 하기 때문이다.

---

[38] 자세한 것은 노중기(2017/02/28) 참고. 현재 산별 조직화나 조직 확대에서 관건이 되는 문제는 정규직-비정규직 연대이다. 상대적으로 임금·노동조건이 양호한 조직 노동의 인력과 자원을 동원하지 않고서 비정규 연대를 실현하기는 어렵다. 따라서 민주노총 정규직 조합원들의 미조직·비정규 노동자들과의 연대 의식 제고는 그 자체가 중요한 정치적 과제가 된다. 이 문제를 돌파하기 위해 노조 운동과 정당 운동은 긴밀히 협력하거나 상호 견인할 필요가 있다. 또 문재인 정부가 요구했던 '사회적 대타협', 노사정위원회 참가 문제도 새로운 노동체제 건설이라는 전략적 관점에서 재검토될 필요가 있다.

3부

종속 신자유주의 노동체제와 노동운동 전략

7장

노동운동 재활성화 전략과 조직화 모델
영미 사례의 함의

1. 머리말

한국의 민주 노조 운동은 구조적 위기 상황에서 장기간 위축되어 왔다. 1997년 이후 위기 상황에 대한 노동운동 주체들의 대응 가운데 하나는 '전략 조직화' 실험이었다. 2003년 시작된 민주노총의 전략 조직화는 여러 한계에도 불구하고 지금까지 꾸준히 추진되어 왔다. 그러나 총연합 단체가 주도해 전략적으로 실행하고 있는 조직화는 지금까지 커다란 성과를 내지도 못했고 조합원 대중의 관심도 부족한 것이 현실이다.

전략 조직화는 외환 위기 이후 급속히 양극화된 노동시장 상황과 조직률 하락에 맞선 전체 조직 노동의 전략적 대응이었다. 그것은 2003년에서 2009년까지 1기 사업과 2010년에서 2013년까지 2기 사업으로 나눌 수 있다. 사업의 주요 내용은 50억 기금 조성(실제 22억 원 모금), 활동가 양성, 전략 부문 선정 및 전략 조직화 등이었다. 1기 사업은 활동가 양성을 중심으로 진행되었으나 그 성과가 미미했다. 2기에는 중소·영세 사업장 비정규 노동자를 중심으로 하는 전략 조직화 자체에 집중해 일정한 성과가 산출되었

표 7-1 OECD 주요국의 노동조합 조직률 변동(1960~2013년, 단위 : %)

구분	한국	캐나다	일본	스웨덴	영국	미국	OECD 평균
1960년	–	29.2	32.3	72.1	38.9	30.9	33.6
1965년	11.6	26.7	35.3	66.3	38.7	28.2	32.4
1970년	12.6	31.0	35.1	67.7	43.0	27.4	33.3
1975년	15.8	34.3	34.5	74.5	42.1	25.3	34.0
1980년	14.7	34.0	31.1	78.0	49.7	22.1	32.7
1985년	12.4	35.3	28.8	81.3	44.3	17.4	28.2
1990년	17.2*	34.0	25.4	80.0	38.2	15.5	25.3
1995년	12.5	33.7	24.0	83.1	33.1	14.3	23.6
2000년	11.4	28.3	21.5	79.1	30.2	12.9	20.4
2005년	9.9	27.8	18.8	76.5	28.4	12.0	18.8
2010년	9.8	27.5	18.4	68.4	26.5	11.4	18.1
2013년	10.3**	27.2	17.8	67.7	25.4	10.8	16.9

주 : * 바탕색을 넣어 표시한 숫자는 해당 국가의 1960년 이후 노조 조직률 최고점임.
　　** 한국의 2013년 자료는 고용노동부 발표 수치.
자료 : OECD(2014)에서 정리·요약함.

다.[1] 10여 년에 걸쳐 추진하는 과정에서 시행착오가 많았음에도
향후 조직화 사업에 대한 조직 내외의 기대는 매우 컸다.

　사실 조직화 모델은 한국에 앞서 서구의 노동운동이 위기에 맞
서 채택한 전략적 대응 방안이었다. 노동운동의 위기는 우리 사회
에만 고유한 문제는 아니었다. 〈표 7-1〉을 보면 한국은 서구에 비
해 위기가 늦게 도래했음을 알 수 있다. 1970년대 중반 이후의 위
기에 대해 미국과 영국의 노동운동은 1990년대 중반 이후 조직화
전략으로 맞섰으며 한국의 노동운동은 그 경험을 수입한 셈이다.

---

1 1기와 2기의 각 사업에 대한 자세한 내용 소개와 자체 평가는 전국민주노동조합총연맹
　정책연구원(2012: 2013) 참고.

이 글은 서구 조직화 모델 실험 및 그 평가를 재검토함으로써 우리 사회의 '전략 조직화'에 대한 실천적 함의를 도출하고자 했다. 이는 두 차례에 걸친 전략 조직화 사업에 대한 민주노총의 자체 평가를 보완하고 그 한계를 극복하기 위한 것이다. 민주노총 정책연구원이 주도한 자체 평가는 매우 충실했으나 조직화 모델의 내적 완성에만 집중한 한계를 드러냈기 때문이다(전국민주노동조합총연맹 정책연구원 2012; 2013).

서구 사례에서 얻을 만한 이론적·실천적 함의를 간략히 요약하면 다음과 같다. 전략 조직화는 더 거시적인 노동운동 재활성화 전략[2]에 재배치되어야 한다. 즉, 조직화 모델을 충실하게 실행하는 정도로는 부족하다. 서구 사례의 한계를 넘으려면 제2 산별노조 건설, 제2 정치 세력화 전략 및 새로운 운동 노선 수립 등 다른 전략과 유기적으로 결합되어야 한다. 그리고 그 전제는 좁은 의미의 '조직 문화 혁신'과는 구별되는 노동운동 일반의 조직 혁신이다.

---

[2] 서구의 연구들은 노동운동이 새로운 부흥을 표현하기 위해 재활성화revitalization, 갱신renewal, 재생revival, resurgence, 재구성remaking, 혁신innovation, 변혁transformation 등 다양한 용어를 사용했다. 이 글에서는 각각의 개념적 차이는 주목하지 않고 재활성화로 통일했다.

2. 기존 연구와 분석 틀

1) 기존 연구

전통적으로 노조 조직 연구는 노사 관계 연구의 핵심 영역이었다. 그러나 노조 재활성화 전략의 일환으로서 조직화 연구가 시작된 지는 그리 오래되지 않았다. 1990년대 초반 미국의 국제서비스노조SEIU가 새로운 운동 전략으로 조직화 모델을 제시한 이후 미국노동총연맹산업별조합회의(미국노총)AFL-CIO가 이를 공식 조직 전략으로 채택한 것은 1995년이었다. 곧이어 영국노동조합회의(영국노총)TUC가 미국의 노조 재활성화 전략을 벤치마킹해 1998년 조직 아카데미를 설립하며 새로운 실험에 본격적으로 뛰어들었다. 따라서 조직화 관련 연구는 대개 1995년 이후 시작되었고 2000년 이후에 비로소 활성화되었다.

영미를 중심으로 한 서구의 연구는 조직화 모델의 의미와 가능성에 대한 평가를 중심으로 수용적 입장, 비판적 입장, 절충적 입장으로 크게 나뉜다. 수용적 입장이 노동운동의 구조적 위기에 대응한 적절한 재활성화 전략이라고 보는 반면, 비판적 입장은 모델에 근본적인 한계가 있음을 강조했다. 반면에 대다수 연구자가 받아들이는 절충적 입장은 미국과 TUC의 이론과 경험을 면밀히 검토한 다음 그 가능성과 한계를 추출하고 조직화 모델을 더욱 세련되게 발전시킬 필요가 있다고 여겼다.[3]

이런 다양한 입장에도 불구하고 서구 연구들이 대체로 동의하는 점도 있었다. 먼저 구조적 위기에 처한 노동운동에 조직화 노

3부 종속 신자유주의 노동체제와 노동운동 전략

력은 반드시 필요하다는 지적이었다. 다만 조직화 모델의 적합성과 내용은 각 사회의 객관적 조건, 그리고 해당 노동운동의 주체적 능력과 특성에 맞게 설계될 필요가 있다고 봤다. 또 대개의 연구들은 영미에서 실행된 조직화 모델에서 나타난 한계들에 주목하고 이를 극복하기 위해 노력할 필요가 있다고 봤다.

서구에 비해 한국의 노조 재활성화 전략이나 조직화 연구는 상대적으로 빈약한 편이다.[4] 우선 미국과 영국을 중심으로 한 서구 사례를 소개하는 연구가 있었다. 다음으로는 한국의 조직화 사례를 다룬 경험적 연구들이 축적되어 왔다. 마지막으로 많지는 않지만 거시적 노동운동 재활성화 전략의 맥락에서 이를 재검토하는 연구들이 있었다.

이 글은 절충적 입장을 수용해 사례 소개나 미시 실증 분석에 치우친 기존 연구들에서 나아가 거시적인 조망을 얻는 데 목적을

---

3 수용적 입장의 대표적 연구로는 케이트 브론펜브레너(Bronfennbrenner 2003), 킴 보스와 레이철 셔먼(Voss and Sherman 2003), 릭 판타지아와 보스(Fantasia and Voss 2004) 등이 있다. 한편 켈리(Kelly 2005)는 기본적으로 수용적 입장에 서서 동원 이론mobilization theory에 근거한 전략 조직화의 가능성과 필요성을 주장했다. 또 비판적 입장의 연구로는 피터 페어브러더(Fairbrother 2005), 페어브러더와 샬럿 예이츠(Fairbrother and Yates 2003), 리처드 허드(Hurd 2004), 킴 무디(Moody 1997) 등이 있었다. 절충적 입장의 연구로는 에드먼드 히어리와 리 애들러(Heery and Adler 2004), 카롤라 프레게와 켈리(Frege and Kelly 2004), 제프리 우드(Wood 2004a: 2004b), 크리스토퍼 솅크(Schenk 2003), 하이먼(Hyman 2004a: 2004b) 등을 들 수 있다.

4 중요한 연구로 윤진호(2006a: 2006b), 이병훈·권혜원(2007), 조돈문 외(2000), 전국민주노동조합총연맹(2000: 2006: 2012/01/31), 이병훈·김직수(2014), 이정희(2014/11/21), 특히 기시적인 재활성화 전략의 맥락에서 살핀 조직화 모델 연구로 김승호 외(2007), 박명준·권혜선·유형근·전수경(2014), 전국민주노동조합총연맹 정책연구원(2012: 2013) 등이 있다.

둔다. 민주노총 전략 조직화 사업이 3기에 걸쳐 10여 년 이상 계속되고 있으므로 전체 노동운동 재활성화 전략과 조직화 모델의 관계를 심층적으로 다룬 이론적 연구는 매우 중요하다. 이는 영미의 조직화 모델을 단순히 수용해 실행하는 데서 발생하는 한계점들을 극복하려는 노력일 뿐만 아니라 미래의 조직화를 위한 전제 조건이기 때문이다. 특히 재활성화 전략의 다양한 요소들과 노조조직화 모델의 연관성을 구명해 내적으로 유기적인 운동 전략을 만들어 내려면 이 작업이 매우 긴요하다.

2) 분석 틀

신자유주의 세계화에 따른 노조 조직률 하락 현상은 거의 모든 OECD 국가에서 나타난다. 특히 그중에서도 미국과 영국은 그 하락 폭이 가장 컸다. 이는 유럽 대륙의 조정 시장경제와 크게 대비되는 자유주의 시장경제 유형의 자본주의라는 공통점과 연관관계가 깊다(Hall and Soskice eds. 2001).

또 두 나라의 노동조합은 중앙 집중적이기보다는 분권화된 조직 체계를 갖고 있고 분권화된 교섭에 의존하고 있는 공통점이 있다. 그리고 이념에서도 두 나라의 노동조합은 모두 실리 지향적인 경제적 노동조합주의 요소가 강하다. 그러나 두 나라에서 나타나는 차이점도 무시할 수 없다. 예컨대 영국에 노동 정당이 존재하는 데 반해 미국에는 계급정당으로서 노동 정당이 부재하고, 노동 법제와 제도가 크게 다르며, 노조에 대한 사용자들의 태도가 상이한 점 등은 중요한 차이이다(Frege and Kelly 2004).

이 연구의 맥락에서 미국과 영국의 거시적인 공통성(또는 차이들)보다 더 중요한 것은 두 나라의 노조들이 '조직화 모델'이라는 운동 전략을 목적의식적으로 추진했다는 점이다. 특히 짧은 격차를 두고 영국이 미국의 모델을 수입해 적용했다는 점에서 두 나라 비교 분석의 의의가 있다. 애초에 상당 정도 자연발생적으로 시작된 미국의 조직화 모델의 적용 가능성을 평가하는 중요한 준거가 될 수 있기 때문이다.

영미 조직화 모델을 연구하는 방법에는 대체로 미시적 접근과 거시적 접근이 있다. 미시적 접근은 사례연구에 기반해 조직화 모델 자체의 특성이나 그 정책 실행의 충실도를 비교 분석하는 것을 말한다. 반면에 거시적인 분석은 조직화 모델과 여타 재활성화 전략의 연관성이나 두 사례의 구조적 조건의 차이가 조직화 정책에 미친 영향을 추적하는 분석 방법이다.

이 글에서는 에드먼드 히어리와 리 애들러의 논의를 이용해 노동운동 재활성화 전략의 한 요소로서 조직화 모델을 분석하고자 한다. 이때 분석 초점은 조직화 모델과 여타 재활성화 전략의 연관이며 두 사례의 차이는 사회구조적 조건의 차별성으로 설명될 수 있다. 〈표 7-2〉에서 보는 바와 같이 조직화 모델은 조직 혁신 전략과 더불어 조직 전략의 일부를 이루며 정치·교섭·연대 전략 등 다른 재활성화 전략과의 관계 속에서 개별 사례의 고유한 특성이 드러낸다. 따라서 이 연구는 일차적으로 영미 조직화 실험에서 나타난 특징과 한계를 거시적인 재활성화 전략의 맥락에서 추출하는 데 일차적인 목적을 갖는다.

이 연구는 크게 세 가지 요인들이 노조 조직화의 성패와 연관

표 7-2 **분석 틀 : 노동운동 재활성화 전략과 조직화 전략**

노동운동 재활성화 전략	조직 전략	조직화 모델	• 조직화 지향 : 리더십, 기구 구성, 자원 동원 • 목표 설정 : 전략적 대상 설정, 조직 모델 구성 • 조직화 방법 : 활동가·조합원을 참여·동원하는 방식
		조직 혁신 전략	이념 재정립, 노조 조직 통합, 조직 구조 혁신
	정치 전략		정치 방침(정당, 선거), 정책 연합, 제도 개선
	교섭 전략		단체교섭 방식, 사회적 협의, 파트너십 참가
	연대 전략		각종 사회운동과의 연대, 국제 연대
	기타 전략		조직 문화 혁신, 기타

자료 : Heery and Adler(2004, 50~51)의 논의를 수정·보완해 작성함.

되어 있다고 봤다. 먼저 조직화 모델의 체계적 설계 및 실행과 관련된 문제이다. 조직화 모델은 실행 단계의 정합성과 체계성에 따라 성과가 크게 달라진다. 예컨대 조직화 모델은 구체적인 내용에서 조직화 지향성, 목표 설정, 조직화 방법 등 세부 내용으로 나뉠 수 있다. 미국과 영국의 조직화 경험을 보면 두 사례 모두 제한적 자원 동원과 취약한 리더십, 사업 진행 방식에서의 관료주의 등 많은 문제가 있었음이 드러났다.

둘째, 조직화 모델과 조직 혁신 전략의 관련성 문제이다. 조직화 모델에 자기 완결성이 있더라도 조직률 제고 자체가 목적일 수는 없으며 효과적인 조직화를 위해서는 정합적인 조직 구조가 필요하다. 예컨대 영국 사례와 같이 조직노동자의 경제적 이해관계가 노조의 전략을 결정하기 쉬운 조직 구조에서는 조직화 사업이 내부 조합원들의 반발을 야기할 가능성이 크다. 또 한국과 같은 기업별 노조 체제에서는 조직화에 자원을 집중해 투입하거나 조합원의 조직화 사업 참가가 매우 어려울 법하다. 따라서 전략적인 조직화의 추진에는 조직 혁신 전략의 동시적 추진이 반드시 필요해진다.

셋째, 조직화 모델과 여타 재활성화 전략의 관계도 주목하고자한다. 영국의 조직화 모델은 TUC의 또 다른 전략 방침인 파트너십 전략과 함께 추진된 것이 특징이었다. 또 미국의 경우는 지역 수준에서 사회운동과의 연대가 조직화 모델의 주요 내용을 구성하는 특징을 띠었다. 한국의 경우에는 특수 고용 노동자 조직화의 경우 노동 법제 개혁과 정치 전략의 문제가 조직화 모델의 성패에 중요한 변수임을 지적할 수도 있다. 결국 노동조합의 조직화는 매우 복잡한 전략적 변수들의 총합에 따라 그 결과가 나타나므로 여러 노조 전략을 총체적으로 파악하는 접근은 필수적이다.

3. 영미 조직화 모델 실험과 평가

1) 도입 배경과 전개 과정

조직화 모델을 도입한 배경은 1970년대 이래 진행되어 온 선진 자본주의국가 일반의 노동운동 후퇴에 있었다. 그것은 크게 사회경제 구조 변동, 정치사회적 변동 및 노조 조직의 전략적 실패가 결합된 산물이었다.[5]

---

5 주요한 사회경제 구조 변동으로는 제조업 후퇴와 서비스업 확대, 세계화와 초국적기업
　성장, 민영화와 공공 부문 고용의 축소, 단체교섭 분권화, 실업과 비정규 노동의 증가

미국 노동운동은 역량 면에서 서구 여러 나라들 가운데 가장 취약하다. 그 뿌리는 미국 사회의 역사적·구조적 특성에 있었으나 1980년대까지는 경제적 확장 국면에서 위기가 감지되지 못했을 뿐이다.[6] 상황은 레이건 정부가 집권한 이후 극단적으로 악화되었다. 1981년 항공 관제사 노조의 파업을 정부가 초강경 수단으로 진압한 이후 노동운동에 대한 억압이 지속되었다. 이후 자동차 산업을 필두로 구조 조정이 지속되어 조직률은 급격히 하락했고 양보 교섭이 확산되어 노동조건이 심각하게 후퇴했다.

이런 상황의 변화는 1995년 AFL-CIO 집행부가 교체되며 시작되었다. 존 스위니John Sweeny 위원장은 국제서비스노조의 1990년대 초반 조직화 성공 모델을 전체 노동운동에 도입했다.[7] 그 핵심은 노조 지도부의 주도로 노조의 자원·인력·기능을 조직화에 집중하는 것으로 요약된다. 이후 10년 동안 조직화 실험이 다양하게 진행되었고 성과도 없지 않았으나 조직률 하락을 막는 데까지 나아

등이 있었다. 그리고 개인주의 경향 심화, 반노동 정부 출현, 경쟁 격화에 따른 사용자의 반노동 전략 강화 등 정치사회적 변동도 중요했다. 마지막으로 객관적 조건의 변화에 대해 노동운동이 전략적으로 대응하지 못한 것도 원인이었다. 자세한 내용은 마이크 릭비·로저 스미스·크리스 브루스터(Rigby, Smith and Brewster 2004) 참고.

6 미국 노동운동의 구조적·역사적 한계에 관한 자세한 연구로는 판타지아와 보스(Fantasia and Voss 2005), 브론펜브레너(Bronfenbrenner 2003) 참고. 위기의 원인으로는 실리 조합주의 운동 전략, 전통적인 사용자 적대성, 취약한 노동 관련 법·제도, 1950년대에서 1970년대까지 노조 조직화 실패, 산업구조·고용구조 변동, 신자유주의 노동정책 등이 지적되었다.

7 보스와 셔먼(Voss and Sherman 2003)은 새 리더십이 다양하게 추진한 혁신 시도, 외부 사회운동의 경험과 영향, 일부 산별노조(국제서비스노조, 호텔 및 요식업 노조HERE)의 영향력이 미국에서의 '조직화 실험'을 가능하게 했다고 분석했다.

가지는 못했다고 평가된다. 특히 정책 추진 과정에서 내부 반발과 의견 대립으로 2005년 노조 혁신을 주장한 CTWChange To Win가 결성되었고 AFL-CIO가 분열되기에 이르렀다.

한편 영국 노동운동도 사정은 크게 다르지 않았다.[8] 1979년 '불만의 겨울'winter of discontent 이후 노동운동은 수세에 처했다. 같은 해 집권한 대처 정부는 정세 변화를 이용해 노동조합에 대한 총체적인 공세를 장기간 펼쳤고 노동운동은 더욱 위축되었다.

TUC의 첫 대응은 1983년 '신현실주의' 전략이었다. 이는 노조 스스로 투쟁을 제어하는 것을 포함하는 온건 협상 전략이었다. 또 신현실주의가 상황을 바꾸지 못하자 노총은 1996년 다시 '신노조주의' 노선을 제시했다.

신노조주의는 기존 서비스 모델과 정치적 압력 행사에 사회적 파트너십social partnership 및 조직화 모델을 결합하는 새로운 시도였다. 이는 당시 노동당의 새 노선인 '신노동당'New Labour과 조응하는 전략 변화였다. 이 중 조직화 모델은 미국 혁신 전략을 벤치마킹한 것이었다. 예컨대 조직화 아카데미organizing academy를 개설해 활동가를 교육하는 데 자원을 집중한 것도 미국의 조직화 학교organizing institute를 모방한 것이었다. 그러나 미국의 조직화 모델 전환이 전체 노조 운동의 혁신적 전환 시도였다면, 영국에서는 기존 모델을 제

----

8 1970년대 후반 이후 영국 노동운동의 전반적 상황과 전략적 대응은 피터 페어브러더와 폴 스튜어트(Fairbrother and Stewart 2003), 이정희·김미진(2014, 239~256) 참고. '제3의 길' 노선에 대한 비판적 평가로는 이언 로퍼(Roper 2004) 참고.

한적으로 보완하는 데 머물렀다.

여러 노력을 기울인 결과 2000년대 초반 영국의 조직률 하락은 일시적으로 중단되기도 했다. 그러나 노동당의 '제3의 길' 노선에도 불구하고 조직률 하락 경향이나 전반적인 노동운동의 위축은 지금도 지속되고 있다.

2) 조직화 모델의 특성과 영미 사례 비교

조직화 모델은 영미의 전통적 노조 운동 모델이었던 서비스 모델에서 운동이 위기에 처한 원인을 찾고 이를 넘어서려는 시도였다.[9] 조직화 모델의 도입이라는 측면에서 미국과 영국은 크게 다를 바 없었다. 그렇지만 전체 노동운동에서 조직화 활동이 차지하는 비중이나 구체적 양상은 상당히 달랐는데, 특히 노조 운동 전반의 혁신과 관련해 갖는 함의는 크게 달랐다.

먼저 모델 도입의 정치적 맥락이 달랐다. 미국에서 조직화 모델은 거시적인 노조 재활성화 전략의 핵심 수단으로서 도입되었다고 평가할 수 있다. 스위니 집행부는 이전까지의 실리 조합주의 노선을 혁신하기 위한 정치적 급진화 전략의 일환으로 조직화 모델을 도입했다. 말하자면 단절적 변화를 시도했던 것이다.[10] 그러나

---

9 노동운동의 서비스 모델과 조직화 모델은 지도부 중심-조합원 참가, 단체교섭 중심-비제도적 방법, 중앙집권적 구조-분권화 구조, 노조 활동가 주도-조합원 주도 등 다양한 측면에서 대비될 수 있다. 두 모델에 대한 자세한 대비는 셰크(Schenk 2003, 244~262) 참고.

10 그 결과 미국의 조직화 모델은 조사·연구를 통한 사전 준비와 함께 아래로부터 대중을

표 7-3 영미 조직화 모델의 비교

구분	미국	영국
시기 및 계기	1990년대 초, 노총 지도부 교체	1990년대 말, 신노동당 전략 전환
정치 환경	노동 정당 부재, 로비 자금 제공	집권 노동 정당, 노조-정당 연계
노사 관계	강경 적대 사용자	온건 적대 사용자
제도 환경	통제적 노조 인정 절차	우호적인 제도적 환경
전략 목표	운동 노선 전환, 사회운동 노조주의	제3의 길, 신노조주의 완성
조직 방식	풀뿌리 동원, 집단 가입	동원 요소 약함, 개별 가입 추진
파트너십	부차적·제한적 수단	조직화와 더불어 주요 정책 방안

영국에서 조직화 모델을 도입한 정치적 맥락은 크게 달랐다. 그것은 처음부터 노동당의 '신노동당' 우경화 전략 및 '파트너십'과 결합되어 있었다. 또 TUC의 '신현실주의'가 '노사협조주의'라는 비판에 대응할 부차적인 수단에 불과했다(Simms 2013; Upchurch, Taylor and Mothers 2009).

둘째, 파트너십 전략의 문제가 있었다. 미국에서도 파트너십은 노조 재활성화 전략의 일환으로 사용되기도 했지만 그 비중은 매우 제한적이었다.[11] 반면에 영국에서는 총연맹의 핵심 전략으로 도입되었고 조합원 동원 방식의 조직화 모델과 내적으로 충돌하는 양상을 보였다.[12] 말하자면 미국에서는 조합원을 아래로부터 동원

공격적으로 동원하고 장기적 캠페인을 벌이는 등 한층 공세적인 것이었다. 브론펜브레너(Bronfenbrenner 2003) 참고.

11 미그 디슨과 재 피오리토(Dixon and Fiorito 2009)는 구체적으로 세 가지 유형이 있다고 정리했다. 첫째, 노동력 공급과 숙련 형성에서 노조 영향력 유지, 둘째, 일자리 유지 장치, 셋째, 조직화 수단 등이다.

하는 조직화에 전략적 방점이 있었던 반면, 영국에서는 협력과 타협을 강조하는 파트너십의 비중이 더 컸다.

셋째, 미국과 영국의 제도적·정치적 환경의 차이도 중요하다. 두 나라는 다른 유럽 대륙 국가에 비해서는 모두 조직화 모델을 선택할 수밖에 없는 구조적 조건에 있었으나 양자 사이에도 차이는 있었다. 대체로 영국의 경우가 정부 정책이나 정치적 환경, 사용자의 적대성 등의 측면에서 상대적으로 유리했다고 평가할 만하다. 노동계급 정당이 부재한 미국에 비해 1990년대 후반 이후 노동당이 집권한 정치사회적 조건은 조직화 전략에 대한 몰입 정도의 차이를 야기했다. 미국에 비교한다면 영국에서 조직화 방식의 노조 운동은 여전히 소수의 제한된 시도에 머물렀다. 또 영국에 비해 미국의 조직화 모델은 상대적으로 사회운동 노조주의라는 운동 노선 전환과 깊이 관련되어 있었다.

3) 조직화 모델 평가 논쟁

전체적으로 좁은 의미의 조직화 자체를 부정하는 논의는 없다.

---

12 모순의 양상 및 자세한 맥락에 대한 분석은 마틴 업처치·그레이엄 테일러·앤드루 마더스(Upchurch, Taylor and Mothers 2009, 4장) 참고. 파트너십과 조직화의 관계에 대한 평가는 연구자들도 이견이 있으나(유형근 2007a, 47~58) 모순적이라는 견해가 지배적이다. 예컨대 에드먼드 히어리·존 켈리·제러미 와딩턴(Heery, Kelly and Waddington 2003)은 TUC 노선을 '파트너십을 위한 조직화'organizing for partnership 또는 '운동 조합주의'movement unionism로 규정하고 양자가 모순되지 않는다고 봤다. 반면 페어브러더와 스튜어트(Fairbrother and Stewart 2003)는 이를 운동이 파트너십에 종속되는 '경영자 조합주의'managerial unionism라고 비판했다.

3부 종속 신자유주의 노동체제와 노동운동 전략

다만 현존 조직화 모델의 운동적 의미와 가능성에 대해서는 부정적인 의견이 있다. 즉, 많은 연구자들은 기존 모델이 보여 주는 한계들을 다양하게 진단해 극복할 이론적 노력을 기울였다. 그러므로 이 장에서는 그 한계들에 주목한다.

우선 긍정적 견해는 가장 어려운 객관적 조건에서도 노동자들이 스스로 조직하고 성공할 수 있음을 미국의 조직화 실험이 보여 주었다고 강조했다. 이때 문제는 노조 지도부를 포함한 주체들의 의지 결집과 전략적 대응에 있다고 평가되었다. 많은 연구자들은 이런 전략적 방향을 사회운동 노조주의에서 찾았다.[13]

한편 비판적인 견해들은 무엇보다 조직화 전략이 기존의 실리조합주의, 서비스 모델에 대한 대안으로 자리 잡는 데 실패했음을 지적했다. 이들은 조직화 실험은 미국에서도 제한적인 성공에 그쳤으며 영국에서는 특히 부분적인 전술적 수단에 불과했다고 강조했다. 이 밖에도 조직화 모델의 한계는 크게 세 가지로 나뉜다.[14] 첫째, 중앙집권적인 하향식 조직화 방식에 머물고 있다. 둘째, 파트너십, 정치적 로비 등 이질적 운동 노선과 흔히 병존했다. 셋째, 대중 동원과 조합원 수 증가에만 주목하는 현재의 모델로는 노조 재활성화를 이룰 수 없다.

---

13 브론펜브레너(Bronfenbrenner 2003, 32~50), 판타지아와 보스(Fantasia and Voss 2004), 딕슨과 피오리토(Dixon and Fiorito 2009), 히어리(Heery 2000) 참고. 보스와 셔먼(Voss and Sherman 2003)도 비슷하게 긍정적으로 평가하면서 성공 배경에는 초면맹이 리더십과 역할, 기존 모델이 한계를 드러내는 위기, 그리고 무엇보다 조직 문화 혁신이 있었다고 강조했다.

14 허드(Hurd 2004), 존 고다드(Godard 2004, 183), 그레임 록우드(Lockwood 2004) 등 참고.

먼저 하향식 조직화 방식의 문제는 단순히 조합원들의 민주적 참여 문제나 효율성 문제만은 아니라는 점이 중요하다. 비판적 문제 제기의 핵심은 중앙에서 기획된 획일적인 전략이 현장 대중의 다기한 요구들과 모순된다는 점이다. 이들은 노동시장 구조가 변동하면서 고용 안정성과 고용 형태, 산업부문, 성, 인종 등의 측면에서 노동력 내부 구성이 매우 복잡해지고 있으므로 하향식은 이런 변화와 부합하지 않는다는 점을 강조했다.[15]

또 하향식 조직화 방식에 대한 문제 제기는 단지 총연합 단체의 사업 방식에 대한 논의를 넘어, 산별노조와 지역, 현장 조직을 포함한 노동조합 조직 구조 전체의 실효성을 문제 삼았다. 과연 전통적인 산별노조 조직 형식이나 단체교섭 중심의 활동 방식이 조직화나 노조 재활성화에 부합하는지가 의문이라는 것이다.[16] 다른 각도에서 보면 이는 조직화 전략이 기존 노조 운동의 저항을 극복하는 문제나 조직 혁신 문제와 깊이 연관되어 있음을 반증하는 논의가 된다.

둘째, 영국 사례는 조직화 모델이 운동 이념에 배치되는 파트너십 전략과 결합해 추진된 바 있었다. 전자가 운동에서 대중의

---

15 이런 측면에서 우드(Wood 2004, 220~238)는 남아프리카공화국 노동운동에 대한 카를 폰 홀트(von Holdt 2002)의 연구를 원용하면서 대중 동원을 통한 조합원 충원이라는 사회운동 노조주의 이론이 근본적으로 한계가 있다고 주장했다.

16 캐나다 산별노조 운동을 이런 맥락에서 재검토하고 새로운 방향을 고찰하는 연구로는 예이츠(Yates 2003)를 참고할 수 있다. 그녀는 산별노조가 재정, 조직 자원, 변화 능력 측면에서 강점이 있어 조직화 모델에 적응할 만하다고 조심스럽게 평가했다.

자발성과 독립성을 강조한다면, 후자는 자본과의 협력과 타협을 추구한다. 영국의 조직화 모델을 운동의 전략적 전환으로 보기 힘든 이유였다. 파트너십 문제는 미국에서도 부분적이나마 제기된 사안이었다. 또 미국에서는 민주당에 대한 정치적 로비도 조직화 전략의 대용물로 상정되곤 했다. 이런 점에서 현재의 조직화 모델이 운동의 전략이기보다 전술적 수단이 아닌가 하는 의문이 계속 제기되었다.[17]

두 사례를 비교하면 조직화는 그것이 적용되는 각 나라의 사회·정치적 맥락에 따라 그 전략적 함의가 크게 달라진다는 것을 보여준다(Fairbrother and Stewart 2003, 158~179). 영국의 경우 노동당이 집권하고 좀 더 온건한 성향의 자본이 존재하던 조건이 조직화 모델과 파트너십 모델을 동시에 추진한 배경이었다. 반면에 미국은 이런 조건들이 결여되어 있었으므로 조직화 모델의 중요성이 한층 컸다. 결국 정치적 맥락이나 구조적 환경은 조직화 모델을 기획·실행하는 데서 검토할 중요한 쟁점이 된다.

셋째, 조직화 모델과 전반적인 노동운동 재활성화 전략의 관계에 관한 비판적 지적이 있었다. 전형적인 미국식 조직화 모델에서는 아래로부터의 대중 동원에 의한 투쟁과 조합원 충원이 노동운동을 활성화할 것이라고 가정했는데, 이는 너무 단순한 인식이라는 비판이었다. 무엇보다 조직률 증가나 쟁의 확산 그 자체가 노동운

---

17 밥 카터(Carter 2003)는 영국 제조과학금융노조Manufacturing Science and Finance, MSF에 대한 사례연구에서 조직화 전략의 수사修辭와 실제는 다르다고 비판했다.

동의 활성화 또는 위기 극복이 아니기 때문이다.

노동운동의 재활성화에는 조직화 외에도 단체교섭과 이익대표의 재구조화, 정당을 매개로 한 정치적 개혁과 노동법 개혁, 노사정 삼자 합의주의 문제, 작업장 민주주의 확대, 시민사회를 포함한 장기적인 사회운동 연대 체제 구축 등에 대한 전략적 대응도 매우 중요하다는 것이다.[18] 그러므로 조직화 모델은 조직 혁신을 포함하는 조직 전략, 정치 전략, 교섭 및 연대 전략 등 다른 재활성화 전략의 다른 부문 전략과 유기적으로 결합될 때만 노동운동의 위기를 극복할 수단이 될 수 있다.

4. 노조 재활성화 전략과 조직화 모델

1) 노조 재활성화 전략과 조직화 모델의 선택

미국과 영국의 조직화 모델 사례와 논쟁을 검토하며 분명해진 것은 좀 더 거시적인 노조 재활성화 전략의 맥락에서 재검토해야 한다는 점이었다. 이런 측면에서 "미국의 연구들은 조직화 모델만

---

18 그래서 연구자들은 서비스/조직화 모델의 이분법을 넘어 더 포괄적인 운동 전략인 사회운동 노조주의 전략으로의 전환이 중요하다고 강조했다. 셴크(Schenk 2003), 판타지아와 보스(Fantasia and Voss 2004), 로날도 뭉크(Munck 2004) 등 참고. 또 프랑스 쉬드SUD-철도노조 사례는 노조 재활성화에 조직화보다 '운동의 정치적·이데올로기적 이념'이 더 중요할 수도 있음을 여실히 보여 준다(Connolly 2012).

표 7-4 조직화 모델 선택 설명 요인 분석 : 5개국 사례

설명 변수	세부 항목	조직화 모델 비선택(이탈리아·독일·스페인)	조직화 모델 선택(미국·영국)
노사 관계 제도	• 단체교섭 구조 • 노동조합 인정 • 작업장 참여	• 중앙 집중화 • 노조 설립 지원supportive • 이중 채널(노조·직장협의회)	• 분권화 • 절차와 요건으로 규율 • 단일 채널(노조)
국가·자본 전략	• 정부 정책 • 사용자 전략	• 노조 포섭(파트너십, 협약) • 비적대적	• 노조 배제 • 적대적(영국은 온건 적대)
노동조합 정체성	• 노동운동 노선	• 계급 운동(스페인·이탈리아) • 사회적 대화(독일)	• 시장 지향 노동운동 (미국·영국)

자료 : Heery and Adler(2004, 45~69)에서 정리함.

을 최선의 재활성화 전략으로 파악하는 편견이 있었다"는 프레게
와 켈리(Frege and Kelly 2004, 31~44)의 비판적 지적은 매우 적절하다고
평가할 만하다. 즉, 영미형 국가에서 조직화 전략이 선택된 반면
유럽 대륙 국가에서는 그렇지 않았던 이유를 다시금 설명할 필요
성이 있기 때문이다. 히어리와 애들러(Heery and Adler 2004)는 재활성
화 전략 선택을 규정하는 세 가지 변수로 제도, 국가와 자본의 전
략, 노조의 정체성을 제시하면서 그 이유를 설명했다.

〈표 7-4〉에 따르면 미국과 영국의 조직화 모델은 취약한 노사
관계 제도, 국가와 자본의 적대, 그리고 시장주의 노동운동 노선
에 대응한 전략적 선택이었다. 유럽 대륙 국가들은 작업장 조직,
정당과 정치적 지원, 사회적 대화 등과 같은 조직화 모델에 대한
'기능적 등가물'이 있었다. 대중 동원에 기초한 조직화가 굳이 필
요하지 않았던 것이다.

또 하나의 문제는 앞서 보았듯이 미국과 영국의 조직화 실험이
그다지 성공적이지 못했다는 점이다. 그 이유는 첫째, 기존 노조
의 과두제 조직 구조와 리더십 제약, 둘째, 조합원 대중들의 저항,

셋째, 분권화된 조직 구조와 지역 조직의 자율성 등이 지적되었다. 구조적·전략적 역량이 취약한 나라들의 제약된 선택지가 조직화였으나 역량 한계로 말미암아 조직화에 성공하지 못했다는 분석이었다. "조직화가 가장 필요한 나라들에서 조직화에 필요한 동기와 역량이 취약하다"는 역설이었다(Heery and Adler 2004, 68~69).

결국 미국과 영국에서 조직화 모델 선택을 규정하고, 나아가 그 성과에 결정적으로 영향을 미친 변수들은 결국 조직화 모델 외의 구조적 요인들이었다. 이들과 조직화 모델의 연관성을 검토할 필요가 있다. 이하에서는 구체적으로 조직 혁신 문제, 운동 노선의 문제, 그리고 정치 활동의 문제 등 세 가지 재활성화 전략 요소들을 간략히 정리할 것이다.

2) 조직화 모델과 조직 전략 : 조직 혁신 문제

조직화 모델의 실천이 단순히 몇 가지 전술적 활동 기법을 도입하는 일이나 조직 내 특정 부서만의 일이 아님이 분명해졌다. 미국 사례에서 나타났듯이 전체 노동조합운동 차원에서 재정과 인력 등 자원을 조직화에 집중하고 이를 장기적인 전략적 기획으로 추진하는 것이 중요하다.[19] 총연합 단체나 산별노조의 리더십이

---

19 미국에서 성과가 제한적이나마 나타난 것은 조합원 대중이 주도하는 공격적·창의적 캠페인, 장기적 전략 기획, 노조 내 조직화 문화의 확산, 전략 연구와 목표 설정, 작업장 투쟁 조직의 구성 등 전략적 기획이 있어서였다(Bronfenbrenner 2003; Voss and Sherman 2003).

결정적으로 중요한 것은 물론이다. 또 조합원 대중이나 하부 조직의 자발적인 참여를 유도하기 위해서는 교육, 조직 문화, 제도 등 조직의 모든 측면에서 혁신적 변화가 필요하다. 따라서 조직화 모델은 전체 노조 운동의 조직 혁신 전략과 유기적으로 결합될 필요가 있다.

이런 필요성은 기존 조직이 조직화 전략에 저항하기 때문에 더 중요하다.[20] 〈표 7-2〉에서 제시한 바와 같이 노조 재활성화는 단순한 조직 확대만으로는 이루어질 수 없다. 조직을 구성하는 제반 제도들이 모두 새로운 차원으로 변화하는 것과 연관되어 있기 때문이다. 다시 말하면 재활성화뿐만 아니라 그것의 한 차원인 조직화 과정은 '맥락 의존적 과정'이 될 수밖에 없다. 그러므로 〈표 7-5〉에서 보듯 조직화와 함께 진행되는 조직 혁신은 단순히 공격적·방어적 유형을 넘어선 혁신적 유형으로 기획되어야 한다.

또 조직화 모델의 조직 확대 전략은 필연적으로 조직 내부의 이질성을 확대한다. 조직화는 대개 기존 조직화 대상을 넘어선 미조직·비정규 노동으로의 확장이므로 조직 내부에서 새로운 갈등과 긴장을 유발할 것이다. 그러므로 조직화의 출발에서부터 이익대표 및 의사 결정구조와 연관된 조직 혁신 및 내적 동의 산출 체제 구축을 중요한 과제로 삼을 필요가 있다.[21] 또 하향식 조직화의 문제

---

20 저항은 베버식의 관료주의 문제일 수도 있으며 기존 조직이 이미 그 조직 환경에 최적 상태로 주율되 전략의 사물이기 때문이기도 하다. 이 문제에 관한 이론적 설명은 베렌스 마르틴·커스틴 하만·리처드 허드(Martin, Hamman and Hurd 2004, 11~25) 참고.

21 맷 플린·크리스 브루스터·로저 스미스·마이크 릭비(Flynn, Brewster, Smith and Rigby 2004,

표 7-5 **조직 혁신의 동기 분류**

전략 유형·영역	내부 동기		외부 동기
	지배(구조)/민주주의	행정 관리	
공격적 유형	•리더십 결정권 확대 •리더십 비판 제한	•예산 인력 통제 •리더십 권한 확대	•매입을 통한 성장 •리더 외부 영향력 확대
방어적 유형	•현상유지 욕구에 반응 •리더 외부 충격과 격리 •조직 내 비판 통제	•다운사이징 •자원 재배치	•외적 경쟁 제한 •조직 합병 및 통합
혁신적 유형	•조합원 참여, 민주주의 확대 •계층별 조합원 혁신 참가	•미션·우선순위 맞춰 조직 재구조화 •자원 재배치	•규모의 경제 추구 •노조의 정치적·경제적 역량 증대

자료 : Martin, Hurd and Waddington(2004, 117~136)에서 정리함.

점을 넘어서려면 상향식 조직 민주주의의 확대가 중요한데 조직
구조의 혁신과 조직 문화의 전환은 필수적이다. 물론 조직화 모델
이 강조하듯이 총연맹과 산별노조 등 상층 조직의 강력한 리더십
구축도 여전히 중요하다.[22]

3) 조직화 모델과 운동 노선 : 파트너십 또는 사회운동 노조주의

영미 사례 비교에서 나타난 중요한 결론 중 하나는 조직화 모델
이 단순한 운동 전술이나 조직화 기법의 문제가 아니라는 점이다.
앞서 보았듯이 영국 사례에서는 조직화 모델이 사회적 파트너십

319~351) 참고. 구체적으로는 비정규 노동자, 여성, 청년, 성 소수자 및 지역사회 대표자
등의 조직 내 발언권을 제도적으로 확대하는 것이 필요하다.

22 자세한 내용은 딕슨과 피오리토(Dixon and Fiorito 2009), 보스와 셔먼(Voss and Sherman 2003), 프
라딥 쿠마르와 그레고르 머리(Kumar and Murray 2003), 예이츠(Yates 2003) 등 참고.

운동 전략과 동시에 추진된 관계로 많은 문제를 야기했다고 지적되었다. 미국에서도 파트너십 실험들이 있었지만 대체로 지역사회와 사용자 사이에서 진행되었고 매우 제한적인 사례들이었다. 반면에 영국에서는 총연합 단체와 노동 정당에 의해 전략적으로 기획되었으며 기업 수준의 노사 간에 광범하게 진행되었다.[23]

이런 차이는 표면적으로 유사한 조직화 모델이 결과적으로 달라진 중요한 배경이 되었다. 미국에서 그것이 실리 조합주의에서 사회운동 노조주의로 운동 노선을 전환하고자 한 시도였다면, 영국에서는 단순히 제도적 변화에 머무른 것으로 평가되는 이유가 된다. 특히 영국은 파트너십 모델의 모형인 네덜란드 등 유럽 사민주의 국가의 특성이나 사회적 배경이 없었으므로 운동 노선상 모순은 더욱 두드러졌다.

나아가 미국의 조직화 사례도 운동 노선의 측면에서 한계가 많았다고 평가된다. AFL-CIO는 조직화 모델을 기획할 때 사회운동 노조주의를 표방했으나 그 실행에는 한계가 있었다. 예컨대 상향식이기보다는 하향식·관료적 접근이었고 실리 조합주의를 대체할 만큼 포괄적이지 못했던 것이 운동 노선 문제와 닿아 있는 것이다.

---

23 카멜 멜라히와 제프리 우드(Mellahi and Wood 2004, 352~376) 참고. TUC는 네덜란드의 사회적 파트너십과 미국의 조직화 모델을 결합해 1996년 '신노조주의' 노선을 구성했다. 운동적 성격을 띤 조직화 모델과 협조주의 노선인 파트너십 간의 모순에 대해서는 페어브러더와 스튜어트(Fairbrother and Stewart 2003), 폴린 디번(Dibben 2004)을 참고할 수 있다. 또 파트너십 전반 일반에 대한 평가 논쟁을 정리한 것으로는 마이클 테리(Terry 2004) 참고. 물론 파트너십 모델은 유럽 대륙 국가나 이탈리아 등 라틴 국가에서 일정한 성과를 낳기도 했다(김승호 외 2007 참고).

또 필수적인 조합원 교육이 부족했고 노조 역할을 재정립하는 등의 포괄적·전략적 기획 속에서 진행되지는 못했다. 결국 '양적 조합원 확대 전술'이라거나 사회적 연대로 발전하기보다 '공리주의적 접근'을 넘어서지 못했다는 비판을 받았다.[24] 요약하면 조직화 모델은 '사회운동 노조주의' 등 한층 포괄적인 운동 노선 전환의 한 계기로서 포착되고 실천되어야 한다는 점이 중요하다.

4) 조직화 모델과 정치 전략 : 노동 정당과 정책적 개입

흔히 조직화 모델은 사회운동 노조주의의 핵심적 구성 요소로 논의되어 왔다. 양자가 대등한 범주의 개념은 아니지만 지역사회운동과 연대한 대중 동원을 강조한다는 점에서 동일하다. 특히 국제서비스노조, 호텔 및 요식업 노조 등 미국 산별노조의 성공적인 조직화 사례를 평가한 연구들은 하나같이 이 점을 강조했다.

그러나 조직화 모델과 사회운동 노조주의가 공유하는 한계가 있었다. 바로 정치 문제의 회피였다. 미국에서 사회운동 노조주의가 주목받은 것은 계급정당이 존재하지 않고 정치적 운동의 가능성이 거의 봉쇄되어 있는 정치사회적 조건의 결과라고 볼 수 있다. 노동운동의 재활성화 측면에서 영국과 미국의 중요한 차이는

---

24 허드(Hurd 2004, 191~210)와 셴크(Schenk 2003)를 참고할 것. 이에 대한 대안으로 두 사람은 모두 좀 더 포괄적인 사회운동으로서의 노동운동을 강조했다. 실리 조합주의에 대해서는 판타지아와 보스(Fantasia and Voss 2004, chs. 3~4) 참고.

노동 정당의 존재 여부와 긴밀히 연관된다. 영국에는 고도로 발전한 노조-정당 연계 체계가 존재했던 반면 미국은 로비와 선거 자금 제공에 의존할 수밖에 없었다.[25]

사실상 노동 정당이나 정치 노선의 문제는 사회운동 노조주의가 비판받는 주된 이유였다. 사회운동 노조주의에 대해서는 '노동과 자본의 계급적 적대나 자본주의국가보다 시민사회 운동을 주목한다'거나 '기존의 보수적인 노동조합운동에 대해 과도한 기대를 걸거나 긍정적인 평가를 내리며', '정치적 조건을 정확히 평가하지 않고 대중투쟁에 의미를 부여하는 무정부주의·생디칼리슴 경향을 드러내고 있다'는 비판적 지적이 있었다. 사회운동 노조주의는 노조 운동을 견인하고 지도하는 '(계급) 정치의 우선성'을 부인한다는 비판이었다.[26]

이런 논의의 중요한 함의는 사회운동 노조주의나 조직화 모델이 정치 문제와 어떻게 연관되는지를 질문해야 한다는 점이다. 우선 조직화는 정치적 조건의 함수이므로 정치적 환경을 염두에 둔

---

25 자세한 내용은 하만과 켈리(Hamann and Kelly 2004, 93~116) 참고. 결과적으로 영국이 재활성화에서 그나마 일정한 성과를 낸 것은 결국 조직화와 노조의 정치 활동이 결합해 작동했기 때문이었다(이정희·김미진 2014, 247~248). 노조-정당 관계에 관한 일반적인 이론들에 대해서는 필 제임스(James 2004) 참고.

26 자세한 내용은 빌 던(Dunn 2007, 131~146) 참고. 그는 사회운동 노조주의의 이런 한계들이 근본적으로 자본주의 세계화에 대한 일면적 이해(전지전능함), 주체성 또는 주체 능력에 대한 과도한 강조, 탈계급적 사회운동의 낭만화 등 포스트포드주의 이론의 한계와 맞닿아 있다고 비판했다. 힌편 업처치·테일러·미더스(Upchurch, Taylor and Mathers 2009, ch. 7)는 이런 한계를 지적하면서 대안으로 '급진적 정치조합주의'radicalized political unionism을 주창하기도 했다.

조직화 전략이 필요하다. 즉, 정부 정책에 반대하는 캠페인이나 선거 결과를 바꾸려는 노력도 조직화 실천과 함께 기획될 필요가 있다. 다음으로 조직화를 더 용이하게 하는 정치적·정책적 환경을 만들려는 정치적 실천도 중요하다. 특히 노동법 개정이 중요하다.[27] 셋째, 영국의 신노조주의나 '제3의 길', 파트너십 사례에서 나타나듯이 노동조합의 정치 활동 방침은 결코 조직화 모델과 무관하지 않다. 조직화 모델이 성공하려면 전통적인 노동조합-(노동) 정당 관계를 재정립하는 과제가 매우 중요하다.

5. 한국의 전략 조직화 실험 : 평가와 대안

1) 민주노총의 전략 조직화 사업 평가

민주노총의 2기 전략 조직화 사업은 1기와 달리 상당한 조직화 성과를 도출한 바 있었다. 핵심 사업에서 24개 조직, 2000여 명, 지원 사업에서 14개 조직, 4500여 명이 조직되어 전체 6500

---

27 켈리(Kelly 2005), 업처치·테일러·마더스(Upchurch, Taylor and Mothers 2009, Ch.4) 참고. 한편 모리스 클라이너(Kleiner 2005)는 영국과 미국의 조직률 하락을 경험적으로 재검토하면서 미국에서 노조의 노동법 위반에 대한 처벌이 훨씬 가혹한 점에 주목했다. 그러므로 미국에서 급속한 조직률 하락을 막으려면 무엇보다 이런 노동법을 바꿀 필요가 있다고 주장했다. 비슷하게 고다드(Godard 2004)도 미국과 캐나다 사례를 비교하면서 조직률에 영향을 미치는 핵심 변수로 와그너법 모델wagner act model 등 법과 제도 요인에 주목했다.

표 7-6 **민주노총 2기 전략 조직화 사업 조직화 현황**(2011~13년)

사업 분류	사업 대상(추진 가맹 조직)	노조 수(개)	조직된 조합원 수(명)
핵심 사업	인천공항(공공운수노조)	14	1,730
	구로 지역 공단(서울남부)	10	252
지원 사업	펌프카(CPC, 건설연맹)	7	970
	대형 유통업(서비스연맹)	7	3,650
	웅상공단(화섬연맹)	–	–
합계		38	6,602

자료 : 김종진(2013, 39)에서 수정·작성함.

명의 조직화 성과가 있었다.[28] 대체로 1기와 달리 조직 활동가 양성 방침을 바꾸어 핵심 지원 사업 등 중소·영세 사업장 노동자 조직화에 집중한 것이 주효했기 때문이었다. 인천공항, 구로 지역 공단, 유통 업체, 펌프카 등에서는 성공 사례가 제법 있었다. 하지만 직접적 조직화보다 더 중요한 것은 장기적인 조직화 기반이 형성되기 시작했다는 점이다. 같은 기간에 수만 명에 이르는 학교 비정규직 노동자가 조직될 수 있었던 것도 민주노총이 주도한 전략적 조직화 사업의 배경이 크게 작용했다.

민주노총의 조직화 사업은 서구 사례의 영향을 크게 받은 것이었다. 구체적으로는 총연합 단체가 인력과 자원을 특정 부문에 집중해 목적의식적으로 조직화를 시도하는 미국 사례를 벤치마킹했다고 할 만하다(김태현 2013, 4 참고).[29] 이는 사업 기획 과정과 구체적

---

28 2기 전략 조직화 사업의 진행 과정 및 결과에 대한 자세한 내용은 김종진(2013) 참고.

29 서구 재활성화 전략 네 사례(영국·미국·독일·이탈리아) 연구와 이를 한국에 적용한 대표

내용은 물론 사업 결과에 대한 평가 과정에서도 잘 나타난다.

2기 사업에 대한 평가는 장기간에 걸쳐 매우 꼼꼼히 진행되었고 전반적으로 타당한 것으로 판단된다. 예컨대 전략 조직화 2기 사업은 장기간에 걸친 1기 사업 평가(2008년 4월~2009년 6월)와 기획 과정(2009년 8월~2010년 10월)을 거쳐 확정되었으며 사업의 전 과정에서 끊임없이 점검·평가되면서 실시되었다. 민주노총 중앙은 물론 산하 조직의 주요 의사 결정 기구가 모두 참여했다.

2기 전략 조직화 사업 평가에서 지적된 주요한 문제점은 크게 네 가지였다. 민주노총 차원의 목적의식적·체계적 전략과 총연맹 리더십의 부재가 지적되었다. 또 조직 문화 혁신의 지체, 가맹 산하 조직의 준비 미흡 등도 중요한 한계로 언급되었다. 특히 총연맹은 전략의 중심으로 역할을 수행하지 못해 포괄적 사업 체계와 논의 구조 형성 실패, 선택과 집중 실패, 재정 확보 및 집중 실패 등의 한계를 보였다는 점이 강조되었다(김태현 2013, 311~340).

구체적으로 총연맹은 사업을 주도하지 못했고 산하 가맹 조직의 기획을 추수하는 데 머물렀으며 추진 주체 및 점검 체계를 안정적으로 확보하지도 못했다. 또 선택과 집중에 실패해 하부 조직에서 신청한 모든 사업에 지원했고 재정을 충분히 확보하지 못한 문제점을 드러냈다.[30] 이런 평가에 기초해 평가단은 총연맹 차원

적 연구로는 김승호 외(2007) 참고.

30 2~3개 사업을 선택해 집중하려던 기획은 가맹 조직들이 반발해 실패했다. 2010년 하반기 핵심 사업 2개, 지원 사업 15개로 방만하게 시작되었고 이후 축소 조정을 거치는 등 파행을 겪었다.

의 총괄 전략과 사업 체계 구축, 전략 조직화와 조직 문화 혁신의 결합, 5년 장기 계획 및 재정 대책 마련 등 크게 세 가지 방안을 대안으로 제시했다.

민주노총의 자체 사업 평가는 대체로 매우 충실했고 적절한 내용을 담고 있었다. 반면에 그것은 영미 조직화 모델을 평가 기준으로 삼았다는 점에서 영미 모델의 한계를 내포한 평가였다. 조직화 모델의 운동적 실천 과정에서 발생한 여러 문제점을 잘 정리하고 있으나 모델 자체의 한계를 깊이 검토하지는 못했다. 예컨대 문제점으로 지적된 총연맹의 주도성 부재나 재정 문제, 그리고 선택과 집중이 부재한 문제는 단순한 전략 방안의 문제가 아니다. 여전히 기업별 노조의 구조와 관행, 제도가 관철되는 현재의 민주노총 체제에서는 해결하기 힘든 문제들이기 때문이다.

그 결과 대안으로 제기된 세 가지 방안도 조직화 모델의 내적 완결성을 구하는 데 머무를 수밖에 없었고 이는 중요한 한계였다. 예를 들어 전략 조직화와 결합된 조직 문화의 혁신은 결국 새로운 산별노조 운동 전략이 마련되지 않고서는 실행되기 어렵다. 결국 조직화 실행과 연관된 미시적 쟁점들에 시야가 한정되어 거시적인 노조 운동의 혁신과 충분히 연결하지 못하고 있는 듯하다(김영두 2007, 187~188). 다음 절에서는 앞서의 이론적 논의를 바탕으로 2기 전략 조직화의 한계를 뛰어넘기 위해 더 검토되어야 할 지점들을 논의해 볼 것이다.

2) 영미 사례의 함의와 한국의 전략 조직화

전략 조직화 사업을 재평가하려면 크게 네 가지 쟁점을 검토할 필요가 있다. 첫째, 전략 조직화 사업의 필요성과 타당성에 대한 논증의 문제이다. 둘째, 조직 문화 혁신의 필요성에 대한 문제이다. 셋째, 민주 노조 운동 전체의 운동 노선 재정립과 조직화의 연관성도 재검토되어야 한다. 넷째, 전략 조직화는 노동운동의 정치 전략과 긴밀히 연관해 실행할 필요가 있다.

먼저 한국 사회에서 전략 조직화 또는 조직화 사업이 적절한지가 재검토될 필요가 있다. 앞서 영미 사례에서 살펴보았듯이 재활성화를 위한 전략적 방침에는 조직화 외에도 다른 방안들이 존재한다. 유럽 대륙 사례에서 보듯이 사회적 파트너십 전략이나 노동 정당을 매개로 한 정치적 접근도 가능하다. 이런 '기능적 등가물'이 존재하지 않거나 충분하지 않은 경우에 추진된 것이 조직화 모델이었다.

〈표 7-4〉의 변수들을 기준으로 살펴보면 한국에서 전략 조직화 사업의 적절성은 꽤 상당하다. 한국의 노사 관계 제도는 교섭 구조, 노조 인정 제도, 참여 제도 등 모든 측면에서 영미처럼 매우 분권화된 구조이다. 특히 국가와 자본의 전략에서는 미국의 적대성보다 더 강한 배제 전략의 환경이 존재한다. 다만 노동조합의 정체성 측면에서는 한국노총의 시장 지향적 노동운동과 함께 민주 노조들의 계급 지향성이 공존한다는 점에서 차이가 있다.

그런데 일부 조직화 성과에도 불구하고 영미의 조직화 모델은 〈표 7-1〉에서 보듯이 노동운동 전체의 재활성화에는 여전히 실

3부 종속 신자유주의 노동체제와 노동운동 전략

패하고 있다. 특히 총연맹 수준에서 조직화가 강하게 실행된 미국에서 조직률 하락이 지속되고 총연맹이 분열된 결과는 중요하다.[31] 노동 정당이 없고 실리 조합주의 지향이 강한 미국에서 '조직화' 외에 다른 재활성화 전략이 쉽지 않았던 구조적·제도적 조건, 곧 조직화 모델의 역설이 작용했기 때문이었다. 그러나 동시에 미국의 실패는 전략 기획의 한계이기도 했다. 대중 동원형 조직화에 치중했을 뿐 조직화와 연관된 여타 재활성화 전략을 충분히 마련하지 못한 결과였다.

한국의 전략 조직화는 조직화 모델의 내실화와 더불어 다른 재활성화 전략들과의 연관성을 고려한 총체적 재활성화 전략의 일부로 재구성되어야 한다는 점이 중요하다. 실제로 1기와 2기 전략 조직화 실험이 진행된 2003년부터 2007년경까지 민주 노조 운동에서 더 중요했던 전략적 쟁점들은 산별노조 건설 전략, 노사 정위 참가 전략, 진보 정당 운동 전략 등이었다.[32] 이런 조건에서 전략적 조직화는 조직 내에서 힘을 얻기 힘들었다.

둘째, 1기와 2기 전략 조직화 사업의 중요한 한계로 지적된 '조직 문화 혁신' 문제는 재검토될 필요가 있다.[33] 기존의 전략 조직화에서 조직 문화 혁신은 구체적으로 강령 및 규약 개정, 비정규

---

31 조직화 모델과 미국 총연맹의 분열 과정의 연관에 대한 비판적 검토로는 이언 그리어 (Greer 2006) 참고. 영국에 대한 조심스러운 평가로는 이정희·김미진(2014, 255) 참고.

32 이런 쟁점들에 대한 포괄적인 논의로는 노중기(2008b, 2012b) 참고. 또 한국노총과 민주노총의 재활성화 전략 비교로는 김승호(2007) 참고.

33 '조직 문화'organization culture라는 표현 자체가 미국 모델을 단순히 수입했음을 보여 준다.

사업에 사업비 30% 배정, 상시 교육 체계 수립 등으로 구성되어 있었다. 그러나 이는 중요하기는 하지만 협소한 조직 혁신 방안이었다. 미국 사례에 대한 많은 비판적 연구들은 조직화의 전제 조건 또는 병행 과제로서 광범한 조직 혁신을 제기한 바 있다. 〈표 7-5〉에서 보듯이 여기에는 조직 내 민주주의의 확장, 조직 합병 등 규모의 경제 확보, 조직 역할 및 자원 배분 재조정, 조직의 정치경제적 역량 제고 등이 포함된다. 이런 비판들은 한국의 전략 조직화가 '조직 문화 혁신'을 넘어 더욱더 근본적인 '조직 혁신'과 결합될 필요가 있음을 암시한다.

이 문제는 최근 민주노총에서 구조적이고 고질적인 갈등으로 발현하고 있는 조직 구획 문제와 깊이 연관되어 있다.[34] 새로이 조직된 학교 비정규직 노동자의 조직 관할은 단순한 조직 내 '문화' 운동이나 '제한적 제도 혁신'으로 넘어서기 힘들다는 것이 드러났다. 이는 전략 조직화의 '조직 혁신'이 또 다른 전략적 과제인 '제2 산별노조 건설 운동'과 유기적으로 결합될 필요가 있음을 시사한다.[35] 교섭 및 조직 전략을 포함한 대산별 체제의 발전 방안, 1사 1노조 원칙의 실현 방안, 총연합 단체와 산하 가맹단체의 역할

---

[34] 예컨대 학교 비정규직 노동자들의 조직 관할을 둘러싼 공공운수노조와 학교 비정규직노조 간의 갈등은 더 근본적인 조직 혁신의 필요성을 뚜렷이 보여 주었다(전국민주노동조합총연맹 2014/12/29 참고). 이와 관련해 공공운수노조 서경지부의 성공 사례 분석도 조직 혁신의 필요성을 보여 준다(이병훈·김직수 2014).

[35] 민주노총 1기 전략 조직화 사업의 문제점과 산별노조 조직 운영의 연관성에 대한 자세한 논의로는 김승호(2007, 153~159) 참고.

및 기능 재조정, 특히 지역 조직화와 연관된 지역 산별 조직과 지역본부 조직의 재구조화, 중·장기 재정 확충 및 안정화 방안 등의 쟁점을 포괄하는 문제들에 대한 전략적 기획이 필요하다.

셋째, 전략 조직화는 단순한 조직화 방안을 넘어설 때 실효성이 높아진다. 민주 노조 전체의 조직 혁신을 전제로 이루어지는 조직화라 하더라도 조직화 자체가 운동의 목표는 될 수 없다. 조직화는 계급적 노동운동으로서 민주 노조 운동 그 자체의 위기를 극복하고 혁신을 지향하는 전략적 목표의 수단일 뿐이다. 영미 사례에서 부정적 요인으로 문제되었던 파트너십 전략과의 결합 문제나 사회운동 노조주의의 이념적 지향 문제가 한국의 전략 조직화에도 문제가 된다는 인식이 필요하다.[36]

근본적으로 조직화 모델 자체는 영미 사례에서 그러했듯이 조직의 양적 확대를 위한 전술적 도구로 전락할 개연성이 있다. 이를 극복하려면 운동 노선의 문제가 함께 검토되어야 한다. 현재까지 한국의 노동운동이 1987년 체제의 '전투적 조합주의' 노선을 대체하는 새로운 운동 노선을 마련하는 데 실패해 왔음을 감안하면 더욱 그렇다.[37]

---

36 미조직·비정규 노동자를 조직하기 위해 서울본부의 비정규 사업 사례처럼 지자체로부터 재정 지원을 받는 문제는 최근 민주노총 내부에서 중요한 쟁점이 된 바 있다. 이는 파트너십 전략과 조직화 모델이 결합된 한국판 사례라고 할 만하다. 또 한국노총은 이 기간에 대체로 파트너십 전략을 취해 왔다. 그것은 국가의 통제 전략, 한국노총의 운동 노선과 관행, 내부 조직 구조의 차이로 설명할 수 있다.

37 1999년 이래 민주노총 각 지도부들은 여러 '발전 전략'을 채택하고 그 일부를 실행해 왔으나 그 내용에 대해 조직적 합의를 도출하는 데 실패해 왔다. 특히 노사정위 참가를

민주노총이 주도하는 전략 조직화는 운동 노선상 위치가 모호하다. 대체로 대중투쟁과 경제적 이익 실현을 우선하는 '전투적 조합주의'와 전략적 기획과 제반 연대를 강조하는 '사회운동 노조주의' 양자에 걸쳐진 것으로 판단된다. 이 모호성 때문에 민주노총 산하 조직의 사업 몰입도는 편차가 크다. 그러므로 조직화 모델이 성공하려면 노동운동의 노선 재정립 과정이 동시에 추진되어야 한다. 지역사회에서 다른 사회운동과의 연대 구축 문제, 중앙집권적 산별노조 내의 조직 민주주의 확대 문제, 비정규·여성·청년·노령 노동 등 노동 대중 내부의 연대 확장 문제, 교섭 전략과 조직 전략의 결합 문제 등 운동 노선의 선택 문제는 조직화 문제와 별개라고 보기 힘들다. 새로운 전략 조직화는 '사회운동 노조주의'가 제기하는 여러 쟁점들에 대한 전략적 선택이자 운동 노선 위기에 더 적극적인 대응을 요구하고 있다.[38]

마지막으로 전략 조직화 기획에서 노조 정치 활동의 위상과 내용이 더 검토될 필요가 있다. 미국과 달리 한국에서는 진보 정당 운동이 여전히 중요한 변수로 남아 있기 때문이다. 또 전략 조직

둘러싼 '사회적 합의주의' 논란은 영국에서와 마찬가지로 한국의 조직화 운동에 걸림돌이 되었다. 최근에도 7기 집행부에서 '미래전략위원회'가 구성되어 활동했으나 뚜렷한 진전은 없는 상황이다.

38 주지하듯이 1987년 체제의 전투적 조합주의와 서구 이론에서 말하는 사회운동 노조주의는 공통점이 많다. 노동체제 변동으로 말미암아 전자에 내재한 부정적 측면이 두드러져 이를 새로이 재구성하는 문제가 후자의 운동 노선 문제로 제기되었던 것이다. 그러므로 한국에서 사회운동 노조주의는 조직화 모델을 포괄하는 한층 체계적인 운동 노선으로 재정립될 필요가 있다. 자세한 것은 노중기(2007) 참고.

화에서 중요한 노조의 인력과 자원이 크게 제한되어 있는 점을 감안하면 진보 정당의 조직 자원을 무시할 수 없다. 특히 구로 공단 전략 조직화 등과 같이 지역 수준의 전략 조직화에서는 현재도 진보 정당들이 상당히 중요한 역할을 수행하고 있다. 따라서 민주 노조의 정치 전략과 전략 조직화는 충분히 유기적으로 결합될 필요가 있다.

이와 연관해 정치적 지형이 전략 조직화에 미친 영향을 보여 주는 중요한 사례는 학교 비정규직 조직화였다.[39] 학교 비정규직 노동자는 전체 조직 대상 35만 명 중 약 10만 명이 3~4년이라는 짧은 기간 내에 조직된 바 있었다. 게다가 이 사례는 전략 조직화 대상이 아니었다. 잘 알려졌듯이 급속한 조직화는 2009년 이후 진보 교육감들이 당선된 것과 무관하지 않다. 또 2010년 서울시장이 교체되어 조직화 환경이 크게 나아진 사례도 주목할 만하며 향후 그 결과를 더 면밀히 검토해야 한다.

그리고 분열된 진보 정당 운동이 현재의 질곡을 넘어설 수 있다면 조직화의 제도적 환경이 크게 개선될 수 있을 것이다. 조직화와 관련된 정부 정책에 대해 영향력을 확대하고, 좀 더 유리한 법·제도적 환경을 마련하는 것은 노동 정치에 대한 국가의 영향력이 큰 한국 사회에서는 매우 중요한 문제이다. 말하자면 한국에서 전략

---

[39] 현편 학교 비정규직 조직 과정 서비스 정과 대립과 긴건던 짓으로 알려져 있다. 따라서 그것은 민주 노조 운동의 정치 활동 노선, 정파 대립의 극복 과제와도 연관된다(박명준·권혜원·유형근·진숙경 2014, 76~87).

조직화는 '제2의 노동자 정치 세력화' 운동과도 결코 무관하지 않다. 미국의 조직화 모델에 있는 중요한 약점은 이 문제와 연관되어 있었다. 미국보다 상대적으로 유리한 정치적 환경에 있는 민주노조 운동은 이를 적극적으로 활용할 필요가 있어 보인다.

6. 결론 : 요약과 토론

많은 국내외 연구자들이 지적했듯이 전략 조직화는 단순한 조직화 방안이나 기법을 적용해 이루어질 수 없다. 이를 인력과 재원의 집중, 전략적 기획에 따른 조직화 대상 선택, 강한 리더십 구축 등의 문제로 단순하게 이해해서는 안 된다. 그러므로 '조직 문화' 혁신이라는 제한적인 조직 혁신 방안을 넘어서는 근본적인 조직 혁신과 운동 노선의 전환과 결합될 필요가 있다.

물론 지난 10년간의 전략 조직화 시도는 조직화 모델의 내적 충실도에서도 문제가 많았다. 따라서 민주노총의 여러 대안들은 기본적으로 타당하다. 총연맹의 전략적 주도성 강화, 장기 계획, 인력과 자원의 집중, 조직 문화 혁신 등이 시급하다. 그러나 이런 제안들은 크게 봐서 기존 조직화 모델을 보완하는 부분적 개선책에 해당한다. 모델 자체의 한계나 다른 재활성화 전략과의 유기적 결합 문제로 나아가지는 못했다. 대체로 그것은 여전히 한국과 사회구조적 조건이 다른 미국 사례를 벤치마킹해 수입하는 '전략의 이식移植' 시도에 머물러 있는 셈이다.

이 글은 미국과 영국의 조직화 모델 사례를 비교해 비판적으로 재검토하고 몇 가지 함의를 찾아내고자 했다. 영미 조직화 실험은 차이가 있으나 대체로 기대한 성과를 거두지 못했다. 많은 비판적 연구들은 그 이유가 리더십을 포함한 조직 혁신의 실패, 파트너십 전략과의 모순, 사회운동 노조주의 등 운동 노선상 변화 부재, 노동법·제도를 개선하려는 정치적 노력의 부재 등이라고 보았다. 따라서 조직화 모델의 문제의식은 수용하되 전략의 이식을 넘어서서 우리의 조건에 맞는 조직화 전략을 새로 구성할 필요가 있다.[40]

전략 조직화는 다른 노동운동 재활성화 전략과 유기적으로 결합할 때 더 커다란 성과를 산출했다(김영두 2007, 196~203). 우리의 정치 지형에서 그것들은 제2 산별노조 건설 및 조직 혁신 전략, 제2 정치 세력화 전략, 운동 노선 재건 전략 등으로 요약될 수 있다. 이 과제들이 서로 연관되어 있다는 것은 상식적이지만 여전히 중요한 사실이다. 조직화 모델 자체의 보완, 충실한 실행도 중요하나 기획 단계에서 우선적인 것은 거시적 전략 기획의 근본적 재구성이다.

현재 양극화된 한국 사회에서 노동운동의 최대 과제는 비정규직 문제를 중심으로 하는 '계급적 연대의 확장'이다(박명준 외 2014, 29). 이 거시적 목표는 전략 조직화의 직접적 과제이기는 하나 조직화 실천만으로 온전히 달성할 수는 없다. 이 과제를 중심으로 제2 산

---

[40] 애초에 수입 모델로 시각한 영국은 이를 감안해 2000년 공동체 노조주의community unionism를 지향하는 새 프로그램('능동적 노조, 능동적 공동체'Active Unions, Active Communities)을 시작했다(이정희·김미진 2014, 241).

별노조 건설 운동, 제2 정치 세력화 운동을 결합하고 이를 실천으로 옮길 수 있도록 근본적인 조직 혁신 방안을 장기적으로 도모할 필요가 있다.

8장

노동운동의 법적 통제와
법치주의 국가 전략

희망의 법? 절망의 법?

1. 머리말

자본주의사회 노동 정치에서 법은 노동자의 희망인가, 아니면 절망인가(김기덕 2013/07/23 참고). 2013년 여름 현대자동차 불법 파견을 비판한 '현대자동차 희망버스 기획단'이 "대한민국의 민주주의와 법치주의를 유린하는 현대자동차 회장에게 책임을 묻겠다"고 했을 때 그것은 희망이었다. 그러나 민주화 이후 정부와 자본 단체가 노동조합과 쟁의를 끊임없이 불법으로 규정하고 이를 '법과 원칙에 따라 엄단하라'고 했을 때 그것은 다시 절망이었다. 이 중 어떤 것이 법치주의의 진짜 모습인가? 이 글은 이런 간단한 질문에서 출발한다.

법치주의는 근대 초기의 서구, 특히 영국에서 군주의 통치권이 인민에게 넘어오면서 발생한 지배 양식을 말한다(임재홍 2000). 인민을 대표하는 의회에서 제정된 법률만이 지배를 정당화할 수 있다는 이념으로 이후 자본주의 정상 국가의 일반적인 지배 원리로 작동했다. 오랜 군부독재의 예외 국가 상태가 1987년 이후 서서히 극복되면서 우리 사회에서도 법치주의는 모두가 요구했던 이념이 되었다. 국가는 물론 노동과 자본 모두 법치주의를 주장하며 그 이름으로 자신의 행동을 정당화했던 것이다.

그러나 우리 사회에서 법치주의의 구체적 현실은 이런 이상과 크게 달랐다. 특히 노동 정치에서 노동자가 경험하는 법치는 정치적·사회적 민주화가 확대되었음에도 비민주적 노동 탄압인 경우가 많았다. 민주 정부에서 확대된, 쟁의에 대한 민형사상 손해배상 소송은 당시 많은 비정규 노동자를 죽음으로 몰아갔다. 또 2008년 이후 이명박·박근혜 정부 아래에서 상황은 더 악화되었다. 공무원 노조와 전교조를 법외노조로 만들어 헌법적 권리인 단결권을 뺏고 진보 정당인 통합진보당을 해산한 것은 법치주의를 적용한 결과였다. 심지어 백주에 용역을 동원해 노동자들을 집단 폭행한 폭력 사태도 법치의 한 단면으로 치부되었다. 국가가 생존권과 기본권을 요구하는 노동자들을 매년 수백 명씩 형사 구속하고 노동자 대표인 민주노총 위원장들을 되풀이해 인신 구속하는 일도 그러했다.

그런데 박근혜 정부의 노동 개혁 과정에서 법치주의는 새로운 면모를 보였다.[1] 2010년 이후 법원의 몇 가지 판결로 말미암아 부분적으로 노동에 유리한 노동 정세가 형성된 것이 새로운 상황을 만들었기 때문이었다. 법치의 예상치 못한 결과에 대해 박근혜 정부는 또 다른 법치로 대응했다. 즉, 자본의 요구를 그대로 수용해

---

1 박근혜 정부 노동 개혁의 정치과정과 법치주의 문제를 더 자세히 분석한 연구는 노중기 (2017b) 참고.

문제가 된 법 자체를 개정하는 이른바 '노동 개혁'을 강하게 추진했던 것이다. 결국 법치주의는 자본과 지배 세력의 마음에 들지 않는 법을 합법적으로 바꿔 버리는 법치이기도 했다.

한편 법치주의는 노동운동에도 상당한 걸림돌로 작용하고 있는 듯하다. 국가와 자본의 법치주의 강화에 따라 한편에서는 법원의 판결과 국가의 법 집행에 물리적으로 저항하는 전투적 운동 방식이 한층 확산되고 있다.[2] 그러나 다른 한편에서는 점점 더 법에 의존하고 호소하고 원망하는 노동운동, 제대로 된 법치주의를 요구하는 활동 방식이 확대·강화되어 왔다. 노동운동은 '법 무시'의 전통적인 전투적 조합주의와 '법대로'의 개량주의적 운동 양식 사이에 놓인 갈림길에서 상당한 혼란에 빠져 있다. 이런 상황은 결국 '노동운동에 법은 무엇인가?'라는 쉽지 않은 물음을 던진다.

이 글은 법치주의를 둘러싼 네 가지 물음에 답하고자 한다. 먼저 법치주의가 강화되며 조성된 노동 정치와 운동 현실에 대한 거시적 설명이다. 노동체제론을 이용해 거시 구조적으로 설명한다 (3절). 다음으로 한국 사회에서 법치의 현실과 내적 구조를 네오마르크스주의 국가론으로 분석할 것이다. 우리 사회에 나타나는 법의 계급 편향성을 '전략적 선택성' 개념을 통해 조망한다(4절). 셋째, 법치주의의 양면성과 한계 문제를 고찰한다. 박근혜 정부 노

---

1 민사투쟁과 고공 농성 및 장기 농성 투쟁, 과동 희망버스 캠페인과 (민주) 총궐기 투쟁 등 노무현 정부 이래 전투적인 극한투쟁 사례가 빈발했음을 지적할 만하다. 이런 운동 양태의 구조적 변동은 법치주의 문제와 깊이 연관된 것으로 보인다.

동 개혁을 사례로 해서 법치주의의 한계와 가능성이 무엇인지 정리한다(5절). 마지막으로 이상의 논의를 기초로 법치주의 문제가 노동운동에 어떤 함의가 있는지 생각해 본다(6절).

2. 분석 틀과 이론 검토

우리 사회에는 법 또는 법치를 둘러싼 선한 오해와 잘못된 기대가 상당하다. 이명박·박근혜 정부가 법치가 아니라 독재나 파시즘이라는 비판이 대표적인 사례이다. 이런 논의들은 이상적인 법치주의 이념을 기준으로 해서 일부 민주주의가 후퇴하거나 시민권이 약화되는 현상들을 모두 '법치가 무너졌다'고 인식하는 태도를 보인다. '제대로 된 법치주의'에 대한 신뢰와 강조에 주목할 만하지만 그런 법치주의는 서구에서도 불가능하다.[3]

한편 법치주의를 '불법에 대한 처벌'로 인식하는 정반대의 관점도 비현실적이며 비과학적이기는 마찬가지이다. 노동쟁의가 발생하면 '모든 불법행위를 엄중 처벌하라'고 끊임없이 요구하는 자본과 정부 기관의 주장은 현실에서 실현될 수 없다. 예컨대 독점재벌이 수시로 불법을 저지르지만 거의 처벌받지 않는 법의 편향성

---

[3] 예컨대 다음과 같은 진술에서 이런 인식이 두드러진다. "법치주의의 전제가 법 앞의 평등이라 할 때 법치주의가 무너진 지 오래됐다. 엄밀한 의미에서 대한민국 역사에서 법치주의는 제대로 실현된 적이 없다. [……] 이명박·박근혜 정권을 거치면서 법을 악용한 지배, 즉 독재 체제가 급속히 강화되고 있다"(윤효원 2016/01/25).

을 누구나 알고 있다. 이렇게 서로 상반된 법치주의를 내세우는 자의적 주장을 넘어서려면, 먼저 자본주의사회에서 국가와 법이 무엇인지 간략히 논의할 필요가 있다.

니코스 풀란차스는 기존 국가론의 한계를 넘어서기 위해 '계급 간 힘 관계의 물질적 응축'이라는 새로운 국가 개념을 제시한 바 있다. 그는 자본주의국가가 자본가계급의 도구도 아니지만 사회로부터 자율적인 주체로서의 국가 또는 중립적 중재자도 아니라고 보았다. 1970년대 네오마르크스주의 국가론의 '상대적 자율성' 개념을 비판하고 극복하려는 시도였다.

이런 관점을 이어받아 밥 제솝은 '전략 관계 국가론'을 제시했는데 여기서 국가는 전략적 선택성을 내장한 계급 지배 국가이다. 국가기구를 매개로 지배 블록은 헤게모니 프로젝트와 국가 프로젝트를 생산하고 실행해 계급적 이익을 도모한다. 이때 전략적 선택성이란 계급 간 힘 관계의 변동에 따라 끊임없이 재구성되는 물질적 국가 장치에 계급 편향성이 구조적으로 장착되어 있음을 지적한 개념이었다(풀란차스 1994; 제솝 2000).

국가론 논의에 기초해 풀란차스와 제솝은 자본주의사회의 법에 대한 법사회학적 통찰을 제시한 바 있었다. 법은 '계급 간 힘 관계의 물질적 응축'인 국가의 핵심적인 구성 부문이다. 따라서 먼저 지적할 것은 전 자본주의와 달리 '물리적 폭력을 독점한 자본주의국가'에서 법이 국가 폭력에 코드화된 형태를 부여하는 역할을 수행한다는 점이다. 국가의 물리적 폭력을 조직하는 조직자인 것이다. 구체적으로 '해야 할 것'과 '하지 말아야 할 것'을 지시하고 이를 어길 경우 처벌한다. 이 측면에서 법과 테러, 또는 법과 폭력을 대비하는 상식적인 법 이해는 올바르지 않다.

둘째, 법은 한편에서 폭력의 장치이나 동시에 지배계급의 물질적 양보를 제도적으로 표현하는 국가 장치이기도 하다. 더 정확하게 말하면 폭력의 기반 위에서 물질적 양보를 더해 동의를 생산하는 헤게모니 장치이다. 또 법은 폭력에 정당성을 부여해 국가의 계급적 성격을 은폐함으로써 계급 지배를 실행하는 전략적 선택성을 드러내는 대표적 장치이다. 법에 코드화된 행위 지시 내용은 이미 자본 측으로 크게 기울어져 있기 때문이다. 그리고 법은 '개체화'를 통해 자유로운 개인을 창출해 계급 지배를 완성하는 이데올로기적 통제 장치이기도 하다. 이런 면에서 법은 한편에서 피지배계급을 통제하나 반대로 다른 편에서 지배계급의 지배 양식과 그 한계를 규정하는 양면성이 있다.

셋째, 법은 불완전하다. 우선 법은 계급 간 힘 관계를 반영해 끊임없이 변동하는, 노자가 각축을 벌이는 장이 된다. 축적 체제의 변동 과정에서 자본과 노동은 끊임없이 각축하고 이 계급적 갈등이 법적 장치를 둘러싼 다툼으로 비화하기 때문이다. 그리고 스스로 법을 어기는 국가의 비합법성이 법의 일부를 구성한다는 점도 중요하다.[4] 국가는 많은 경우 법적 테두리 외부에서 행동하며 이런 법 위반은 법치주의 자체와 모순되지 않으며 법치주의의 일부

---

4 모든 국가를 계급독재라고 본 마르크스의 규정은 국가가 법을 초월하는 권력임을 의미하지 않는다. 오히려 합법성과 비합법성을 동시에 띤, 다시 말해 비합법성과 빈틈이 있는 '합법성의 단일한 기능적 질서로 조직'되었음을 지적했다고 봐야 한다. 풀란차스(1994, 108~109) 참고.

표 8-1 **노동체제, 헤게모니 프로젝트 변동과 법치주의**

구분/시기	1961~87년	1987~97년	1997년~현재
축적 체제	유혈적 테일러주의/주변부 포드주의		종속적 신자유주의
국가 체제	주변부 파시즘	제한적 민주주의(이행)	(제한적) 민주주의
노동체제	억압적 배제 체제	1987년 노동체제	종속적 신자유주의 체제
헤게모니 프로젝트	주변부 파시즘 전략	-	두 국민 전략
국가 프로젝트	발전 국가 프로젝트	(노동 없는) 민주화 프로젝트	(민주화/)선진화 프로젝트*
대항 헤게모니 프로젝트	-	민주화 대항 헤게모니 프로젝트	민주화(/반신자유주의) 대항 헤게모니 프로젝트**
법치주의	초법적 국가 폭력	제한적 법치주의(과도기)	법치주의의 제도화
통제 효율성	매우 낮음	낮음	높음

주 : * 2005년을 전후로 해서 민주화 프로젝트는 선진화 프로젝트로 수렴·통합됨.
　　** 반신자유주의 프로젝트는 소수파 전략으로 제대로 작동하지 않음.
자료 : 노중기(2010; 2012b)의 논의를 수정·보완해 작성함.

를 이룬다. 또 법은 많은 '빈틈'을 남겨 둔다는 점에서 비합법성과 불완전성을 내적으로 담지하고 있다.

한편 우리 사회 노동 정치의 장에서 법치주의가 어떻게 변화하고 노동을 규율했는지를 이해하려면 국가 전략 변화에 대한 이론적 논의가 필요하다. 이를 위해 노동체제론과 헤게모니 프로젝트 이론을 이용하고자 한다. 1987년 노동자 대투쟁과 1997년 IMF 외환 위기는 현대 한국 노동 정치의 흐름을 극적으로 변화시킨 두 개의 대사건이었다. 이 사건들을 전환점으로 군부독재의 억압적 배제 노동체제는 1987년 노동체제로 변했고 다시 종속적 신자유주의 노동체제로 변모해 왔다.

노동체제 변동은 적나라한 폭력적 지배로부터 법치주의 지배로 나아가는 장기적인 구조 변동 과정이었다. 1987년 노동체제는 독특한 과도기 체제로, 온전한 법치주의 통제 전략이 작동하지 못한 과도기적 지배 체제였다. 다음 절에서는 노동체제 변동에 따른 법치주의 변동 과정을 좀 더 자세히 살펴본다.

3. 노동체제 변동과 법치주의

1987년 노동자 대투쟁 이래 한국 노동 정치의 지형은 매우 역동적으로 변화했다(노중기 2008b). 30년의 긴 시간이었으나 그렇게 느껴지지 않는 것은 계급 역학의 역동성, 그 극적인 변화 양상 때문일 것이다. 노동과 자본 간의 계급 역학 변화는 무엇보다 노동체제 변동 과정으로 개념화해 고찰할 수 있다. 또 노동 관련 법·제도 변동은 체제 변동의 핵심 요소 중 하나이다.

1987년 11월 법 개정 이후 노동법은 여러 차례 개정되었다. 그중 가장 중요한 것은 1997년 3월과 1998년 2월에 이루어진 두 차례 법 개정이었다. 1996년 말 노동법 날치기 개정 사태에 이은 겨울 총파업에 따른 결과로 초기업 단위 복수 노조 금지와 제3자 개입 금지 조항이 철폐된 것이 1997년 3월 법 개정이었다. 또 이 듬해에는 외환 위기 속에서 대규모로 인력을 구조 조정하기 위해 초국적 자본과 국가 주도로 정리 해고제와 파견 노동 제도가 도입되었다. 이 두 차례 노동법 개정은 노동체제 변동, 즉 1987년 노동체제로부터 종속적 신자유주의 노동체제로의 체제 전환을 상징하는 중요한 사건이었다.

이와 관련해 법치주의 문제는 1987년 노동체제 노동 정치에서 핵심적인 쟁점이었다. 1987년 체제는 장기간의 군부독재 치하의 억압적 배제 체제가 6월 항쟁과 노동자 대투쟁의 압력 속에서 제한적으로나마 해체된 과도기 체제였다. 민주화 과정에서 나타난 계급 간 힘 관계 변동은 1987년 11월의 대폭적인 노동법 개정으로 물질화되었으나 노자 모두를 만족시킬 수 없었고 새로운 힘의 균형에 이르지도 못했다.

민주 노조들은 복수 노조 금지, 제3자 개입 금지, 공무원·교원의 단결 금지, 정치 활동 금지 등 4대 악법 조항을 중심으로 하는 낡은 통제 장치의 존재를 용인할 수 없었다. 이런 불만은 1988년 노동법 개정 투쟁과 1989년 3월 법 개정으로 나타났다. 여소야대 상황에서 노동 측 요구를 일부 수렴한 1989년의 법 개정안에 대해 노태우 정부는 물론 거부권을 행사했고 노동 민주화는 무산되었다.

반대로 자본은 민주 노조들의 도전을 법과 원칙, 법치주의로 제어하고자 했으나 상황은 결코 여의치 않았다. 민주화 흐름이 지속되었던 1988년의 여소야대 정치 지형에서는 쉽지 않은 일이었기 때문이다. 이런 상황을 반전시키기 위해 1989년 이후 한편에서는 제도 정치 지형을 역전하는 3당 합당 정치 공작이 진행되었고, 다른 한편에서는 민주 노조 운동에 대해 극적인 공안 탄압이 기획·실행되었다. 또 3당 합당으로 정치적 역학 관계가 상당히 변화한 1990년 이후 국가와 자본은 1996년까지 지속적으로 노동법 개정을 시도했다.[5]

---

5 1991년 이후 개별 독점기본이 요구를 수렴해 꾀 정부 부치는 끊임없이 법 개정을 모색했으나 성공하지 못했다. 여당 내부의 이견과 야당의 반대도 문제였으나 민주 노조 운동의 강한 저항과 불리한 여론 지형이 더 중요한 이유였다. 자세한 내용은 노중기(1995) 참고.

1987년 체제가 민주화 이행기의 과도기 노동체제였듯이 이 시기의 법치주의는 불완전했다. 법과 원칙을 앞세운 노동 통제와 탄압이 지속되었으나 그 효과는 미미했고 거꾸로 여러 역효과를 산출했다. 그것은 한편에서는 군부독재 시기의 악법 조항들이 통제 수단으로 동원되어 정당성을 상당 부분 상실했기 때문이다. 그러나 더 근본적으로는 변화된 계급 간 힘 관계로 말미암아 지배계급의 정치적 헤게모니가 위기에 처했고 그것이 법치주의의 통제 효율성을 크게 떨어뜨렸기 때문이다.

노태우·김영삼 정부 시기에 정부는 압도적인 물리력을 동원해 개별 쟁의를 진압했으나 민주 노조를 제거하지 못했고 자본의 경제적 비용을 줄일 수도 없었다. 이는 지배 블록의 헤게모니 분파가 주도한 '노동 없는 민주화' 국가 프로젝트의 실패를 뜻했으며 1987년 체제의 근본적 한계를 보여 주었다.[6] 결국 계급 간 힘 관계 변동에 맞추어 1997년 이후 법·제도를 현실적으로 재조정함에 따라, 불완전했던 법치주의는 비로소 효력을 발휘하기 시작했다.

1998년 이후 형성된 종속적 신자유주의 노동체제에서 법치주의의 효력은 크게 배가되었다. 수평적 정권 교체로 집권한 민주 정부들이 4대 악법 조항을 폐기하는 민주화 국가 프로젝트를 실행해 통제 정책의 정당성을 크게 제고한 것이 일차적 요인이었다.

---

6 1987년 노동체제의 구조적 한계는 자본과 국가가 개별 쟁의를 충분히 진압했음에도 현장에 대한 통제력을 상실했고 민주 노조를 무너뜨릴 수 없었다는 점에 있었다. 더 나아가 민주 노조 운동이 전노협 이래 전노대, 민주노총으로 그 조직력을 크게 배가하는 극적인 역효과가 발생했기 때문이었다. 이 문제에 대해서는 노중기(2008b) 참고.

1996년 시작된 노동 개혁은 1997년과 1998년 중요한 법 개정 이후 2004년 공무원노조 합법화, 2006년 노사 관계 선진화 로드맵 입법으로 10년간 계속되었다. 과거 군부독재에 저항한 민주화 집권 세력이 노사정 합의 방식으로 개혁을 실행한 것도 개정 노동법의 정당성을 크게 제고한 요인이었다.

또 노동시간을 단축하고 복지 제도를 재정비해 약간의 물질적 양보를 실시한 것도 법치주의의 효과를 높였다. 1987년 체제에서 상당한 정치적 비용을 낳은 국가의 강한 물리적 억압은 높아진 법적 정당성으로 뒷받침되기 시작했다.

그렇지만 더 중요한 것은 구조적 원인이었다. 즉, 외환 위기 이후 고용 위기와 경제 위기 속에서 계급 간 힘 관계가 크게 변화했다. 외환 위기는 새로운 자본이 원한 노동 통제 장치들을 선진화라는 이름으로 제도화할 절호의 기회가 되었다. 독점재벌이 주도한 선진화 국가 프로젝트 기획에서 노동시장을 유연화하는 법적 장치와 새로운 노동 통제 장치가 속속 제도화된 것이다. 여기에는 기간제법과 파견법 등 비정규 노동을 확대하는 각종 법·제도적 조치와 정리 해고, 일반 해고와 취업규칙 변경, 손해배상 청구 소송, 전임자 임금 지급 금지 및 복수 노조 창구 단일화 등의 각종 법·제도 변화가 포함된다.[7]

---

7 서지하 프로젝트에는 자본이 요구하는 법치주의 강화가 핵심 내용으로 포함되어 있었다. 그 현실적인 정책안은 2003년 노무현 정부 노사 관계 로드맵의 '사용자 대항권', 2015년 박근혜 정부의 '노동 개혁안'으로 두 차례 포괄적으로 제시된 바 있었다.

20여 년에 걸쳐 진행된 노동체제 변동과 법치주의 문제는 깊이 연관되었다. 세 가지로 요약하면 다음과 같다. 먼저 1987년 이후 노동 정치가 전개된 과정은 대체로 초법적 폭력 사용으로부터 법치주의가 확대되는 장기간의 구조 변동 과정이었다. '노동법 개정'이 오랫동안 우리 노동 정치에서 핵심적 쟁점 사안이었던 것도 이와 무관하지 않다.[8] 물론 이것은 1987년 체제의 계급 역학에서 잘 나타났듯이 축적 체제 변동과 민주화 과정에서 촉발된 계급 간 힘 관계 변동의 물질적 응축 과정이기도 했다.

　　둘째, 법치주의는 종속적 신유주의 체제의 핵심 구성 요인으로 장기간 구조화되어 왔다. 그것은 영국에서 그러했듯이 노동시장 열패자에 대한 사회적 규율 장치로 시장주의 경쟁 체제에서 핵심적인 통제 장치였다.[9] 우리의 경우 복지국가, 계급 타협을 경험하지 못한 종속적 신자유주의 사회라는 조건에서 더욱더 중요했다고 볼 수 있다. 사회적 안전망 없이 진행된 대규모 고용 위기에 대한 불만과 지체된 노동체제 민주화 요구와 결합되어 노동계급의 저항이 한층 강력했기 때문이었다.

　　셋째, 한국의 노동 정치에서 법치주의는 서구 사회와 비교해 상

---

8 주요한 노동법 개정 논란 및 개정 시도만 해도 1987년 11월 법 개정, 1989년 노동 3법 개정과 대통령 거부권 행사, 1993년 정부의 노동법 개정 시도, 1996년 노동법 날치기 개정 파동, 1997년 3월과 1998년 2월 법 개정, 2003년 노동시간 단축과 2006년 비정규법 제정 로드맵, 2009년 법 개정 등이 있었다.

9 자세한 내용은 마시(Marsh 1992) 참고. 김영삼 정부 이래 국가와 자본 통제 전략의 모델은 1980년대 영국 대처 정부의 그것이었다.

대적으로 높은 통제 효과를 산출하는 것으로 보인다. 민주화 이행과 신자유주의 전환이 1997년이라는 극적 전환점에서 동시적으로 진행된 노동 정치의 역사적 특성 때문이었다. 즉, 군부독재 시기의 낡은 통제 수단과 관행이 온전히 해체되지 못해 상당 부분 온존한 조건이 있었고, 여기에 더해 민주화 이행이 법치주의의 정당성을 크게 제고한 결과를 초래했다. 또 신자유주의 이데올로기 효과도 서구에 비해 압도적이었다.

이 이데올로기의 국가 전략적 표현이 '선진화'였다. 김영삼 정부의 발의 이래 선진화는 김대중·노무현·이명박 정부의 국정 목표로 추진되었다. 예컨대 노무현 정부는 노동 개혁을 노사 관계 선진화 방안(로드맵)으로 명명했으며 이명박 정부는 2012년을 선진화 원년으로 선포하기도 했다. 한편 선진화 프로젝트는 노동시장 유연화와 법치주의 강화라는 신자유주의 정책 방안을 핵심 내용으로 담았다. 나아가 2000년대 이후, 특히 2008년 미국발 국제경제 위기는 수출 주도의 경제구조적 특성과 상승작용을 일으켜 경쟁력·효율성 등 지배 담론의 통제 효율성을 크게 높였다.

4. 법치주의의 계급성 : 전략적 선택성

법은 폭력을 합법적으로 지시하는 장치인 동시에 지배계급의 물질적 양보를 제도화한 국가 장치라는 양면성이 있다. 그러므로 지난 30년간 확대되어 온 법치주의는 노동계급에 대한 지배계급의 양보가 물질화되는 과정이기도 했다. 전태일의 '근로기준법 준

수'라는 절규와 1987년 노동자 대투쟁 당시에 나온 '민주 노조 인정하라'는 대중적 요구가 지배계급에 의해 수용된 과정이었고 그만큼 노동운동의 성과였다. 따라서 노동 대중이 법의 보호에 기대를 거는 일은 충분히 이해할 만하다.

그렇지만 법치주의가 크게 강화된 오늘의 노동 현실에서 법치주의는 무엇인가? 법은 과연 노동자를 보호할 수단인가? 그렇지 않다면 법은 노동자에게 도대체 무엇인가? 이 문제를 살펴보려면 법의 '전략적 선택성'이 구체적인 계급 대립 현실에서 어떻게 나타나는지를 더 자세히 고찰할 필요가 있다.

법·제도는 자본주의국가의 '전략적 선택성'을 잘 보여 주는 대표적 국가기구(장치)이다. 그것은 기존의 계급 간 힘 관계를 반영해 특정 계급 집단, 자본가계급에 구조적으로 유리하게 작동하도록 틀 지워져 있음을 말한다. 계급 간 힘 관계 변동을 반영해 늘 변화하는 법은 매우 '불완전하며', 노동계급에 '구조적으로 기울어진 운동장'이다. 법치주의의 통제 효율성이 크게 강화된 현재의 시점에서 이 편향성이 어떻게 구조화되어 있으며 어떻게 작동하는지 정리해 본다.

먼저 법은 모든 사회관계를 규율하지는 않는다. 즉, 현실에 존재하지만 규율하지 않음으로써 자본에 유리한 실질적 결과를 초래하는 경우를 말한다. 사건을 사건으로 규정하지 않음으로써 지배하는 '비사건non-event 전술'인 것이다. 예컨대 현재 비정규 노동문제의 핵심 사안인 특수 고용 노동자 문제의 경우 이들을 규율할 만한 법이 없다. 노무현 정부 이래 법적 규율의 필요성이 지속적으로 논의되었지만 자본과 보수정당이 반대해 입법이 무산되었기 때문이다. 또 2006년까지 기간제·비정규 노동자들의 경우도 마찬가지였다.

다음으로 가장 중요한 문제로 법 해석 문제가 있다. 법의 불완전성에 따라 법은 판례 등 해석을 둘러싼 투쟁을 불러일으키는데 이는 법적 절차의 정상적 과정으로 제도화되어 있다. 이때 법적 다툼 과정에서 엄청난 규모의 물적·조직적 자원을 동원해 지배 질서를 공고화하는 방식으로 국가 장치가 구조화된 현실이 문제이다. 국가는 정보기관과 수사기관은 물론, 각종 국책 연구 기관 및 행정 기관을 동원해 자본에 유리한 판결을 이끌어 낼 수 있다. 자본은 국가를 경유해 자신의 법 해석을 정당화하기도 하지만 각종 연구소, 민간 법률사무소 등을 직접 운영하거나 대학 연구소 등에 지원함으로써 유력한 법 해석을 이끌어 낼 수 있다.

직접적으로 노동부 산하 한국노동연구원 등 연구 기관이나 법무부, 행정안전부 산하 연구 기관뿐만 아니라 한국개발연구원KDI 같은 국책 연구 기관이 모두 이 과정에 개입한다. 또 경제 부처들의 각종 연구소나 법원이 운영하는 연구 조직 등도 여기에 포함된다. 물론 재벌이 직접 운영하거나 사회적 연결망으로 결합되어 있는 민간 연구소나 대학 연구소 등도 동일한 기능을 수행한다. 자본 편향적인 전문 기구들이 보유한 엄청난 인적·물적 자원이 법치주의를 뒷받침하고 있는 물적 기반이다.

이와 같은 국가의 편향적 법 해석 경향은 조직의 운영 재원을 자본에 의존하는 자본주의국가 구조로부터 기원한다. 그리고 헤게모니적 지도-피지도 관계로 연결된 지배 블록의 존재 자체가 국가의 자본 편향적 법 실행을 뒷받침하고 있다. 이 구조적 관계는 일반적으로 법원과 노동위원회 같은 국가 장치의 법적·제도적 보수성에서 잘 표현되고 있다.[10] 이에 반해 법 해석에서 노동 측이 동원할 수 있는 인적·물적 자원은 극히 제한된 것이 현실이다.

그러므로 상식적으로 이해하기 힘든 많은 법원 판결들은 단지 비상식이 아니라 엄청난 자원이 투입된 법 해석 전문성에 따라 산출되고 있다고 봐야 한다. 예컨대 2016년 민주노총 위원장에 대한 5년 실형 선고, 공무원노조·교원노조에 대한 법외노조 판결, 통합진보당 해산 결정, KTX 여승무원과 쌍용자동차 노동자에 대한 정리 해고 합법 판결 등은 모두 단순한 법관의 보수성을 넘어선, 법치주의에 따른 구조적 결과였다.[11]

셋째, 국가는 법치 과정에서 흔히 노동관계법 외의 법률과 각종 행정적 수단을 동원해 노동을 규율한다. 군사정부 이래 〈국가보안법〉에 의한 노동 탄압은 많이 줄었지만 여전히 계속되고 있다.[12]

---

10 예컨대 2012년 SJM과 만도, 2016년 갑을오토텍 등 빈발하는 용역 폭력 사례에서 직장 폐쇄 정당성 요건을 둘러싼 법원의 해석이 대표적이다. 법원과 사법 기구들은 헌법상 기본권인 쟁의행위의 요건을 매우 엄격하게 요구하는 반면 직장폐쇄 정당성을 폭넓게 인정함으로써 법 해석의 편향성을 드러냈다. 용역 폭력 사태는 법치주의의 편향된 법 해석이 빚어낸 결과인 것이다. 자세한 내용은 김태욱(2012/08/09) 참고. 또 최근 검찰이 건설 노동자들의 일상적 노조 활동을 '공갈 협박'으로 기소한 사례도 마찬가지이다. 전국민주노동조합총연맹 건설노조탄압대책위원회(2016/07/14) 참고.

11 노무현 정부 시기 헌법재판소의 행정수도 이전 헌법불합치 판결(관습헌법)이나 9명 해고자를 문제 삼은 전교조 법외노조 판결, 민주노총 위원장에 대한 5년 선고 판결 등은 매우 비상식적인 법적 폭력 그 자체였다. 특히 2013년 말 하급심 판결의 효력을 무산시키는 법 논리를 만든 대법원 전원 합의체의 '통상 임금 판결'도 마찬가지였다.

12 2013년 통합진보당에 대한 정당 해산 판결 이전부터 공안 기관은 노동조합운동 내 자주파 조직, 곧 '전국회의'에 대한 광범한 〈국가보안법〉 수사를 계속했다.

민주화 이후에는 〈민법〉상 손해배상 청구 소송은 가장 강력한 노동 탄압 수단이 되었으며 업무방해와 폭력 행사 등 〈형법〉 조항 적용도 크게 늘었다.[13] 또 〈도로교통법〉과 〈집회 및 시위에 관한 법률〉(집시법)도 주요한 통제 수단이 되었다. 노동문제에 대한 이런 법적용으로 말미암아 주요 노동쟁의는 대부분 불법행위로 처벌되는 것이 현재의 법치주의 상황이다.

그리고 노동부 등 국가행정 기관이 각종 지침, 명령 등 행정행위를 남발하는 것도 편향성을 강화하는 요인이다.[14] 정부 부처들의 이런 정책 실행은 법적 근거도 없이 노동법을 자의적으로 왜곡 해석하고 결국 노동자 보호 장치를 무력화하는 결과로 이어졌다. 이명박 정부 이후만 하더라도 통상 임금 지침, 휴일 노동시간 지침, 단체협약 시정 지침 등 매우 자본 편향적인 지침들이 유포되었고 노동 현장에서 마치 법 조항인 양 통용되었다. 특히 박근혜 정부 노동 개혁의 핵심 사안인 일반 해고 지침과 취업규칙 불이익 변경

---

13 많은 비정규 노동자들의 자살 사태를 야기한 손해배상 소송은 김대중 정부에서 본격적으로 늘었는데 이후에는 국가가 노골적으로 이를 자본에 종용하는 데까지 이르렀다. 또 철도 민영화, 의료 민영화, 통상 임금 해석, 전교조 법외노조 통보 등의 과정에서 정부의 편향적 법 적용이 크게 늘었다. 자세한 내용은 전국민주노동조합총연맹(2014/02/19b) 참고.

14 2008~15년에 노동부는 98개의 매뉴얼, 지침, 행정 해석 등을 발표해 '지침 정치'를 실행했다. 여기에는 복수 노조 업무 매뉴얼(2010년 12월), 근로시간 면제 한도 적용 매뉴얼(2010년 6월), 통상 임금 산정 지침(2012년 9월) 및 통상 임금 지도 지침(2014년 1월), '휴일 근로의 연장 근로 불포함' 행정 해석(2000년 9월 이후 지속), 시내 미포급 근로자의 근로조건 보호 가이드라인(2011년 7월), 저성과자 일반 해고 지침(2016년 1월) 및 취업규칙 불이익 변경 지침(2016년 1월) 등이 포함된다.

지침의 경우 노동법의 보호 조항을 정면에서 위반하는 내용을 담고 있었다.

넷째, 노동문제를 다루는 법적 절차에서도 강한 편향성이 구조적으로 작용하고 있다. 우선 외견상 중립적인 각종 국가위원회들의 경우 실질적으로 국가의 의도대로 자본에 유리하게 운영되고 있다. 예컨대 노동위원회, 최저임금심의위원회, 근로시간심의위원회, 노사정위원회 등에서 국가가 추천권을 장악하고 있는 공익위원은 구조적으로 자본에 편향적인 경우가 많기 때문이다. 민주노총이 참여를 거부하고 있는 노사정위원회의 경우가 대표적인 사례이다.

또 노동위원회 2심과 법원 3심을 거치게 되어 있는 노동 사건의 경우 법 절차에서 많은 시간과 비용이 소요된다. 대규모 자원을 투입할 수 있는 대기업과 개인 노동자들 사이의 법적 소송은 소송비용과 시간, 생계유지 문제 등으로 구조적으로 노동자들에게 불리하다. 예컨대 현대자동차 불법 파견 소송의 경우 대법원까지 6년 넘게 걸렸고(2004~10년) 다수 비정규 노동자들의 희생과 고통이 따랐다. 또 삼성 백혈병 산업재해 소송도 7년이 걸렸으며(2008~14년) 의학적 전문성을 확보하는 어려운 문제를 소송당사자들이 스스로 해결해야만 했다. 그리고 법적 절차에서 중요한 역할을 맡고 있는 노동부가 정부 내에서 경제 부처나 치안 부처에 구조적으로 종속되어 있다는 점도 중요한 한계로 작용한다.

다섯째, 법치주의는 수사 과정이나 판결 후 집행 과정에서도 편향성을 강하게 드러내고 있다. 근거 없는 불법 파업 규정 이외에도 국가는 수사 과정에서부터 편향적 법 집행에 나선다. 예컨대 2015년 민중 총궐기 집회 및 다른 용역 폭력 사태에서 보듯이 사용자의 불법이나 국가의 불법 폭력에 대한 조사는 형식적이거나 아예 진행되지 않는다. 반면에 파업 노동자나 집회 참가자에 대한 수사는 장관 담화문의 공언처럼 '엄정' 그 자체였다.

또 법원 판결 이후 법 집행에서도 편향성은 두드러진다. 2002년 대우자동차 노조 조합원 폭행 사건 때 경찰은 '노조 사무실 출입을 허용하라'는 법원 판결을 정면에서 거부하고 거꾸로 불법적 국가 폭력을 무자비하게 행사한 바 있었다. 반대로 노동자에 대한 각종 손해배상 청구나 인신 구속 사례에서 보듯이 국가는 판결 결과를 신속하고 철저하게 집행했다. 이런 편향된 법 집행은 사용자의 〈최저임금법〉 위반이나 각종 〈근로기준법〉 위반을 국가가 거의 처벌하지 않는 현실을 보면 노동 영역 전반에 구조화되어 있음을 알 수 있다.

여섯째, 법치주의는 사회적 환경에 따라 그 편향성이 더 심각해질 수 있다. 여러 가지 이유로 언론, 사회적 여론 등이 매우 보수적인 한국 사회에서 법치주의는 '법 그대로'가 아니라 여론에 따라 흔들리기 때문이다. 즉, 사회적 환경의 편향성, 이데올로기 지형에 따라 법치주의는 크게 영향을 받고 더욱 편향적으로 적용될 수 있는 것이다.

한국의 여론 생산 기구인 제도 언론은 이념적으로 보수적일 뿐만 아니라 그 자체가 자본주의 거대 기업으로 노동에 매우 적대적이다. 언론은 법원 판결 이전에 사회적으로 판결하는 이데올로기적 국가 장치로 작용하며 이런 경향은 이명박 정부 이래 국가와 자본의 언론통제 심화로 더 강해졌다. 또 여론 형성에서 중요한 역할을 수행하는 각종 연구 기관들도 자본에 편향되어 사태를 악화시킨다. 기업·민간 연구소나 정부 연구 기관은 물론 대학 연구소조차 권력이나 자본의 금력에서 전혀 자유롭지 않기 때문이다.[15] 그러므로 특히 전경련이 운영하는 한국경제연구원과 정부의 KDI, 한국노동연구원은 지식 생산을 명분으로 먼저 판결하는 법치 기구라 할 수 있다.

마지막으로 보수적인 제도 정치 환경도 자본 편향의 법치주의 체제를 뒷받침하는 요소이다. 법치주의의 제도적 기초인 국회는 한국의 보수적 정치 지형에서 구조적으로 자본에 편향되는 경향이 있다. 때때로 보수 여야 간에 노동법 개정을 둘러싼 갈등과 대립이 발생하지만, 여야 모두 경쟁력을 제고할 신자유주의 '노동 개혁'에 근본적으로 동의하고 있기 때문이었다. 반면에 진보 정당은 현재의 제도 정치 구도에서는 유의미한 변수가 되지 못하기에 노동 측 요구의 법제화는 거의 불가능한 상황이 계속되고 있다.[16]

그 결과 지난 20년 노동 개혁, 노동법 개정의 방향과 내용은 매우 자본 편향적이었다. 1996년 노동법 날치기 개악 사태에서는 노사정 3자 합의안조차 국회에서 일방적으로 거부되었다. 이후 1998년 2월 노사정위원회 합의 결과는 국회 입법 과정에서 매우

---

15 이명박 정부가 재벌에 종합 편성 방송을 넘겨준 일이나 공중파 방송을 장악하기 위해 각종 정치 공작을 서슴없이 폈던 것은 노동 정치에서 법치주의를 강화하는 일환이었다고도 볼 수 있다. 또 이명박 정부가 연구자들을 탄압하고 연구 내용을 통제한 2009년 한국노동연구원 사태도 이런 맥락에서 보면 법치주의 노동 통제의 한 단면이었다.

16 민주화 프로젝트가 종료된 노무현 정부 중반 이후에도 노동운동은 진보 정당 및 보수 야당과 더불어 끊임없이 노동법 개정안을 제출했으나 상임위 논의조차 제대로 된 적이 없었다.

3부 종속 신자유주의 노동체제와 노동운동 전략

편향적으로 법제화된 바 있었다.[17] 또 2009년 이명박 정부의 노동법 개정은 심지어 야당 출신 환경노동위원회 위원장의 도움으로 밀실에서 처리되기도 했다.[18] 또 전체 노동계가 강하게 반대하고 내용이 매우 자본 편향적이었던 박근혜 정부의 노동법 개정 시도도 마찬가지였다. 파견법 이외의 3법은 논의가 가능하다는 야당의 온건한 입장이 지속되었으므로 4·13 총선 결과가 없었다면 상당 부분 법제화되었을 가능성조차 있었다.

이상의 논의에서 법치주의 노동 정치는 단순한 '법대로'가 아닐뿐더러 구조적으로 편향된 계급 지배 국가 장치임을 알 수 있다. 특히 이 편향성은 법 제정과 판결, 집행 등 모든 과정에서 국가기구에 구조화된 전략적 선택의 기제로 물질화되어 작동하고 있었다. 또 다른 한편에서 지난 20년간 노동시장 양극화 속에서 크게 변화된 계급 간 힘 관계는 다시 자본에 유리한 노동법 개정의 압력을 지속적으로 산출하는 듯하다.

그러나 법치주의를 계급 편향성이라는 기본 성격만으로 단순

---

[17] 구체적으로 자본이 요구한 정리 해고제나 파견 노동 제도는 합의 직후 2월 국회에서 빠르게 법제화되었다. 반면에 노동 측 요구였던 합의 사항들은 이행되지 않거나 법제화가 지체되었고 그 내용도 상당히 변형되었다. 구조 조정 정책 결정에 대한 조직 노동의 참가, 실업자의 초기업 단위 노조 가입, 전교조·공무원노조 합법화, 노동시간 단축 등의 합의 사항들이 모두 그러했다(노중기 2008b).

[18] 작업장 단위 복수 노조 허용과 창구 단일화, 전임자 임금 지급 금지 조항 법 개정을 말하며 당시 추미애 환경노동위원회 위원장은 야당 의원의 출입을 막은 채 여당 의원과 함께 법안을 통과시켰다. 노동계 전체와 야당이 강력한 반대에도 불구하고 자본에 매우 유리한 법률이 손쉽게 국회를 통과했던 것이다. 이후 이 법 조항이 노조 운동에 미친 부정적 영향은 매우 컸다.

하게 이해해서는 충분하지 않다. 그것은 법치주의가 항상 자본과 국가에 유리한 것만은 아니라는 양면성, 그리고 축적 체제의 모순에서 연원하는 법치의 불완전성도 법치주의의 또 다른 단면으로 존재하기 때문이다.

5. 법치주의의 양면성과 불완전성 : 박근혜 정부의 노동 개혁 사례

앞서 살폈듯이 자본주의사회에서 법은 계급 지배를 가능하게 하는 핵심적 국가 장치이자 폭력 기구이다. 다만 단순히 지배계급의 도구는 아니며 주어진 계급 간 힘 관계를 물질적으로 응축해 국가의 '전략적 선택성'을 작동하는 헤게모니 지배 장치라 할 수 있다. 단순한 지배계급 도구가 아닌 것은 그것이 자본과 노동 모두가 이용할 수 있는 중립적 제도이기보다는 그 내부에 불평등한 계급 관계가 내장되어 있는 편향적 장치임을 뜻한다.

법의 이런 복합적 성격은 법치주의의 두 가지 특성, 즉 양면성과 불완전성으로 다시 정리해 볼 수 있다. 먼저 법은 노자 모두를 규율하는 '양날의 칼'이다. 이런 양면성은 노자 모두가 '법대로'를 외치는 근본적 이유가 된다. 강한 구조적 편향성이 법 내부에 존재하지만 계급 간 힘 관계의 변화에 따라서는 상당 정도까지 노동계급이 자신의 이익을 방어하거나 확보하는 수단이 될 수 있다.

그러므로 법은 노동계급에 투쟁의 성과이자 보호 장치인 동시에 노동의 동의에 기초해 계급투쟁의 한계를 미리 설정해 둔 지배 장치이다. 또 반대로 자본계급에 그것은 계급 지배의 가장 일반적이고 강력한 보루이지만 동시에 초법적 노동 착취나 억압을 스스로 규율하기로 약속한 헤게모니 지배 장치이다.

따라서 1997년 이후 노동 관련 법은 1987년 체제 이후 노동계급 요구와 투쟁의 성과이며 동시에 변화된 계급 간 힘 관계의 물질적 응축물이었다. 노동 측 입장에서 그것은 법적 한계를 넘지 않고 법적 절차에 기초해 저항하겠다는 약속이기도 했다.[19] 또 자본에 법은 노동계급의 도전을 일정한 틀 내에서 통제하는 기제인 동시에 그 한계 내에서 물질적인 양보를 제도화한 것을 의미했다. 예컨대 1987년 체제에서 가동되었던 초법적 노동 억압을 중지하고 최소한의 노동기본권을 인정하며 일정한 물질적 양보를 제공하는 지배 전략의 변동이었다. 물론 자본은 이와 동시에 법적 절차로 노동을 통제하고 지배의 정당성을 크게 제고할 수 있었다. 또 양보로 말미암아 때로 자본의 이윤 확보에 상당한 제약이 발생했음을 의미하기도 했다.

둘째, 법은 불완전하고 빈틈이 많다. 이런 불완전성은 법이 계급 간 힘 관계의 일시적 균형을 표현하며, 현실에서 끊임없이 변동하는 힘 관계 변동보다 항상 지체되기 때문이다. 특히 새로이 발생하는 노사 간 쟁점이나 문제를 법 규범으로 모두 규율하기란

---

19 그래서 그것은 1987년 체제 전투적 노조주의의 '노동 악법 철폐 투쟁', '극한적·초법적 생존권 투쟁'으로부터의 후퇴이기도 하다. 법치주의를 내세우는 국가와 자본의 입장에서 보면 여전히 지속되는 전투적 쟁의는 노동 민주화에서 발생한 노자 간 약속, 곧 법치주의를 위배하는 일로 보일 것이다.

불가능하기 때문이다. 자본주의사회에서 축적 체제와 계급 간의 사회적 관계 변화는 새로운 법적 쟁점이 발생하는 근본적 요인이 된다. 또 법 장치는 현실을 그대로 정확히 규율할 수 없는 모호성을 자체에 담지하고 있다. 법 규범이 복잡한 현실을 모두 규율할 수 없다는 것이다. 법치에서 항시적으로 법 해석(판례) 문제가 발생하는 것은 모두 이런 불완전성 때문이라고 할 만하다.

　1987년 노동체제의 과도기성은 이런 법적 불완전성을 통해 이해할 수 있다. 노동자 대투쟁과 민주화 이행으로 변화된 계급 간 힘 관계가 법·제도로 충분히 제도화되지 못한 것이 체제 모순의 근원에 있기 때문이었다. 물론 그 정치 변동의 기저에서는 주변부 포드주의 축적 체제의 구조적 위기가 작동했다고 볼 수 있다. 또 1997년 이후 노동체제의 변동이 진행되면서 지속적으로 발생한 법 개정 압력도 모두 법적 불완전성의 표현이었다. 신자유주의 축적 체제와 노동체제의 변동은 자본이 새로운 법·제도 도입을 끊임없이 요구하게 된 구조적 배경이었다. 예컨대 노동시장 유연화와 비정규 노동 관련법, 양극화 사회의 노동 저항을 제어할 새로운 규율 장치 등이 그러했다.

　그러므로 박근혜 정부의 노동 개혁 시도를, 법치주의의 빈틈에 대한 새로운 대응으로 이해하고 이를 그 양면성과 불완전성 측면에서 재조명할 필요가 있다.[20] 2016년 4·13 총선의 결과로 '노동

---

20 박근혜 정부 노동 개혁의 내용 및 그 노동 정치 과정 전반에 대한 자세한 분석은 노중기(2017b) 참고. 또 계급 간 힘 관계가 자본에 크게 유리하게 기울어진 현실에 대한 논의

개혁'이 거의 실패하고 있는 현실과 별개로 국가의 전략적 법 개정 시도는 여전히 설명해야 할 과제이다. 예컨대 노동과 시민사회의 압도적 반발이 예상되어 상당한 정치적 부담이 따르는 무리한 전략 기획을 박근혜 정부가 강하게 밀어붙였기 때문이다. 가장 손쉬운 설명은 전경련으로 대표되는 헤게모니 자본 분파의 강력한 요구 때문으로 보는 것이다. 그러나 왜 그런 요구가 그런 방식으로 정치 쟁점이 되었는지는 여전히 설명해야 할 문제이다.

먼저 주목할 점은 법치주의 지배의 예상되지 않은 효과, 그 양면성이다. 1997년 이후 2006년까지 노동 민주화 국가 프로젝트가 실행되고 새로운 법적 지배 장치가 강화되면서 법원 판결의 중요성은 점점 더 커졌다. 그런데 많은 경우 법원의 판결은 '기울어진 운동장' 효과로 자본에 유리했으나,[21] 모든 판결 결과가 그렇지는 않았다. 2000년대 후반부터 나타나기 시작한 몇 가지 중요한 법원 판결은 자본의 입장에서 매우 위험한 것이었다. 그것은 직접적으로 자본에 커다란 경제적 비용을 발생시켰을 뿐만 아니라 노동 운동에 새로운 동력을 부여한다는 점에서 더욱 문제였다.

는 여기에 담지 않는다. 이에 관해서는 임영일 외(2013) 참고. 마찬가지로 민주화 이후 각 정부에서 나타난 법치주의 양상의 차이 및 그 차별적 전개 과정에 대한 논의는 후속 연구에서 다룰 수밖에 없다. 다만 이에 대한 일반적 논의로는 노중기(2008b; 2010) 참고.

21 변호사들이 2015년 최악의 노동 판결로 꼽았던 대법원의 KTX 여승무원 계약 해지 합법 판결을 필두로 쌍용자동차 정리 해고 합법 판결, 통합진보당 정당 해산 및 전교조·공무원노조에 대한 법외노조 인정 헌법재판소 판결 등기 2016년 초 한상균 민주노총 위원장에 대한 서울고등법원의 5년 실형 선고 등이 대표적인 사례이다. 자본 편향적 판결이 그 반대의 경우보다 압도적으로 많았음은 물론이다.

대표적인 사례가 2010년 현대자동차 사내 하청 불법 파견 대법원 판결, 2011년 노동쟁의에 대한 〈형법〉상 업무방해 조항 적용을 제한한 대법원 판결, 2013년 정기 상여금의 통상 임금 포함 여부에 대한 대법원 전원 합의체 판결 및 휴일 노동의 연장 노동 시간 포함에 대한 많은 하급심 법원 판결 등이었다.[22] 보수적인 사법부가 내놓은 이 판결 결과들이 모두 노동 현장에서 제대로 이행된 것은 아니었지만 총자본은 매우 곤란해졌다. 최소 수천억 원에서 수십조 원의 비용이 따르는 판결 결과를 쉽게 따를 수도 없었고 반대로 법치주의를 정면에서 부정할 수도 없었기 때문이었다. 이런 딜레마가 지속되면서 자본은 상당한 비용 부담과 함께 노동운동과 시민사회 진영의 '법 준수' 요구 및 투쟁에 속수무책으로 시달렸다.

현대자동차 불법 파견은 하청기업이나 다른 산업의 사내 하청에도 많은 소송과 투쟁을 불러왔다. 현대자동차는 소송을 제기하고 판결 결과가 나온 사람들만 정규직 전환이 가능하다는 논리를 폈으나 매우 궁색한 미봉책이었다. 또 통상 임금 판결은 거의 모든 산업부문에 걸쳐 수십조 원의 비용 부담을 야기할 것으로 평가되었다. 2013년 대법원 전원 합의체는 자본과 국가의 강력한 로비와 압력 속에 기존의 정기성·일률성이라는 기준 외에 고정성과

---

[22] 휴일 노동의 연장 노동시간 포함을 다룬 대법원 판결은 5년 이상 지체되어 왔다. 그러나 이 사안은 대법 판결을 기다릴 필요도 없는 자본에 매우 불리했다. 또 2014년 삼성전자 백혈병 산업재해 관련 고법 판결도 법원 판결이 항상 자본에 유리하지만은 않다는 점을 분명히 보여 주었다.

신의칙이라는 새로운 기준을 부여했다. 이런 판결로 과거 연장 노동시간에 대한 임금 지급 비용을 크게 줄여 주었으나 대법원 자체의 정당성을 심각하게 훼손했다. 또 판례 기준이 새로이 제시되었음에도 대법 판결 이후 하급심에서 말끔히 정리되지 않는 문제를 야기하고 있다.

그러므로 노동 개혁은 법치주의의 양면성과 연관되어 있었다. 법치는 일차적으로 신자유주의 사회 환경에서 노동운동의 저항을 규율하는 통제 수단이었으나 그 반대 측면인 자본을 규율하는 효과도 동시에 초래했다. 한국의 법치주의가 신자유주의 선진화 국가 프로젝트의 산물인 동시에 법적·절차적 민주화의 산물이기도 했기 때문이었다(노중기 2010). 즉, 과거의 초법적·불법적 노동규율이 이제 법의 논리에 의해 규제되는 현상이 법치주의 속에 포함되어 있었기 때문이었다. 결국 법치주의가 야기한 제약을 돌파하는 자본 전략이 이른바 '노동 개혁'의 '법 개정 시도'로 현상했던 것이다.

박근혜 정부 노동 개혁의 두 번째 동력은 법의 불완전성이었다. 즉, 기존 법체계가 총자본의 요구에 미치지 못했고, 축적 체제의 요구를 반영해 이를 새롭게 재조정할 필요가 개혁의 배경이었다. 기간제·파견제 비정규 노동자의 계약 기간 연장 및 적용 범위 확대, 해고제한 제도의 완화와 저성과자 일반 해고 제도 도입, 취업규칙 불이익 변경 조항의 삭제, 변형 노동시간 제도 확대, 성과 연봉제와 민영화로 대표되는 공공 부문 개혁 등 여러 '개혁' 사안이 여기에 포함된다.

이런 자본의 요구들은 사실 2000년대 초반 민수 정부 시기부터 제기되었다. 이미 세계적인 수준에서 신자유주의 축적 체제의 한계가 나타나기 시작한 당시의 경제적 모순을 반영하는 것이었다.[23] 노동 유연화의 극한적 확대와 법치주의 통제 강화라는 자본의 일관된 방침이 다만 정치적 기회 구조, 그리고 계급 간 힘 관계의 한계 등으로 말미암아 충분히 법·제도로 반영될 수 없었을 따름이다. 박근혜 정부 초기의 높은 지지율과 제도 언론 장악을 매개로 한 여론 장악, 통합진보당 해체 등 민주 노조 운동의 조직 역량 약화, 2012년 이후 미국발 금융 위기 효과의 확대와 총자본의 축적 위기, 정권의 수구적 성격과 정경 유착 심화 등 여러 정치적·경제적 요인이 결합하면서 전면적 노동 개혁이 비로소 현실적인 과제로 제기될 수 있었던 듯하다.

국가와 자본의 입장에서 보면 자본의 중대한 위기에 대응하는 정책을 국회나 기타 법적 장치를 반드시 거쳐 합법적으로 실행해야 한다는 것은 매우 불편한 일이었다. 즉, 법치주의의 법적 과정은 그 자체가 지배 블록의 전략적 행위를 일정한 틀에 제약하는 효과가 있다는 것이다. 노동 개혁을 달성하기 위해 박근혜 정부와 여당은 2015년 하반기 환경노동위원회의 조직 구성을 꼼수를 써서 변경하려 했고 자신들이 여야 합의로 만든 '국회 선진화법'을 악법으로 몰아세우기도 했다. 또 가장 부담이 컸던 '저성과자 일반 해고'와 '취업규칙 불이익 변경 요건 완화'는 행정 지침 형태로

---

23 2003년 하반기 노무현 정부의 노사 관계 선진화 로드맵에서 '사용자 대항권'이라는 형태로 처음 전모를 드러냈다. 이후 이명박 정부도 '노동 선진화 프로젝트'로 그 핵심 내용을 법제화하려 했으나 2009년 여름 노동과 시민사회의 강한 반발로 제한적인 법 개정에 그쳤다.

제도화할 수밖에 없었다.

이런 측면에서 박근혜 정부 노동 개혁의 실패는 그 자체가 자본의 입장에서 법치주의의 한계를 보여 주는 중요한 사례가 될 만하다. 즉, 계급 간 힘 관계의 구속 범위를 과도하게 넘어선 전면적 노동 개악 시도라는 점에서 매우 특징적이었다. 또 이런 실패는 노동 억압이 여전히 법치주의의 형식적 민주주의 틀에서 작동하고 있음을 보여 준다. 즉, 상당한 억압성과 비민주성, 심지어 탈법성에도 불구하고 박근혜 정부의 지배 체제는 절차적·형식적 민주주의 틀을 유지하는 자본주의 정상 국가 범주를 벗어나지 않았다.

6. 결론 : 요약과 함의

논의를 요약하면 먼저 법치주의 강화는 군부독재의 억압적 배제 체제로부터 종속적 신자유주의 노동체제로의 체제 전환 결과로 해석할 수 있다. 즉, 민주화와 축적 체제 전환에 따른 계급 간 힘 관계 변동이 국가 장치에 물질적으로 응결된 결과였다. 1987년 노동체제가 해체되면서 지배 블록에 의해 기획된 민주화 국가 프로젝트와 선진화 국가 프로젝트 모두에서 법치주의는 핵심적인 요소로 도입·확대되었던 것이다.

둘째, 법치주의는 전략적 선택성을 내장한 계급국가의 주요한 국가 장치로 기능했다. 우선 법치는 폭력이나 테러와 대비되기보다 국가 폭력을 지시하고 이데올로기적으로 정당화하는 계급적 지배 장치였다. 또 노동 정치 과정에서 법은 결코 중립적이지 않으며 전략적 선택성 기제를 통해 자본가계급 편향적인 지배 기구로 작동했다.

셋째, 그렇지만 법이 항상 자본에 유리하지는 않았다. 법은 자본에 계급 지배 수단이지만, 동시에 자본의 계급 행동을 일정한 범위에서 제약하는 효과도 있기 때문이다. 또 법은 불완전하고 빈틈이 있기에 축적 체제와 계급 간 힘 관계 변동에 따라 끊임없이 변화하고 새롭게 물질화해야 한다. 박근혜 정부의 노동 개혁은 이런 양면성과 불완전성에 따른 결과로 해석될 수 있으며 그 실패조차 법치주의의 특징과 연관되어 있었다.

이상의 법치주의 분석은 노동운동에 몇 가지 함의를 제시한다. 먼저 박근혜 정부의 노동 통제 전략은 군부독재나 파시즘의 노동 통제와 다르다. 노동 개혁의 시도와 실패는 모두 부르주아 정상 국가의 법치주의 노동 정치에서 기인했기 때문이다. 따라서 이에 대한 노동운동의 대응 전략을 '제2의 민주화'나 '민주화의 심화'로 설정하기는 힘들다. 또 제도 정치 수준에서 1987년 이후 계속되어 온 '민주 대연합' 전략은 별로 바람직하지 않다고 판단된다.[24]

다음으로 현재 노동운동 내부에 존재하는 법 중시 경향이나 법 무시 경향 모두 바람직하지 않다. 한편에서 법적 절차에 의존하고 법에서 유리한 판결을 도출하는 데에 매달리는 운동 경향이 존재

---

[24] 비민주적 정책 실행이 확대되는 가운데 노사 관계의 민주화 과제를 부정할 수는 없다. 그러나 이를 군부독재 시기의 그것과 동일한 전략적 과제로 볼 수 없다는 뜻이다. 민주 대연합 정치 전략의 한계에 관해서는 노중기(2012b) 참고. 한편 군부독재 시기의 통제는 초법적·폭력적 억압을 기조로 한다는 점에서 법치주의 통제 전략으로 보기 어렵다.

한다면 다른 편에서는 법을 넘나드는 거리의 '투쟁'으로 문제를 해결하려는 경향도 강해지는 실정이다.[25] 법치는 근본적으로 자본주의 정상 국가의 계급 지배 장치이므로 노동운동의 대안적 무기가 될 수 없다. 또 변화된 법적·정치적 환경을 무시하는 투쟁 일변도의 활동 양식도 낡은 전투적 조합주의의 연장선에 있으므로 결코 바람직하지 않다.

마지막으로, 법은 단순한 계급 지배의 도구도 아니며 중립적 국가 장치도 아님을 분명하게 인지할 필요가 있다. 이런 면에서 박근혜 정부의 노동 개혁을 저지하는 노동운동의 투쟁이 노동계급의 계급 역량 강화라는 중·장기적 전략 과제로 연결되지 못한 채 '즉자적 저지 투쟁'에 머문 점은 문제이다. 법치주의에 대응할 중요성이 커지고 있는 조건을 부정할 수는 없으나 주체 역량을 강화하는 데에 전략적 방점을 둬야 할 듯하다. 즉, 법이 계급 간 힘관계의 물질적 응축임을 고려하면 법 개정이나 법 철폐 투쟁은 장기적으로는 주체의 조직적·정치적 역량 강화라는 전략 목표에 종속되는 것이 더 바람직하다.

---

25 단순화하면 전자를 '법 물신주의', 후자를 '생디칼리슴' 경향으로 부를 법하다. 법에 대한 순응과 전투적 거부는 모두 법치주의를 운동의 중심축으로 사고한다는 점에서 동전의 양면처럼 연관되어 있다. 법치주의를 토론에 변화된 조건에 내응하는 구체적 내용이 필요한 시점이다. 대안적 전략에 대한 더 본격적인 논의는 이 글의 범위를 넘기에 차후의 과제로 남긴다.

9장

귀족 노조 이데올로기

1. 문제 제기

2017년 대선에서 수구 후보가 주장한 '강성 귀족 노조론'은 모든 사회경제적·정치적 모순의 책임을 민주 노조에 전가하는 논리였다. 당시에는 많은 이들이 황당한 이야기라고 판단했다. 또 수구 언론과 자본의 오랜 레퍼토리가 되풀이된 것에 불과하다고 여겼다. 민주노총 조직이 확대되고 조직 내 비정규 비율이 증가하는 현실과 배치되므로 단순히 외면할 수도 있었다.

그러나 문제는 현실에서 대중이 그에 반응한다는 점이었다. 촛불 혁명 이후 역설적으로 반노동 이데올로기는 현저히 확산했다.[1] 기아차지부의 비정규 조합원 배제, 인천공항과 서울지하철 비정규직의 정규직 전환 논란, 최저임금과 노동시간 단축 논란, 민주노총의 광주형 일자리 및 경제사회노동위원회(경사노위) 불참 등은 그 주요 계기들이었다. 지금 대중적 수준에서 증가하는 듯한 '민주

---

[1] 2017년 한국노동연구원 조사에 따르면 '귀족 노조론'에 동의하는 국민의 비율은 3분의 2(63.6%. 귀족 노조와 경제구조 모두의 책임 50.3%, 귀족 노조 단독 책임 13.3%)에 이른다.

노조 포비아 현상'은 그 자체가 중요한 해결 과제이다. 민주 노조 운동의 사회적 고립을 심화할 것이기 때문이다.

한편 코로나19 사태가 불러온 경제 위기 상황에서 다시금 이 문제가 현안으로 떠오르고 있다. 심각한 고용 불안과 빈곤 속에서 조직 노동에 대한 자본의 공세가 예견되기 때문이었다. 민주노총은 이른바 '원 포인트 사회적 대화'를 요구했고 비정규직 미조직노동자를 보호할 사회적 합의를 추진하고 있다. 또 일부 활동가의 임금동결과 사회연대 기금 발의도 있었다. 이런 문제 제기는 귀족 노조론에 대한 민주 노조 운동 나름의 대응으로 보인다.[2]

이 글은 세 가지 과제를 해명하면서 귀족 노조론을 비판적으로 검토하고자 한다. 먼저 '귀족 노조론'을 정리하고(2절) 이를 논리와 경험 양 측면에서 비판할 것이다(3절). 그리고 반노동 이데올로기가 확산하는 사회구조적 원인을 노동체제 이론의 맥락에서 설명하고 그 함의를 평가한다(4절). 셋째, 귀족 노조론에 대응해야 하며 그것이 민주 노조 운동의 혁신 과제에 깊이 연관되어 있음을 제시한다(5절).

---

2 필자는 최근 일부 활동가가 제기한 사회연대 기금론이나 공세적 임금동결론을 이해하기는 하지만 관념론에 가깝다는 점에서 반대한다. 첫째, 경제 위기나 운동 수세기 상황에서 임금동결론으로 국가와 자본의 대등한 양보를 얻어낼 수 없다. 설령 총자본과의 사회적 합의가 이루어졌더라도 개별 노조나 기업 수준의 약속 이행을 담보할 수 없다는 것도 중요하다. 둘째, 노동 내부에서도 합의를 지키기 힘들며 과거 노사정 합의처럼 거꾸로 운동 내부에 갈등을 다시 불러올 것이다. 합의주의의 구조적 조건이 취약한 우리 현실을 둘러싼 문제를 충분히 고려하지 못한 방안이다.

2. 귀족 노조론 : 기원과 유형

1) 귀족 노조론의 기원과 확산

귀족 노조는 19세기 후반 서구의 노동귀족labour aristocracy과 다른 개념이다. 노동귀족이 독점자본주의의 물질적 기초 위에서 체제에 포섭된 노동자 계층을 지적한다면, 귀족 노조는 노동 통제를 위해 국가와 자본이 만들어 낸 용어에 불과하다. 그 개념의 직접적 기원은 2003년 노무현 대통령이 고임금 노동조합의 파업을 문제 삼고 통제되지 않는 민주노총을 비난한 데 있었다.[3]

2000년대 초반 귀족 노조론이 형성된 배경은 크게 네 가지를 생각해 볼 수 있다. 먼저 민주화 진전과 1987년 노동체제 해체라는 정치적 지형 변화가 작용했다. 군부독재 시기부터 1997년에 이르기까지 민주 노조 운동을 통제한 핵심 이데올로기는 좌경·용공 논리였다. 그러나 민주화 이행 및 체제 변동에 따라 기존 이데올로기의 효력이 크게 약화된 것이 귀족 노조론이 도입된 주요한 배경이었다.

둘째, 1998년 외환 위기 이후 한국의 축적 체제가 빠르게 신자유주의 체제로 전환한 점이다. 대사업장의 조직된 정규직 노동자

---

3 2003년 8월과 9월 노무현은 경영자아이 모임에서 '소수 대기업 노동자 권이 중심이 노동운동이 귀족화·권력화된 부분이 있다'며 민주노총을 거듭 비판했다. 그해 가을 비정규 노동자의 분신이 잇따르자 그는 '분신을 투쟁 수단 삼는 시대는 지났다'고 비난했다.

들은 구조 조정과 정리 해고를 막고 노동조건을 방어하기 위해 투쟁에 나섰다. 점차 확산하던 조직 노동의 방어적 경제투쟁을 통제하려는 수단이 귀족 노조론이었다.

셋째, 1998년 김대중 정부 이래 20년간 모든 정부가 노동 유연화와 비정규 노동 확대 정책을 강하게 추진한 것도 주요한 배경이었다. 이미 2000년대 초반에 이르면 세대, 성, 고용 형태별로 사회경제적 양극화가 크게 확대되는 노동시장 구조가 형성되었다. 그에 따라 비정규 투쟁이 빈발하자 국가와 자본은 그 책임을 정규직 노동자들에게 돌리는 분할 지배 수단으로 귀족 노조론을 도입했다.

넷째, 구조 조정과 고용 불안의 국면에서 민주 노조 운동이 적절하게 대응하지 못한 전략적 실패도 귀족 노조론이 형성된 배경이었다. 공공 부문과 대사업장 중심의 민주 노조 운동은 수세적 방어 투쟁과 양보 교섭에 치중했다. 또 산별노조 건설과 정치 세력화를 매개로 진행된 연대 전략이 대체로 성공적이지 못했고 합의 기구 참가를 둘러싸고 내부 갈등이 늘어났다. 이 과정에서 결국 노동 내부의 양극화를 노동운동이 제어하는 데 실패했는데 그 반대급부로 귀족 노조론이 확산된 셈이다.

노무현 정부에서 시작된 귀족 노조론은 당연히 이명박·박근혜 정부에서도 차용되었고 일차 확산했다. 그러나 수구 정부 10년간 귀족 노조론 확산은 제한적이었다. 두 정부의 반노동·친재벌 성격이 뚜렷했고 민주 노조 운동을 강하게 억압했기 때문에 귀족 노조 선동에 한계가 있기 때문이었다. 또 자유주의 야당 세력이 정부와 강하게 대립한 민주노총에 유화적 태도를 보인 것도 요인이었다. 그렇지만 촛불 혁명과 자유주의 세력 집권 이후 상황은 크게 바뀌었다.

2) 귀족 노조론의 네 가지 유형과 논리

귀족 노조론은 다양한 경험적 원천을 바탕으로 재구성된 이데올로기이다. 기본적으로 대사업장이나 공공 부문 조직 노동의 고용 안정성('철 밥그릇')과 고임금(귀족)을 지적하는 용어이다. 다만 비정규직 배제와 억압, 세대 간 착취나 탈법적 쟁의 행태, 합의와 양보를 거부하는 집단 이기주의, 경쟁력 훼손 등 다른 이데올로기와 접합해 의미가 크게 늘어났다.

넓은 의미의 '귀족 노조론'은 네 가지 유형으로 나눠 살펴볼 수 있다. 각 유형은 그 정치적 함의나 논리에서 상당한 차이가 있으며 다음과 같이 구분될 수 있다.

첫째, 수구 세력의 '강성 귀족 노조론'이다. 모든 정치적·사회경제적 쟁점과 갈등, 모순을 강성 귀족 노조, 곧 민주노총의 책임으로 환원하는 논리 아닌 논리를 편다. 주요한 발언자는 수구·냉전 정치 세력과 수구 언론, 재벌 독점자본과 그 이데올로그 등이다. 이들의 비판은 이념 가치적 비난이라는 특징을 띠며, 과거의 불법·좌경·용공 이데올로기를 대체하는 것으로 볼 수 있다.

둘째, 이른바 민주(촛불) 정부를 구성한 핵심 권력자 집단의 민주노총 비난에서 기원한 귀족 노조론이다. 이들에게 민주 노조들은 국가 경쟁력을 제고할 사회적 합의를 거부하고 민주적 권력에 협력하지 않는 이기주의 세력이자 특권 집단이었다. 주요한 발의자는 집권 자유주의 정치 세력 및 개혁적 시민운동 등이다. 이 유형에서 귀족 노조 담론은 정치적 경쟁자에 대한 통제용 이데올로기 또는 합의주의의 보조 이데올로기라는 특징이 있다.

셋째, 개혁적 자유주의 노동 연구자 집단이 연구 작업을 통해 구성한 민주 노조 (운동) 비판도 넓은 의미의 귀족 노조론에 포함할 수 있다. 이들의 관점에서 정규직 대사업장 노조들은 노동시장의 구조적 분절이나 세대 차별과 착취의 주요한 원인 또는 책임자로 규정된다. 이 논리는 양보를 압박하는 사회적 합의주의 이데올로기의 근거이자 결론으로 접합되어 있다. 대체로 한국노동연구원 등 관변 연구자와 기타 노동시장 연구자 다수, 또 최근 일부 세대론 연구자 등이 포함된다. 이들은 자신을 개혁이나 진보 진영으로 호명하고 이른바 '개혁·진보 정치 세력' 또는 '민주 정부' 노동 정책에 이론적 근거를 제공한다.

넷째, 의도하지는 않았을지 모르나 민주 노조 운동 내부의 일부 정파와 세력도 귀족 노조론의 발원지였다. 이들은 민주노총 내 일부 대사업장 조직노동자의 이기주의를 비판하는데, '전투적 조합주의'를 비판하고 사회적 합의주의의 채택을 강조하는 '국민과 함께하는 노동운동' 노선이 대표적이다. 민주 노조 운동 내 국민(자주)파 등 온건파와 다수 개인 활동가들이 발의자인 셈이다. 또 최근 들어 '사회연대 전략' 또는 '미조직·비정규 연대'를 과도하게 강조하는 일부 세력도 포함될 수 있다. 이들은 사회적 합의주의에 훨씬 신중하다는 점에서 국민파-자주파 연합과 구분된다.

한편 중요한 것은 네 가지 유형의 공통점이다. "미조직·비정규 노동자, 노동계급(중간계급) 하층의 빈곤과 차별적 지위는 물론 기타 사회 양극화와 모순이 발생한 것은 민주노총 '정규직 대사업장

조직 노동'의 의도적 전략과 무책임 때문"이라는 인식이다.[4] 정규
직들의 특권적 지위나 양호한 임금·노동조건을 시장 원리나 경쟁
원칙에 배치되는 '갑질' 또는 정치적 권력 행사의 결과로 본다. 그
러므로 귀족 노조론은 그 본질에서 신자유주의 이데올로기라는
점을 지적할 필요가 있다.[5]

또 하나 중요한 쟁점은 이념적·정치적 기원이 다른 네 가지 담
론이 서로 결합해 배가된 정치적 효과를 발산한다는 점이다. 예컨
대 노무현 정부 시기에 수구 세력의 담론과 정부의 귀족 노조론
담론은 서로 결합해 민주 노조 운동을 통제하고 당시 비정규 노동
형태를 확산하는 데 상당한 역할을 했다. 또 최근에는 개혁적 노
동 연구자들의 노동시장 분절 논의와 민주 노조 내부의 자기 성찰
이 거꾸로 수구 세력의 귀족 노조 담론을 강화하는 의도치 않은 결
과를 재생산하고 있다. 또 운동 내부에서 제기된 비판도 정규직
양보, 사회적 대화를 강조하는 촛불 정부의 정치적 입장과 연대하

---

4 이를 '귀족 노조론'으로 통칭하는 것에 이견과 비판이 있을지 모른다. 그러나 기원이나
유형이 다양함에도 대사업장(공공 부문) 정규직 조직 노동의 특권적 지위를 강조한다는
점에서 '귀족 노조론'이 적절한 표현일 듯하다.

5 완성차 업체 노조 일부의 조합원 자녀 우선 채용 단체협약은 귀족 노조의 가장 대표적
갑질로 비난받았다. 그런데 비난의 기본 논리는 시장 경쟁의 공정성·합리성을 위배했다
는 데 있었다. 비슷한 사례가 최근 많이 발생하고 있는데 대표적으로 인천공항 비정규
직 노동자의 정규직 전환 공정성 시비, 최저임금 인상에 대한 자본의 비판 등이 있다.
특히 전자는 시험에 의한 성과 측정만을 공정한 선발 원리로 보고 그 결과 발생하는 임
금 노동그간의 차별을 긍긍허띠고 펴익허는 더 긕극긕인 경꼐구의 지본 논리이띠. 띠수
청년이 이 이데올로기에 매몰되어 보수화하고 비정규 문제 해결에 장애가 되는 작금의
현실이 귀족 노조 이데올로기의 중요성과 심각성을 더 드러낸다고 볼 수 있다.

고 결합하는 방향에서 발전해 왔다. 전체적으로 대사업장 조직 노동과 민주 노조 운동 일반을 비난하는 광범한 연대 전선이 지난 20여 년에 걸쳐 형성되었고 그 효과가 최근 두드러지고 있다.[6] 이 같은 상황은 민주 노조 운동의 담론적 방어가 매우 어려운 구조적 조건을 형성했다.

3. '귀족 노조론' 비판 : 논리와 경험

1) 분절 노동시장론의 정치사회학

네 가지 유형의 귀족 노조론 모두에 논거를 제공하는 이론적 핵심은 개혁적 자유주의 연구자들의 분절 노동시장론이라고 할 수 있다.[7] 그것은 외환 위기 전후 사회적 합의주의를 옹호하고 민주 노총의 전투적 조합주의를 비판하는 과정에서 시작되었다. 이후 종속 신자유주의 노동체제의 내적 모순, 곧 노동시장 분절이 확대되었는데 그 책임의 상당 부분이 민주 노조에 있다는 비판으로 발

---

6 필자는 오래전부터 이를 '신자유주의 대동맹'(노중기 2008b)이라 규정했다. 문제는 이 정치 동맹의 외곽에 개혁적 노동 연구자는 물론 일부 민주 노조 운동 활동가 집단이 가세하고 있다는 점이다. 또 조·중·동·종편으로 대표되는 수구 언론에 더해 촛불 이후 한겨레·경향신문·오마이뉴스 등 자유주의 진영의 언론이 가세한 현상도 주목할 만하다.
7 대표적인 분절 노동시장 연구자로는 정이환과 김유선이 있다. 이들은 귀족 노조론을 직접적으로 주장하지 않았으며 특히 정이환은 그런 해석을 매우 경계한다(정이환 2018). 그러나 귀족 노조론에 동의하는 다수 노동 연구자는 그들의 분석을 논거로 삼고 있다.

전했다. 2000년대 중반 자유주의 정부와 일부 시민사회 단체들이 이 논리를 채용하며 이념적 연대를 형성했다.

분절 노동시장론의 주요 비판 대상은 대기업과 공공 부문의 조직 노동이었다.[8] 이들이 자신의 교섭력으로 협소한 경제적 이익을 추구하는 이기적 행태를 되풀이해 분절을 불러왔다는 것이다. 비정규 노동과 노동시장 분절 확대, 정규직 고용 축소, 사회적 양극화, 그리고 기업과 국가의 경쟁력 하락 등에 대한 정치적 책임 중 상당 부분을 이들에게 부여하는 논리였다. 이 논리는 세 가지 지점에서 비판받을 수 있다.

먼저 인과 논리가 매우 잘못 설정되어 있다. 1997년 이후 한국 사회 노동시장 양극화의 원인은 노동운동의 전략과 실천에 있지 않았다. 자본과 국가의 경제정책과 전략, 그리고 그에 따른 노동시장의 객관적 구조 변동 때문에 야기된 것이다. 노동운동은 기껏해야 종속변수였으며 자본의 분절 전략에 대한 노동의 저항은 큰 효과가 없었다. 이를 노동운동 책임으로 돌린다면 사태를 심대하게 왜곡하는 일이다. 전략적 수준에서 일차 책임은 명백히 자본과 국가에 있다.[9] 구조와 전략의 상호작용을 인정하더라도 우리 노동

---

8 이 부문을 주로 조직하고 있는 것이 민주노총이므로 민주노총은 곧 귀족 노조가 되었다. 또 이들은 민주화 정치 세력과 더불어 386 기득권 세대로 비난받기도 한다. 이 관점의 글로는 이철승(2019) 참고.

9 노동시장 연구자 중 많은 이들이 자본과 국가의 책임을 부인하지 않는다. 다만 그들에게 주요한 분석과 논의 대상은 노동운동일 뿐이나. 어쨌든 노동운동에도 '상당한' 책임이 있다는 식의 주장이다. 이것은 엄밀한 정치사회학 분석이 아니라 이데올로기이다. 2017년 촛불 혁명 직후 진행된 한국노동연구원의 노사 관계 국민 의식 조사에서는 '소득 불평

체제의 특성, 취약한 노동운동 역량을 고려하면 무리한 책임 전가
이다.

둘째, 외환 위기 이후 민주 노조들의 전투적 조합주의가 경제
주의로 전락해 양극화를 불러왔다는 단순한 행위론 자체도 오류
였다. 민주 노조들의 전투적 조합주의 선택은 한편에서는 다른 선
택지들을 국가와 자본이 봉쇄한 결과이며 다른 한편에서는 경로
의존적 행동이자 구조 조정 압력에 대한 비자발적 대응에 불과했
기 때문이다. 예컨대 초기에 사회적 합의주의를 선택해 상당한 내
적 갈등을 경험한 민주 노조들의 합의주의 노선 전환을 최종적으
로 무산시킨 것은 국가와 자본의 통제 전략이었다.

또 민주 노조들은 산별노조 조직 전환, 정치 세력화 등으로 경
제주의 질곡이나 양보 교섭의 딜레마를 벗어나 분절 현상을 완화
하기 위해 노력했다. 그렇지만 이는 주체 역량의 한계에 부딪혔거
나 지배 세력의 반발로 큰 한계에 봉착했다. 고용 불안이 극심한
경제 위기 상황, 기업별 체제의 노동조합운동, 노동자 정당이 부재
하거나 매우 취약한 조건 등 객관적 조건의 한계도 뚜렷했다. 요컨
대 민주 노조 운동의 전투적 경제주의는 상당 정도 강요되었거나
우리 노동체제의 조건에서 노동조합의 합리적인 수동적 대응이었
을 뿐이다.

등이 심화된 주요 원인은 고액 연봉을 받으면서도 정규직을 위해 비정규직을 외면해 온
강성 귀족 노조에 있다'라는 설문이 포함되었다. 대선 토론에서 추출해 만든 설문이었
지만 연구자들의 문제의식이 수구 세력의 '강성 귀족 노조론'과 접합된 현실을 잘 보여
준다. 자세한 것은 장홍근·박명준·정홍준 외(2017, 62~64) 참고.

3부 종속 신자유주의 노동체제와 노동운동 전략

셋째, 대기업 및 공공 부문 정규직 노동자들은 귀족이 아니고 그 노조들도 결코 귀족 노조가 아니다. 주지하듯이 민간 부문 대기업의 고임금은 장시간 초과 노동의 결과일 뿐인데 이를 귀족이라 지칭하는 것은 이데올로기이다. 더 나아가 그것은 정리 해고 위협이 존재하고 사회보장 장치가 빈약한 우리 사회의 조건에서 합리적 대응의 일환으로 봐야 한다. 비난받을 일이 아니라는 뜻이다.[10] 그에 대한 비난은 신자유주의 논리인 '바닥으로의 경쟁'race to bottom에 동의하는 것일 수도 있다. 공공 부문 정규직 노동의 안정된 고용 지위나 임금·노동조건 역시 마찬가지이다. 이를 특권이나 귀족으로 규정하는 것도 '바닥으로의 경쟁'이나 '분할 지배 통제 전략'에 동조하는 일이 된다.

2) 민주 노조 운동과 사회연대 투쟁

다음으로 검토할 것은 민주 노조 운동이 비정규 노동자를 배제하거나 계급 이기적으로 실제 행동했는지를 경험 수준에서 평가해 보는 일이다. 또 그런 행위나 사태가 발생했더라도 이를 일반화할

---

10 정규직 노동자들이 비정규 노동자들의 투쟁을 외면하거나 억압하는 일까지 동의하자는 뜻은 결코 아니다. 많은 경우 그것은 비판받아 마땅하다. 그러나 일반적인 수준에서 기업별로 또 고용 형태로 분단된 조건에서 민주 노조들이 어쩔 수 없는 한계를 드러냈다는 김도 고려에야 한다. 이런 미성숙한 연대는 운동 전반이 한계를 반영하는 것이기에 일방적 비난의 대상일 수 없다. 한편 대기업 정규직 조직 노동의 고용 불안은 쌍용차·대우차·한진중공업 정리 해고에서 충분히 드러났다.

수 있는지를 고찰해야 한다.

　민주 노조 운동 일각에서 비정규직을 배제하거나 억압하고 이기적 행태를 드러내는 경우가 왕왕 있었다.[11] 그러나 귀족 노조론에 입각한 주장은 일부 경험적 사실에 대한 과장 내지는 왜곡이었다. 전체적으로 볼 때 지난 20년 이상 민주 노조 운동은 계급 이기적이라기보다 대체로 사회운동 조합주의 운동에 가까웠고 연대주의 원칙에도 비교적 충실했다. 경험적 증거는 충분하다.

　첫째, 지난 20년 비정규 노조 운동이 전체 노동운동을 주도했는데 이를 조직적으로 장기간 뒷받침한 것은 대개 민주노총 또는 민주 노조였다. 대개 자연발생적으로 시작한 비정규 투쟁은 민주 노조 운동의 조직적 지원을 받아 진행되는 경우가 일반적이었다.[12] 또 1996~98년, 2005~06년, 2009년과 2015~16년 비정규 노동 관련 노동법 투쟁을 주도한 것도 조직 노동 중심의 민주노총이었음은 주지의 일이다. 그 결과 어려운 환경에서도 비정규직을 중심으로 조직화가 이루어졌고 민주노총은 제1 노총 지위에 오를 수 있었다.[13]

---

11 한국통신 비정규 투쟁, 현대중공업 비정규직 투쟁, 완성차 3사의 비정규직 불법 파견 투쟁, 대우 캐리어노조 투쟁, 인천공항·서울지하철 비정규직의 정규직 전환 투쟁, 쌍용차 정리 해고 반대 투쟁 등이 대표적인 사례이다.

12 대표적 쟁의 사례로는 KTX 여승무원 정규직 전환 투쟁, 이랜드 홈에버 비정규 노동자 투쟁, 완성차 3사 등 불법 파견 사내 하청의 정규직 전환 투쟁, 케이블 비정규 노동자 투쟁, 가전 서비스 직접 고용 투쟁, 학교 비정규직 조직화 투쟁 등이 있다. 자세한 내용은 전국민주노동조합총연맹 엮음(2017) 참고.

13 2021년 현재 민주노총 조합원 113만 명 가운데 비정규 노동자는 약 40만 명으로 3분

둘째, 민주 노조 운동이 계급 이기주의라는 비난도 사실과 부합하지 않는다. 전통적으로 민주 노조 운동은 노동쟁의에서도 사회 공공성이나 사회 안전과 평화 등의 가치를 추구해 왔다.[14] 또 직접적으로 노동 의제가 아닌 탈물질 가치의 사회적 갈등이 발생했을 때 민주 노조들은 늘 주체적 관점에서 참여하기 위해 노력했다. 전노협 시기에는 〈국가보안법〉 반대 투쟁이나 제반 민주화 투쟁에 참여한 전통이 그러하고 이는 외환 위기 이후 더 발전했다. 즉, 양극화 및 시장 만능주의 심화에 맞서 노동계급 이외의 계급·계층과 연대했고 여러 투쟁 사례에서 적극적으로 개입하는 모습을 보였다.[15]

셋째, 민주 노조 운동은 2000년대 이래 일관되게 미조직·비정규 노동자와 연대하는 전략을 추진했다. 우선 민주노총의 산별노조 전환이나 정치 세력화에는 모두 미조직·비정규 노동과의 연대가 가장 핵심적인 전략 과제로 설정되어 있었다. 쉽지 않았던 대사

의 1에 이른다.

14 대표적으로 철도 파업 등 민영화 반대, 각종 비정규 노동 차별 반대, 삼성전자 백혈병 등 산업재해 관련 투쟁, 각종 해외 매각 반대 투쟁, 한미 FTA 반대, 비정규직 차별 반대와 희망버스 등의 투쟁 사례를 들 수 있다. 하나같이 사회 공공성이 쟁점인 노동문제였고 해당 산업과 계급을 넘는 연대 투쟁으로 진행되었다.

15 대표적으로 용산 참사, 세월호 사건, 밀양 송전탑, 파병 및 제주 해군기지 건설, 성주 사드 배치, 농민 단체의 쌀값 보장 및 생존권 쟁취 투쟁 등 매우 다양한 정치적·시민적 의제들에 참여하고 이를 주도했다. 특히 2016년 박근혜 대통령 탄핵 촛불 집회를 주도한 것도 민주노총이었다. 이구 획자들이 '사회운동 노동주의' 이론으로 명디인, 민주 노조의 고유한 특성이었다. 실제로 많은 노동운동 활동가가 사회연대 투쟁에서 구금되거나 탄압받았던 만큼 이기주의 규정은 사실에 전혀 부합하지 않는다.

업장의 산별노조 전환은 민주노총의 총력 지원 끝에 2007년을 전환점으로 큰 진전을 이루었다. 또 민주노총이 건설한 진보 정당들은 2000년대 중반 기간제법 반대 투쟁에서 드러나듯이 미조직·비정규 문제를 핵심 의제로 삼았다. 여러 한계로 눈에 띄게 진척되지는 못했으나 두 가지 전략적 시도는 민주 노조를 귀족 노조로 규정할 수 없는 근거가 된다.

또 두 전략적 전환과 함께 민주노총은 2000년대 초반부터 미조직·비정규 노동에 관한 직접적인 전략 조직화 사업을 꾸준히 진행했다. 조직 역량이 매우 취약한 상황에서도 민주노총은 20년 가까이 부족한 재원과 인력을 전략 조직화에 투입했고 상당한 성과를 거두었다. 민주노총 지도부와 산별노조가 대사업장 조직 부문을 중심으로 구성되었음을 고려하면 민주 노조의 강한 연대성이 드러난 사례라 할 만하다.[16]

요컨대 객관적으로 주어진 정규 노동자와 비정규 노동자 간의 물질적 이해관계 대립에도 불구하고 민주 노조 운동은 계급 이기주의나 귀족 노조가 아니라 연대주의를 지향했다. 그 연대가 충분하거나 결함이 없지는 않았다. 다만 균형 잡힌 평가를 했을 때 '귀족'이라는 비난은 타당하지 않다. 결과적으로 지난 20년간 민주 노조 운동의 우산 아래 수많은 비정규 노동자 투쟁이 발생했고 그것이 다시 민주 노조의 조직화로 이어지는 큰 흐름을 확인할 수 있다. 이런 조직화 상황은 현재 헤게모니를 가진 귀족 노조 담론이

---

[16] 이 문제에 대한 자세한 분석은 김태현(2017) 참고.

경험적 실제와 맞지 않는 이데올로기임을 보여 주는 결정적 근거이다.[17]

4. 종속 신자유주의 노동체제와 '귀족 노조' 이데올로기

귀족 노조 이데올로기를 좀 더 심층적으로 이해하려면 노동체제 이론의 관점에서 그 위상과 모순을 정확히 분석해야 한다. 신자유주의 체제는 노동시장 유연화와 법치주의의 자본 전략이 신보수주의 국가권력을 매개로 관철된 시장 자유주의 노동체제를 말한다. 또 종속성 규정은 후후발 자본주의국가의 취약한 계급 간 힘 관계가 구조화한 제반 특수성을 표현한다. 서구의 신자유주의에서 찾기 힘든 '귀족 노조 이데올로기'도 한국 노동체제의 특수성과 연관된 듯하다. 크게 세 가지 지점을 검토할 필요가 있다.

첫째, 법치주의 이데올로기의 효력이 매우 제한적인 사회 현실과 귀족 노조론은 관련되어 있다. 한국 사회는 사회민주주의 복지국가를 경험하지 못한 채 군부독재의 가혹한 반민주적 노동 억압이 구조화된 채로 신자유주의 전환을 맞았다. 그 결과 법 제재를 강화해 노동을 규율하는 서구 방식의 법치주의 노동 통제는 여러모로 상당한 한계에 부딪혔다. 우리 사회에서 노동법은 많은 경우

---

17 이 같은 여론이 일반화되는 데에는 수구적인 언론 환경이 중요한 배경이었다. 물론 근본적으로는 여전히 지속하는 냉전 정치 지형과 분단 체제의 모순이 작용한 결과였다.

제재 수단이기에 앞서 노동운동이 민주화를 요구한 개혁 장치이 자 갈등의 대상이었기 때문이다. 그것이 김대중·노무현 '민주' 정 부 노동 정치에서 신자유주의를 도입하기 위한 선진화 국가 프로 젝트가 민주화 프로젝트와 결합할 수밖에 없던 배경이었다(노중기 2008b).

그리고 이명박 정부 이후 노동 민주화가 봉합되거나 종료된 이 후에도 법치주의는 지배 블록에 계륵과도 같은 통제 수단이었다. 다양한 불법 파견 판결, 통상 임금 판결, 주 52시간 법정 노동시 간 판결, 대법원의 사법 농단 사태 등은 법치가 때때로 노동 측에 매우 유리한 정치적 환경을 형성했기 때문이었다(노중기 2020b). 또 박근혜 정부의 무리한 '노동 개혁' 시도와 촛불 집회처럼 법치주 의는 의도치 않은 통제와 지배 위기를 불러오기도 했다. 그러므로 '귀족 노조론'은 통치 이데올로기인 법치주의의 취약성을 적극적 으로 보완하는 의미가 있었다.

더 구체적으로 보면 귀족 노조는 '사회적 합의주의' 이데올로 기와 동전의 양면처럼 결합해 있었던 이데올로기이기도 하다. 여 기에는 두 가지 논리가 작동한다. 먼저 세계화와 신자유주의 시대 의 무한 경쟁에서 국가와 기업의 경쟁력을 확보하기 위한 사회적 합의가 필요하다는 논리이다. 그런데 민주노총은 자신의 특권적 이익을 위해 대타협에 참여하지 않아 경쟁력을 잠식하는 이기주 의 집단이므로 귀족으로 규정할 수 있다는 것이다.

다음으로 신자유주의 축적의 결과인 사회적 양극화, 노동 양극 화를 극복하기 위해서도 노조의 희생과 양보, 곧 사회적 합의가 필요하다는 논리도 가능하다. 이를 외면하고 임금 고용에서 자신의 이익만을 극대화하므로 귀족이라고 비난할 수 있다는 논리이다. 민주노총이 사회적 합의주의에서 실질적으로 멀어지기 시작한 2000년대 중반 노무현 정부가 귀족 노조론을 개발하고 광범하게 확산시킨 것은 우연한 일이 아니었던 셈이다. 요컨대 귀족 노조론은 우리 사회에서 사회적 합의주의 이데올로기와 함께 종속 신자유주의 노동체제를 지지했던 핵심적 지배 장치라고 할 만하다.

둘째, 귀족 노조론은 사회적 합의주의와 마찬가지로 민주 노조 운동 내부에서 갈등과 균열을 만드는 이데올로기 국가 장치였다. 1996년 이래 현재까지 민주 노조 운동은 사회적 합의 기구에 참여할지를 둘러싸고 깊은 내적 갈등을 경험한 바 있었다. 귀족 노조론의 경우도 정파 갈등을 불러온 점에서 다르지 않았다. 과연 자신이 비난받아야 할 귀족 집단인지, 즉 사회 양극화와 더 나아가 청년 고용 불안에 주요한 책임이 있는 주체인지를 두고 민주 노조 운동은 지난 20년 가까이 내적으로 갈등했다. 예를 들어 민주 노조 운동이 선도하는 이른바 사회연대 전략, 곧 연대 기금 마련 등 선제적 양보안을 제안할 필요가 있는지를 둘러싸고 균열해 왔다. 이런 사정은 코로나19에 대응하는 원 포인트 노사정 대화에서도 되풀이되었다.

또 귀족 노조론은 실천의 측면에서 선제적 양보를 전제한 사회적 합의 기구 참가와 긴밀히 연관되어 있다. 이 둘이 반드시 연결되어야 할 논리적 근거는 없을 것이다. 다만 선제적 사회연대 전략을 위해 사회적 합의 기구에 참여해 자본과 국가에 공세적 제안을 던질 필요가 있다고 주장할 때 귀족 노조론이 슬며시 도입되었다고 볼 수 있다.

어쨌든 귀족 노조 담론은 양극화, 비정규직 차별 확대에 대한 민주 노조 운동 책임론을 드러내는 결과를 낳았고 논쟁을 불러왔다. 다만 사회적 합의주의 논쟁처럼 뚜렷한 논리적·경험적 결론이 말끔히 나지 않을 개연성이 컸고 실제로도 그러했다.[18] 양극화 원인과 민주 노조 운동 책임의 정도, 조직 내부 현실과 연대 전략의 현실성, 국가·자본의 전략적 대응 등 변수들이 많아 애초부터 논쟁이 명료하게 진행되거나 해소되기를 기대할 수도 없었다. 결국에는 소모적 논쟁을 유발·확산해 장기적으로 정파 간 노선 갈등을 심화하거나 지배 블록의 분할 지배 전략을 관철하는 강력한 수단이 될 것으로 보인다.

나아가 귀족 노조론은 신자유주의를 주도하는 지배 블록 내 자유주의 분파의 헤게모니를 강화하는 데에도 일조했다. 2017년 대선과 이후의 정치과정에서 보았듯이 자유주의 자본 분파와 수구적 자본 분파는 많은 정치적 대립과 갈등 속에서도 귀족 노조론을 상당 정도 공유해 왔다.[19] 더 중요한 점은 자유주의 지배 세력의

---

18 사회적 합의주의 논쟁은 이론 논쟁에서보다 장기간 실천, 그리고 경험적 결과에서 일정한 결론에 이른 듯하다. 다만 국가와 자본의 이데올로기 공세가 여전해 논쟁이 되살아나고 있을 뿐이다. 2020년 코로나19 대응 원 포인트 사회적 합의를 둘러싼 민주노총 내부의 갈등과 내홍, 그리고 대규모의 사회적 비난 여론이 단적인 사례이다.

19 민주노총이 2018년 하반기 경제사회노동위원회 참가에 실패하고 탄력 노동제에 반대하는 파업을 선언하자 문재인 정부의 주요 인사가 일제히 민주노총을 공개적으로 비판했는데 그 내용도 결국 '귀족 노조론' 선동이었다. "민주노총이 11월 총파업을 선포하며 경사노위에도 참여하지 않아 국민 걱정이 크다"(이낙연 국무총리), "개악이라고 반대만 하는 것은 책임 있는 경제주체의 모습이 아니다"(홍영표 원내 대표), "민주노총과 전교조는 더 이상 사회적 약자가 아니라고 생각한다"(임종석 대통령비서실 비서실장).

헤게모니가 귀족 노조 이데올로기를 중심으로 민주 노조 운동 내부에 확산되고 있다는 점이다. 잘 알려졌듯이 민주 노조 운동의 일부 정파들은 귀족 노조론과 사회적 합의주의를 매개로 자유주의 집권 세력과 광범한 연대 관계를 형성하고 있다.[20] 이는 활동가, 연구자, 노동조합 조직의 모든 측면에서 민주 노조 운동에 대한 자본의 지배력을 확대해 온 것으로 보인다. 요컨대 자유주의 지배 분파가 민주 노조 운동을 체계적으로 포섭하고 견인할 때 귀족 노조론은 상당한 역할을 수행했다.

셋째, 우리 사회에서 귀족 노조론이 되살아나고 이데올로기적 쟁점이 되는 데에 국가와 자본의 전략적 의도만 작용하지는 않았다. 더 중요하게는 종속 신자유주의 노동체제의 모순과 약점이 집약되어 있기 때문이었다. 또 그것이 우리 노동 정치의 저열함, 그리고 노동운동의 빈약한 물적 토대와 연결되어 있음을 지적해야 한다.

우선 귀족 노조론이 문제로 삼는 이른바 '귀족 노조'와 미조직·비정규 노동자들 간의 차별과 격차의 확대, 노동 양극화는 신자유주의 축적 체제의 필연적 결과이자 핵심 모순일 수 있다. 종속 신자유주의 노동체제에서 민주 노조 운동은 하위 행위자 중의 하나이므로 이런 양극화와 무관할 수 없다. 그러므로 지난 20년 동안 기업별 노조 중심의 민주 노조 운동이 비정규 노동을 양산하고 빈

---

20 예를 들어 국가가 민주 노조 운동 활동가나 연구자를 포섭할 때 사회적 대화 기구나 관련 일자리는 주요 통로였다. 이때 귀족 노조론은 그 이념적 물신적 정당성을 제공하는 논리적 근거였다. 민주노총 금속노조 위원장과 민주노동당 대표를 지낸 경제사회노동위원회 위원장이 상징적 사례라 할 수 있다.

곤을 심화한 데 일정한 책임이 있는 것은 어느 정도 이해할 만하다. 다만 문제는 귀족 노조 이데올로기가 국가와 자본에 더 큰 책임과 원인이 있음을 은폐하고 일차적 책임을 민주 노조 운동에 전가한다는 점이다. 요컨대 귀족 노조론에는 이중적 함의가 있다. 한편에서 그것은 논리와 경험의 근거가 매우 취약한 이데올로기일 뿐이다. 그러나 다른 한편에서 그것은 신자유주의 축적 체제의 사회경제적 모순을 집약하고 은폐하며 관리하는 대표적 이데올로기, 곧 실재하는 물질적 국가 장치이다.[21]

다음으로 귀족 노조 이데올로기는 민주 노조 운동의 한계와 취약성을 적확하게 공격하는 공세적 이데올로기라는 점도 중요하다. 종속 신자유주의 노동체제 20년 동안 민주 노조 운동은 상당한 조직적·이념적 성장을 이루었으나 여전히 중요한 한계들에서 벗어나지 못했다. 특히 신자유주의의 수세적 환경에서 능동적·주도적 실천이 쉽지 않았고 내적 혼란과 모순이 심대하게 확산해 있다. 크게 보아 민주 노조 운동의 운동적 한계는 전투적 조합주의와 사회적 합의주의의 노선 혼란, 정치적 경제주의와 진보 정당 운동 실패, 그리고 산별노조 운동의 중단과 기업별 노조 관행의 고착화 등 세 가지를 들 수 있다(노중기 2018a).

민주 노조들의 한계는 사실 구조적·역사적 조건의 한계에 의해

---

21 민주 노조 활동가가 볼 때 이 이데올로기는 허무맹랑한 거짓과 기만일 수 있다. 그러나 대중들의 동의를 끌어내고 불만을 관리하는 등 신자유주의 축적 체제를 조절·재생산해야 하는 국가와 자본에 이 문제는 계급 지배의 핵심 사안일 수도 있다는 지적이다.

형성되었으며 국가와 자본이 강요했다는 점에서 귀족 노조론은 이데올로기이다. 그렇지만 결과적으로 또 실천적으로 민주 노조 운동의 현재 모습을 일부 반영하는 또 다른 측면이 있음을 무시하기 어렵다. 대중들이 귀족 노조론에 반응하도록 만드는 상당한 물질적 기초가 있다는 뜻이다. 한편에서 그것은 신자유주의 사회 양극화와 빈곤의 심화일 것이다. 그러나 비정규직과 연대하지 못하고 기업별로 행동하며 취약한 정치의식으로 경제주의에 매몰되고 보수정당에 표를 던지는 민주 노조 운동의 한계도 동시에 비추고 있다. 때때로 '귀족 노조론'이 활동가 일부와 개혁적 연구자가 고민하는 진지한 자기 성찰, 반성으로 나타나는 현실은 이 때문이다.

5. 민주 노조 운동의 한계와 혁신 과제

귀족 노조 이데올로기는 과거 군부독재 시기나 1987년 노동체제의 물리적 폭력이나 반공 이데올로기를 대체한 통제 수단이라 할 수 있다. 구체적으로는 앞에서 본 바와 같이 현재의 노동체제를 구성하고 있는 핵심 요소가 된다. 그것은 사회적 합의주의 이데올로기와 결부되면서도 또 구별되는 독특한 이데올로기 통제 장치였다. 신자유주의 20년을 지나면서 이 이데올로기의 노동 통제 효과는 이제 무시할 수 없는 상황에 이르렀다.

먼저 시민사회에서 민주 노조 운동이 고립되는 현상이 심화했다. 특히 촛불 혁명 이후 사유주의 집권 세력이 형성한 여론 공세가 상당한 영향을 미쳤다.[22] 대표적으로 민주노총의 경제사회노동위원회 불참, 최저임금 인상과 노동시간 단축 그리고 청년 일자리 문제에 대한 여론 공작이 이루어졌고 주효했다. 그 결과 과거 민주 노조 운동에 우호적이었던 중간계급 지식인, 청년 계층 일부가 적대 세력으로 돌아섰고 개혁적 시민 단체와의 연대가 더 약화했다. 노동계급 내부에서도 미조직 부문의 불만이 커진 듯하다.

그렇지만 더 큰 문제는 조직 노동 내부에서 이념적·실천적 균열이 확대되고 있는 점이다. 그동안 상대적으로 약해진 정파 대립 문제가 '귀족 노조 이데올로기' 논란을 매개로 강해지고 있다. 최근 제기된 임금동결과 사회연대 기금 제안은 기존 정파의 대립 선을 넘어 심각한 내부 갈등을 불러올 개연성이 크다. 앞서 보았듯이 이 문제는 민주 노조 운동 내부의 연구자와 활동가 일부가 연관되어 있을 뿐만 아니라 궁극적으로는 지배 블록의 노동 포섭 전략과 맞닿아 있다는 점에서 더 우려할 만하다.

이상의 논의를 전제로 '귀족 노조 이데올로기'에 대한 실천적 대응을 검토해 보자. 먼저 균형감 있는 인식이 중요하다. 이 문제를 의도적으로 무시하거나 반대로 과장하는 것은 피해야 한다. 지난 10여 년 이상 노동운동의 주된 경향은 이 문제를 무시하고 외면하는 것이었다. 한편에서 사실이 아니었기에 부정했고 다른 한편에서는 상대의 전략을 무산시킬 의도로 외면했다. 그렇지만 과

---

22 자유주의 집권 세력이 민주 노조에 펼치는 공세는 수구 분파의 정치적 붕괴 이후의 정치적 헤게모니 다툼이라는 성격이 다분히 포함되어 있다. 노동문제 외에 헤게모니 다툼의 사례는 2020년 초 선거법 개정 이후의 위성 정당 문제와 총선 때 후보 단일화 문제가 있었다.

거 경험에서 보듯이 이런 대응은 충분하지 않고 적절하지도 못했다. 이데올로기 공세에는 이데올로기 수준의 적극적 대응이 필요하고, 무시하거나 방관해서는 해소되지 않기 때문이다. 또 개별 노조가 일상에서 해결할 만한 일이 아니라는 점도 중요하다.

반대로 이 문제를 해결하지 못하면 민주 노조 운동이 곧 망할지도 모른다며 과장하는 것도 경계해야 한다. 이데올로기 선전과 반대로 지난 20년의 민주 노조 운동은 여러 한계에 직면해서도 상당한 성장을 이루었다. 그것은 근본에서 민주 노조가 귀족 노조가 아니라 사회연대 노조였기 때문이다. 현재의 민주 노조 운동은 어떤 수준에서 보더라도 비관하기보다는 낙관할 요소가 많다. 그리고 이 문제는 노동운동만의 문제이기보다 신자유주의 노동체제와 자본의 약점을 드러내는 문제라는 점도 지적해야 한다. 총연합 단체나 진보 정당 차원의 일관된 정책과 실천이 이루어진다면 귀족 노조 문제는 곧 사회 양극화 문제를 지적하는 공세적 의제로 전환될 수도 있다.

그러므로 두 번째로 생각할 것은 일상적·직접적 대응 문제이다. 귀족 노조론에 대한 직접적인 운동적 대응, 곧 단기적·직접적 이데올로기 투쟁이 그동안 없었던 것은 오류였다. 문제의 복잡성과 미묘한 성격을 고려하면 조직 노동 내부의 대응과 외부의 이데올로기 투쟁을 분리하되 양자를 잘 결합해 진행할 필요가 있다. 내부에서는 각종 홍보·선전과 교육을 실행하는 한편 실제로 발생하는 내부 갈등을 드러내고 구체적으로 치유해야 한다. 특히 비정규 노동자, 중소·영세 사업장 노동자에 대한 조직 내부의 각종 차별과 '갑질'에 적극적으로 대응해야 한다.

또 민주 노조 조직과 연관된 외부 시민사회를 향한 각종 이데올로기 투쟁도 중요하다. 많은 적대 세력은 물론 우호적인 단체에 대해서도 적절하게 대응해야 하며 이는 그 자체로 총연합 단체가 수행할 기본 과제이다. 이를 위해 이데올로기 공세나 쟁점의 내용을 일상적으로 검토·정리·분석해 대응 논리를 빠르게 개발하는 정책 연구 기능이 필요하다. 또 진보 정당과 가맹 산별노조와의 협업을 통해 각종 대응 방안을 체계적으로 실행하는 것도 중요하다. 예컨대 시민사회와 정당과의 소통 채널을 제도화하고 매체를 운영하는 등 시간과 재원을 투입해야 한다. 외부의 비판을 겸허하게 수용하는 기조 위에서 일상적으로 대응하되 때로는 단호한 비판과 투쟁을 조직하는 것이 중요하다.[23]

셋째, 단기적 대응과 함께 중·장기적 대응 전략을 마련하고 그 실천 계획을 수립해야 한다. 단기적 대응은 장기적 전략 방향이 없다면 효과적이기 어렵다. 귀족 노조론은 노동시장과 노동운동 내부에 물적 토대를 둔 이데올로기이므로 그 해체가 필요하다. 또 그것은 법치주의, 사회적 합의주의와 연계된 신자유주의 조절 양식의 핵심 기제로 볼 수 있다. 이런 면에서 중·장기 전략은 '반신

---

23 특히 이와 관련해 정책 연구원 등 총연합 단체의 정책 기능이 재정비되어야 한다. 귀족 노조론 대응은 노동운동 노선에 대한 한층 면밀한 토론과 검토, 연구를 전제하기 때문이다. 사회적 대화 참여의 문제, 사회연대 전략, 사회운동 노조주의 등 운동 내부의 주요 쟁점들과 직접 연관된 점도 고려해야 한다. 이런 쟁점들은 한 번에 해결될 수 없으므로 총연합 단체는 제기되는 정치적·정책적 의제들을 일상적으로 논의하는 장을 만들고 장기적으로 대응해야만 한다.

자유주의 대항 헤게모니 전략'의 한 수단으로 실행되어야 한다.

신자유주의와 시장 만능주의의 모순적 결과는 노동계급 내외 그리고 계급 간 무한 경쟁과 구조적 분절로 나타난다. 따라서 귀족 노조라는 올가미를 벗어나는 일은 기존 민주 노조 운동의 구조적 한계를 극복하는 전략적 과제와도 깊이 연관된다. 그것은 핵심적으로 전투적 경제주의와 사회적 합의주의 지양, 정치적 경제주의 극복, 기업별 노조의 관행과 질곡의 해체 등을 포함할 것이다. 곧 대사업장(공공 부문) 조직 노동 중심의 협소한 경제주의를 극복해야 하고, 이 과정은 필연적으로 연대의 재복원을 요구한다. 연대의 복원은 크게 반신자유주의 사회연대 전략과 정치 전략을 매개로 진행될 수 있다.

먼저 사회연대 전략은 계급 내 연대 전략과 계급 간 연대 전략으로 나눌 수 있다. 계급 내 연대는 주지하듯이 비정규 하청 노동자, 미조직노동자, 플랫폼 노동자를 산별노조 조직을 매개로 정규직 조직 노동과 결합하는 과제이다. 근본적 과제이므로 쉽지는 않을 것이다. 그렇지만 촛불 투쟁 이후 확대된 비정규 노동 조직화 흐름이 큰 힘이 될 수도 있다. 과거 산별노조 건설 과정에서 실패했던 기업 지부 해체, 1사 1노조 건설 문제 등에 대해 진전된 논의와 실천을 만들어 내야 한다.[24]

---

24 이와 관련해 경제 위기 시의 임금동결, 사회연대 기금 조성 문제는 사회적 대화와 분리해 내부의 주·장기 전략으로 기획·실천해야 할 사업일 듯하다. 빠른 대응은 양보 교섭과 노동조건 후퇴, 사회적 합의주의와 연관된 내부 갈등과 대립, 국가와 자본의 포섭 등 예견되는 부작용을 제어하고 의미 있는 결과를 산출할 최소한의 장치이다.

다음으로 계급 간 연대 전략은 전통적인 사회운동 노조주의의 실천과 관행을 더 확장하고 의식적으로 추진하는 일이다. 앞 절에서 보았듯이 민주 노조 운동은 귀족 노조이기보다 사회연대 노조 운동이었다. 촛불 전후에 시작한 미투 운동은 물론, 최저임금 인상과 노동시간 단축을 둘러싼 사회적 갈등, 그리고 코로나19 사태에서 나타났듯이 중소·영세 상인, 서비스직 하층 노동자 등 중간계급 하층과의 계급 간 연대는 더는 미룰 수 없는 과제이다. 의제의 측면에서도 고용·임금·복지 등 노동 의제뿐만 아니라 안전, 평화와 반핵, 성차별과 인종차별, 기후·환경문제 등의 탈물질적 가치를 둘러싸고 새롭게 제기되는 많은 사회적 의제들을 적극적으로, 더 목적의식적으로 포괄해야 한다.

마지막으로, 쉽지 않겠으나 반신자유주의 정치 전략도 새롭게 재출발해야 한다. 지난 20년에 걸쳐 일군 상당한 성과와 의의에도 불구하고 정치 세력화 운동은 현재 질곡에 빠져 있다. 신자유주의 대응 전략, 특히 노동시장 분절이나 귀족 노조론 문제는 대부분 정치적·제도적 수단을 통해 이루어지므로 그 중요성은 점점 더 커지고 있다. 그렇지만 이념적 정파 대립이 여전히 존속하고 제도 정당이 난립해 경쟁하는 조건에서 제대로 대응하기는 매우 어렵다. 그렇지만 쉽지 않더라도 노조와 진보 정당 모두 새로운 시도를 장기적으로 해가야 한다. 그 출발은 현안에 대한 일상적 소통이며 정책 연구를 매개로 한 자유로운 상호 비판일 것이다. '귀족 노조론'에 대한 이데올로기 투쟁은 역으로 민주 노조 운동 내부에서 소통과 협력, 그리고 건설적 비판의 새로운 장을 여는 계기로 설계되어야 한다.

6. 결론

'귀족 노조론'을 극복하려면 민주 노조 운동의 한계만큼 그 역사적·현실적 성취를 우리 스스로 인정해야 한다. 민주 노조들은 여러 한계에 맞닥뜨리면서도 촛불 혁명, 전략 조직화, 이념적 자주성 확보, 산별노조와 진보 정당 결성 등을 일구었다. 앞서 살폈듯이 귀족 노조론이 제기하는 문제는 무겁고 해결하기 힘든 과제이다. 그러나 이를 비판하고 지양하는 출발점은 우리 스스로 현재 민주 노조 운동의 객관적 위상을 정확히 파악하는 것이어야 한다.

'귀족 노조론'의 힘은 민주 노조 운동 내부에 분열과 균열, 그리고 갈등을 불러일으키는 데 있다. 이는 거꾸로 노동운동 내부의 토론과 자기 성찰이 무엇보다 중요하다는 점을 보여 준다. 그 과정에서 노동운동은 소통과 연대의 틀을 만들고 국가와 자본의 이데올로기를 걷어 낼 내적 동력을 얻을 것이다.

이데올로기 공세는 국가와 자본이 정치적 개입과 분할 지배를 매개로 노동운동의 자주성을 위협하는 일이다. 이에 적절히 대응하는 일은 어용 노조를 뚫고 형성된 민주 노조 운동에는 숙명과도 같은 과제이다. '귀족 노조론'도 사회적 합의주의만큼이나 민주 노조 운동의 자주성을 위협하는 자본공세라는 점을 분명히 인식할 필요가 있다.

정파가 미치는 영향이 강한, 3년 주기의 민주노총 지도부에 이 모든 과제를 맡길 수 없다. 총연합 단체의 변화도 아래로부터의 소통과 성찰, 그리고 활동가들의 상시적 실천이 담보되어야 가능하다. 당연히 이는 진보 정당도 마찬가지이다.

10장

종속 신자유주의 노동체제의 노동 통제

사회적 합의주의 이데올로기 비판

1. 머리말

'사회적 합의주의'[1] 문제는 민주 노조 운동에 참으로 오랜 질곡이었다(노중기 2008b). 1996년 노사관계개혁위원회를 기점으로 해도 약 25년이나 주기적으로 되풀이되어 온, 한국 노동 정치의 난감한 주제였다. 문제가 제기되면 갈등을 불러왔고 노조 조직은 균열했다.

2020년에도 마찬가지였다. 코로나19 사태라는 특별한 정세에서 추진된 '위기 극복을 위한 원 포인트 사회적 대화'와 합의는 또다시 큰 실패로 끝났다. 2007년 이후 퇴색했던 '사회적 합의주의' 문제를 다시 살려 낸 효과를 제외하면 새로운 점은 많지 않았다. 예컨대 민주노총 직선 지도부는 중도 사퇴했고 조직은 심각하게 균열했으며 여론의 심한 질타를 받았다. 또 문재인 정부의 사회적

---

1 이 글에서 '사회적 합의주의'는 국가와 자본의 전략 지향 및 국가가 주도하는 노동 정치의 한 유형을 가리킨다. 여기에는 합의주의 이념, 제도화된 합의 체제와 함께 국가가 주도하는 합의 정치기구와 정치과정 등 이데올로기는 물론 물적·사회적 요소들이 모두 포함된다. 노동 영역에서 형성된 일종의 국가 프로젝트라고 볼 수 있다.

대화 정책은 다시 실패했고 적어도 임기 내 진지한 대화와 합의는 불가능해졌다.

한편 원 포인트 실험에서 드러난 중요한 사실도 있었다. 사회적 합의주의 문제가 과거의 낡은 유산이기보다는 여전히 현재와 미래의 중요한 쟁점이라는 점이었다. 직선 지도부가 민주노총의 공식적인 조직적 절차와 결정을 스스로 부정하고 조합원 대중을 공개적으로 비난한 것은 처음 있는 사건이었다(『한겨레』 2020/07/14b; 김명환 2020/08/13 참고). 민주 노조에 대한 합의주의 여론 공세 자체는 새롭지 않다. 다만 민주노총 지도부와 일부 정파 세력이 조직적으로 이를 유도하고 증폭했다는 점에 새로운 요소가 있었다. 대의원대회 표결과 사퇴 후, 그리고 보궐선거에서도 '합의안 통과가 옳다'는 입장이 이어졌던 것을 생각하면 이 문제가 미래의 문제라는 점은 분명하다.

이 글에서는 문재인 정부의 '사회적 대화' 노동정책 또는 '사회적 합의주의' 노동 통제 전략을 비판적으로 검토하려 한다. 2절에서는 문재인 정부의 사회적 대화 정책의 과정과 흐름, 그 결과를 간략히 정리할 것이다. 또 이를 과거의 사회적 합의 정치과정과 비교해 그 특성을 살펴본다. 이어지는 절들에서는 합의주의와 관련된 세 가지 질문을 제기하고 답한다.

첫째, 왜 사회적 합의 또는 사회적 대화가 제기되는가? 기존의 많은 실패 경험, 민주 노조 운동의 내부 균열과 갈등, 민주노총이 되풀이해 거부를 결정했음에도 국가가 끊임없이 사회적 대화를 요구하는 이유는 무엇인가? 노동체제 수준의 구조 변동, 노동 통제 전략 분석을 통해 쉽지 않은 이 질문에 접근해 볼 생각이다(3절).[2]

둘째, '사회적 합의주의' 이데올로기를 분석하고 비판적으로 검토할 필요가 있다. 합의주의 이데올로기는 불참이나 합의 실패의 책임을 일차적으로 민주 노조 운동에 묻고 사회적 대화 외에는 대안이 없다고 주장한다. 특히 분절 노동시장의 양극화는 대기업과 공공 부문 조직 노동 때문이므로 사회적 합의를 매개로 노동의 양보가 따라야 한다고 본다. 이 주장이 과연 논리적·경험적으로 타당한지를 분석한다. 합의주의는 민주 노조의 자주성을 위협하는 노동 통제 과정으로 볼 수 있다고 주장할 것이다(4절과 5절).

셋째, 과연 사회적 대화와 대타협 외에는 대안이 없는가? 이 문제는 현재 질곡에 빠진 민주 노조 운동의 전략 노선을 새롭게 정립하는 문제이다. 여전히 존재하는 전투적 경제주의 편향성 극복 문제, 사회운동 노조주의의 수용과 구체적 적용 문제 등이 사회적 합의주의와 어떻게 관련되는지 살펴본다. 그리고 사회적 대화와 참여 전술 일반에 관한 구체적 입장을 세우는 일이 시급함을 강조할 것이다(6절).

---

2 이 글은 노동체제론의 시각에 기초해 있다. 외환 위기 이후 한국 노동체제는 '종속 신자유주의 체제'로 전환했고 그것은 나디 가시 독득한 무소직·신막직 특싱을 므니셌나. 사세한 내용은 노중기(2020c) 참고. 또 이와 관련해 영국 대처주의와 권위주의적 민중주의 authoritarian populism에 대한 제숍과 스튜어트 홀Stuart Hall 등의 분석과 논쟁도 참고했다.

2. 문재인 정부 '사회적 대화' 노동 정치와 특징

1) 전개 과정

한국에서 사회적 합의주의는 오래된 현상이지만 이 글은 촛불 이후 문재인 정부 시기의 사회적 대화 노동 정치를 주요 분석 대상으로 한다.[3] 2016년 말 이후 노동 정치의 정세가 크게 바뀌었다. 사회적 대화와 관련해 보면 그것은 크게 형성기·반동기·해체기 등 세 시기로 나눌 수 있다. 촛불 혁명과 대선으로 새 정부가 집권한 2017년은 첫 번째 시기로 사회적 대화 노동 정치가 구성된 형성기이자 개혁기였다. 그리고 최저임금 산입 범위와 탄력근무제 확대로 개혁이 전면 후퇴했던 2018년부터 2020년 초는 두 번째 시기로 반동기였다. 마지막으로 '코로나19 원 포인트 사회적 합의'가 시도된 2020년이 세 번째 시기인 해체기이다.[4]

먼저 사회적 대화가 형성된 첫 번째 시기에는 '노동 개혁'의 분위기가 노동 정치를 지배했다. 2016년 말 폭발한 촛불 집회는 '이것이 나라냐?', '나라다운 나라' 등의 구호와 함께 진행되었고 시민 저항의 핵심에는 사회경제적 요구가 포함되어 있었다(손호철 2017).

---

3 이전의 경험에 대해서는 여러 연구자의 많은 분석이 진행된 바 있고 필자도 나름의 분석을 진행한 바 있다(노중기 2008b, 2부). 또 문재인 정부 시기의 사회적 합의주의는 촛불이라는 사회 변동을 배경으로 하므로 이전의 경험들과 상당한 차이를 보인다는 점도 중요하다. 이 문제는 다음 절에서 간략히 정리한다.

4 구체적 전개 과정에 대해서는 이 장 뒤에 수록한 〈부표〉 참고.

특히 촛불은 박근혜 정부의 '노동 개혁'에 대한 조직 노동과 노동 자 일반의 광범한 불만을 배경으로 한 것이었다. 이런 사정으로 말미암아 2017년 대통령 선거에서 노동문제는 핵심적인 정치적 주제로 부각되지 않을 수 없었다.

대선 후보 모두가 그러했으나 특히 당선 가능성이 컸던 문재인 후보는 '노동 존중'을 구호로 매우 개혁적인 노동 공약을 제시했 다. 상징적인 '최저임금 1만 원' 외에도 비정규 노동 권리 보호와 규모 축소, 산별 교섭과 노동기본권 보장 등을 약속했다. 공약에 서 특징적인 것은 신자유주의 양극화의 문제점을 인정하고 그 구 조적 문제나 모순을 해소하겠다는 의지를 뚜렷이 보인 점이었다 (노중기 2018b). 물론 포용적 '사회적 대화'와 '민주적 합의 기구'는 핵 심 공약이었다.

집권 직후 문재인 정부는 최저임금을 대폭 인상하고 공공 부문 비정규직의 정규직 전환을 추진함으로써 개혁 의지를 구체화했다. 또 연말에 사회적 대화를 공약으로 내건 민주노총 집행부가 당선 되고 경제사회노동위원회가 새로 구성되었으며 노동시간 단축 법 개정이 이루어져 개혁은 일단 탄력을 받는 것처럼 보였다.

두 번째 시기인 반동기는 지배 블록 내부의 균열로 시작했다. 2018년 초부터 청와대와 여당 대표를 중심으로 한 강경파는 '최 저임금 산입 범위'를 확대하고 '탄력근무제' 기간을 늘리는 방향 으로 정책을 전환했고 개혁파는 힘없이 무너졌다.[5] 노동시간 문제

---

5 지배 블록 내부에는 민주 노조 운동에 대해 상대적으로 적대적인 강경파와 유화적인 온

로 민주노총과 한 차례 대립했던 정부는 2018년 5월 최저임금 산입 범위를 확대하면서 크게 갈등했고 10월 임시대의원대회 무산 이후에는 공식적으로 결별했다. 이후 자본의 요구 사항이 포함된 ILO 기본 협약 비준 정부안은 개혁 색채를 잃었고 합의 기구인 경제사회노동위원회는 민주노총을 배제한 채 출범했다.[6]

　반동기의 정책 역전은 무엇보다 수구 언론을 중심으로 자본의 저항, 경제 부처 등 정부 내 강경파의 득세 때문이었다. 특히 일자리 상황이 나빠진 원인을 최저임금 인상으로 연결하는 이데올로기 공세가 여론에 상당한 영향을 미친 결과였다. 또 자본과 타협하고 일자리 고용 문제를 해소하려 했던 정책 전환은 국정 기조의 큰 변동과 연계되어 있었다. 개혁 후퇴에 대해 내부 온건파와 민주 노조 일부가 반발했으나 큰 변수가 되지는 않았다.[7] 2019년 초 민주노총의 경사노위 참가가 최종적으로 부결된 이후 상황은 더 나빠졌다. 정부 정책에 반발했던 최저임금위원회와 경사노위 일

건 개혁파가 존재한다. 모두 보수적 성격의 권력이지만 재벌과 신자유주의, 민주노총, 사회적 대화, 노동 개혁의 범위와 내용 등 다양한 쟁점에서 대립했다. 강경파는 주로 정부 경제 부처와 여당의 실력자로 구성되며 온건파는 사회적 합의 기구, 노동부 등에 포진해 있었다.

6　2018년 11월 5일 정부·여당은 합의 기구인 경제사회노동위원회가 공식 출범하기도 전에 정의당을 제외한 야당과 함께 탄력근무제 추진을 전격 합의했다. 민주노총을 배세한 경사노위 운영이 미리 결정되었음을 보여 준다. 또 합의로 처리해야 할 핵심 의제를 정치권이 미리 결정했다는 데서 경사노위가 통제 장치임이 여실히 드러났다.

7　이는 단순한 노동정책 전환만은 아니었다. 이 과정은 소득 주도 성장과 재벌 개혁이라는 노동 존중 대선 공약의 핵심 부분이 파기되는 과정이었다(경제사회노동위원회 2018/10 참고). 국가 내 강온파 충돌에 대해서는 『중앙일보』(2018/07/02) 참고.

부 위원들이 일방적으로 해촉되었고 사회적 대화의 전망은 거의 소실되었다.

세 번째 시기인 해체기는 2020년 코로나19 대유행 사태와 여당의 4·15 총선 승리로 마련되었다. 지배 블록은 반동기를 지나면서 사회적 대화에 대한 기대를 접고 있었으나 정세 변화에 발 빠르게 반응한 민주노총이 상황을 바꾸었고 정부가 반대할 이유는 없었다. 2018년 두 번의 대의원대회 부결로 참가하는 데 실패한 민주노총 지도부는 2020년 초 다시 참가 문제를 제기했다. 결국 변칙적 방법으로나마 사회적 대화를 성사시킬 수 있었다. 4월 이후 공식 합의 기구인 경제사회노동위원회를 우회하는 노사정대표자회의가 개최되었고 이른바 '원 포인트 (잠정) 합의'를 이루어 냈다. 그러나 이후 민주노총 내부의 추인 과정은 매우 어려웠고 합의안은 중앙집행위원회와 대의원대회 등에서 내부 갈등을 거치며 최종 폐기되었다.

해체기 '원 포인트 합의' 실험의 일차적 의의는 민주노총 지도부가 추구한 사회적 합의가 완전히 실패했다는 사실에 있었다. 반동기 이후 개혁 정책 폐기를 확인한 민주노총 내부의 반발 확산이 합의안이 부결된 직접적인 이유였다. 부차적이지만 코로나19 고용 위기에 대응하는 유의미한 의제가 없었던 것, 얻어 낸 것이 없는 부실한 합의라는 것도 문제였다. 마지막으로 합의에 대해 물신주의物神主義 태도를 보인 김명환 집행부가 비민주적으로 무리하게 합의를 추진한 것도 합의안 통과를 막았다.

한편 해체기 합의 실험에서 주목할 점은 다른 데 있었다. 문재인 정부에서 국가와 자본은 민주노총에 대한 대규모 여론 공세에 나섰고 여기에는 수구 언론뿐만 아니라 이른바 개혁 언론도 동원되었다.[8] 그런데 합의안 통과 실패로 사퇴한 김명환 집행부가 민주노총 조직을 스스로 비방한 것은 초유의 일이었다. 민주노총 책임론 또는 '귀족 노조론'이 비등했고 사회적 고립은 더 심화했다.

문재인 정부 합의 정치의 전개 과정에서 확인할 만한 사항을 다시 정리해 보자. 먼저 제대로 된 합의 및 대화 체제 형성에 재차 실패했다는 점이다. 특히 민주노총이 합의 기구에 참여하기 전에 이미 정부 정책이 역전되었고, 국가 전략의 전면적 반동화가 진전된 것이 결정적 실패 원인이었다. 그러므로 해체기의 합의 시도는 정세의 특수 상황에 기대어 민주노총 지도부와 일부 관료가 진행한 무리한 시도로 이해할 법하고 어느 정도 실패가 예견된 일이었다. 또 합의 실패에도 불구하고 국가와 자본은 민주노총을 고립시키고 제어하는 이데올로기적 통제 효과를 얻었다.

2) 문재인 정부 '사회적 합의주의'의 특성

문재인 정부의 '사회적 합의주의' 노동 정치를 분석하려면 먼저 그것이 과거의 경험들과 어떻게 다른지를 간략히 정리할 필요가 있다. 그 공통점과 차이점을 정리하는 가운데 노동체제론으로 설

---

8 대표적인 사례로 『한겨레』(2020/07/01; 2020/07/14a; 2020/07/23a; 2020/07/23b), 『경향신문』(2018/11/05; 2020/07/02; 2020/07/24), 『한국일보』(2018/11/12; 2018/11/26; 2019/07/26; 2020/07/02) 참고. 이에 대한 비판 의견으로는 전국민주노동조합총연맹(2018/11/05)과 이도흠(2020/07/05), 〈참세상〉(2020/07/03) 참고.

표 10-1 '사회적 합의주의' 노동 정치 비교(1996년~현재)

구분	1996~98년 (노개위 외)	2003~06년 (노사정위)	2015~16년 (노사정위)	2017년 이후 (경사노위)
노동체제	1987년 체제/전환	종속 신자유주의 체제	종속 신자유주의 체제	종속 신자유주의/위기
배경	노자 대립/외환 위기	개혁/유연화 확대	노동 유연화 확대	촛불/사회 양극화
주요 내용	3금-3제 교환	개혁-비정규 입법	비정규 노동 확대	노동 개혁/노동 통제
대표 이념	세계화 노동 개혁	고통 분담 참여·협력	경쟁력 노동 개혁	노동 존중 위기 극복
결과	합의 실패/노동 저항	반쪽 합의/노동 저항	합의 실패/노동 저항	합의 실패/통제 효과
평가	체제 전환에 기여	체제 모순 확대	체제 모순 심화	체제 전환 억제

명해야 할 중요한 이론적·경험적 쟁점이 떠오를 것이다.

간략한 비교 분석을 위해 다른 세 개의 주요한 사회적 합의주의 실험(1996~98년 노사관계개혁위원회와 노사정위원회, 2003~06년 노사정위, 2015~16년 박근혜 정부 노동 개혁)을 비교 사례로 설정했다. 그리고 네 가지 합의주의 노동 정치의 배경과 내용, 그리고 그 결과를 〈표 10-1〉과 같이 정리했다.[9]

먼저 네 가지 합의 실험은 모두 국가가 주도하고 노동이 저항하는 정치 구도로 진행되었고 합의가 최종적으로 실패했다는 점에서 같았다.[10] 형식적 합의 성사 여부와 무관하게 주요 목표였던 민주 노조 운동을 포함하는 합의를 이룰 수 없었기 때문이다. 또 서구적 의미의 포섭적·개혁적 합의 정치가 아닌 배제 전략을 실

---

9 각 시기 사회적 합의주의 노동 정치의 자세한 내용은 노중기(2008b; 2020c) 참고.

10 1998년 2·6 합의에 대해 일부 연구자들은 커다란 성공이라는 해석을 내려 왔다. 필자는 그것이 사실과 부합하기 않는 끼깡일 뿐만 아니괴 정치적 의도기 싱깅힌 예럭이라고 비판한 바 있다(노중기 2008b, 7장). 원 포인트 합의도 민주노총 지도부가 추인에 실패한 합의라는 점에서 2·6 합의와 크게 다르지 않다.

행하는 노동 통제 장치인 점도 같았다.

네 사례 모두에서 민주 노조 운동이 균열하고 내부 갈등이 확대하는 통제 효과가 발생했다. 국가의 전략적 실패로 끝난 박근혜 정부의 노동 개혁 역시 다르지 않았다. 나아가 민주 노조들이 사회적으로 고립되는 이데올로기적 통제 효과도 상당했다. 동시에 이 정치과정에서 지배 블록 내부에 신자유주의 대동맹이 형성·강화되는 결과가 나타난 것도 중요한 공통점이었다. 정치적 차이가 많았음에도 수구와 자유주의 보수 세력은 적어도 노동 유연화와 민주 노조 배제라는 점에서는 일정한 정치적 합의를 이루었고 이를 재확인할 수 있었다.[11]

상당한 공통점과 함께 문재인 정부의 합의주의 정치에서는 중요한 차별성도 있었다. 먼저 촛불 저항 이후의 개혁 정치 지형에서 실험이 진행된 점이다. 이전 세 번의 경우가 외환 위기처럼 노동에 크게 불리한 가운데 국가와 자본 주도로 진행된 것에 비하면 차이는 매우 컸다. 그래서 문재인 정부의 실험은 과거와 달리 신자유주의 시장 원리 확산을 위한 것이 아니라 그 모순을 치유하는 노동 개혁 조치로 시작된 것이었다. 또 합의해야 할 의제가 명료하지 않았고 노자 간, 노정 간 정치적 교환의 구도가 형성되지 못한 것도 중요한 차이였다. 촛불로 제기된 개혁 의제 외에 자본과

---

11 박근혜 정부가 노동 유연화와 비정규직을 확대할 목적으로 진행한 '노동 개혁', 합의주의 정치에 대해 민주당은 소극적 반대로 일관했다(노중기 2018b). 특히 촛불 이후에도 새 정부는 민주노총 비판과 사회적 대화에서만큼은 수구 세력과 입장이 같았다.

국가는 과거와 같은 신자유주의 노동 유연화 의제를 명료하게 제시할 수 없는 탓이었다.[12]

특히 중요한 차이는 물리적 폭력과 같은 전통적인 국가 억압이 거의 사라진 점이었다. 문재인 정부 이전의 사회적 합의 노동 정치는 대체로 국가 폭력과 노동 탄압으로 뒷받침되는 딜레마가 있었다(노중기 2008b; 2020c). 이 점은 이명박·박근혜 수구 정부는 물론 김대중·노무현 정부에서도 예외가 아니었다. 그러므로 국가의 물리적 노동 탄압이 거의 나타나지 않았던 점은 문재인 정부의 합의주의 노동 정치에서 설명되어야 할 중요한 쟁점이다. 촛불 이후 정치적 개혁 국면이라는 점, 그리고 자본이 상대적으로 정치적 수세에 몰린 탓도 있으나, 그것만으로는 부족하다.

거듭된 실패, 매우 비정상적인 과정과 결과만을 산출하는 사회적 합의주의 노동 정치가 지속하는 이유가 무엇인가? 다음 절에서는 노동체제 변동과 정치적 역학 관계 변화 등을 포함한 구조적·물질적 조건의 변화로 이를 설명하고자 한다. 또 국가 폭력이 현저히 감소한 문재인 정부의 사회적 합의주의 특성도 이런 관점에서 재검토할 필요가 있다. 단순히 정세 조건이나 주체들의 전략 변화만으로 보기 힘든 문제들과 연관되어 있기 때문이다.

---

12 그럼에도 국가와 자본의 노동 정치 주도성은 여전했다. 심지어 정세가 바뀐 코로나19 원 포인트 합의에서 국가는 기획적 합의를 꽂놀이페치럼 이용했다. 즉, 정부는 합의가 절실하지 않으나 민주노총이 요구하니 마지못해 참여하는 듯한 태도로 일관했다(박태주 2020/11/06). 민주노총이 수용하기 어려운 안을 정부가 제시한 배경이었다.

3. 종속 신자유주의 노동체제와 사회적 합의주의

문재인 정부의 합의주의 실험은 한국의 사회적 대화가 '불모의 노동 정치'임을 다시 확인해 주었다. 원래 공식적 목표였던 민주 노조 운동을 포함한 합의는 실패했고 합의 정치를 지향했던 민주노총 지도부는 사퇴하지 않을 수 없었다. 책임을 노동 측에 떠넘기는 무리한 여론 조작으로 혼란도 있었으나 합의 정치가 실패한 사실 자체, 그리고 그 직접적 원인은 비교적 분명했다.

앞 절에서 보았듯이 새 정부가 채 1년을 버티지 못하고 정책을 전환한 것이 실패를 부른 가장 중요한 원인이었다. 촛불의 결과로 집권하고 노동 존중을 대표 선거 공약으로 내세운 정부였으므로 이 과정은 더 극적이었다. 촛불 정부의 실패는 한국에서 대화를 위한 사회적 토양이 얼마나 척박한지를 다시 웅변했다.

이제 물어야 할 질문은 합의주의 노동 정치의 성격이 아니다. 오히려 문제는 뚜렷한 한계에도 불구하고 국가와 자본이 이를 자신의 전략으로 제시할 수밖에 없는 구조적·전략적 배경이다. 또 내부적으로 심각한 균열과 갈등을 불러온 사회적 합의주의의 딜레마에 왜 민주 노조 운동이 되풀이해 빠져드는지이다. 먼저 전자를 이 절에서 간략히 정리하고 후자는 다음 절에서 답해 보도록 하자.

필자는 지난 25년간 되풀이해 불모의 합의주의가 발생한 근본 이유가 노동체제 전환 및 그 특성 때문이라고 본다. 외환 위기를 전후로 해체된 과거 노동체제의 유산, 그리고 현재 종속 신자유주의 체제의 내적 한계와 연관되어 있다는 것이다.

먼저 이전 노동체제인 억압적 배제 체제와 1987년 노동체제에서 사용된 전통적인 통제 수단이 더는 유효하지 않게 된 점이 중요하다. 해방 이후 자본주의 산업화 과정에서 한국의 자본과 국가는 물리적 폭력을 중심으로 반공·냉전 이데올로기, 어용 노조를 매개로 하는 조직적 배제, 또 이와 관련된 법적·제도적 배제 장치 등 각종 전근대적 노동 통제 장치를 만들고 사용해 왔다. 그런데 이들은 1987년 이후 민주화와 노동체제의 변동에 따라 유효성을 점차 상실하기 시작했다. 1996년 이후 장기간에 걸친 노동 개혁, 그리고 신자유주의 노동체제의 제도화 과정은 기존 통제 수단이 해체되는 과정이기도 했다. 이명박·박근혜 정부의 노동 억압에 저항한 촛불은 이 과정이 역전될 수 없는 역사적 구조 변동임을 잘 보여 주었다. 그러므로 노동쟁의에 대한 국가의 폭력 진압이 문제인 정부 시기에 거의 나타나지 않는 점은 두드러진 변화였고 주목할 만하다.[13] 요컨대 사회적 합의주의는 무엇보다 전통적 노동 통제를 대체하는 통제 수단이었다.

둘째, 신자유주의 이데올로기이자 물질적 장치인 '법치주의'의 한계도 중요한 배경이었다. 서구 신자유주의 노동체제를 지지한 가장 중요한 통제 수단은 시장 원리와 함께 흔히 '법과 질서', '강한 정부'로 불린 법치주의였다. 특히 영미형 신자유주의 사회에서

---

13 특히 촛불 이후 삼성 재벌의 무노조 전략과 노조 탄압, 사법 농단 등 국가기구의 지배 개입과 각종 불법행위, 쌍용차·철도 파업과 각종 비정규 쟁의 등 부당한 억압 사례 등이 밝혀지고 처벌된 것은 중요한 의미가 있다. 1987년 이후 노동체제가 변동되었음에도 국가와 자본의 이런 낡은 노동 통제 양태는 최근까지 쉽사리 소멸되지 않았다. 일종의 '경로 의존성'이라고 할 만하다.

는 시장 경쟁에서 탈락한 열패자를 규율하는 장치로 기능했다. 그런데 영미형 체제를 도입한 한국 사회에서는 이 장치가 제대로 작동하지 않거나 반대로 저항을 불러왔다. 이른바 종속 신자유주의 체제에서 더욱 구조적으로 불완전한 법치주의 문제였다(노중기 2016).

법은 일반적으로 양날의 칼로서 통제 장치이자 중요한 노동 저항 수단이다. 그런데 서구와 달리 노동체제의 특성 때문에 법치주의가 제대로 작동하기 힘들었고 많은 경우 거꾸로 노동 저항을 불러오는 계기로 작용하곤 했다.[14] 또 신자유주의 축적 체제에서 법적 불완전성이 심화한 것도 법치주의의 한계를 드러냈다. 즉, 노동력 이용의 유연성이 높아지는 과정에서 특수 고용, 간접 고용이 늘어났는데 이를 규율할 법적 장치는 한계를 보였다. 최근 플랫폼 노동이 늘고 영세 자영업자를 둘러싼 노동자 개념 논란 등이 발생하는 것도 마찬가지였다. 이 모든 과정에서 법적 장치는 통제보다 노동자 투쟁을 불러오는 결과로 귀착했다. 물론 법치주의가 핵심 통제 장치인 것은 서구와 같았으나 우리의 경우 그것으로는 크게 부족했다.

셋째, 이와 관련해 종속 신자유주의 노동체제에서 구조적 모순이 더 심각하고 강한 사회적 저항을 불러왔던 것도 주목할 필요가 있다. 즉, 한국 사회의 사회 양극화와 빈곤 문제는 특별히 심각했

---

14 우리의 경우 '제조업 불법 파견 판결', '전교조 법외노조 논란과 사법 농단', '주 52시간 노동시간'과 '통상임금 판결', '쌍용차 파업 억압', '자본의 용역 폭력과 노조 파괴' 등의 사안에서 보듯이 법적 통제 효과는 서구와 다르다.

다. 비정규·청년·노령·여성 노동자의 노동조건은 물론 각종 차별 문제 및 이와 연관된 사회적 모순의 강도라는 측면에서 한국은 그 야말로 '헬 조선'이었다. 촛불 혁명과 이후의 미투 운동, 다양한 계층 간 갈등도 이런 모순의 직접적 산물이었다. 더 거시적으로 본다면 이는 사회민주주의 복지국가를 경험하지 못한 한국 사회에서 영미형 신자유주의가 급속히 확산한 결과였다. 그러므로 국가와 자본이 신자유주의 노동체제를 유지하고 확대하려면 더 적극적인 통제 장치가 꼭 필요했다.

사회적 합의주의와 관련된 제반 이데올로기는 이 문제를 은폐하고 왜곡하거나 국가·자본의 정당성을 높이는 기제로 기능했다. 이를 매개로 국가와 자본은 자신을 계급적 이해관계의 대표자가 아니라 국민대중적 이익을 대표한 집단으로 자격 부여qualification를 할 수 있었다. 국가는 한편에서는 사회 양극화를 치유하는 개혁 국가의 모습으로, 다른 한편에서는 사회경제적 위기에 적극적으로 대응하는 주체로 자신을 규정했다. 또 반대로 전투적 쟁의를 벌이는 노동운동은 문제를 악화시키는 강성 귀족 노조로 호명되었고 분열했으며 사회적으로 고립되었다. 노동 대중이 생산성, 경쟁, 노사협력 등 자본 이데올로기에 종속되는 효과도 발생했다.

마지막으로 사회적 합의주의는 지배 블록 내부에 정치적 통일성을 형성하는 기제로 기능했다. 사회적 대화 또는 사회적 합의는 1996년 이래 자유주의 정부와 수구 정부가 모두 실행한 핵심 자본 전략이었다. 합의 형식으로 신자유주의 노동 유연화를 확대한다는 전략 지향에 대해 지배 블록 내 수구파나 자유주의 분파 모두 반대할 이유가 없었고 넓은 의미의 동맹 관계를 형성했다. 이른바

'신자유주의 대동맹'이었다. 그러므로 노동체제의 관점에서 볼 때 사회적 합의주의는 한편에서 통제 장치였지만, 다른 한편에서 지배 세력의 정치적 결속을 위한 일종의 접합제로 작용해 왔다.[15]

다음으로 고찰할 것은 사회적 합의주의와 노동체제의 관계이다. 사회적 합의주의는 매우 다양한 노동체제에서 존재해 왔고 그 성격도 노동체제마다 매우 달랐다. 예컨대 1970년대까지 존재한 유럽의 사회 코포라티즘과 라틴아메리카의 국가 코포라티즘은 각기 사민주의 노동체제와 국가 코포라티즘 체제를 뒷받침하는 국가 장치였다. 전자가 사민주의 계급 타협을 내용으로 했다면 후자는 개발독재의 노동 배제 장치였다. 반면에 1990년대 이후 서구의 린 코포라티즘과 동유럽의 가짜 코포라티즘은 신자유주의 노동체제의 서로 다른 두 유형이었다. 린 코포라티즘이 상대적으로 안정된 서구 민주 사회에서 신자유주의가 제도화되는 과정이었다면, 가짜 코포라티즘은 동유럽 계획경제 사회가 시장 사회로 급속히 이행하는 폭력적 과정에서 작동한 이데올로기 장치였다.[16]

우리 경우에도 '사회적 합의주의'는 장기간 변화해 왔다. 먼저

---

15 2005년 노무현 정부 노사정위원회의 비정규 입법, 2009년 복수 노조 창구 단일화 노동법 개정, 2015년 박근혜 정부의 '노동 개혁' 등에서 여야 대립은 찻잔 속 폭풍에 그쳤다. 또 문재인 정부가 주도한 2018년 11월의 여야 국정 협의체에서 합의한 '탄력근무제 확대'도 마찬가지였다. 노동정책, 특히 사회적 합의주의는 지배 블록이 신자유주의 대동맹을 구성하고 유지하는 주요 제도적 장치였던 셈이다. 자세한 내용은 노중기(2008b; 2020c) 참고.

16 자세한 것은 노중기(2008b, 8장)를 볼 것. 서구의 코포라티즘에 대한 포괄적인 비판적 검토로는 바카로·하월(2020) 참고.

그 이데올로기의 내포와 외연은 시기마다 달랐고 중요성과 함의도 상당히 변화했다. 1987년 이후 전투적 노조 운동이 폭발하자 이를 제어하거나 새로운 노동체제를 구상할 이념으로 일부 연구자들이 검토·수입한 것이 출발이었다. 1970년대 서유럽의 사회 코포라티즘과 네덜란드의 바세나르 협약 등이 주요한 준거 모델이 되었다. 이후 남아공과 멕시코 등 제3세계의 합의 사례와 이탈리아와 아일랜드 등에서 발생한 린 코포라티즘도 주요한 논거가 되었다.

내용 측면에서 보면 1990년대 초반에 그것은 단지 민주 노조의 경제투쟁과 임금 상승을 막는 임금정책의 보조적 장치로 기능했다. 1994년 노총·경총 임금 합의의 경험처럼 초기에 그 통제 효과는 미미했다. 그러나 1990년대 후반과 2000년대에는 상황이 점차 바뀌었다. 노동 유연화와 노동 민주화를 교환하고 노동체제를 신자유주의로 전환할 중심적 이데올로기이자 통제 장치로 진화했다. 외환위기를 극복하기 위한 '사회적 대타협', 민주화 사회에 걸맞은 '참여와 협력', 그리고 '사회 통합적 노사 관계' 등이 대표적 구호였다. 2000년대 후반 이후 수구 정부 시기에는 노동 유연화를 확대·심화할 보조적 정책 수단으로 기능했다.

한국의 합의주의는 신자유주의를 제도화하는 과정에서 발생하는 사회적 저항을 제어할 통제 수단의 성격을 일차적으로 갖고 있었다. 따라서 서구의 린 코포라티즘과 일단 같은 맥락에 있다고 볼 수 있다. 그리고 동시에 민주화로 분출한 노동 저항을 제어하려 한 점에서 남아공 대화 체제(국가경제개발노동위원회NEDLAC)와 유사하기도 했다.

그렇지만 다른 한편에서 한국 노동체제의 체제적 특성 때문에 그것은 서구나 남아공 사례와 크게 달랐다.[17] 무엇보다 주변부 사회의 영미형 신자유주의로 그 모순 정도가 매우 차이가 났다. 같은 주변부 사회였던 남아공의 합의 체제는 진보 정당이 집권한 정치적 조건이었으므로 비교가 어렵다. 한국에서는 서구나 남아공의 합의주의를 뒷받침한 노동계급 역량과 조직력, 그리고 진보 정당의 기반이 없었다. 오히려 여전히 좌경·용공·빨갱이라는 냉전 이데올로기와 물리적 억압, 그리고 기업별 노조 체제가 힘을 발휘하고 있었고 합의의 이데올로기 효과는 제한적이었다.[18] 요컨대 한국에서 합의주의는 서구나 남아공보다는 동유럽의 가짜 코포라티즘과 유사한 무엇을 넘어서기 힘들었다(노중기 2008b, 8장).

촛불 이후 합의주의는 다시 핵심적인 노동 통제 장치로 기능한 듯하다. 촛불 시민들의 기대에 '노동 존중'으로 대응한 문재인 정부가 다시 '대화와 타협'을 중심적 의제로 만들었기 때문이다.

---

17 5절에서 더 자세히 논하겠지만 지난 경험에서 한국의 합의주의가 보여 준 한계는 명료하다. 우선 노동의 자주적 요구에 기반하기보다 국가에 의해 강요된 참여이자 합의였다. 둘째, 합의는 노동 통제와 관련된 국가 폭력과 각종 이데올로기 억압을 정당화하는 효과를 가져왔다. 셋째, 신자유주의 자본 전략을 제도화했다. 예컨대 정리 해고와 노동 유연화는 노동의 동의하에 제도화되었고 합의 내용과 결과는 심한 부등가교환이었다. 넷째, 노동계급 내부는 크게 균열했다. 많은 활동가가 지배 체제에 포섭되었고 과도한 정파 경쟁이 발생했으며 이는 다시 국가와 자본의 이데올로기 공세를 불렀다. 마지막으로 참여와 협력, 사회 통합의 이데올로기와 반대로 한국 사회의 양극화는 극심해졌다.

18 한국 사회에서는 '참여와 협력', '고통 분담', '노동 민주화'의 사회적 합의가 국가 폭력으로 뒷받침되는 역설적 현상이 장기간 나타났다. 말하자면 국가가 폭력적 수단을 동원해 강요한 '사이비 대화'였다. 한편 서유럽의 린 코포라티즘도 한국 국가와 일부 연구자들의 주장과 달리 노동의 양보를 강제하기 위한 신자유주의 체제의 이데올로기적 국가 장치에 불과했다(바카로·하월 2020, 287~288).

3부 종속 신자유주의 노동체제와 노동운동 전략

4. '코로나19 사회적 대화'와 합의주의 이데올로기

앞 절에서 한국의 사회적 합의주의가 노동체제 변동과 그 체제적 특성에서 기원한 국가 전략임을 알 수 있었다. 그렇지만 구조적 기원이 그러함에도 그것이 민주노총의 합의 기구 참가 동인을 모두 설명하지는 않는다. 1998년 2월 노사정위원회 탈퇴 이후 민주노총은 공식적으로 합의 기구에 참가하지 않았으나 실상은 달랐다. 심각한 내홍과 대립, 그리고 되풀이된 참가 실패에도 불구하고 내부에서는 참가론이 항상 강력히 대두되었고 실제로 참가해 왔다.[19] 2020년에 진행된 코로나19 원 포인트 노사정대표자회의도 마찬가지였다. 다만 특별했던 것은 민주노총 지도부의 참가 의지가 너무나 강하게 표출된 점이었다.

민주 노조 내 일부 정파, 특히 김명환 집행부가 강한 참가 지향을 보이는 데에는 사회적 합의주의의 이데올로기가 상당한 역할을 한 것으로 보인다. 먼저 국가는 제도 언론을 통해 이데올로기를 대규모로 유포하면서 참가를 압박하고 독려했다. 또 노동 주체에게 그것은 참가의 자기 정당성을 높여 주었고 때로는 암묵적 알리바이로 작용하기도 했다. 이 절에서는 전략 관점에서 '합의주의' 이데올로기의 내용을 정리하고 비판적으로 검토할 것이다.

---

19 노무현·이명박 정부 시기에도 노사정위를 우회하는 '노사정대표자회의' 방식으로 참여한 바 있었으나 노 이닌 공식 참녀 외네노 비공식 새닐을 개실해 운영하는 닐보 흔했나. 참가 문제는 민주노총 내 난제 가운데 하나인 과도한 정파 대립 문제를 불러온 핵심 원인이었다.

'사회적 합의주의' 이데올로기에는 그 어떤 고정된 내용이나 정합적인 이념 구조 같은 것은 없다. 대체로 그것은 '자본주의사회의 계급 대립 과정에서 노동과 자본이 대화나 교환 정치, 또는 합의 정치를 매개로 타협할 수 있으며 그 결과가 양자나 전체사회 모두에 이익이 된다는 신념' 및 관련된 제반 물질적·제도적 장치를 포괄적으로 말한다. 이데올로기의 현상·형태는 사회마다 다양하며 구체적 모습은 주어진 사회의 계급 간 힘 관계와 물질적·정치적 조건에 따라 달라질 수 있다.

이데올로기는 호명된 주체에게 자격 부여를 함으로써 지배 체제에 종속subjection시키는 효과를 산출하는 방식으로 작동한다(테르본 1994). 이런 관점에서 보면 호명 대상인 민주 노조 운동은 합의나 국정에 참여할 정치적·사회적 자격을 부여받은 셈이 된다. 이것은 민주화에 따른 법적 자격 부여와 연관되어 있고 민주 노조 운동의 성과로 이해할 수도 있다.

그러나 이런 자격 획득은 항상 새로운 자격에 따르는 책임과 결부된다. 각종 이데올로기와 함께 민주 노조 운동이 지배 체제와 그 이념 틀에 종속되는 효과가 동시에 발생하는 것이다. 또 자격을 얻은 민주노총이 이런 규범으로부터 일탈한다면 처벌하는 것이 마땅하다는 부정적 담론이나 규율도 동시에 종속 효과를 만들어 낸다.[20] 각종 부정적 담론과 함께 실제 제재와 처벌이 작동하며 이는

---

20 일탈은 참여 거부(불참과 탈퇴 등), 합의 실패, 약속 이행 실패 등으로 다양하게 나타난다. 또 처벌 또는 제재에는 쟁의 파괴 등 국가 폭력, 이데올로기 공세와 사회적 고립화, 재

노동운동의 자기 검열을 불러오기도 한다. 나아가 국가·자본과 함께하는 참여와 협력, 대화와 타협은 필연적으로 민주 노조 운동의 계급성과 자주성을 위협하는 효과를 가져왔다.

또 '사회적 합의주의'는 다양한 보조적·부차적 이데올로기와 결합해 이데올로기적 통제 효과를 생산한다. 예컨대 한국 사회에서 그것은 '경쟁력 제고와 노동 유연화', '산업 평화와 사회 통합', '노동 존중과 일자리 창출', '참여와 협력' 그리고 '고통 분담과 양보', '대화와 타협', '사회적 책임성', '상생과 위기 극복' 등 긍정적 담론은 물론 '분열과 무질서', '강성 귀족 노조', '폭력', '투쟁과 갈등', '고임금과 철 밥그릇', '고용 불안', '차별과 특권', '집단 이기주의', '정파 경쟁', '경쟁력 약화', '법질서 파괴' 등 부정적 담론과도 결합해 있었다. 이처럼 합의주의 이데올로기의 외연은 매우 넓다고 봐야 한다.

다음으로 합의주의 이데올로기 그 자체는 관념이나 물질적 제도·기구·자원과 결합해 물질적 힘으로 나타난다는 점도 중요하다. 예컨대 경제사회노동위원회는 상당한 조직과 인력, 그리고 국가 예산을 운용한다. 여기에는 20년 이상 존속한 노사정위원회의 조직 기술과 인력 자원, 사업 방식과 관행 등이 집약되어 있고 그만큼의 권력 효과가 발생한다.

문재인 정부의 노동 정치는 합의주의 이데올로기를 크게 확장한 점이 특징적이었다. 노동정책과 연관된 영역만 하더라도 노사발전

정과 행정 지원 중단 및 차별 처우 등 다양한 방식이 사용된다.

재단과 노동교육원과 같은 기존 기구의 활동을 확대하고 대통령 직속 일자리위원회, 전국적인 상생형 일자리 사업, 공공상생연대기금, 금융산업공익재단, 사무금융우분투재단, 청년재단 등을 새로이 만들었다.[21] 또 경제사회노동위원회도 조직 노동 중심의 기존 틀을 넘어 여성·청년·비정규 노동을 포괄하는 형식으로 재설계되었다. 의제별·업종별·계층별 산하 위원회 체제를 도입해 사업 영역도 매우 크게 확장한 바 있었다.[22]

그 밖에도 문재인 정부 노동 정치에서 '사회적 합의주의' 문제가 특별한 데는 몇 가지 이유가 있다. 예컨대 구조적 이유 외에도 촛불 이후의 정부라는 특수한 정치 환경 및 그와 관련된 각종 개혁 정치의 급속한 후퇴, 과거 정부 노동 정치의 학습 효과 등을 들 수 있다. 과거 민주당 정부는 노사정위원회를 매개로 정리 해고를 제도화하고 비정규 입법에 성공하는 등 성과를 낸 바가 있었는데,

---

21 사무금융우분투재단(2018년 11월 28일)과 금융산업공익재단(2018년 10월 4일), 공공상생연대기금(2017년 12월 21일)은 노동조합이 발의해 시작한 연대 사업의 일환이었다. 그러나 정부의 상당한 지원과 협력으로 출범했고 넓은 의미의 이데올로기적 국가기구 성격을 띤다. 그 밖에도 문재인 정부는 기업 수준의 대화와 노사 협력을 제도화하는 노동이사제를 도입했다.

22 의제별 위원회에는 사회안전망개선위원회, 디지털 전환과 노동의 미래위원회, 산업안전보건위원회, 노사관계 제도·관행 개선위원회, 노동시간제도개선위원회, 양극화 해소와 고용+위원회 등이 포함된다. 업종별 위원회는 금융산업위원회, 해운산업위원회, 보건의료위원회, 버스운수산업위원회, 공공기관위원회, 어선원고용노동환경 개선위원회 등이며, 계층별 위원회는 여성위원회, 청년위원회, 비정규직위원회, 소상공인위원회 등이 출범했다. 국민연금개혁과 노후소득보장특별위원회까지 포함해 20여 개의 산하 위원회가 활동 중이거나 활동했다. 또 산하 위원회에 소속된 소규모 분과위원회와 연구회도 다양하게 활동 중이다.

특히 이 과정에서 민주노총을 시민사회에서 고립시킨 경험은 중요했다. 2018년 이후 일자리 문제, 경기후퇴 등으로 개혁이 전반적으로 뒷걸음질하는 가운데 정부가 추진한 합의 시도는 단순한 노동 문제를 넘어서는 의미가 있었다. 개혁 후퇴를 은폐하고 촛불 정부의 외양을 유지하는 데 합의주의처럼 유용한 것은 없었기 때문이다.

합의주의 이데올로기는 문재인 정부 집권 후 두 차례 폭발적인 여론 공세로 나타났다. 2018년 10월 민주노총의 경사노위 참가가 일차 무산된 때와 2020년 7월 원 포인트 사회적 합의에 대한 조직적 추인에 실패한 시점이었다.[23] 특히 후자의 경우 지도부 자체가 여론 공세의 주역으로 나서 스스로 비난을 유도하거나 주도했고 민주노총 책임론을 더 강하게 확산시켰다. 62% 대 38%라는 대의원대회 표결 결과에도 불구하고 김명환 집행부는 합의안을 추인해야 한다는 원래의 입장을 굽히지 않았다. 여론 공세는 크게 강경파 반발과 선거 경쟁, 전투적 경제주의의 온존, 분절 노동시장과 '귀족 노조론' 등 세 가지로 나눌 수 있다.[24]

먼저 일부 정파 또는 강경파의 훼방으로 조합원 대중의 의사와 달리 합의 추인에 실패했다는 비난이 대규모로 유포되었다. 사회

---

23 이데올로기 공세는 문재인 정부 임기 내내 계속된 일이었으나 두 경우는 특별했다. 앞서 살폈듯이 2018년에는 임종석 대통령비서실 비서실장, 홍영표 여당 원내 대표, 이재갑 노동부 장관, 문성현 경사노위 위원장 등 권력의 핵심 인사들이 집중적으로 민주노총을 비난했다. 또 2020년에는 민주노총 지도부 자신이 자기 조직을 비난했다는 점에서 특별했다.

24 합의주의 이데올로기에서 이 셋은 서로 긴밀히 연관되어 있으나 비판적 검토를 위해 나누어 분석한다.

적 합의주의가 부상할 때마다 실제로 정파 갈등이 발생한 것은 맞다. 다만 참여를 주장하는 온건파 김명환 집행부를 지지하고 조직 내부의 갈등과 균열을 과장하며 더 확대하려는 여론 공세의 의도는 뚜렷했다. 합의주의 노동 정치가 붕괴한 진정한 원인을 은폐하거나 왜곡하고 그 책임을 민주 노조에 전가하는 통제 효과를 노린 것이었다.

대규모 여론 몰이와 함께 불참 결정이나 합의 실패의 진정한 의미는 심하게 왜곡되었다. 실패의 진짜 원인은 무엇보다 국가-자본이 신자유주의 노동정책으로 회귀한 데 있었다. 2017년 민주노총 제9기 위원장·수석부위원장·사무총장 선거와 2018년 초 정기 대의원대회에서 조합원과 대의원의 다수는 사회적 대화 참가를 원했고 김명환 집행부를 상당한 지지로 선출했다. 이런 민주노총 내 여론이 정반대로 바뀐 것은 2018년 문재인 정부의 노동정책이 역전되었기 때문이다.[25]

최저임금 산입 범위 확대와 탄력근무제 확대, 부실한 공공 부문 정규직 전환, ILO 핵심 협약과 노동법 개악 시도, 전교조와 공무원노조 단결권 제한 등 일방적 정책 후퇴에 대한 불만이었다. 이런 정책 전환은 결국 핵심적인 개혁적 노동 공약을 폐기하고 노

---

25 김명환 집행부는 2017년 선거에서 사회적 대화 참가를 공약으로 약 66%의 지지를 얻어 당선되었다. 집행부 출범 직후인 2018년 2월 정기 대의원대회에서 사회적 대화 참가 방침은 다시 확인되었다. 2018년 상반기까지 절반을 넘었던 참여 지지 비율은 2019년 초 정기 대의원대회에서 44%로 떨어졌고 2020년에는 38%로 하락했다. 이는 합의 추인 실패가 정파 때문이 아님을 잘 보여 준다.

동 존중 정책을 포기한 것으로 해석되었다. 또 원 포인트 합의의 경우 부실한 합의 내용과 개혁적 내용이 빈약했던 것에 대한 조합원의 불만도 많았다. 촛불 정부의 다른 개혁 공약이 크게 후퇴한 점도 한몫했다. 이 시기에 재벌 개혁, 정치 개혁과 연동형 비례대표 선거제도, 부동산·복지·환경 등 모든 영역에서 개혁이 후퇴했기 때문이었다.

둘째, 민주 노조 운동을 전투적 경제주의로 호명하고 사회적 책임성을 부정하는 이기주의 집단으로 규정하는 오래된 비판 여론도 되풀이되었다. 2018년의 경우 최저임금 대폭 인상에 따라 생존을 위협받고 있는 영세 자영업자나 아르바이트 노동자가 피해자로 호명되었다. 2020년에는 코로나19와 경제 위기로 고통받는 전체 국민이 피해자였다. 전투성, 이기주의와 경제주의, 노조의 사회적 역할 등으로 변주된 비난이 합의주의 이데올로기를 매개로 다시 살아났다. 경제 위기, 사회 위기의 책임이 손쉽게 민주노총에 전가되었다. 이런 여론의 비난은 대개 과장이거나 사실과 전혀 달랐지만 대중에게 미친 영향은 컸다.

우선 과거 민주노총의 전투성은 방어적 전투성에 불과했으며 그것도 민주화 이행 이후 크게 약해졌다. 특히 최근에는 노동체제 전환으로 국가와 자본 폭력이 약화함에 따라 거의 사라진 것이 사실이다.[26] 또 경제주의는 민주노총의 자발적 선택이 아니라 국가

---

26 노무현 정부 이후 민주 노조 운동의 폭력은 비정규 노동자들의 연이은 자살이 웅변하듯이 대체로 국가 폭력에 대응한 방어적 폭력에 불과했다(노중기 2008b). 반대로 이명박·

와 자본의 강요에 의한 선택이었다. 노동체제 전환 이후 기업별 경제주의를 극복하려는 제반 시도들, 곧 산별노조 전환과 산별 교섭, 노조의 정치 활동과 사회 참여를 법적·제도적으로 제약한 것은 자본과 국가였기 때문이다. 특히 외환 위기 이후 국가와 자본이 출구를 막고 진행한 구조 조정에서 조직 노동의 양보 교섭과 경제주의는 피할 수 없었다. 한편 실제 총연맹 수준에서 민주 노조 운동의 성격은 경제주의가 아니라 사회운동 노조주의였던 점도 지적할 만하다.[27]

셋째, 분절 노동시장론과 귀족 노조론도 합의주의 이데올로기와 접합해 민주노총을 비난하는 근거로 이용되었다.[28] 분절 노동시장론은 1990년대 중반 이후 노동시장의 구조적 분절이 확대된 현상에 주목한 노동시장 이론이었다. 분절 원인을 두고 일부 연구자 집단은 대기업 및 공공 부문의 조직 노동, 곧 민주 노조에 책임이 있다고 주장했다. 노무현 정부에서 만든 노동 통제 이데올로기, 귀족 노조론이 이 논리와 결합했고 다시 문재인 정부의 합의주의

박근혜 수구 정부에서는 쌍용차 용역 폭력 등 거꾸로 국가와 자본의 전투성이 두드러졌고 노동자들의 방어적 폭력도 더 격렬해졌다고 볼 수 있다.

27 민주 노조 운동은 노무현 정부 이래 각종 촛불 집회, 이라크 파병, 용산 참사와 세월호, 민영화 반대, 4대강 사업, 국정원 불법 선거 개입, 원전 건설 및 밀양 송전탑과 제주 강정마을, 성주 사드 배치 등 시민적 의제에 깊이 개입했고 이에 저항한 대표적 사회 세력이었다. 박근혜 정부의 국정 농단 사태에 대한 시민적 저항에서도 민주노총이 주도적 역할을 했다.

28 자세한 내용과 비판은 노중기(2020a)를 참고할 것. 노동시장론과 귀족 노조론에 기초한 이런 연구의 최근 사례로는 박태주(2020/11/06), 장홍근(2020) 참고.

이데올로기로 확산했다. 분절 노동시장론은 귀족 노조론에 과학적 외피와 논리를 제공했고 합의 실패 책임을 민주노총에 전가하는 데 큰 역할을 수행했다.[29]

학술 연구와 정치적 이데올로기가 접합된 이런 담론은 논리와 경험에서 모두 심각한 오류를 포함했다. 먼저 1990년대 초반 이후 노동시장 분절 현상이 심화했다 해도 그 책임을 민주 노조에 돌리는 것은 심각한 논리적 왜곡이다. 대사업장 및 공공 부문 조직 노동의 경제주의는 노동체제의 한계와 함께 국가·자본의 강한 압박이 강제한 것이기 때문이다. 또 전노협, 민주노총 등 민주 노조의 일관된 전략 선택은 사회운동 노조주의 연대 전략이라는 사실을 의도적으로 왜곡한 주장이었다. 외환 위기 이후의 산별노조 전환, 진보 정당 건설 시도도 노동체제가 구조적으로 만든 분절을 주체적으로 극복하려는 민주 노조의 전략적 시도로 볼 수 있다. 일관된 전략에도 불구하고 역학 관계와 국가·자본의 전략적 반대, 그리고 내부 갈등으로 현재 확연한 한계에 부딪혔는데 이를 민주 노조의 책임으로 돌리는 것은 사실과 맞지 않는다.[30]

---

29 분절 노동시장론과 귀족 노조론을 연결짓는 논의는 관변 연구자들에게서 쉽게 찾아볼 수 있다. 또 이런 논리로 합의주의를 옹호하고 민주노총을 비난하는 일이 최근 들어 연구자를 넘어 일부 활동가 그룹에서도 공공연하게 진행되었다. 이남신(2020/06/11), 한석호(2020/06/25: 2020/07/13) 참고.

30 이와 관련해 노사정위원회에서 재편된 경제사회노동위원회의 조직 구조 자체, 그리고 그 사업 내용에서도 분절 노동시장론과 귀족 노조론이 문진하더되어 있는 점을 주목해야 한다. 경사노위는 노사정위와 달리 여성, 청년, 비정규 노동, 중소 상공인 등 계층별 위원을 두었고, 이른바 '취약 계층 이해 대변을 위한 사회적 합의'를 추진한다고 주장했다.

한편 경험적인 수준에서도 마찬가지이다. 지난 20년 민주노총의 주력 사업은 분절을 제어할 미조직·비정규직 전략 조직화 사업이었다. 그 결과 지금 민주노총은 제1 노총이 되었고 조합원의 3분의 1 이상이 비정규 노동자인 조직으로 크게 바뀌었다. 성과가 충분하지는 않으나 민주노총이 귀족 노조라는 주장은 사실과 다르다.

마지막으로 지적해 둘 중요한 사항이 있다. 이 이데올로기들은 민주 노조 운동이 현재 부딪히고 있는 구조적 모순이나 한계를 일정 정도 반영하고 있다는 점이다. 즉, 합의 실패가 실제 민주노총 내부의 정파 대립과 연관되어 있고 경제주의나 노동시장 분절에 민주 노조 운동의 책임이 상당 정도 있음을 부인하기 어렵다. 다만 그 문제들의 진정한 원인을 왜곡해 그 책임을 민주 노조 운동에 모두 전가하는 논리 전개는 이데올로기이다. 운동의 내적 한계를 날카롭게 파고든 이 이데올로기에 맞서는 일은 결코 쉽지 않았다. 결과적으로 국가는 새로운 방식을 통해 1987년 체제와 그 이전 노동체제에 비해 통제 효율성을 크게 높일 수 있었다.

또 산하 계층별 위원회에서는 미조직 노동, 특수 고용이나 라이더 플랫폼 노동자 등과 연관된 합의를 계속 만들어 내고 있다. 이런 합의는 그 실제적 효과보다 이데올로기적 기능이 더 큰 듯하다. 요컨대 경사노위 자체가 더 비대해진 이데올로기 기구였다. 자세한 내용은 경제사회노동위원회(2020/12) 참고.

5. 사회적 합의주의와 노동 통제 메커니즘

코로나19 원 포인트 합의에서는 합의주의의 역설이 명료하게 나타났다. 즉, 원래 목적이었던 합의나 민주 노조 포섭이 실패했음에도 국가와 자본 입장에서 노동 통제라는 전략적 목표를 달성한 것이었다. 합의 과정은 물론 합의 실패 이후에도 민주노총에 대한 여론 공세는 계속되었다. 민주노총은 상당한 내부 혼란과 균열에 빠졌고 여론이 악화되며 사회적 고립을 피할 수 없었다.

이 절에서는 합의주의 노동 정치가 노동운동을 통제하고 지배를 유지하는 구체적인 메커니즘에 좀 더 천착하고자 한다. 크게 네 가지 기제로 나누어 살펴볼 수 있다.

첫째, 합의주의 노동 정치 과정에서 지속해 생산·유포된 각종 이데올로기는 강력한 노동 통제 장치였다. 우선 긍정과 부정 이데올로기를 합해 내용이 방대했다. 그 플랫폼은 경제사회노동위원회였으나 일자리위원회나 상생형 일자리 기구 등 기타 합의 관련 국가기구들과 제도들이 함께 참여했다. 매우 보수적인 제도 언론 환경에 더해 문재인 정부 이후 한겨레, 경향신문 등 이른바 개혁 언론이 가세함으로써 통제 효과는 크게 증가했다.[31]

합의주의 이데올로기 통제의 중요한 특징은 합의 성사 여부와 무관하게 통제 효과가 발생한다는 점이다. 합의가 성공해 일정한

---

31 촛불 직후였던 2017년 여론조사에서는 시민들의 노동조합에 대한 부정적 의견이 그리 높지 않았다(장흥근·박명준·정흥준 외 2017). 문재인 정부 집권 이후 상황이 크게 악화된 듯하다.

결과가 나오면 산업 평화나 타협과 양보 등 긍정적 이데올로기가 힘을 얻는다. 반대로 노동 측 불참 및 합의 실패가 발생하거나 합의 내용과 결과에 대해 노동이 저항하면 곧바로 부정적 담론들이 쏟아져 나오기 때문이다. 부정적 담론은 노동운동을 시민사회로부터 고립시킬 뿐만 아니라, 노동계급 내부의 미조직 하층 노동자와 조직노동자를 분할하고 적대하게 만드는 효과를 산출한다. 정세가 유리할 경우 국가와 자본이 꼭 합의나 합의 결과에 매달리지 않는 것은 이런 조건 때문일 것이다.[32]

둘째, 합의주의 노동 정치에서 국가와 자본은 다양한 방식으로 노동계급을 분할하고 지배할 계기를 만든다. 포괄적으로 민주 노조 운동을 고립시키는 것을 목적으로 하지만 점차 더 세밀한 분할 지배 장치가 만들어지고 있다. 노동계급 내부에서는 다층적인 분할선이 생겼으며 전체적으로 노동계급이 시민사회에서 고립되는 효과가 만들어졌다.

먼저 제일 중요한 분할 기제는 민주 노조 운동 내부를 균열시키는 것이다. 이것은 지난 20년 민주 노조 운동 내부에 심각한 갈등과 균열을 만들었고 현재 고착된 정파 문제의 핵심적 근원이었다.[33] 또 합의주의는 한국노총과 민주노총 간의 경쟁 구도를 재생

---

32 그러므로 '국가가 사회적 합의의 성사를 진정 바라는지'를 의심하는 것은 정당하다. 정부는 여러 차례 합의에 연연치 않거나 합의 결과를 이행하지 않은 바 있었고, 코로나19 합의에서 보듯이 실제로 그렇지 않을 개연성도 크다. 박태주(2020/11/06, 272~273) 참고.

33 크게 국민(자주)파, 중앙파, 현장파 등으로 나뉜 민주노총 내부 정파의 형성 과정은 사회적 합의주의 노동 정치의 역사와 대개 중첩된다. 2020년 코로나19 원 포인트 합의 과

산하고 심화하는 중요한 계기가 된다. 국가는 한국노총을 매개로 민주노총을 견인하려는 전술로 일관했고 상당한 효과를 냈다. 다음으로 경사노위와 합의주의를 매개로 국가는 조직 노동과 미조직 노동, 정규직 노동과 비정규직 노동, 상층 노동자와 하층 노동자를 의도적으로 구분하고 분할 지배하는 구도를 만들었다. 경사노위 구성에서 조직 노동 비율을 줄이고 이른바 계층별 대표를 크게 늘린 것도 이 때문이었다.[34] 합의주의의 이런 분할 구도에 따라 하층 노동자 또한 삼분되었다. 국가는 의제 설정권, 산하 위원회 운영 방식의 채택 등을 통해 분할 지배를 제도화했다. 대표적으로 노사정위원회의 '특수 고용 노동'이나 경사노위의 '플랫폼 노동' 범주 설정이 그러했다.[35]

셋째, '은폐', '왜곡' 또는 '책임 전가' 등의 방식으로 노동의 요구를 배제하고 자본의 이익을 대표하는 통제 기제이다. 합의 기구

정에서는 국민(자주)파 내부가 균열했다. 국민파(친정부파)와 자주파(전국회의)가 분리되었고 양 정파는 보궐선거에서 경쟁했다.

34 과거 노사정위원회 구성에서 조직 노동은 노사정에서 3분의 1(본회의 위원 6명 중 2명)의 지분을 가졌으나 현재 경사노위에서는 9분의 1(18명 중 2명)로 줄어들었다. 또 경사노위의 많은 산하 위원회에서는 대기업 및 공공 부문 정규직과 그 밖의 하층 노동자 집단을 분할하고 대립시키는 정책 기획이 진행되고 있다. 이런 분할 지배의 한 단면은 경제사회노동위원회(2018/12) 참고. 요컨대 경사노위는 대기업 및 공공 부문 정규직 노동자에게 책임을 전가하는 '귀족 노조론'을 물질화한 국가 장치로 볼 수 있다(노중기 2020a).

35 그 결과 같은 비정규 노동자가 노동권을 허용받는 노동자, 노동자는 아니나 노조를 결성할 수 있는 노동자(특수 고용), 그리고 노동자도 아니며 단결권도 없는 노동자(플랫폼 노동자)로 삼분되고 차별은 제도화되었다. 플랫폼 노동자에 대해 정부는 그 처우를 '일자리위원회' 합의로 제도화하려 했다. 논의가 많았음에도 경사노위 합의는 무리가 따른 탓이다. 물론 노동계는 반대 의견을 표명했다. 전국민주노동조합총연맹(2020/12/21) 참고.

를 운용하는 과정에서 국가는 특정한 정책 의제를 은폐하거나 왜곡하면서도 참여민주주의의 '합의'라는 외피를 씌울 수 있게 된다. '참여와 협력', '사회 통합적 노사 관계'와 '노동 존중'이 결국 양극화와 노동 유연화로 귀결하는 역설이 나타났다.

예컨대 문재인 정부의 노동 존중 대선 공약은 집권 이후 완전히 소멸했는데, 이는 노동 정치의 중심과 그 의제가 대화 기구로 이전한 것과 무관하지 않다. 공약 사항 가운데 많은 부분이 경사노위 의제로 선정되는 과정, 그리고 내부 토의 과정에서 실질적으로 폐기되었다. 또 논의에 부쳐지더라도 노사 간의 대립과 합의를 핑계로 그 내용이 변형되기 일쑤였다. 자본의 반발을 빌미로 공약과 반대되거나 퇴행적인 요구가 그대로 제도화되는 경우도 흔히 일어났다. 과거에 합의주의를 매개로 정리 해고와 비정규 노동을 제도화했다면, 문재인 정부에서는 최저임금 산입 범위나 탄력근무제 확대, 단체협약 기한 연장 등이 그 대상이었다.[36]

특히 노동 정치 실패에 대한 국가 책임을 회피하는 통제 효과도

---

36 결과적으로 매우 중요한 대선 공약이었던 비정규직 사용 사유 제한이나 산별노조 교섭 제도화 등은 집권 직후부터 폐기되었다. 또 노동시간 단축은 '탄력근무제'나 '선택 근무제' 도입 등 노동시간 유연화로 귀결했고 최저임금 공약이 폐기되면서 '산입 범위 확대'라는 제도적 개악만 남게 되었다. 특히 ILO 핵심 협약 비준과 노동기본권 보장은 원래 약속했던 것보다 크게 후퇴했고 심지어 사용자들의 무리한 요구를 포함해 제도화되었다. 일종의 '물타기'였다. 국가는 경사노위 산하 위원회와 본회의 논의, 법제화와 국회 통과의 다층적 과정을 거치며 자신의 의도대로 결과를 만들 수 있었다. 9분의 1에 불과한 조직 노동의 지분과 국가의 공익위원 선임, 중층적 의사 결정, 합의 기구의 특성 및 국가 정치의 보수적 환경 등도 제도적 배경으로 작용했다(노중기 2018b).

발생했다. 노동 관련 국가 행정기구는 정책 실행에 따르는 책임을 합의 기구에 손쉽게 떠넘길 수 있었다. 청와대와 경제 부처, 그리고 노동부는 경사노위를 실질적으로 움직이는 주체였으나 합의 실패나 개혁 후퇴와 같은 정책적 오류로부터 상당히 자유로웠다. 막후 실세들은 노동 측이 쉽게 받아들이기 어려운 자본 편향적 의제와 결정을 항상 합의 기구에 강요했고 대화는 파행을 겪었다. 결과적으로 모든 책임은 경사노위에 전가되었고 가능한 경우에는 참여를 거부하는 민주 노조 운동에 떠넘겨졌다. 그 결과 앞서 보았듯이 참가나 합의 여부와 무관하게 노동운동은 내부 갈등에 시달렸고 외부로부터 거센 비판 앞에 놓였다.[37]

넷째, 합의주의 노동 정치를 통해 국가는 노동운동 활동가와 노동 연구자를 직접 포섭하고 또 배제함으로써 통제력을 확보한다. 합의주의 노동 정치와 관련된 여러 가지 정부 일자리와 재정 지원은 물론 국가가 통제하는 범위에서의 행사나 사업 참가, 언론 노출 등이 포섭 자원으로 동원되었다. 특히 노무현 정부의 포섭과 비교해 봐도 문재인 정부의 포섭은 매우 광범하고 규모가 컸다.

---

[37] 예컨대 2018년 상반기 노동법 개정 관련 갈등이 그랬다. 당시 법 개정을 요구한 청와대와 경제 부처(홍영표 원내 대표)는 여당 노동위원회(이용득 의원)와 노동부 장관(김영주)의 반대를 힘으로 눌렀다. 결과적으로 노동부 장관은 교체되었고 당 주도 노동 개혁은 끝났다. 문제는 노동이 반발하면서 출범 직전의 경사노위가 위기에 처한 데 있었다. 대화 기구의 정당성이 훼손되어 조직 출범이 어려워진 것이다. 상당한 진통 끝에 최종 책임이 양보의 고통 분담을 거부하고 대회에 불참한 민주노총에 전가되었다. 이 노동은 그해 가을, 정권 핵심부의 민주노총에 대한 여론 공세와 여야 4당의 탄력 근무제 합의로 마무리되었다(《대한민국 정책브리핑》 2018/11/05 참고).

우선 경제사회노동위원회의 규모가 방대해져 많은 일자리가 제공되었다. 본위원회와 20여 개 산하 위원회에서 수백 명의 활동가와 연구자가 자리를 얻었다. 또 지역의 노사민정위원회나 상생형 일자리 사업은 중앙 포섭 정치를 전국적으로 복제한 것이었다. 그 밖에도 일자리위원회, 청와대와 집권 여당, 고용노동부와 최저임금위원회 등 하부 기관, 지자체와 산하 노동 관련 부서, 각종 노동 관련 재단 등 연관된 많은 자리에 노동운동 연구자와 활동가가 충원되었다.[38]

이와 같은 기관에서 진행하는 수많은 행사나 사업, 그리고 연구 프로젝트는 주요 포섭 장치였다. 여기서 연구자·활동가·관료 사이에 일종의 네트워크가 형성되었고 그 자체가 담론을 유포하고 여과하는 또 하나의 통제 장치를 이루었다. 문재인 정부에서 특징적인 것은 이 네트워크가 정부 관련 기구는 물론 민간 연구 기관과 노동운동 단체와 연구소, 그리고 노동조합을 포괄할 정도로 확장했다는 점이다.[39] 그리고 이 네트워크는 노동운동 연구와 담론

[38] 1기 경사노위의 위원장과 상임위원이 노동운동 활동가나 연구자인 것은 잘 알려져 있다. 또 다수 연구자와 활동가는 산하 위원회에 위원장이나 위원으로 임용되었고 일부는 노동부 소속 기관이나 위원회에 관리자로 임명되기도 했다. 물론 일부는 특채 형식으로 노동부나 정부, 여당이나 지방정부에 직접 포섭되었다. 이런 기본 구도가 1998년 노사정위 이래 이어졌다. 다만 문재인 정부에서 그 규모가 매우 커졌고 민주노총 지도부를 직접 겨냥할 정도로 공공연하게 진행되었다.

[39] 국가 부문에서는 청와대와 정부·여당, 기획재정부와 노동부, 경제사회노동위원회와 일자리위원회, 각 노동위원회와 최저임금위원회, 한국노동연구원, 노동교육원, 고용정보원, 각 지자체의 일자리 노동 부서, 각종 재단(사무금융우분투재단, 공공상생연대기금, 청년재단, 노사발전재단 등) 등이 네트워크에 재정적·조직적 자원을 공급한다. 민간에서는 특정 대학의

을 생산하고 유포하며 그 흐름을 통제하는 중요한 기능을 수행하고 있다. 사회적 합의주의와 귀족 노조 관련 제반 담론의 생산과 재생산 기능이다. 동시에 그것은 네트워크를 유지하고 묶어 주며 외부자를 배제하는 접착제이자 여과 장치였다.

한편 합의주의 방식의 노동 통제가 산출한 정치적 결과도 중요하다. 그것은 크게 신자유주의 대동맹의 재구축과 통제 효과의 제고 등 두 가지로 나누어 살펴볼 수 있다.

먼저 촛불 국면에서 일시 약해진 '신자유주의 대동맹'이 새롭게 부활했다. 지배 블록은 2020년 총선 승리의 여세를 몰아 합의 정치를 재개했고 코로나19 합의 사태를 지나면서 노동 정치의 주도권을 장악할 수 있었다. 대동맹에는 자본가계급은 물론 자유주의와 수구 부르주아 양 정치 세력과 중간계급, 국가 관료, 제도 언론, 대부분의 시민사회 운동이 참여했으며 그중 자유주의 부르주아가 헤게모니 분파였다.

자유주의 부르주아 분파와 전근대적 재벌-수구·냉전 분파의 관계는 미묘했다. 촛불 국면에서 크게 대립한 두 지배 분파는 재벌 개혁과 정치 개혁 과정에서 이미 이해관계의 객관적 일치를 확인한 바 있었다. 합의주의의 정치 공세에서 이들은 다시 합세했고

노동대학원과 노동연구소, 그리고 노동 연구 기관과 운동 단체, 제도 언론 종사자가 네트워크에 인력 자원과 담론을 제공하고 있다. 또 노동조합의 일부 분파나 연구소, 연구사 등도 여기에 싎이 관련했다. 물론 의사 결정의 중심은 청와대와 경제 부처 등 최상급 국가기구이다. 참고로 2019년부터 본격 시작된, 고려대학교 노동대학원이 주관하는 '한국사회노동포럼'과 '노동문화대상'은 네트워크의 범위와 내용, 의미를 가늠하게 해준다.

개혁 포기를 은폐하고 경제적·사회적 위기의 책임을 민주 노조에 전가하는 공동전선을 폈다. '사회적 대타협' 담론과 '귀족 노조'의 존재는 소득 주도 성장, 재벌 개혁과 노동 존중 포기를 정당화하는 데 매우 좋은 빌미가 되었다.[40]

또 대동맹에는 노동계급 일부도 포섭되었다. 합의주의 노동 정치의 과정 내내 한국노총은 매우 중요한 역할을 했다. 민주노총을 압박하는 수단인 동시에 합의의 정당성을 입증하는 증거가 된 것이다. 민주당이 총선에서 한국노총 후보를 대거 받아들인 것은 그 반대급부였다. 또 경사노위 위원장이 합의 실패 후 '민주노총 없는 사회적 대화', 곧 한국노총을 하위 파트너로 삼는 '민주 노조 배제'를 천명한 것도 우연한 일이 아니었다.[41]

민주 노조 운동 내부의 일부 세력이 대동맹에 포섭된 것도 큰 변화였다. 김명환 집행부가 '사회적 대화 외에는 다른 선택지가 없다'는 논리를 강변하면서 조직적 결정을 거부하고 사퇴한 배경에

---

40 당연히 사회적 합의주의가 대동맹의 유일한 동력은 아니다. 다만 동맹을 형성하고 유지하는 주요한 제도적 장치 중 하나라는 뜻이다. 두 분파의 행보는 2018년 이후 재벌 개혁 포기와 혁신 성장은 물론 노동법과 선거법 개악, 연동형 비례대표제, 부동산과 환경 정책 등에서 다르지 않았다. 손호철(2020/12/24), 홍세화(2020/11/19), 이진순(2020/11/17) 참고.

41 제1 노총 지위를 뺏긴 한국노총이 정치권력과 더 밀착하는 방식으로 대응했다. 조직 위기가 상황을 더욱 극화한 셈이었다(〈연합뉴스〉 2019/10/10; 『한국일보』 2020/07/29 참고). 한편 국가가 한국노총의 정책적 요구를 실제 수용하는 경우는 거의 없었다. 국가는 늘 복종의 대가로 지도부 일부를 정치적으로 포섭하는 데 그쳤다. 예컨대 문재인 정부 노동 통제를 도운 한국노총 위원장은 임기가 끝나자 곧 여당 국회의원이 되었다. 결과적으로 노총 상층 간부의 정치권 진출은 늘었으나 노동 대중의 신뢰는 상대적으로 낮아졌다. 이는 민주노총이 제1 노총이 되는 배경이기도 했다.

3부 종속 신자유주의 노동체제와 노동운동 전략

는 자본과 권력이 있었다. 그들은 청와대·노동부 등과 직접 결탁했고 합의를 반대하는 내부의 의견을 비민주적일 뿐만 아니라 반노동적인 것으로 몰아 공격했다.[42]

마지막으로 사회적 합의주의나 귀족 노조 이데올로기를 생산·유포하는 데서 이른바 개혁적 제도 언론(한겨레, 경향신문 등)과 개혁적 노동 연구자 집단의 활동도 두드러졌다. 신자유주의 대동맹의 외곽에서는 이런 이데올로기 생산 기구들의 역할이 컸다. 전자는 코로나19 사회적 합의 실패의 원인을 민주 노조에 전가했고 수구 언론의 이데올로기 공세에 동참했다. 수구 세력에 맞서 민주 노조를 지지하던 개혁 언론의 가세는 큰 의미가 있었다. 참여정부 이래 오랫동안 은밀하게 분절 노동시장론과 민주 노조 책임론을 전파하던 연구자들의 활동은 더 공공연해졌다. 확장된 네트워크나 담론의 내용도 이를 부추겼으나 결정적인 것은 권력의 강한 후원과 포섭 때문이었다. 현재 사회적 합의주의는 일반 여론은 물론 전체 연구 공동체에서도 지배적 담론의 위치에 있다고 판단된다.

다음으로 통제 효과 측면에서도 상당한 변화가 야기되었다. 이전 노동체제의 통제와 비교할 때 종속 신자유주의의 노동 통제,

---

42 김명환 집행부는 이른바 국민파와 자주파(전국회의)의 연합 집행부였다. 그중 국민파가 대동맹에 포섭되었다고 볼 수 있다. 노무현 정부 노사정위원회 당시에도 민주노총 우파 지도부는 정권과 밀착했으나 자기 조직을 스스로 비난하고 포섭되는 데까지 나아가지는 않았다. 그들이 형식적으로나마 국가가 주도한 합의 기구의 한계를 비판했던 것에 비하면 상당한 변화이다. 활동가 중 상당수가 노동 관련 국가기구의 관료로 이전한 것도 문재인 정부 노동 정치의 큰 특징이다.

특히 합의주의 이데올로기의 통제 효과는 전혀 뒤지지 않았다. 예컨대 1987년 체제의 그것이 개별 노조를 어용 노조로 만드는 방식이었던 것과 크게 달라졌다. 종속 신자유주의 체제에서는 개별 노조보다 총연합 단체 전체를 포섭하거나 배제해 자주성을 침해하는 방식으로 진행된 것이다.

먼저 전통적인 물리적 억압이 크게 줄어든 조건에서 헤게모니를 동원하는 통제이므로 일반적인 통제 효과가 높다는 점을 지적할 수 있다. 과거 1987년 체제의 냉전·반공 이데올로기와 비교하면 합의주의 이데올로기는 매우 호소력이 있었다. 특히 민주화를 주도한 합법적 민주 정부의 정책적 정당성이 이를 뒷받침했다. 합의에 실패해도 지배 블록이 정치적 통제 효과를 크게 확보하는 역설도 여기에서 발생했다고 볼 수 있다.[43]

둘째, 민주 노조 운동의 존재를 인정하되 그 조직적 성격과 계급성을 문제 삼는 방식의 통제로 전환한 것도 큰 변화였다. 통제의 목표는 과거처럼 민주 노조의 완전한 제거가 아니라 그 성격의 변화나 분할 지배로 바뀌었다. 특히 합의주의 이데올로기 공세는 앞서 보았듯이 정파와 경제주의 등 민주 노조 운동 내부의 구조적 약점을 날카롭게 비판하는 등 상당한 물질적 근거가 있었다. 특히

---

43 1987년 노동체제에서 국가와 자본은 어용 노조를 만들고 노조를 파괴하며 개별 쟁의에서 승리할 수 있었으나 장기 계급 전쟁에서 결국 패배한 역설에 봉착했다. 국가 폭력과 분리된 사회적 합의주의는 이 딜레마를 해결해 주었다. 즉, 지배 블록은 합의주의 정치를 표방하며 합의 실패와 노동 반발에 부딪혔으나 민주노총을 사회적으로 고립시키고 내부 갈등을 일으켜 결과적으로 노동 통제에 성공하는 역설을 일구었다.

3부 종속 신자유주의 노동체제와 노동운동 전략

학술 공동체에서 만들어진 분절 노동시장 이론과 '귀족 노조론'은 과학적 근거가 있는 것으로 인식되었고 비판의 정당성을 크게 높여 주었다.

셋째, 제도 정치 지형 및 계급 간 힘 관계의 변동도 통제 효과를 높였다. 촛불을 주도한 자유주의 부르주아에 대한 시민사회의 높은 정치적 지지는 합의주의 노동 통제의 정당성에 상당한 영향을 미쳤다. 예컨대 2020년 총선에서 그들은 여러 정책적 실수들에도 불구하고 압도적으로 승리했다. 소득 주도 성장이나 노동 존중을 버리고 시장 원리와 일자리, 법과 질서, 경쟁과 경쟁력, 공정 등의 신자유주의 이데올로기로 회귀하면서도 정치적 지지를 유지한 것이다.[44] 민주노총을 '귀족 노조'로 호명하고 경제와 일자리 위기의 주범으로 만든 것도 주효했다. 요컨대 촛불의 정치 지형이 합의주의 이데올로기의 효과를 높였고 이것이 다시 자유주의 세력의 지배력을 강화하는 순환 관계였다.

마지막으로 합의주의 이데올로기의 가장 중요한 통제 효과는 분할 지배에 있었다. 즉, 민주노총을 전통적 연대 세력인 개혁적 시민사회로부터 더욱 고립시킨 점, 그리고 노동운동 내부의 갈등을 그 폭과 깊이에서 크게 확대한 점이었다. 촛불 이후 개혁적 시민 단체가 전반적으로 우경화하고 권력의 포섭이 늘어난 것도 영

---

[44] 북미 남북한 관계 변화, 진지 민주의 대통령이 빠른 복구, 코로나19 대유행과 기민한 대응, 다방면에 걸친 여론 공작 등이 성공적이었다. 물론 보수 양당 체제의 대안 부재가 제일 중요한 원인일 것이다.

향을 미쳤다. 특히 민주노총 직선 지도부가 스스로 자기 조직을 비난한 데 따른 통제 효과는 매우 컸다. 그것은 압도적 여론 우위, 그리고 국가와 자본의 이데올로기 기구 장악, 권력 자원을 독점한 집권 세력의 포섭과 매수, 민주 노조 운동의 정치적 무능력과 결합해 더 큰 힘을 발휘했다. 결과적으로 민주 노조에서 실패의 원인을 찾고 노동에 책임을 전가하는 합의주의 이데올로기와 언술이 지배 담론의 지위를 굳혔다.

6. '사회적 합의주의'와 노동운동 : 대안 전략 모색

합의주의 이데올로기의 팽창에는 노동운동 주체의 무능도 한 몫했다. 기본적으로 낡은 전투적 조합주의(경제주의, 투쟁 만능론)와 사회적 합의주의(합의 만능론)의 대당對當만이 존재했으며 오랫동안 양자는 소통 없이 대립했을 뿐이다. 일부 '전술적 참여'론은 큰 힘이 없었고, 양자의 대립 속에 영향력을 상실했다. 더 큰 문제는 이런 상황에 대한 내부 성찰이 부재했다는 점이다. 2020년 실험이 과거와 다른 점이 있다면 총연맹 지도부가 외부 세력과 결합해 공격적으로 사회적 합의주의를 주창한 점이었다. 이 절에서는 전면적이고 새로운 대응 전략이 절실하다는 점을 강조하며 몇 가지 생각을 정리해 본다.

구체적인 대안을 고민하기 전에 먼저 종속 신자유주의 체제의 높은 노동 통제 효율성을 과도하게 평가할 수는 없음을 지적할 필요가 있다. 이전 노동체제와 마찬가지로 나름의 한계와 내적 모순이 있는 노동체제이기 때문이다. 핵심 노동 통제 장치로서 사회적 합의주의의 이데올로기적·조직적 통제 또한 종속 신자유주의 노동체제의 특수한 체제적 모순과 한계를 극복할 수는 없다.[45]

예컨대 이와 관련해 문재인 정부 노동 통제에서 가장 두드러진 변화 가운데 하나는 국가 폭력의 사용이 크게 줄었다는 점이었다. 이는 합의주의 노동 통제의 확대와 연관된 변화이면서, 동시에 노동운동이 한층 자유주의적인 정치적 환경을 확보했다는 의미가 있다(노중기 2018b). 또 합의주의 여론 동원에도 불구하고 촛불 이후에도 여성 차별, 부동산 문제와 자영업 위기 등 사회경제적 개혁 요구가 여전히 지속하고 있다는 점도 중요하다. 노동 정치 측면에서도 비정규직 노동운동은 플랫폼 노동자와 중대 산업재해 문제로 심화하고 있으며 청년 고용과 노령 노동 문제의 심각성도 여전하다. 법·제도적 개혁이나 법치주의를 둘러싼 노사정 간의 정치적 갈등도 여전하며 정세가 마련되면 항시 대중의 저항을 불러올 수 있다. 요컨대 국가와 자본의 통제 효율성을 지나치게 과장해서는 안 된다.

한편 합의주의로 노동 통제 방식이 전환한 것은 노동운동의 정치적·조직적 성장을 맞닥뜨린 지배 블록의 방어적 대응이기도 했다. 외환 위기 이후 오랜 저항 투쟁을 거쳐 촛불 혁명에 이르면서

---

45 종속 신자유주의 체제의 내적 모순에 대해서는 노중기(2020c, 121~123) 참고. 크게 봐서 신기유주의 노동 유연화 정책과 노동기본권의 충돌, 미조직·비정규 노동자의 생존권 투쟁, 법치주의의 한계와 모순, 사회적 양극화와 다층적 모순 심화, 지배 블록 내부의 균열과 갈등 등의 구조적 한계가 존재한다.

민주노총은 사회적·정치적 위상을 크게 높일 수 있었다.[46] 민주노총이 조합원 100만 명인 제1 노총이 된 것, 곧 계급 간 힘 관계 변화가 통제 방식의 변화를 촉진한 측면도 있다. 그러므로 노동체제 변동은 민주 노소 운동의 대응도 투쟁과 참여라는 과거의 이분법적이고 관행적인 대응을 넘어설 것을 요구하는 셈이다. 이상의 논의를 전제로 대응 전략을 정리해 보자.

첫째, '전술적 참여 원칙'을 재정립하는 일이 긴요하다. 여전히 내부에 일치된 견해는 없지만 민주 노조 운동은 오랜 시행착오를 거쳐 '참여(사회적 대화-합의)는 전술적 수준의 문제'라는 원론적 담론을 만들어 온 것도 사실이다.[47] 이제는 본격적인 내부 토론을 거쳐 이를 공식적인 방침으로 제도화할 필요가 있다.

다만 전술적 참여론의 문제는 참여와 불참 결정이 쉽지 않고 그 결정 기준이 모호해 조직적 결정 과정에서 여러 가지 논란이 필연적이라는 점을 고려해야 한다. 예컨대 자주성 침해 및 투쟁 제한과 교환되는 정치적·경제적 실익의 합리적 계산은 불가능하다. 그래서 단순 이념 대립이나 정치적 세력 관계, 특히 국가의 압박 강도

----

46 외환 위기 이후 20년 동안 지배 블록은 국가 폭력과 사회적 합의주의를 결합한 헤게모니 배제 전략으로 민주 노조를 통제하고자 했다. 그러나 촛불 혁명과 민주 노조의 연이은 조직 확대는 국가와 자본의 이런 국가 프로젝트가 결정적으로 실패했음을 보여 주었다. 노동체제와 연관된 민주 노조 운동의 구조 변동에 대한 자세한 논의는 노중기(2018a) 참고.

47 최근 민주노총 임원 선거에서도 후보 간 입장은 극명하게 갈렸다(《매일노동뉴스》 2020/11/04 참고). 한편 전술적 참여는 이미 1999년 노동운동발전전략위원회에서 제출한 안이기도 했다. 이후 많은 논란이 있었으나 현재 민주 노조 운동 내에서 참여 전술 자체나 전술적 참여를 거부하는 세력은 미미해 보인다.

와 상황 논리로 결정되는 경우가 태반이다. 또 민주적 방식을 좇아 불참으로 결정해도 참여 압박을 완전히 제거할 수는 없는 것도 현실이다.

이런 조건에서도 전술적 참여를 선택하지 않을 수 없는 데는 다른 이유가 있다. 즉, 합의주의 문제는 노동 측이 아니라 국가·자본이 주도하는 공격적 노동 통제 전략에서 발원한다는 점이 중요하다. 말하자면 전술적 참여는 수세적 방어 전술을 넘어서지 않는다.

둘째, 수세적 방어 전술을 넘어서는 민주 노조 운동의 장기적·전략적 대응이 필요하다. 종속 신자유주의 노동체제가 20년이 지났으나 민주 노조 운동의 대응은 여전히 낡고 관성적이며 퇴행적인 상태를 벗어나지 못하고 있다. 1987년 체제의 전투적 경제주의가 붕괴한 이후 민주 노조 운동은 노선을 잃고 사회적 합의주의의 도전과 전투적 경제주의의 응전이라는 잘못된 대립만을 되풀이했다. 그러므로 민주 노조 운동의 새 노선 정립은 매우 늦었으나 여전히 긴요하다. 특히 민주 노조의 정치적 위상 변화를 고려할 때 더 그러하다. 제1 노총으로 정세 지형이 구조적으로 바뀌었을 뿐만 아니라 민주화와 신자유주의 모순이 심화되는 등 달라진 정치 환경에 근본적으로 대응할 전략이 필요하다.

새 전략에는 노동체제 특성과 함께 국가·자본 전략의 변화가 반영될 필요가 있다. 그 핵심은 법치주의와 합의주의 등 신자유주의 이데올로기를 매개로 하는 '헤게모니 배제 전략'이었다. 합의주의는 앞서 보았듯이 민주 노조 운동의 구조적 약점과 한계에 기초해 작동하기 때문이다. 또 불완전한 법치주의와 노동 배제적 합의주의라는, 우리에게 고유한 특성인 종속성을 고려해야 한다. 요

컨대 지배 전략에 대응하는 대항 헤게모니 전략에 한국 노동체제의 특성을 반영하는 것이 중요하다.[48]

셋째, 단기적·직접적 대응 방안도 필요하다. 장기적 대응만으로는 '사회적 합의주의' 이데올로기에 대한 직접적 대응을 긴급하게 펼치기 어렵다. 먼저 총연합 단체 민주노총이 투쟁 본부가 되어 온 과거는 비판되어야 한다. 그 대신 총연맹과 산별노조의 홍보·선전 기능, 연구 및 교육 기능을 대폭 강화하는 일이 더욱 중요할 것이다. 조직과 인력, 물적 자원이 이 영역으로 집중되어야 한다. 특히 이데올로기에 대한 반론과 비판, 홍보·선전은 조직 내외에서 동시적으로 이루어져야 하며 조합원에 대한 다면적이고도 질 높

---

48 이와 관련해 여섯 가지 구체적 지점을 검토할 수 있다. 먼저 전투적 조합주의와 사회적 합의주의에 대한 적극적 비판이 반드시 포함되어야 한다. 더 나아가 '사회운동 노조주의'에 대한 평가와 구체적인 수준의 전술적 참가 방침도 정립해야 한다. 둘째, 분절 노동시장 구조와 비정규 노동 문제를 극복할 장기 연대 전략을 마련하는 것도 중요하다. 셋째, 이런 장기 연대 전략은 과거의 실패를 뛰어넘는 새로운 산별노조 운동과 함께 정식화될 수 있을 것이다. 현재 이념적·조직적으로 분화하고 갈등하는 형식적 산별 체제에 대한 처방으로서 조직적 발전 방안은 매우 중요하다. 넷째, 새로운 노동자 정치 세력화, 특히 노조-정당 관계를 재정립하는 전략 방안도 요구된다. 민주 노조 운동 내부에 존재하는 차이와 차별을 공격하는 합의주의에 대응하려면 조합원의 정치의식을 높이는 장기적 처방이 긴요하다. 다섯째, 여러 가지 전환적 노동운동 의제 각각에 대한 전략적 처방이 종합적으로 개발되어야 한다. 여기에는 최근 많이 논의되는 4차 산업혁명, 세대와 부문, 환경·기후 위기, 여성과 미투 운동, 지역, 이주 노동과 소수자, 북한 및 국제정치와 평화 문제 등이 포함될 수 있다(자세한 내용은 김태훈 외 2020 참고). 마지막으로 가장 중요한 것은 조직의 장기적·일상적 구조 혁신이다. 전략 방침 마련은 동시에 조직 혁신 방안을 단계마다 새롭게 만들고 조직 구조를 개선할 때 비로소 현실적 의미가 있다. 대의원대회 등 제반 의사 결정구조의 개혁, 총연맹-산별노조-지역본부 기능 재조정 및 직선제 존치 여부, 정파 문제에 대한 제도 개혁 등이 의제가 될 수 있다(노중기 2018a).

은 교육이 긴요하다. 또 사회적 합의에 대한 조직의 의사 결정 과정을 더욱 투명하고 명료하게 재설계해야 한다. 나아가 진보 정당, 시민사회와의 일상적 소통 기제를 제도적으로 운용하고 연대를 제도화하는 방안을 시급히 마련해야 한다. 직접 언론사를 운영하거나 진보 정당과 공동 운영하는 방법도 고민할 필요가 있다.

넷째, 장단기 전략 대응과 함께 주체의 문제를 따로 분리해 고민하는 것이 바람직하다. 이른바 '누가 방울을 어떻게 달 것인가'의 문제이다. 먼저 합의주의의 통제 효과 중에서 가장 심각한 것은 사회적 고립, 특히 젊은 노동자들이 민주 노조와 그 이념을 외면하는 현상이었다. 최근 인천국제공항 사태와 정규직·비정규직 갈등의 핵심도 다르지 않다. 또 민주 노조가 현재의 사회적 고립을 벗어나는 일은 동시에 미조직·비정규 부문으로 전략 조직화를 확장하는 장기 전략 과제의 전제 조건이기도 하다. 단, 운동 내부에서 실질적 권력을 가진 1987년 세대가 물꼬를 터야 하는 위치에 있음도 고려해야 한다. 이런 세대교체 과정은 소통과 논쟁을 매개로 새로운 정파와 정치 지형을 만들 것이다. 정의당 등 진보 정당의 새로운 혁신 움직임, 세대교체와도 연동되어야 한다.

7. 결론 : 요약과 함의

사회적 합의주의는 민주 노조 운동에서 21세기 판본板本의 자주성 위기를 불러왔다. 거시적으로 보면 20세기에 민주 노조 운동이 성취한 성과의 반대급부로 해석할 수 있을지 모른다. 1987년 이후 민주 노조 운동은 개별 기업과 사업장에서 구조화된 국가와 자본의 자주성 침해를 극복하기 위해 고군분투했다. 이것이 어용 노조의 문제였고 제3자 개입 금지, 복수 노조 금지 철폐 투쟁이었으며 민주노총과 산별노조 건설의 의미였다. 지난 30여 년에 걸친 힘겨운 싸움 끝에 지금 민주 노조 운동은 100만 조합원이 함께하는 제1 노총이 되었고, 산별노조와 진보 정당 그리고 특히 절차적 민주주의를 만들 수 있었다. 더불어 과거의 제반 통제 장치, 곧 적나라한 물리적 국가 폭력과 어용 한국노총 그리고 전근대 냉전 이데올로기를 넘어설 수 있었다. 요컨대 국가와 자본의 입장에서 합의주의는 변화된 조건에서 민주 노조의 핵심 가치인 자주성을 제어할 대안적 통제 장치였다. 그러므로 앞서 분석한 한국판 '사회적 합의주의' 이데올로기는 장기간에 걸쳐 변한 계급 간 힘 관계를 응축한 통제 장치인 셈이다.

다른 한편 사회적 합의주의 공세는 현 사회체제의 모순에 대한 지배 블록의 전략적 대응이기도 하다. 그것은 20년이 넘는 종속 신자유주의 체제의 사회경제적 모순을 적극적으로 은폐하거나 그 책임을 민주 노조에 전가하는 계급 이데올로기이기 때문이다. 또 왜곡된 사회적 합의나 대화를 체제 모순의 대책으로 내세움으로써 계급적·물질적 이해 대립을 추상적·관념적 갈등으로 변형하거나 은폐하는 통제 장치였다. 현재의 축적 체제 조건에서 불가능한 산업 평화와 사회 통합의 가치를 체계적으로 유포해 민주 노조의 사회적 고립은 심화했다. 나아가 미조직·비정규 노동자 등 하층을 동원해 상층 노동 부문을 공격하는 분할 지배 전략이 관철되고 있다. 체제 모순이 노동계급 내 갈등으로 전치되는 현상이었다.

문재인 정부의 코로나19 원 포인트 사회적 합의 시도는 무산되었고 실패했다. 비록 그 시도에 따른 노동 통제 효과는 작지 않았지만, 민주 노조 운동의 자주성을 결정적으로 훼손하지는 못했기 때문이다. 더 나아가 그것은 문재인 정부의 사회적 합의주의, 노동 존중 정책이 대체로 실패했음을 말한다. 이는 지난 25년간 되풀이된 사회적 합의 시도의 결과와 크게 다르지 않다. 과거 여러 차례 합의주의 도전에도 민주 노조 운동은 자주성을 잃지 않았고 조직적 성장을 지속했는데 이번 사태도 그 범주에서 벗어나지 않을 것이다. 민주노총 대의원대회에서 '원 포인트 합의'가 부결된 것은 지도부나 활동가 수준이 아니라 조합원 대중 수준에서 권력과 자본으로부터의 자주성이 여전히 살아 있음을 보여 주었다. 촛불 정부가 약속한 노동 존중과 노동 개혁이 허구였고 기만이었다는 노동 대중의 정치적 선언이기도 할 것이다.

지금까지의 분석이 타당하다면 사회적 합의주의 문제는 다시 원점으로 돌아왔다고 봐야 한다. 문제는 과거나 현재가 아니라 미래에 있다. 새로운 노동 정치 국면이 도래하면 사회적 합의주의가 다른 이름과 형식으로 다시 제기될 것으로 보인다. 또 그 주요 고객은 다시 민주 노조 운동일 수밖에 없다. 그러므로 어쩌면 중요한 문제는 25년이나 계속되었고 앞으로도 계속 시도될 국가와 자본의 합의주의 공세가 아닐지도 모른다. 민주 노조 운동의 정책적·전략적 무능이 진정한 문제다. 조직 내부의 심각한 균열을 주기적으로 경험하고 자주성을 침해당하면서, 또 시민사회에서 심하게 고립되면서도 참가 논란을 계속 되풀이할 수는 없기 때문이다. 이제는 민주 노조 운동 주체의 적극적 실천이 무엇보다 긴요하다.

사회적 대화		노동 정치와 국가 정치	
2016년			
1월 19일	한국노총, 노사정위 탈퇴 선언	1월 10일	박근혜 정부 퇴진 촛불 집회
		12월 17일	대통령 탄핵 소추안 국회 가결
2017년			
9월 12일	문성현 위원장, 비정규 노동센터 방문	5월 10일	문재인 정부 출범
12월 28일	민주노총 김명환 집행부(66%) 당선	7월 15일	최임위 최저임금 16.4% 인상
		9월 25일	노동부 2대 지침 폐기
2018년			
1월 31일	민주노총 포함 1차 노사정대표자회의	4월 27일	판문점 남북 정상회담
5월 22일	민주노총, 사회적 대화 참여 중단 선언	6월 12일	싱가포르 북미 정상회담
5월 25일	국회, 노사정위 법 개정	6월 30일	민주노총 전국노동자대회 참가(8만 명)
5월 28일	〈최저임금법〉 개정(산입 범위)		
7월 3일	대통령, 민주노총 위원장 면담		
8월 16일	민주노총, 노사정대표자회의 복귀 결정		
10월 17일	민주노총 임시대의원대회 무산		
11월 5일	여·야·정, 상설 협의체 탄력근무제 합의		
11월 22일	경제사회노동위원회 출범		
2019년			
1월 25일	대통령, 민주노총 위원장 면담	4월 22일	장기 쟁의 사업장 콜텍 합의
1월 28일	민주노총, 대의원대회에서 불참 결정	6월 12일	사무금융우분투재단 출범
2월 19일	노동시간개선위, 탄력근무제 합의	6월 30일	판문점 남·북·미 정상회담
3월 7일	경사노위 본회의 무산(계층위원 불참)	9월 8일	도로공사 비정규직 본사 점거 농성
7월 26일	경사노위, 위원 9명 사임(6인대표회의)		
9월 3일	청와대 정책실장, 민주노총 방문		
10월 11일	2기 경사노위, 탄력근무제 의결		
2020년			
1월 7일	정세균 총리 [(노사정) 목요 대화] 표명	1월 20일	코로나19 국내 첫 확진자 발생
3월 6일	경사노위 (코로나 노사정 선언) 합의	4월 3일	코로나19 누적 확진자 1만 명 돌파
3월 18일	대통령, 원탁회의에서 양 노총에 사회적 대화 권고(민주노총 위원장 참가)	4월 15일	국회의원 총선거, 여당 압승
4월 17일	민주노총, 원 포인트 사회적 대화 제안	12월 24일	민주노총 양경수 집행부 당선
5월 20일	원 포인트 노사정대표자회의 개최		
6월 29일	대표자회의 실무회의 잠정 합의안 도출		
7월 1일	코로나19 원 포인트 합의 협약식 무산		
7월 23일	민주노총 대의원대회 합의 추인 부결		
7월 28일	경사노위, (노사정 합의안) 의결		

참고문헌

경제사회노동위원회. 2018/10.「소득 주도 성장 사회적 대화를 통해 추진해야 한다」(기획대담).
『사회적 대화』통권 5호(2018년 9·10월호).
http://www.eslc.go.kr/newsletter/201810/pdf/ESLC_SD04.pdf.

_____. 2018/12.「취약계층 단체교섭력 강화시키는 방향 필요」(기획대담).『사회적 대화』통권
6호(2018년 11·12월호). http://www.eslc.go.kr/newsletter/201812/pdf/ESLC_
SD06.pdf.

_____. 2020/12.『사회적 대화』통권 15호(2020년 가을호). http://www.eslc.go.kr/
newsletter/202012/pdf/202012.pdf.

경제사회발전노사정위원회. 2015/09/15.「노동시장 구조개선을 위한 노사정 합의문」.

고든, D. M.·R. 에드워드·M. 라이크. 1998.『분절된 노동, 분할된 노동자 : 미국노동의 역사적
변형』. 고병웅 옮김. 신서원.

공공운수노조 정치위원회. 2016/01.「노동정치에 관한 연구사업」(보고서).

권순원. 2017.「노사관계는 지속 가능한가? 단절과 연속의 87년체제」. 노동3대학회
공동정책토론회, '87년 노동체제 30년과 새 정부의 노동정책'.

권형기. 2014.『세계화 시대의 역행? 자유주의에서 사회협약의 정치로 : 아일랜드 사회협약
모델의 수립과 진화』. 후마니타스.

기노시타 다케오. 2011.『일본노동운동의 새로운 도전』. 임영일 옮김. 노동의 지평.

김공회. 2016/01/28.「박근혜정부의 경제정책 : 집권 4년 차에 즈음한 평가와 전망」.
『박근혜정권의 성격과 시민사회의 대응』. 토론회 자료집.

김금수. 1989.「7월-9월 노동자투쟁의 성격과 노동조합운동의 전망」. 김용기·박승옥 엮음.
『한국노동운동논쟁사』. 현장문학사.

김기덕. 2013/07/23.「희망의 법」.〈매일노동뉴스〉. http://www.labortoday.co.kr/news/
articleView.html?idxno=119723.

김동춘. 1995.「한국사회 노동자연구 : 1987년 이후를 중심으로」. 역사비평사.

_____. 2014.「박근혜정권의 국정원 정치 : 구조적 파시즘 하에서의 국가주의의 재등장」.

비판사회학회 엮음.『경제와 사회』제101호(봄호). 한울.

김명환. 2020/08/13.「투쟁 바퀴만 큰 민주노총 … 대화 바퀴도 키워야 미래가 있다」.
　　『서울경제신문』.

김보현. 2011.「'진보정당운동 제1기' 엘리트들의 내부정치 : 정세인식과 연대관념을
　　중심으로」. 조현연·이광일·김보현 엮음.『한국 진보정치운동의 역사와 쟁점』.
　　한울아카데미.

김선수. 2010.「복수노조 전임자 관련 개정법안, 쟁점과 평가」. 한국노동사회연구소.
　　『노동사회』150호.

_____. 2010/06/29.「파업과 위력 업무방해죄」,『파업권 침해, 업무방해죄 적용의 문제점』.
　　전국민주노동조합총연맹 토론회 자료집.

김세균. 2012/05/10.「노동정치와 진보정치, 어떻게 복원시킬 것인가?」. 진보교연 토론회
　　발표문.

김승호 외. 2007.『노동운동의 재활성화전략』. 한국노동연구소 에베르트재단.

김승호. 2007.「한국 노동조합의 위기와 대응전략의 모색」. 김승호 외.『노동운동의
　　재활성화전략』. 한국노동연구소 에베르트재단.

_____. 2012/04/20.「민주노총의 총선대응과 정치세력화 평가와 방향」. 한국산업노동학회
　　춘계학술대회 자료집.

김연명. 2001.「김대중 정부의 사회복지정책 어떻게 볼 것인가」. 이병천·조원희 엮음.
　　『한국경제, 재생의 길은 없는가』. 당대.

김영두. 2007.「각국 노조운동 재활성화 전략의 비교검토와 한국에의 시사점」. 김승호 외.
　　『노동운동의 재활성화전략』. 한국노동연구소 에베르트재단.

김용기·박승옥 엮음. 1989.『한국노동운동논쟁사 : 1980년대를 중심으로』. 현장문학사.

김원. 2009.「지역, 사회운동 그리고 대안노조 : 지난 노동자정치세력화를 평가하며」.
　　『진보평론』40호(여름호).

김유선. 1998.「노동운동의 혁신을 위한 제언」. 한국노동사회연구소.『노동사회』9월호.

_____. 2007.『한국의 노동 2007』. 한국노동사회연구소.

_____. 2010.「개정 노동조합법 평가와 대응방향」. 한국노동사회연구소.『노동사회』150호.

김윤철. 2012/04/20.「한국 노동정치 실험 : 10년의 평가와 전망」. 한국산업노동학회
　　춘계학술대회 자료집.

김장민. 2012/10/29.「통합진보당 사태로 본 제1기 원내 진보정당 운동」. 경상대학교
　　사회과학연구원 발표문.

김장호. 2017.「노동체제의 위기와 새 패러다임」. 노동3대학회 공동정책토론회, '87년

노동체제 30년과 새 정부의 노동정책'.

김종엽 엮음. 2009. 『87년 체제론 : 민주화 이후 한국사회의 인식과 새 전망』. 창비.

김종엽. 2017. 『분단체제와 87년체제』. 창비.

김종진. 2013. 「2기 전략조직화사업 경과와 내용」. 전국민주노동조합총연맹 정책연구원.

　　　 『미조직·비정규 2기 전략조직화 : 총괄평가와 향후 과제』. 전국민주노동조합총연맹.

김종철. 2012. 「4.11총선 이후 진보정치의 위기와 진보좌파의 과제집」. 『진보평론』

　　　 53호(가을호).

김진균. 2008. 「87년 이후 민주노조운동의 구조와 특징 : 전국노동조합협의회의 전개 과정과

　　　 주요 활동을 중심으로」. 조돈문·이수봉 엮음. 『민주노조운동 20년』. 후마니타스.

김창우. 2007. 『전노협 청산과 한국노동운동』. 후마니타스.

김철식. 2009. 「상품연쇄와 고용체제의 변화」. 서울대학교 사회학과 박사 학위논문.

김태욱. 2012/08/09. 「같은 것은 같게, 다른 것은 다르게?」. 〈매일노동뉴스〉.

　　　 http://www.labortoday.co.kr/news/articleView.html?idxno=112986.

김태현. 2010/04/16. 「OECD 특별감시과정 종료 이후 악화된 노동기본권」. 이명박 정부의

　　　 노동기본권 탄압 토론회, '노동기본권 보장이 민주주의다'. 전국민주노동조합총연맹.

＿＿＿. 2013. 「제2기 전략조직화사업 총괄평가와 과제」. 전국민주노동조합총연맹 정책연구원.

　　　 『미조직·비정규 2기 전략조직화 : 총괄평가와 향후 과제』. 전국민주노동조합총연맹.

＿＿＿. 2013/05/27. 「고용률 70%와 노사정대타협」. 민주노총 정책토론회.

＿＿＿. 2017. 「민주노총 비정규직 전략조직화 운동사」. 전국민주노동조합총연맹 엮음.

　　　 『비정규직 노동운동사 : 주제사』.

김태훈 외. 2020. 『노동, 운동, 미래, 전략』. 이매진.

김하영. 2020. 『문재인 정부와 노동운동의 사회적 대화 : 좌절과 재시도』. 책갈피.

김현우. 2012. 「'진보'와 '노동'을 넘어 반자본주의 노선 분명히 할 때」. 『진보평론』 52호(여름호).

김형기. 1988. 『한국의 독점자본과 임노동』. 까치.

김형탁. 2015/09/15. 「노사정 합의에 대한 비판과 정의당의 입장」. 『9.13 노사정 합의의

　　　 문제점과 대응방안』. 토론회 자료집.

김호규. 2012/06/07. 「노동정치의 새로운 전망에 대하여」. 통합진보당 새로 나기 연속토론회,

　　　 '통합진보당과 노동정치' 토론문.

김호기. 1993. 「조절이론과 국가이론 : 제솝의 전략-관계적 접근」. 한국사회과학연구소.

　　　 『동향과 전망』 19호(봄·여름호).

노광표. 2014/06/16. 「공공기관 개혁과 노동조합」. 노동포럼. 『공공성 강화를 위한 공공기관

　　　 개혁과 공공부문 노동권』. 토론회 자료집.

노동부. 1988. 「1987년 여름의 노사분규 평가보고」.

____. 2013/06/03. 「고용률 70% 로드맵」.

노중기. 1995. 「국가의 노동통제전략에 관한 연구 : 1987-1992」. 서울대학교 박사 학위논문.

____. 1997a. 「한국의 노동정치체제 변동 : 1987-1997」. 한국산업사회학회. 『경제와 사회』
　　　가을호. 한울.

____. 1997b. 「6월민주항쟁과 노동자대투쟁」. 학술단체협의회 엮음. 『6월민주항쟁과
　　　한국사회10년』. 당대.

____. 2005a. 「민주노조운동과 구로동맹파업 : 그 내적 연관에 관한 시론」. 한국산업노동학회.
　　　『산업노동연구』 제11권 2호.

____. 2005b. 「전투적 노동조합주의에서 살릴 것과 죽일 것은 무엇인가」.
　　　한국노동사회연구소. 『노동사회』 100호(6월호).

____. 2006. 「노무현정부의 노동정책 : 평가와 전망」. 한국산업노동학회. 『산업노동연구』
　　　제12권 2호.

____. 2007. 「노동체제 전환기의 노동운동 발전전략에 관한 연구」. 한국산업사회학회.
　　　『경제와 사회』 76호. 한울.

____. 2008a. 「1987년 노동자대투쟁과 노동운동의 미래」. 민주사회정책연구원. 『민주사회와
　　　정책연구』 통권 13호.

____. 2008b. 『한국의 노동체제와 사회적 합의』. 후마니타스.

____. 2009a. 「민주노조운동의 위기 구조와 대응전략 연구」. 한국사회과학연구소 . 『동향과
　　　전망』 77호(가을·겨울호)

____. 2009b. 「이명박정부 출범 1년의 노동정책 : 평가와 전망」. 비판사회학회. 『경제와 사회』
　　　81호.

____. 2010. 「한국 노동정치와 국가프로젝트 변동 : 이명박정부 노동통제전략에 대한 해석」.
　　　한국산업노동학회. 『산업노동연구』 제16권 2호.

____. 2012/06/29. 「새로운 노동정치를 위한 혁신과 과제」. 학술단체협의회. 「6월 항쟁의
　　　의의와 한국민주주의의 과제」. 6월항쟁 25주년 기념토론회 자료집.

____. 2012a. 「87년 노동자대투쟁의 역사적 의의와 현재적 의미」. 비판사회학회. 『경제와
　　　사회』 96호(겨울호). 한울.

____. 2012b. 「통합진보당 사태와 민주노조운동의 위기」. 한국산업노동학회. 『산업노동연구』
　　　제18권 2호.

____. 2014. 「박근혜 정부 노동정책에 관한 비판적 고찰」. 비판사회학회. 『경제와 사회』
　　　제103호(가을호). 한울.

_____. 2015. 「노동운동 재활성화와 조직화모델 : 영미사례의 함의」. 한국산업노동학회.

『산업노동연구』 제21권 1호.

_____. 2016. 「노동운동의 법적 통제와 법치주의 국가전략 : 희망의 법? 절망의 법?」.

한국산업노동학회. 『산업노동연구』 제22권 3호.

_____. 2017/02/28. 「민주공화국 건설 노동부문」. 전국교수연구자비상시국회의, '2017 민주

평등 공공성의 새 민주공화국을 위한 정치사회적 제안 보고대회' 자료집.

_____. 2017a. 「1987년 민주항쟁 30년, 민주노조운동의 평가와 반성」. 정의당 미래정치센터,

'1987년 7·8·9 노동자대투쟁 30주년 기획토론회' 자료집.

_____. 2017b. 「박근혜 정부 노동개혁 정치에 대한 비판적 고찰」. 민주사회정책연구원.

『민주사회와 정책연구』 통권 32호.

_____. 2017c. 「촛불혁명 새공화국 건설과제 제안 중 노동부문 개혁과제」. 박근혜 정권 퇴진

비상국민행동 발표자료집.

_____. 2018/01/23. 「[노동자 내전·갈등 ⑦] 상호소통과 설득 포함, 노조의 장기적·전략적 실천

시작돼야 : 원칙, 가치 문제로 봐선 안 돼」. 〈레디앙〉. http://www.redian.org/archive/

118389.

_____. 2018a. 「1987년 민주항쟁 30년, 민주노조운동의 평가와 전망」. 한국산업노동학회.

『산업노동연구』 제24권 1호.

_____. 2018b. 「문재인정부 노동정책 1년 : 평가와 전망」. 한국산업노동학회. 『산업노동연구』

제24권 2호.

_____. 2018c. 「한국 노동운동의 1기 노동자 정치세력화 30년 : 성찰과 비판」.

한국산업노동학회. 『산업노동연구』 제24권 3호.

_____. 2020a. 「귀족노조 이데올로기 : 경제 위기 시기 민주노조운동의 현황과 과제」. 김태훈

외. 『노동, 운동, 미래, 전략』. 이매진.

_____. 2020b. 『노동체제 변동과 한국 국가의 노동정책(2003~18)』. 후마니타스.

_____. 2020c. 「한국사회의 종속신자유주의 노동체제에 관한 연구」. 비판사회학회. 『경제와

사회』. 가을호(127호). 한울.

노항래. 2012/06/07. 「노동조합과 정당의 관계 : 독립성, 상호 존중으로 함께 진보 이끌어야」.

통합진보당 새로 나기 연속토론회, '통합진보당과 노동정치' 토론문.

도재형. 2017. 「87년 노동체제 30년과 노동법의 과제」. 노동3대학회 공동정책토론회, '87년

노동체제 30년과 새 정부의 노동정책'.

메이슨, 티모시. 2000. 『나치스 민족공동체와 노동계급』. 김학이 옮김. 한울아카데미.

바카로, 루초·크리스 하월. 2020. 『유럽 노사관계의 신자유주의적 변형 : 1970년대 이후의

궤적』. 유형근 옮김. 한울.

박노자. 2014. 「박근혜스타일 : 사회적 파시즘과 정치 제도적 자유민주주의」. 비판사회학회.
　　『경제와 사회』 제101호(봄호). 한울.

박명준·권혜원·유형근·진숙경. 2014. 『노동단체 분화양상과 정책과제』. 한국노동연구원.

박명준. 2018. 「'노사정위' 이후의 사회적 대화 : 탈신자유주의 노동체제를 지향하는
　　'경사노위'의 출범」. 한국노동연구원. 『월간 노동리뷰』 11월호(제164호).

박준식. 2001. 『세계화와 노동체제』. 한울아카데미.

박지훈. 2020. 「얼룩덜룩한 자본주의에 대한 문화정치경제학 : 밥 제솝과 나일링 섬의 초학과적
　　이론 기획」. 비판사회학회 엮음. 『경제와 사회』 126호(여름호). 한울.

박태주. 2010. 「사회운동적 노동조합주의를 통해 본 노동운동 재생전략과 과제」.
　　한국산업노동학회. 『산업노동연구』 제16권 2호.

_____. 2020/11/06. 「'민주적인 코포라티즘'을 향하여 : 민주노총은 왜 코로나19 사회협약의
　　체결에 실패했는가」. 『진정한 노동존중 사회를 어떻게 실현할 것인가?』.
　　한국산업노동학회 정기학술대회 자료집.

배성인. 2012/05/10. 「19대 총선 평가」. 진보교연 토론회 발표문.

부라보이, 마이클. 1999. 『생산의 정치 : 자본주의와 사회주의의 공장체제』. 정범진 옮김.
　　박종철출판사.

손영우. 2018. 『사회적 대화 : 노동은 어떻게 프랑스사회를 운영하는 주체가 됐나』. 이매진.

손호철. 1999. 『신자유주의시대의 한국 정치』. 푸른숲.

_____. 2002. 「밥 제솝의 '전략-관계적' 국가론 : 맑스주의 국가론의 최후의 보루?」. 『근대와
　　탈근대의 정치학』. 문화과학사.

_____. 2006a. 『해방 60년의 한국정치 : 1945-2005』. 이매진.

_____. 2006b. 「노동운동의 이념과 노선」. 『한국형 사회협약의 모색과 복지국가』.
　　경기개발연구원.

_____. 2009/11/23. 「김근태, MB, 저강도 전쟁」. 〈프레시안〉. https://www.pressian.com/
　　pages/articles/98082.

_____. 2009. 「사회학적 서술주의와 추상성의 혼돈을 넘어서 : 조희연, 서영표 체제론에 대한
　　반론」. 『마르크스주의연구』 겨울호.

_____. 2010. 「민주주의와 신자유주의 사이에서」. 민주화운동기념사업회. 『기억과 전망』 통권
　　22호(여름호).

_____. 2017. 『촛불혁명과 2017년 체제 : 박정희, 87년, 97년 체제를 넘어서』. 서강대학교
　　출판부.

_____. 2018. 『한국과 한국정치 : 한국정치의 이론과 쟁점』. 이매진.

_____. 2020/12/24. 「'실개천'과 '적대적 공생'」. 『경향신문』.

신광영. 2019. 「21세기 한국사회와 노동」. 고려대학교 노동문제연구소. 『노동연구』 38호.

신금호. 1989. 「7, 8월 노동투쟁」. 김용기·박승옥 엮음. 『한국노동운동논쟁사』. 현장문학사.

심재옥. 2012/05/03. 「2012년 총선, 노동정치는 없었다」. 16개 산별노조 연맹 공동 주최
   토론회, '4.11총선 평가와 노동자 정치세력화' 자료집.

엄주웅. 1994. 「노동운동의 폭발적 고양과 민주노조운동의 구축」. 한국민주노동자연합 엮음.
   『1970년대 이후 한국노동운동사』. 동녘.

오동석. 2016/01/28. 「박근혜정부의 성격 규정과 시민사회의 대응 : 합법적 관점」. 토론회,
   '박근혜정권의 성격과 시민사회의 대응' 자료집.

요코타 노부코. 2020. 『한국 노동시장의 해부 : 도시 하층과 비정규직 노동의 역사』. 그린비.

유형근. 2007a. 「영국 노조운동의 재활성화전략 : 파트너십과 조직화」. 김승호 외. 『노동운동의
   재활성화전략』. 한국노동연구소 에베르트재단.

_____. 2007b. 「미국 노조운동의 재활성화전략 : 조직화 전략을 중심으로」. 김승호 외.
   『노동운동의 재활성화전략』. 한국노동연구소 에베르트재단.

_____. 2014/11/21. 「노동조합–사회운동 연합과 지역공단 조직화 : 서울남부지역
   노동자권리찾기 사업단 사례연구」. 한국산업노동학회 학술대회 자료집.

윤지영. 2015/12/21. 「정부의 노동5법은 노동자와 청년을 살리는가?」. '노동관련 5개 법안에
   대한 시민 전문가 공청회' 자료집.

윤진호. 2006a. 「비정규 노동자의 조직화에 관한 선진국 사례」. 윤진호 외. 『비정규노동자
   조직화 방안 연구』. 전국민주노동조합총연맹.

_____. 2006b. 『선진국 노동조합의 노조혁신정책과 한국노동운동에의 시사점』. 한국노총
   중앙연구원.

_____. 2014. 「박근혜정부의 노동정책 1년 : 예정된 좌절」. 서울사회경제연구소 발표문.

윤효원. 2016/01/25. 「문제는 다시 단체(combine)다」. 〈매일노동뉴스〉.
   http://www.labortoday.co.kr/news/articleView.html?idxno=136293.

이계수·오병두. 2008/11/07. 「이명박 정부의 친기업적 경찰국가화에 대한 비판과 민주법학의
   대응」. 학술단체협의회 토론회 발표문.

이광일. 2008. 『좌파는 어떻게 좌파가 됐나 : 한국 급진노동운동의 형성과 궤적』. 메이데이.

_____. 2009. 「진보적 정당의 분화와 새로운 진보 좌파정치의 모색 : 이념의 재구성과 숙고해야
   할 몇 가지 문제들」. 『진보평론』 40호(여름호).

_____. 2011. 「'노동자의 힘'의 정치 궤적의 의미와 한계 : 하나의 소고」. 조현연·이광일·김보현

엮음. 『한국 진보정치운동의 역사와 쟁점』. 한울아카데미.

이남신. 2020/06/11. 「코로나19 위기 극복, 담대한 임금동결을 제안한다」(시론). 〈매일노동 뉴스〉. http://www.labortoday.co.kr/news/articleView.html?idxno=164977.

이남주. 2016/01/28. 「수구의 롤백전략과 시민사회의 대응」. 토론회, '박근혜정권의 성격과 시민사회의 대응' 자료집.

이도흠. 2020/07/05. 「노사정의 잠정 합의안은 노동 배제의 연장이다. 한국 사회의 노동 배제와 매도, 도를 넘었다」. 〈프레시안〉. https://www.pressian.com/pages/articles/ 2020070513465456096.

이문호 외. 2018. 『광주, 노동을 만나다 : 광주형 일자리로 보는 노동의 참여와 협치』. 레이버플러스.

이병훈·권혜원. 2007. 『세계화시대의 노조 조직화전략 연구』. 한국노동연구원.

이병훈·김직수. 2014. 「대학비정규직 전략조직화의 성공요인 분석 : 공공노조 서경지부사례를 중심으로」. 한국산업노동학회. 『산업노동연구』 제20권 2호, 1~38쪽.

이병훈. 2008. 「노동양극화와 민주주의」. 민주화운동기념사업회. 『기억과 전망』 통권 19호.

이상학. 2014/11/21. 「희망연대노조의 지역사회 노조운동에 대한 연구 : 사회운동 노조주의의 시각에서」. 한국산업노동학회 학술대회 자료집.

이상호. 2012/06/07. 「노동중심성의 복원과 당–노조 관계의 재정립을 위하여」. 통합진보당 새로 나기 연속토론회, '통합진보당과 노동정치' 토론문.

이상훈·이승우. 2013. 「박근혜 정부의 노동정책 분석과 전망 : 노동의 부재와 신자유주의적 고용체제의 공고화」. 사회공공연구소 이슈페이퍼 2013-5.

이상훈. 2006. 「산별노조건설, 어떤 방향이어야 하는가?」. 민주노동당 정책토론회 자료집.

이선. 2009. 「노사관계체제의 변화에 관한 통합적 접근」. 한국노사관계학회. 『산업관계연구』 제19권 4호.

이재영. 2013. 『이재영의 눈으로 본 한국진보정당의 역사』. 레디앙·해피스토리.

이정희·김미진. 2014. 「해외사례 검토 : 영국과 일본을 중심으로」. 박명준 외. 『노동단체 분화양상과 정책과제』. 한국노동연구원.

이진순. 2020/11/17. 「이러자고 촛불 든 건 아니다」. 『한겨레』.

이창근. 2013/05/30. 「통상임금 논쟁의 본질과 민주노총 대응방향」. 민주노총 토론회.

_____. 2016/01/28. 「토론문」. 토론회, '박근혜정권의 성격과 시민사회의 대응' 자료집.

이창언. 2010. 「민족해방 노선의 확산과 진보정치운동의 지체」. 조현연·이광일·김보현 엮음. 『한국 진보정치운동의 역사와 쟁점』. 한울아카데미.

_____. 2011. 「민족해방(NL)노선의 확산과 진보정치운동의 지체」. 조현연·이광일·김보현 엮음.

『한국 진보정치운동의 역사와 쟁점』. 한울아카데미.

＿＿. 2012.「4.11 총선 이후 진보정치의 위기와 진보좌파의 과제」.『진보평론』53호(가을호).

이철승. 2017.「결합노동시장지위와 임금불평등의 확대(2004-2015년)」. 비판사회학회.

＿＿＿＿ 『경제와 사회』제115호(가을호). 한울.

＿＿. 2019.『노동-시민 연대는 언제 작동하는가 : 배태된 응집성과 복지국가의 정치사회학』.

＿＿＿＿ 박광호 옮김. 후마니타스.

이현대. 2012.「대안적 운동의 재건을 위한 '새로운 노동자 정치세력화 운동'」.『진보평론』

＿＿＿＿ 53호(가을호).

임미리. 2013.「'경기동부연합'의 기원과 형성, 그리고 고립」. 한국민주주의연구소.『기억과

＿＿＿＿ 전망』28호(여름호). 민주화운동기념사업회.

임영일 외. 2009.『한국노동운동의 위기와 재구성』. 한국노동운동연구소 연구보고서.

＿＿. 2013.『한국의 신자유주의와 노동체제 : 노동운동의 고민과 길 찾기』. 노동의 지평.

임영일. 1989.「7, 8월 노동자대투쟁과 대중운동의 고양 : 7, 8월 평가 논쟁」. 김용기·박승옥

＿＿＿＿ 엮음.『한국노동운동논쟁사』. 현장문학사.

＿＿. 1997.「한국의 노동운동과 계급투쟁(1987-1995) : 변화를 위한 투쟁, 협상을 위한

＿＿＿＿ 투쟁」. 부산대학교 박사 학위논문.

＿＿. 1998.「한국노동체제의 전환과 노사관계 : 코포라티즘 혹은 재급진화」.

＿＿＿＿ 한국산업사회학회.『경제와 사회』10주년 기념호. 한울.

＿＿. 2002.「신자유주의하 노동의 위기와 노동체제의 전환」. 경상대학교 사회과학연구소

＿＿＿＿ 엮음.『신자유주의 구조조정과 노동체제의 변화』. 한울아카데미.

＿＿. 2004.「노동운동과 노동정치 : 민주노동당을 중심으로」. 한국산업사회학회.『경제와

＿＿＿＿ 사회』64호(겨울호). 한울.

＿＿. 2008.「민주노조운동 20년, 산별노조 건설운동의 성과와 과제」. 조돈문·이수봉 엮음.

＿＿＿＿ 『민주노조운동 20년』. 후마니타스.

＿＿. 2010.「한국의 노동운동 : 위기와 진로 모색」. 한국노동운동연구소.『노동의 지평』6호.

＿＿. 2012/05/21.「민주노총이 혁신주체? 백배 사죄해야 : 주사파만 척결하면 돼? 소가 웃을

＿＿＿＿ 일」.〈레디앙〉. http://www.redian.org/archive/3869.

＿＿. 2012/10/18.「노동정치 : 2012년의 노동정치와 2013년 이후」. 한국노동운동연구소

＿＿＿＿ 기획토론회 자료.

임재홍. 2000.「법치국가와 법치행정」. 영남대학교 법학연구소.『영남법학』제8권 제1·2호.

장귀연. 2017.「1987년 체제와 노동 : 노동운동에서 1987년의 유산과 새로운 도전들」.

＿＿＿＿ 비판사회학회.『경제와 사회』제116호(겨울호). 한울.

장석준. 2008.「진보정당운동의 반성과 새로운 출발」.『진보평론』 36호(여름호).

_____. 2011.『신자유주의의 탄생 : 왜 우리는 신자유주의를 막을 수 없었나?』. 책세상.

장홍근·김세움·김근주·정흥준·박준식. 2016.『대안적 노동체제의 탐색 : 1987년 이후 30년 한국 노동체제의 구조와 동학』. 한국노동연구원.

장홍근·박명준·정흥준·정승국·박준식·전병유·강성태. 2017.『1987년 이후 30년 : 새로운 노동체제의 탐색』. 한국노동연구원.

장홍근·이정희·정흥준·설동훈. 2017.『2017년 노사관계 국민의식조사연구』. 한국노동연구원.

장홍근. 1999.「한국 노동체제의 전환과정에 관한 연구, 1987-1997」. 서울대학교 박사 학위논문.

_____. 2020.「'1987노동체제'에 대한 이해와 대안 모델의 탐색」. 고려대학교 노동문제연구소. 『노동연구』 40호(6월호).

장훈교. 2011.「1997년 이후 민족해방계열의 진보정당운동사 : 전국연합계열을 중심으로」. 조현연·이광일·김보현 엮음.『한국 진보정치운동의 역사와 쟁점』. 한울아카데미.

전국민주노동조합총연맹 건설노조탄압대책위원회. 2016/07/14.『건설노동자 차별 없는 고용보장, 건설노동자 노동기본권 확보방안 마련을 위한 토론회 자료집』.

전국민주노동조합총연맹 정책연구원. 2012.『민주노총 미조직·비정규 전략조직화 사업진단과 과제』. 전국민주노동조합총연맹.

_____. 2013.『미조직·비정규 2기 전략조직화 : 총괄평가와 향후 과제』. 전국민주노동조합총연맹.

전국민주노동조합총연맹 엮음. 2017.『비정규직 노동운동사 : 주제사』.

전국민주노동조합총연맹. 2000.『민주노총 산별노조 건설 전략 연구보고서』.

_____. 2005.『민주노총 조직혁신위원회 자료집』.

_____. 2006.『비정규직 조직화방안 연구』.

_____. 2010/01/18.「복수노조 전임자 관련 개정노조법 경과 및 비판」.

_____. 2012/01/31.『제52차 대의원대회 회의자료』.

_____. 2012/05/17.「현 통합진보당에 대한 민주노총의 입장」. 민주노총 제8차 중앙집행위원회 결의문.

_____. 2012/09/14.『노동자 정치세력화 평가와 전망(토론안)』. 제15차 중앙집행위원회 자료집.

_____. 2013/05/30.「통상임금 논쟁의 본질과 대응방향」.

_____. 2013/06/04.「박근혜정부 100일 평가보고서 : 고용·노동·사회정책 중심으로」.

_____. 2013/10/18.『공개토론회 : 중소영세 미조직·비정규직 3기 전략조직화사업 전망』.

_____. 2013/12/18.「통상임금 관련 전원합의체 판결 내용 및 향후 대응방향」.

_____. 2014/01/08. 「철도파업 불법탄압 사례발표 및 대응방향 집담회」. 자료집.

_____. 2014/02/19a. 「박근혜정부 1년 노동정책 평가보고서」.

_____. 2014/02/19b. 「행정부 법해석 왜곡과 권력남용 문제점 및 대응방향 토론회 : 철도민영화, 의료민영화, 통상임금, 전교조 법외노조 통보 사례를 중심으로」. 토론회자료집.

_____. 2014/04/21. 「노동시간 단축 노사정소위 논의비판」.

_____. 2014/12/29. 「전국학교비정규직노조 가입경로의 건」. 『민주노총 제15차 중앙집행위원회 회의자료』.

_____. 2015/12/23. 「『이슈페이퍼』 2016년 경제정책방향 비판」.

_____. 2018/11/05. 「민주노총은 경향신문의 '정부와 자본을 향한 구애와 욕망'을 채우는 조직이 아니다」(성명서).

_____. 2020/12/21. 「대통령 직속 일자리위원회 의결 '플랫폼종사자 보호 대책'에 대한 민주노총 입장」(성명서).

정경윤. 2017. 「진보적 소수정당의 가능성과 한계 : 민주노동당의 입법 활동을 중심으로」. 성공회대학교 사회학과 박사 학위논문.

정대화. 1995. 「한국의 정치변동, 1987-1992 : 국가-정치사회-시민사회의 관계를 중심으로」. 서울대학교 박사 학위논문.

정무권. 2001. 「국민의 정부의 사회정책 : 신자유주의로의 확대? 사회통합으로의 전환?」. 안병영·임혁백 엮음. 『세계화와 신자유주의』. 나남.

정영태. 2002. 「영국 신노동조합주의의 특성과 한계에 대한 고찰」. 『경제와 사회』 제53호. 한울.

_____. 2011. 『파벌 : 민주노동당 정파 갈등의 기원과 종말』. 이매진.

정이환. 2006. 『현대 노동시장의 정치사회학』. 후마니타스.

_____. 2011. 『경제위기와 고용체제 : 한국과 일본의 비교』. 한울아카데미.

_____. 2013. 『한국 고용체제론』. 후마니타스.

_____. 2017. 「노동시장 정책의 성격과 배경요인 : 노무현·이명박정권 비교」. 비판사회학회. 『경제와 사회』 제116호(겨울호). 한울.

_____. 2018. 「한국 노동시장의 분절구조와 대안 모색」. 『포용과 활력의 고용시스템을 향하여』. 한국노동연구원 개원 30주년 기념세미나 자료집.

_____. 2019. 「노동시장개혁의 노동정치 : 민주화 이후 주요 노동시장개혁과정의 분석」. 한국산업노동학회. 『산업노동연구』 제25권 2호.

정종권. 2012. 「노동 중심의 새 진보당, 독립적이고 대중적인 새 진보당을 만들자」. 『진보평론』

53호.

정태인. 2015/09/18.「박근혜, IMF-김영삼을 닮아가고 있다」.〈프레시안〉.

    https://www.pressian.com/pages/articles/129864.

제솝, 밥. 2000.『전략관계적 국가이론』. 유범상·김문귀 옮김. 한울아카데미.

_____. 2010.『자본주의 국가의 미래』. 김영화 옮김. 양서원.

_____. 2021.『국가권력 : 마르크스에서 푸코까지, 국가론과 권력이론들』. 남상백 옮김. 이매진.

조돈문 외. 2000.『노동운동발전전략』. 노동운동발전전략위원회 자료집.

    전국민주노동조합총연맹.

조돈문. 2008.「민주노조운동의 조건과 과제」. 조돈문·이수봉 엮음.『민주노조운동 20년』.

    후마니타스.

_____. 2010/07/06.「노동계급 계급형성과 계급의식 변화」. 전노협건설 20주년 기념토론회,

    '민주노조운동, 계급과 이념을 다시 이야기하자' 발표문.

_____. 2011.『노동계급 형성과 민주노조운동의 사회학』. 후마니타스.

조상수. 2012/05/03.「민주노총 4.11 총선대응 평가와 과제」. 16개 산별노조 연맹 공동주최

    토론회, '4.11총선 평가와 노동자 정치세력화' 자료집.

조현연·김정석. 2016.「박근혜정부의 '다원적 두 국민 전략'과 세대갈등 : 공무원 연금과

    임금피크제 문제를 중심으로」. 비판사회학회.『경제와 사회』110호(여름호). 한울.

조현연·김정훈. 2012.「진보정치의 위기와 진보의 재구성 : 2012년 통합진보당 사태를

    중심으로」. 비판사회학회.『경제와 사회』. 95호(가을호). 한울.

조현연·이광일·김보현 엮음. 2011.『한국 진보정치운동의 역사와 쟁점』. 한울아카데미.

조현연. 2009a.「민주노동당 분당과정 연구」. 민주화운동기념사업회.『기억과 전망』통권

    20호.

_____. 2009b.『한국진보정당운동사 : 진보당에서 민주노동당 분당까지』. 후마니타스.

_____. 2011.「한국 민주화와 진보정당운동 : 1987년 민주화 이후 2004년 17대 총선까지」.

    조현연·이광일·김보현 엮음.『한국 진보정치운동의 역사와 쟁점』. 한울아카데미.

조효래. 2010.『노동조합 민주주의』. 후마니타스.

_____. 2018.「1987년 이후 민주노조운동의 동학」. 한국산업노동학회.『산업노동연구』제24권

    1호.

_____. 2020.「신자유주의 시대, 노동조합운동의 성공과 실패에 대한 이론적 탐색」.

    『노동-시민연대는 언제 작동하는가』(이철승 2019, 후마니타스) 서평. 한국산업노동학회.

    『산업노동연구』제26권 1호.

조희연·서영표. 2009.「체제논쟁과 헤게모니전략」.『마르크스주의연구』. 가을호.

조희연. 2004. 『비정상성에 대한 저항에서 정상성에 대한 저항으로』. 아르케.

_____. 2016. 『투트랙 민주주의 1권 : 제도정치와 운동정치의 병행접근』. 서강대학교 출판부.

지주형. 2011. 『한국 신자유주의의 기원과 형성』. 책세상.

채진원. 2009. 「민주노동당의 변화와 정당모델의 적실성」. 경희대학교 대학원 정치학과 박사
    학위논문.

최덕현. 2016/06/23. 「교원 노동3권 제한 실태와 과제」. '교원의 노동3권 보장 어떻게 할
    것인가?' 토론회 자료집.

최영기 외. 1999. 『한국의 노사관계와 노동정치 I : 87년 이후 사회적 합의를 중심으로』.
    한국노동연구원.

최영기·이장원. 2008. 「87년 이후 20년 노동체제 평가와 미래구상 : 노동 20년 연구시리즈
    총괄보고서」. 한국노동연구원.

최장집. 1992. 「한국의 노동계급은 왜 계급으로서의 조직화에 실패하고 있나?」. 한국사회학회
    한국정치학회 공동주최 학술대회, '한국의 국가와 시민사회' 발표 논문.

_____. 2005. 「사회적 시민권 없는 한국 민주주의」. 최장집 엮음. 『위기의 노동』. 후마니타스.

_____. 2006. 『민주주의의 민주화』. 후마니타스.

최종숙. 2017. 「1987년 6월항쟁과 2016년 촛불항쟁 비교 : 정당 사회운동조직의 역할을
    중심으로」. 민주화운동기념사업회 한국민주주의연구소 보고서.

테르본, 괴란. 1994. 『권력의 이데올로기와 이데올로기의 권력』. 최종렬 옮김. 백의.

풀란차스, 니코스. 1994. 『국가, 권력, 사회주의』. 박병영 옮김. 백의.

피서르, 옐러·안톤 헤이머레이크. 2003. 『네덜란드의 기적 : 일자리 창출, 복지개혁,
    노사관계와 조합주의』. 최남호·최연우 옮김. 도서출판 따님.

학술단체협의회 엮음. 1997. 『6월 민주항쟁과 한국사회 10년』. 당대.

한국노동연구원. 2012. 『임금관련통계자료집』(KLI 노동통계).

한국노동운동연구소. 2009. 「한국노동운동의 위기와 재구성」. 연구보고서.

한국정치연구회 엮음. 1992. 『현대민주주의론 I』. 창작과비평사.

한상희. 2014/02/19. 「행정부처 월권적 법해석 문제 진단」. 민주노총, '행정부 법해석 왜곡과
    권력남용 문제점 및 대응방향 토론회' 토론문.

한석호. 2020/06/25. 「임금동결은 노동평등을 향한 출발이다」(시론). 〈매일노동뉴스〉.
    http://www.labortoday.co.kr/news/articleView.html?idxno=165208.

_____. 2020/07/13. 「민주노총은 우물 밖으로 나와야 한다」(시론). 〈매일노동뉴스〉.
    http://www.labortoday.co.kr/news/articleView.html?idxno=165490.

허명구. 1991. 「87년 이후 노동조합운동의 현황과 과제」. 전태일기념사업회 엮음.

『한국노동운동 20년의 결산과 전망』. 세계.

호리에 마사노리(堀江正規) 외. 1984.『노동운동론연구』. 이태준 엮음. 백산서당.

홍세화. 2020/11/19.「우리 임금님은 착한 임금님」.『한겨레』.

황선웅. 2018.「문재인징부 1년 공공부문 비정규직 정책 평가 : 정책 패러다임의 전환?」.
　　　한국산업노동학회.『산업노동연구』제24권 2호.

황현일. 2012.「사회운동 노조주의 연구의 쟁점과 과제」. 한국산업노동학회.『산업노동연구』
　　　제18권 1호, 145~180쪽.

〈대한민국 정책브리핑〉. 2018/11/05.「여야정 국정상설협의체 합의문」.
　　　https://www.korea.kr/news/blueHouseView.do?newsId=148855307.

『경향신문』. 2018/11/05.「사회적 대화기구 경사노위 끝내 외면한 민노총의 오만」.

＿＿＿. 2020/07/02.「민주노총, 고질적 '정파 갈등'에 발목 … 정부는 '뒤늦은 대화' 골든타임
　　　놓쳐」.

＿＿＿. 2020/07/24.「지도부 총사퇴한 민주노총, 이제 대안을 내놓을 때다」.

〈매일노동뉴스〉. 2020/11/04.「사회적 대화 김상구 후보조만 찬성, 나머지는 반대 또는 중도」.
　　　http://www.labortoday.co.kr/news/articleView.html?idxno=167365.

〈연합뉴스〉. 2019/10/10.「문성현 "당분간 민주노총과 사회적 대화 함께하기 어렵다"」.
　　　https://www.yna.co.kr/view/AKR20191010122200004.

『중앙일보』. 2018/07/02.「홍영표와 김영주 파열음 속 여권서 고용노동부 장관 교체론 '솔솔'」.

〈참세상〉. 2020/07/03.「민주노총 강경파가 노사정 대화 발목 잡았다고?」.
　　　http://www.newscham.net/news/view.php?board=news&nid=105094.

〈프레시안〉. 2009/11/25.「전태일 39년, 단협해지가 유행처럼 번진다」.
　　　https://www.pressian.com/pages/articles/98142.

『한겨레』. 2020/07/01.「'노사정 합의' 불발, 민주노총 '코로나 위기' 직시해야」.

＿＿＿. 2020/07/14a.「국회 담장만 허무는 민주노총 아닌 사회적 교섭 주체 돼야」.

＿＿＿. 2020/07/14b.「직선 위원장의 '내부 비판', 민주노총 귀 기울이길」.

＿＿＿. 2020/07/23a.「사회적 대화 다시 걷어찬 민주노총, 고용 위기 대응 난망」.

＿＿＿. 2020/07/23b.「사회적 합의' 부결, 고립 자초한 민주노총의 앞길」.

『한국일보』. 2018/11/12.「과잉의 위력, 민주노총」(고재학 칼럼).

＿＿＿. 2018/11/26.「정규직 철밥통은 영원할까?」.

＿＿＿. 2019/07/26.「전태일정신 망각한 민주노총」.

＿＿＿. 2020/07/02.「노사정대타협 무산시킨 민주노총, 개탄스럽다」(사설).

_____. 2020/07/29. 「'민주노총 출신' 문성현 "정부, 민주노총 없이 사회적 대화할 것"」.

Atzeni, Maurizio. 2009. "Searching for Injustice and Finding Solidarity? A Contribution to the Mobilisation Theory Debate." *Industrial Relations Journal*, Vol. 40, No. 1.

Beynon, Huw. 2003. "Globalization, Trade Union Organization and Workers' Rights." in Fairbrother, Peter and Charlotte A. B. Yates eds. *Trade Unions in Renewal: A Comparative Study*. Continuum.

Bronfennbrenner, Kate. 2003. "The American Labour Movement and the Resurgence in Union Organizing." in Fairbrother, Peter and Charlotte A. B. Yates eds. *Trade Unions in Renewal: A Comparative Study*. Continuum.

Burawoy, Michael. 1985. *Politics of Production*. Verso (『생산의 정치 : 자본주의와 사회주의의 공장 체제』. 정범진 옮김. 박종철출판사. 1999).

Carter, Bob. 2003. "Rhetoric and Reality: The Adoption of the Organizing Model in Manufacturing, Science and Finance." in Fairbrother, Peter and Charlotte A. B. Yates eds. *Trade Unions in Renewal: A Comparative Study*. Continuum.

Cliff, Tony and Donny Gluckstein. 1988. *The Labour Party: A Marxist History*. Bookmarks (『(마르크스주의에서 본) 영국 노동당의 역사 : 희망과 배신의 100년』. 이수현 옮김. 책갈피. 2008).

Coates, David. 2007. "The Category of Labour: Its Continued Relevance in Social Theory." in Gamble, Andrew, Steve Ludlam, Andrew Taylor and Stephen Wood et al. eds. *Labour, the State, Social Movement and the Challenge of Neo-liberal Globalisation*. Manchester University Press.

Connolly, Heather. 2012. "Union Renewal in France and Hyman's Universal Dualism." *Capital & Class*, Vol. 36, No. 1.

Dibben, Pauline. 2004. "Social Movement Unionism." in Harcourt, Mark and Geoffrey Wood eds. *Trade Unions and Democracy: Strategies and Perspectives*. Manchester University Press.

Dixon, M. and J. Fiorito. 2009. "Can Union Rebound? Decline and Renewal in the US Labor Movement." in Gall, Gregor ed. *Union Revitalization in Advanced Economies: Assessing the Contribution of Union Organizing*. MacMillan.

Dunn, Bill. 2007. "Problems of Social Movement Unionism." in Gamble, Andrew, Steve Ludlam, Andrew Taylor and Stephen Wood et al. eds. *Labour, the State, Social*

Movement and the Challenge of Neo-liberal Globalisation. Manchester
University Press.

Fairbrother, Peter and Charlotte A. B. Yates. 2003. "Unions in Crisis, Unions in
Renewal?" in Fairbrother, Peter and Charlotte A. B. Yates eds. *Trade Unions in
Renewal: A Comparative Study*. Continuum.

Fairbrother, Peter and Paul Stewart. 2003. "The Dilemmas of Social Partnership and
Union Organization: Questions for British Trade Unions." in Fairbrother, Peter
and Charlotte A. B. Yates eds. *Trade Unions in Renewal: A Comparative Study*.
Continuum.

Fairbrother, Peter. 2005. "Review Article on Gregor Gall(ed.) Union
Organizing(2003)." *Capital and Class*, 87.

Fantasia, Rick and Kim Voss. 2004. *Hard Work: Remaking the American Labor
Movement*. University of California Press.

Fernie, Sue. 2005. "The Future of British Unions: Introduction and Conclusions." in
Fernie, Susan and David Metcalf eds. *Trade Unions: Resurgence or Demise?*.
Routledge.

Fichter, Michael and Ian Greer. 2004. "Analysing Social Partnership: A Tool of Union
Revitalization?" in Frege, Carola and John Kelly eds. *Varities of Unionism:
Strategies for Union Revitalization in Globalizing Economy*. Oxford University
Press.

Fletcher, Bill and Fernando Gapasin. 2008. *Solidarity Divided: The Crisis in Organized
Labor and A New Path toward Social Justice*. University of California Press.

Flynn, Matt, Chris Brewster, Roger Smith and Mike Rigby. 2004. "Trade Union
Democracy: The Dynamics of Different Forms." in Harcourt, Mark and Geoffrey
Wood eds. *Trade Unions and Democracy: Strategies and Perspectives*.
Manchester University Press.

Frege, Carola and John Kelly. 2004. "Union Strategies in Comparative Context." in
Frege, Carola and John Kelly eds. *Varities of Unionism: Strategies for Union
Revitalization in Globalizing Economy*. Oxford University Press.

Frege, Carola, Edmund Heery and Lowell Turner. 2004. "The New Solidarity? Trade
Union Coalition Building in Five Countries." in Frege, Carola and John Kelly eds.
Varities of Unionism: Strategies for Union Revitalization in Globalizing Economy.

Oxford University Press.

Gamble, Andrew, Steve Ludlam, Andrew Taylor and Stephen Wood et al. eds. 2007. *Labour, the State, Social Movement and the Challenge of Neo-liberal Globalisation*. Manchester University Press.

Godard, John. 2004. "The US and Canadian Labour Movements: Markets vs. State and Societies." in Harcourt, Mark and Geoffrey Wood eds. *Trade Unions and Democracy: Strategies and Perspectives*. Manchester University Press.

Gospel, Howard. 2005. "Market, Firms and Unions: A Historical Institutionalist Perspective of the Future of Unions in Britain." in Fernie, Susan and David Metcalf eds. *Trade Unions: Resurgence or Demise?*. Routledge.

Greer, Ian. 2006. "Business Union vs. Business Union? Understanding the Split in the US Labour Movement." *Capital & Class*, 90.

Hall, Peter A. and David Soskice eds. 2001. *Varieties of Capitalism: The Institutional Foundations of Comparative Advantage*. Oxford University Press.

Hall, Stuart. 1988. *The Hard Road to Renewal: Thatcherism and the Crisis of the Left*. Verso: London-New York (『대처리즘의 문화정치』. 임영호 옮김. 한나래 출판사. 2007).

Hamman, Kerstin and John Kelly. 2004. "Unions as Political Actors: A Recipe for Revitalization?" in Frege, Carola and John Kelly eds. *Varities of Unionism: Strategies for Union Revitalization in Globalizing Economy*. Oxford University Press.

Harcourt, Mark and Geoffrey Wood eds. 2004. *Trade Unions and Democracy: Strategies and Perspectives*. Manchester University Press.

Harcourt, Mark. 2004. "Neo-Liberal Reforms and Accords: Are They Compatible with Democracy?" in Harcourt, Mark and Geoffrey Wood eds. *Trade Unions and Democracy: Strategies and Perspectives*. Manchester University Press.

Heery, Edmund, John Kelly and Jeremy Waddington. 2003 "Union Revitalization in Britain." *European Journal of Industrial Relations*, Vol. 9, No. 1, pp. 79~97.

Heery, Edmund and Lee Adler. 2004. "Organizing the Unorganized." in Frege, Carola and John Kelly eds. *Varities of Unionism: Strategies for Union Revitalization in Globalizing Economy*. Oxford University Press.

Howell, Chris. 2005. *Trade Unions and the State: The Construction of Industrial Relations Institutions in Britain, 1890-2000*. Princeton University Press.

Hurd, Richard. 2004. "The Rise and Fall of the Organizing Model in the US." in Harcourt, Mark and Geoffrey Wood eds. *Trade Unions and Democracy: Strategies and Perspectives*. Manchester University Press.

Hyman, Richard and Anthony Ferner eds. 1994. *New Frontiers in European Industrial Relations*. Blackwell.

Hyman, Richard. 1994. "Changing Trade Union Identities and Strategies." in Hyman, Richard and Anthony Ferner eds. *New Frontiers in European Industrial Relations*. Blackwell.

_____. 2004a. "An Emerging Agenda for Trade Unions?" in Munck, Ronaldo ed. *Labour and Globalisation: Results and Prospects*. Liverpool University Press.

_____. 2004b. "The Future of Trade Unions." in Verma, Anil and Thomas A. Kochan eds. *Union in the 21st Century: An International Perspective*. Palgrave.

James, Phil. 2004. "Trade Unions and Political Parties." in Harcourt, Mark and Geoffrey Wood eds. *Trade Unions and Democracy: Strategies and Perspectives*. Manchester University Press.

Jessop, Bob, Kevin Bonnett, Simon Bromley and Tom Ling. 1988. *Thatcherism: A Tale of Two Nations*. Polity Press.

Jessop, Bob. 1990. *State Theory: Putting the Capitalist State in its Place*. The PSU Press (『전략 관계적 국가이론』. 유범상·김문귀 옮김. 한울아카데미. 2000).

_____. 2002. *The Future of Capitalist State*. Polity Press (『자본주의 국가의 미래』. 김영화 옮김. 양서원. 2010).

_____. 2016. *The State: Past, Present, Future*. Polity Press.

Kaufman, Bruce E. 2004. "Prospects for Union Growth in the US in the Early 21st Century." in Verma, Anil and Thomas A. Kochan eds. *Union in the 21st Century: An International Perspective*. Palgrave.

Kelly, John and Carola Frege. 2004. "Conclusions: Varities of Unionism." in Frege, Carola and John Kelly eds. *Varities of Unionism: Strategies for Union Revitalization in Globalizing Economy*. Oxford University Press.

Kelly, John. 1988. *Trade Unions and Socialist Politics*. Verso.

_____. 2005. "Social Movement Theory and Union Revitalization in Britain." Fernie, Susan and David Metcalf eds. *Trade Unions: Resurgence or Demise?*. Routledge.

Kleiner, Morris M. 2005. "Follow the Leader: Are British Trade Unions Tracking the US Decline?" in Fernie, Susan and David Metcalf eds. *Trade Unions: Resurgence or Demise?*. Routledge.

Kumar, Pradeep and Gregor Murray. 2003. "Strategic Dilemma: The State and Union Renewal in Canada." in Fairbrother, Peter and Charlotte A. B. Yates eds. *Trade Unions in Renewal: A Comparative Study*. Continuum.

Lockwood, Graeme. 2004. "Conservative Legislation and Trade Union Change." in Verma, Anil and Thomas A. Kochan eds. *Union in the 21st Century: An International Perspective*. Palgrave.

Lucio, Miguel Martinez. 2006. "Trade Unionism and the Realities of Change: Reframing the Language of Change." in Alonso, Luis Enrique and Miguel Martinez Lucio eds. *Employment Relations in a Changing Society*. Palgrave.

Marks, Gary. 1989. *Unions in Politics: Britain, Germany, and the United States in the Nineteenth and Early Twentieth Centuries*. Princeton University Press.

Marsh, David. 1992. *The New Politics of British Trade Unionism: Union Power and Thatcher Legacy*. ILR Press.

Martin, Behrens, Kerstin Hamman and Richard Hurd. 2004. "Conceptualizing Labour Union Revitalization." in Frege, Carola and John Kelly eds. *Varities of Unionism: Strategies for Union Revitalization in Globalizing Economy*. Oxford University Press.

Martin, Behrens, Richard Hurd and Jeremy Waddington. 2004. "How Does Restructuring Contribute to Union Revitalization?" in Frege, Carola and John Kelly eds. *Varities of Unionism: Strategies for Union Revitalization in Globalizing Economy*. Oxford University Press.

Mellahi, Kamel and Geoffrey Wood. 2004. "Trade Unions, Social Partnerships and National Business Systems." in Harcourt, Mark and Geoffrey Wood eds. *Trade Unions and Democracy: Strategies and Perspectives*. Manchester University Press.

Metcalf, David. 2005. "Trade Unions: Resurgence or Perdition?: An Economic Analysis." in Fernie, Susan and David Metcalf eds. *Trade Unions: Resurgence or Demise?*. Routledge.

Moody, Kim. 1997. "Toward an International Social Movement Unionism." *New Left*

Review, No. 225.

Munck, Ronaldo. 2002. *Globalisation and Labour: the New 'Great Transformation'*. ZED Books.

_____. 2004. "Introduction: Globalisation and Labour Transnationalism." in Munck, Ronaldo ed. *Labour and Globalisation: Results and Prospects*. Liverpool University Press.

Panitch, Leo. 1986. *Working-Class Politics in Crisis: Essays on Labour and the State*. Verso.

Peetz, David and Neal Ollett. 2004. "Union Growth and Reversal in Newly Industrialized Countries: The Case of South Korea and Peripheral Workers." in Harcourt, Mark and Geoffrey Wood eds. *Trade Unions and Democracy: Strategies and Perspectives*. Manchester University Press.

Poulantzas, Nicos. 1978. *State, Power, Socialism*. London: New Left Books.

Riddel, Chris and W. Craig Riddel. 2004. "Changing Patterns of Unionization: The North American Experience, 1984-1998." in Verma, Anil and Thomas A. Kochan eds. *Union in the 21st Century: An International Perspective*. Palgrave.

Rigby, Mike, Roger Smith and Chris Brewster. 2004. "The Changing Impact and Strength of the Labour Movement in Advanced Societies." in Harcourt, Mark and Geoffrey Wood eds. *Trade Unions and Democracy: Strategies and Perspectives*. Manchester University Press.

Roper, Ian. 2004. "Trade Unions and Democracy: Can the 'Third Way' Recast the Link?" in Harcourt, Mark and Geoffrey Wood eds. *Trade Unions and Democracy: Strategies and Perspectives*. Manchester University Press.

Schenk, Christopher. 2003. "Social Movement Unionism: Beyond the Organizing Model." in Fairbrother, Peter and Charlotte A. B. Yates eds. *Trade Unions in Renewal: A Comparative Study*. Continuum.

Schmidt, Vivian A. 2007. "Labour in the Twenty First Century State Strategies." in Gamble, Andrew, Steve Ludlam, Andrew Taylor and Stephen Wood et al. eds. *Labour, the State, Social Movement and the Challenge of Neo-liberal Globalisation*. Manchester University Press.

Simms, Melanie. 2013. "The TUC Approach to Developing a New Organizing Culture." in Simms, Melanie, Jane Holgate and Edmund Heery eds. *Union Voices: Tactics and Tensions in UK Organizing*. ILR Press.

Taylor, Andrew J. 1989. *Trade Unions and Politics: A Comparative Introduction*. Macmillan.

Terry, Michael. 2004. "Partnership: Union Capitulation or renaissance?" in Verma, Anil and Thomas A. Kochan eds. *Union in the 21st Century: An International Perspective*. Palgrave.

Therborn, Göran. 1977. "The Rules of Capital and the Rise of Democracy." *New Left Review*, No. 103.

Turner, Lowell. 2004. "Why Revitalization? Labour's Urgent Mission in a Contested Global Economy." in Frege, Carola and John Kelly eds. *Varities of Unionism: Strategies for Union Revitalization in Globalizing Economy*. Oxford University Press.

Upchurch, Martin, Graham Taylor and Andrew Mothers. 2009. *The Crisis of Social Democratic Trade Unionism in Western Europe: The Search for Alternatives*. Ashgate.

von Holdt, Karl. 2002. "Social Movement Unionism: the Case of South Africa." *Work Employment & Society*, Vol. 16, No. 2.

Voss, Kim and Rachel Sherman. 2003. "You Just Can't Do It Automatically: The Transition to Social Movement Unionism in the United States." in Fairbrother, Peter and Charlotte A. B. Yates eds. *Trade Unions in Renewal: A Comparative Study*. Continuum.

Wood, Geoffrey. 2004a. "Engagement or Disengagement? Unions and A New Politics." in Harcourt, Mark and Geoffrey Wood eds. *Trade Unions and Democracy: Strategies and Perspectives*. Manchester University Press.

_____. 2004b. "Negating or Affirming the Organizing Model? The Case of the Congress of South African Trade Unions." in Verma, Anil and Thomas A. Kochan eds. *Union in the 21st Century: An International Perspective*. Palgrave.

Yates, Charlotte A. B. 2003. "The Revival of Industrial Unions in Canada: The Extension and Adaptation of Industrial Union Practices to the New Economy." in Fairbrother, Peter and Charlotte A. B. Yates eds. *Trade Unions in Renewal: A Comparative Study*. Continuum.

찾아보기

각 장 출전

1장 ◆ 「노동체제론의 재구성 : 종속신자유주의 노동체제를 중심으로」
   비판사회학회 엮음.『경제와 사회』127호(2020년 가을호)

2장 ◆ 「민주화 20년과 노동사회의 민주화」
   민주화운동기념사업회 엮음.『기억과 전망』통권 22호(2010년 여름호)

3장 ◆ 「87년 노동자대투쟁의 역사적 의의와 현재적 의미」
   비판사회학회 엮음.『경제와 사회』96호(2012년 겨울호)

4장 ◆ 「1987년 민주항쟁 30년, 민주노조운동의 평가와 전망」
   한국산업노동학회 엮음.『산업노동연구』24권 1호(2018)

5장 ◆ 「통합진보당 사태와 민주노조운동의 위기」
   한국산업노동학회 엮음.『산업노동연구』18권 2호(2012)

6장 ◆ 「한국 노동운동의 1기 노동자정치세력화 30년 : 비판과 성찰」
   한국산업노동학회 엮음.『산업노동연구』24권 3호(2018)

7장 ◆ 「노동운동 재활성화전략과 조직화모델 : 영미사례의 함의」
   한국산업노동학회 엮음.『산업노동연구』21권 1호(2015)

8장 ◆ 「노동운동의 법적 통제와 법치주의 국가전략 : 희망의 법? 절망의 법?」
   한국산업노동학회 엮음.『산업노동연구』22권 3호(2016)

9장 ◆ 「귀족노조 이데올로기」
   '노동, 운동, 미래, 전략' 발간위원회.『노동, 운동, 미래, 전략』(이매진, 2020)

10장 ◆ 「종속신자유주의 노동체제의 노동통제 : 사회적 합의주의 이데올로기
   비판」
   경상대학교 사회과학연구원 엮음.『마르크스주의연구』18권 1호(2021)